Dr. Deepak Chopra

Die unendliche Kraft in uns

Energien jenseits der persönlichen Grenzen aktivieren

Die Deutsche Bibliothek –
CIP-Einheitsaufnahme

Chopra, Deepak:
Die unendliche Kraft in uns:
Energien jenseits der persönlichen
Grenzen aktivieren / Deepak Chopra.
[Übers. aus dem Amerikan.: Michael Larrass]. –
München; Wien; Zürich: BLV, 1992
   Einheitssacht.: Unconditional lifo ⟨dt.⟩
   ISBN 3-405-14363-2

BLV Verlagsgesellschaft mbH
München Wien Zürich
8000 München 40

Titel der amerikanischen Originalausgabe:
Unconditional Life. Mastering the
Forces that Shape Personal Reality
© 1991 Deepak Chopra
erschienen bei Bantam Books,
a division of Bantam Doubleday Dell
Publishing Group, Inc.

Übersetzung aus dem Amerikanischen:
Dr. Michael Larrass
Lektorat: Inken Kloppenburg
Verlags-Service, München
Herstellung: Sylvia Hoffmann
Einbandgestaltung: F & H Werbeagentur GmbH,
München

Gesamtherstellung: F. Pustet, Regensburg

Printed in Germany · ISBN 3-405-14363-2

Inhalt

TEIL III   Bedingungsloses Leben

TEIL I

Das Geheimnis der persönlichen Wirklichkeit

1 Der Mann, der geheilt werden könnte

»Wie lange, glauben Sie, kann ich das noch aushalten?«, fragte mein Patient. Er saß in sich zusammengesunken auf seinem Stuhl, sein Gesicht war grau geworden. »Vor sechs Monaten hatte ich nur einen Gedanken: Wie kann ich am Leben bleiben? Ich hörte jedem zu, der mir auf eine Heilung Hoffnung machen konnte. Natürlich traute sich keiner, das Wort ›heilen‹ in den Mund zu nehmen, aber mit Versprechungen hat einer den anderen überboten. Das klingt jetzt recht komisch, nicht wahr?«

»Nein«, sagte ich ruhig. »Ich weiß, wie sehr Sie sich angestrengt haben, um gesund zu werden.« Ich legte ihm die Hand auf die Schulter, aber der Mann wich zurück.

»Damit ist jetzt Schluß«, stieß er hervor. »Nur ein Verrückter würde so weitermachen.«

»Ein Zustand wie der Ihre hat seine Höhen und Tiefen. Darauf muß man sich nun einmal einstellen«, sagte ich behutsam. »Aber anstatt so enttäuscht über Ihre Leukozytenwerte zu sein« ...

»Nein«, unterbrach er mich mit Bitterkeit in der Stimme. »Hören Sie mir mit den Leukozytenwerten auf. Ich will nichts mehr davon hören.«

»Was wollen Sie also?«

»Einen Weg ins Freie.«

»Und das heißt?«

»Glauben Sie mir, wenn ich das wüßte.«

Es folgte ein langes, angespanntes Schweigen. Der Mann starrte auf den Boden, sein Gesicht war hart wie eine Maske. Wir beide warteten auf das, was ich antworten würde.

Mein Patient war Robert Amis, ein siebenunddreißigjähriger Angestellter einer kleinen Computerfirma in einem Vorort von Boston. Ein Jahr zuvor hatte die Firma, dem Trend zu verstärkter Gesundheitsvorsorge folgend, alle Angestellten dazu angehalten, sich einer umfassenden Blutuntersuchung zu unterziehen.

Robert machte arglos mit. Er war erstaunt, als die Testergebnisse herauskamen und bei ihm einen verdächtig hohen Leukozytenwert erbrachten.

Weitere Tests wurden gemacht, und wenige Wochen darauf eröffnete ihm ein Krebsspezialist mit düsterer Miene, daß er eine unheilbare Form von Leukämie habe. Robert war zutiefst erschüttert. Die durchschnittliche Lebenserwartung bei dieser speziellen Erkrankung, der sogenannten myeloischen Leukämie (Myelose), war nicht genau bestimmt, aber sie lag gelegentlich zwischen zwei bis vier Jahren. Es blieb ihm also nicht mehr viel Zeit, und er wußte, daß er etwas unternehmen mußte.

»Kaum hatte ich die Praxis verlassen«, berichtete er bei unserem ersten Gespräch, »da war es so, als ob ein Schalter gedreht worden war. Ich wußte, daß ich meine Prioritäten ändern mußte.«

Er machte seiner bisherigen Lebenspartnerin einen förmlichen Antrag, und sie heirateten bald darauf. Danach gab er seine Arbeit in Boston auf und kaufte sich ein Apartment in Miami. Die Hauptsache aber war, daß sich Robert vorbehaltlos daran machte, sich aus eigener Kraft zu heilen.

»Ich las immer wieder, daß es einen inneren Heiler gibt. Und ich war fest entschlossen, ihn zu finden.«

Er stellte bald fest, daß es an Wegen zu diesem Ziel in der Tat nicht mangelte: Selbsthypnose, Visualisierung, Psychotherapie, Tiefenmassage und progressive Entspannung waren nur ein erster Anfang. Er begann, an Gruppentreffen mit anderen Leukämie-Patienten sowie an Wochenendseminaren über Selbstheilung teilzunehmen. Dort hörte er inspirierende Berichte von Patienten, die von einer unheilbaren Krankheit genesen waren. Als ich mit ihm zusammenkam, hatte er einen ganzen Satz der letzten Audiocassetten in der Hand, mit denen er seine Freunde und Verwandten monatlich über sein Ergehen auf dem laufenden hielt, das heißt über seine Krankheit, die so sehr von seinem Leben Besitz ergriffen hatte, daß außer ihr kaum noch etwas Platz hatte.

Nach sechs Monaten, auf der Höhe seiner neuen Existenz, fühlte sich Robert von seiner Stimmung her sicherer als je zuvor. Er unterzog sich voller Zuversicht seiner nächsten Blutuntersuchung. Das Ergebnis war indes niederschmetternd. Anstatt zurückzugehen, waren seine Leukozytenwerte steil angestiegen. Der Krankheitsverlauf schien in gefährlicher Weise beschleunigt, und der Krebsspezialist mahnte mit Nachdruck, entweder mit intensiver Chemotherapie zu beginnen oder sogar einer Knochenmarkstransplantation zuzustimmen. Keines der beiden Verfahren hatte Aussicht, eine dauerhafte Heilung herbeizuführen, aber die Schulmedizin hatte kaum etwas anderes anzubieten.

Robert versuchte, standhaft zu bleiben, und wies beide Optionen zurück.

Bald darauf verfiel er jedoch in eine ständig zunehmende Depression. Er verlor den Appetit; sein Schlaf wurde immer gestörter. Als er schließlich an mich verwiesen wurde, war er verbittert und durch seine Verzweiflung von seiner Umwelt so gut wie völlig abgeschnitten.

Da saß er nun zusammengesunken vor mir auf seinem Stuhl, und ich grübelte, was ich ihm sagen konnte. Obwohl ja alles, was er getan hatte »richtig« gewesen war – seine Suche nach einem inneren Heiler, sein Versuch, mit seinen alten, unbefriedigenden Gewohnheiten zu brechen, sein Entschluß, streßreichen Situationen aus dem Wege zu gehen –, hatte er sich selbst nicht wirklich grundlegend verändert.

»Lassen Sie mich klarstellen, daß das, was ich von Ihnen will, nichts damit zu tun hat, daß Sie sich ›gesund denken‹«, sagte ich. »Es handelt sich nicht darum, fest genug zu hoffen, daß diese Krankheit verschwindet – jeder Patient in Ihrer Lage will um jeden Preis gesund werden. Warum trifft das bei manchen Menschen auch ein?«

Er zuckte mit den Schultern.

»Ein stärkerer Körper, gute Gene, Glück. Vielleicht liebt Gott sie mehr als andere.«

»Ich will keinen dieser Faktoren abtun, und wir können uns jedem einzelnen von ihnen eingehend widmen. Aber was Sie suchen, ist offensichtlich nicht nur eine Therapie, sondern eine Erklärung, warum es Ihnen passiert ist.«

Roberts Gesichtsausdruck blieb undurchdringlich, aber seine Augen schienen etwas sanfter zu werden. Und so fuhr ich fort: »Ich könnte jetzt ohne weiteres behaupten, daß Ihre Krankheit keinen Sinn hat, daß sie lediglich das Ergebnis einer zufälligen Störung in Ihrem Körper ist.« Das ist es ungefähr, was uns in unserer ärztlichen Ausbildung eingetrichtert wird. »Ich könnte Ihnen genauso gut das Gegenteil weismachen, daß Ihre Krankheit ihre Ursache schlicht und einfach im Gefühlsbereich hat, daß Sie sich selbst nicht genug lieben oder daß irgendein verdrängter Seelenschmerz Sie krank macht. Aber auch das ist nur die halbe Wahrheit. Beide Antworten sind Stereotype.«

»Und was gibt es sonst?« fragte er mit Bitterkeit.

Mit dieser Frage, die den Raum zwischen uns mit Vorwurf und Hoffnungslosigkeit erfüllte, kamen wir beide an einen Wendepunkt. Er war am Ende dessen angelangt, was er verlangen konnte; ich am Ende dessen, was die Medizin bieten konnte. Und dennoch war deutlich – mehr in menschlicher als in medizinischer Hinsicht –, was das eigentliche Anliegen war. Die alten Fragen »Was ist der Sinn des Lebens? Warum kann ich nicht das haben, was ich will?« waren in Roberts Bewußtsein an die Oberfläche gekommen, ausgelöst durch die Krise seiner Krankheit.

Ein Hilfeschrei nach Sinn

Über die vergangenen zehn oder zwanzig Jahre hinweg hat sich die Medizin auf Fragen eingelassen, die bei ihr in der Vergangenheit immer Unwohlsein ausgelöst haben. Patienten fragen, warum sie Schmerzen haben. Das ist nun nichts Neues, aber die Art, wie sie die Frage stellen, verlangt auch nach einem Ausleuchten der tieferen Hintergründe. Sie sind nicht damit zufrieden gestellt, daß man ihnen sagt, warum der Magen, der Darm oder eine Brust schmerzt. Die Frage, die sie quält, ist: »Warum tut es *mir* weh?« Und selbst, nachdem das Geschwür eingesalbt, der Darm befreit oder die Geschwulst in der Brust herausgeschnitten ist, kehrt der Patient dennoch mit beunruhigtem Blick zurück.

Am Rande meines sogenannten Fachwissens angelangt, habe ich immer wieder über diesen Schmerz nachgedacht und versucht, diejenigen, die mit mir offen und ehrlich darüber sprachen, so sorgfältig wie nur möglich zu beobachten. Dabei habe ich einige erstaunliche Entdeckungen gemacht. Oberflächlich gesehen, suchen alle meine Patienten deswegen Hilfe, weil sie krank sind, manchmal sogar schwerkrank. Ich bin dann jedoch oft bestürzt, denn viele scheinen in kaum verhüllter Weise dadurch erleichtert zu sein. Ungeachtet seines Überlebenskampfes wies auch Robert untergründig diese Haltung auf. Er haßte seine Krankheit, und dennoch hatte diese ihm Perspektiven eröffnet, die ihm im gewöhnlichen Leben versagt gewesen waren. »Ich glaubte nicht an Gott, bevor ich diesen Krebs bekam«, gestand mir eine sechzigjährige Frau. »Aber nun fühle ich Ihn sehr nahe.« Ich mag kein abschließendes Urteil über ihre Erfahrung fällen; ganz gewiß bin ich froh, daß sie am Ende ihres Lebens Trost gefunden hat, anstatt von Bitterkeit zerschlagen zu sein. Aber ihre Worte scheinen auch zu sagen: »Mein Leben war nicht viel wert, bis ich aus ihm herausgedrängt wurde.«

Eines der seltsamsten Phänomene unserer jetzigen Kultur ist dieser Todesoptimismus: Ärzte und Therapeuten beknieen uns förmlich, aus dem Tod nicht nur eine positive Erfahrung, sondern *die* positive Erfahrung unseres Lebens schlechthin zu machen. In jeder Krankheit steckt irgendwie ein Element der Flucht. Als Kinder wurden wir von der Mutter gestreichelt, wenn wir Fieber bekamen, und schwerkranken Erwachsenen wird ebenfalls ein Höchstmaß an Pflege zuteil. Wenn aber eine Krankheit in ihrem Endstadium als letztendliche Weltflucht anzusehen ist, kann man nicht umhin zu fragen: »Ist dieses Leben so schrecklich, daß Fliehen die beste Antwort ist?« Eine Patientin mit mehrfach metastasiertem Dickdarmkrebs nahm an einem Seminar über den »Überlebenswillen« teil, von dem behauptet wird, er helfe, von unheilbaren Krankheiten zu genesen. Sie öffnete das Programmheft und erschrak, denn die Sponsoren des Seminars waren sechs Beerdigungsinstitute. Niemand anders schien diese provozierende Ironie zu bemerken oder zumindest kommentieren zu wollen.

Ich will dieses Thema nicht zu einer Parodie machen, denn ich weiß sehr wohl, daß Todesangst einen innerlich verkrüppeln kann und auf der tiefsten Bewußtseinsebene überwunden werden muß. Aber es beunruhigt, wenn man daran denkt, wie wenig uns unsere Kultur die Gelegenheit dazu gibt, sich der grundlegenden Bedeutung von Leben bewußt zu werden, so daß Krankheit und Tod als Bekehrungserlebnisse die Leere ausgefüllt haben. Robert sah einem solchen Erlebnis sehnlichst entgegen und war voller Zorn, daß es ihm verweigert wurde. Andere meiner Patienten haben jedoch diese Bekehrung erlebt und sie mit bestürzenden Ergebnissen angenommen.

Eine dieser Patientinnen war Barbara. Kaum war sie über die Schwelle meiner Praxis getreten, war es schwer, nicht von ihr verzaubert zu sein. Obwohl ich wußte, daß sie wegen einer schweren Erkrankung zu mir kam, sah sie blendend aus: Ihre Augen strahlten und ihre Haut war makellos. Aus Kalifornien stammend, war sie zu der Sprechstunde an die Ostküste geflogen, und als sie sah, wie ich sie während der Begrüßung anstarrte, lachte sie und erzählte mir eine Geschichte:

»Ich habe letzte Woche bereits versucht, sie aufzusuchen, aber ein Notfall in der Familie hielt mich auf. Ich bat meinen Arzt in San Diego, mir ein ärztliches Attest zu schreiben, damit ich mein Flugticket zurückerstattet bekam. Ich sagte seiner Sekretärin, daß er einfach schreiben sollte, ich hätte die Grippe bekommen. Als ich im Flughafen ankam und das Attest vorlegte, erbleichte die Hostesse am Schalter. Mein Arzt hatte geschrieben: ›Diese unglückliche Frau muß sich wegen eines metastasierten Brustkrebses im Endzustand einer ausgedehnten Behandlung unterziehen.‹«

Ich war ebenso schockiert wie die Hostesse. Es war kaum zu glauben, daß diese Frau, die so jung und lebendig war, sich einem chirurgischen Eingriff sowie einer einjährigen Bestrahlung und Chemotherapie unterzogen hatte, um eine Geschwulst zu bekämpfen, die sich von ihrer Brust auf ihre Knochen ausgedehnt hatte. Als ich sie eingehender nach ihrer Krankengeschichte fragte, begann Barbara, nach und nach ihre gegenwärtige Lebenseinstellung zu beschreiben, die außergewöhnlich friedvoll war.

»Sehen Sie, ich bin zwanzig Jahre lang dem Erfolg nachgerannt. Als junge Frau steckte ich mir einige völlig künstliche Ziele. Ich wollte alles: ein wunderschönes Heim, einen Ehemann und Kinder, die mich anbeteten, und mit Vierzig die finanzielle Unabhängigkeit, so daß ich mit der Arbeit aufhören und mich meiner Familie widmen konnte. Diese Ziele hatte ich schon, als ich noch in der Schule war, und ich habe sie nie aus den Augen verloren. Ich schloß mein Jurastudium ab und stürzte mich fünfundzwanzig Stunden am Tag auf die Verwirklichung meiner Wünsche. Letztes Jahr hatte ich dann alles erreicht: Ich hatte das Heim, den Ehemann, die Kinder, und in der Kanzlei hatte ich mich zu einem vollgültigen Partner hochgearbeitet. Dann kam die Sache mit dem Brustkrebs. Vom Verstand her begriff ich, daß man mir etwas Schreckliches gesagt hatte. Aber innerhalb weniger Tage stellte ich bei mir eine sehr seltsame Gemütsverfassung fest: Ich begann, mich sehr glücklich und zufrieden zu fühlen.«

Ich pflichtete ihr bei, daß dies eine recht unvermutete Reaktion war.

»Ich habe immer geglaubt, daß man im Leben das bekommt, was man sich wünscht«, erklärte sie. »Und ich fragte mich, warum ich Brustkrebs bekommen hatte. War da ein geheimer Wunsch am Werk? Für viele Menschen ist dies eine fürchterliche Frage, voll von Schuldgefühl und Ausflüchten, aber für mich war es ganz vernünftig, so zu fragen. Und wissen Sie die Antwort?«

Ich sagte ihr, daß ich darauf sehr neugierig sei.

»Der Krebs erlaubte mir, mein letztes Ziel zu erreichen«, kam ihre Antwort mit so etwas wie Triumph in der Stimme. »Ich hatte mich mit vierzig Jahren aus dem Arbeitsleben zurückziehen wollen, und da bin ich nun, mit einer vollen Invaliditätsrente. Ich bin nun endlich eine Frau mit Muße.«

»Meinen Sie nicht, daß Sie für das Erreichen der finanziellen Sicherheit einen sehr hohen Preis gezahlt haben?«, fragte ich. Ich hatte den starken Verdacht, daß Barbaras erstaunlich gefaßte Haltung Ängste verdeckte, denen sie sich nicht gewachsen fühlte.

»Lassen Sie mich abschließen«, antwortete sie und schien regelrecht begeistert. »Bald nach meiner ersten Diagnose kam der Krebsspezialist zu mir in die Klinik und sah sehr betroffen aus. Er sagte: ›Es tut mir wirklich sehr leid, daß ich Ihnen das mitteilen muß, Barbara, aber die Geschwulst hat sich auf mehrere Körperbereiche ausgedehnt. Nach meiner ärztlichen Meinung besteht bei Ihnen keine Hoffnung mehr.‹ Ohne zu zögern, antwortete ich: ›Wenn ich also ein hoffnungsloser Fall bin, dann sind es Sie aber auch, Doktor, und alle anderen hier.‹ Er war schockiert. Aber so, wie ich es sah, war da kein wirklicher Unterschied, ob er nun dreißig oder vierzig Jahre länger lebte als ich. Sterben ist unvermeidlich; es ist ein natürlicher Bestandteil des Lebens. Was mir aber bewußt geworden war, was mir solchen inneren Frieden gab, war, daß Sterben ein Abenteuer sein kann. »Sobald ich aufhörte, mir über meine aufgeblasenen und völlig künstlichen Lebensziele Sorgen zu machen, war das Erlebnis der Befreiung auch eine Art Tod, und doch war es erfüllender als alles, was mir jemals widerfahren war. Mehr und mehr wurde mir bewußt, daß tägliches ›Sterben‹ ein idealer Weg sein könnte, um zu leben, denn jeder Morgen wäre dann ganz neu. Wie kann das Leben je neu sein, wenn man nicht das Sterben lernt?«

»Ja, natürlich«, murmelte ich und hielt an mich, um nicht hinzuzufügen: »Wie kann das Leben je neu sein, wenn man nicht leben lernt?« Aber ich konnte es Barbara genau nachempfinden. Sie entzog sich dem drohenden Tod, indem sie ihren alten Gewohnheiten und falschen Vorstellungen »entstarb«. Sobald sie einmal »gestorben« war, entdeckte sie, daß neues Leben heranströmte, um die Leere zu füllen. Der große bengalische Dichter Rabindranath Tagore fand dafür ein wunderbares Bild: »Wenn die alten Worte auf der Zunge absterben, entspringen dem Herzen neue Melodien.«

Obwohl tief in Barbara immer noch Gefühle der Bedrohung stecken mögen, die sie noch nicht aufgelöst hat, freue ich mich, berichten zu können, daß ihr »Tod« so lebenspendend gewesen ist, wie sie es sich erhofft hatte. Ihr Arzt berichtete mir, daß sie außergewöhnlich gut auf ihre Behandlung anspricht. Die Metastasen sind dabei, sich zurückzubilden, und die Nebenwirkungen halten sich in akzeptablen Grenzen.

Trotz Barbaras Gefühl einer erhebenden Bekehrung bin ich nachdrücklich der Ansicht, daß hier etwas fehlgelaufen ist. Krankheit ist kein Weg zur Lösung zentraler Lebensfragen. Wenn wir krank sind, sind wir am schwächsten und damit am wenigsten fähig, die Kräfte aufzubieten, die zu einer wirklichen Wandlung erforderlich sind. Das Schöne an Barbaras

Bekehrungserlebnis neutralisiert nicht automatisch das damit verbundene Leiden. Auch ist damit die Kernfrage nicht beantwortet, ob das Leiden überhaupt nötig war. Ein uralter Glaubenssatz verkündet, daß Leiden unvermeidbar sei, zutiefst menschlich, ja sogar eine Gnade. Barbara spürte, daß sie aus ihrem Leiden eine Lehre gezogen hatte, und war stolz darauf. »Ich würde lieber sechs Monate mit diesem Krebs leben«, sagte sie mir im Gespräch, »als sieben Jahre so, wie ich war.«

Unter den gegebenen Umständen hatte sie kaum eine andere Wahl, als so zu empfinden; sonst hätte sie sich aufgerieben. Was immer aber der Sinn sein mag, den Menschen aus ihrem persönlichen Leiden ableiten, glaube ich dennoch, daß ein Leben ohne Schmerzen sinnvoller und noch menschenwürdiger ist. Menschen müßten sich noch *vor* der Krise wandeln. Ansonsten könnte es sein, daß sie nicht genug Zeit haben, das Leben zu genießen, das mit einem Male so wertvoll erscheint.

Chaos im Herzen

Als ich in meinen Beobachtungen so weit gekommen war, sah ich mich gezwungen, über die Grenzen der Schulmedizin hinauszudenken, ja sogar über die erweiterten Grenzen der Geist-Körper-Medizin. Die Kollegen, die ich kenne, sind nur sehr beschränkt gewillt, ihre Patienten als ganze Menschen anzusehen. »Geist-Körper-Medizin« ist eine verschwommene Bezeichnung für einen Bereich, der noch auf der Suche nach eigenen Methoden und Wertmaßstäben ist. Was diesen Bereich hauptsächlich zusammenhält, ist die wesentliche Einsicht, daß Gedanken und Gefühle nicht starr von den körperlichen Auswirkungen zu trennen sind, die sie ja bewirken. Die Medizinwissenschaft verschloß sich der Realität so lange, bis sie anerkannte, daß Krankheit etwas mit den Gefühlen, der Lebenseinstellung und den Lebenszielen der Menschen zu tun hatte. (Ich sollte vielleicht nicht so vorschnell behaupten, daß die Medizinwissenschaft bereits zu dieser Einsicht gekommen ist. In einem Rundschreiben befragte die American Medical Association im Jahre 1990 diesbezüglich ihre Mitglieder und kam zu dem Ergebnis, daß lediglich zehn Prozent an die Geist-Körper-Verbindung »glaubten«. Ein befreundeter Kardiologe warf mir den Artikel mit dem brummigen Kommentar zu: »Wie bilden sich die anderen neunzig Prozent ein, daß sie ihre Zehen bewegen?«)

Nachdem ihr der große Durchbruch gelungen war, hat es die Geist-Körper-Medizin versäumt, der Frage nachzugehen, warum Menschen leiden. Statt dessen sehen wir uns nunmehr noch größerer Verwirrung ausgesetzt. Diese Verwirrung hat mit dem Wesen des Lebens selbst zu tun und ist daher sehr schwer in Worte zu fassen. Es scheint so etwas wie ein Loch mitten in jedem Lebensalltag zu geben, so, als sei da ein Stein durch ein Panzerglas geschleudert worden. Aber anstatt eines sichtbaren Loches ist dies ein »Sinnloch«, ein Mangel, der dadurch definiert werden kann, daß es eben schmerzt. Selbst wenn sie die Auswirkungen dieser Sinnlosigkeit auf ihr Leben nicht analysieren können, spüren die Menschen sie dennoch, und das Ergebnis ist eine kränkliche Traurigkeit, die alle Dinge umgibt und auch vor den besten nicht haltmacht. Wie viele Menschen erleben Liebe, Freiheit, Glauben oder Hingabe so tief, wie sie es sich eigentlich wünschen? Und wie viele können überhaupt nichts empfinden und verspüren statt dessen Schuldgefühle und Selbstvorwürfe?

Als Kinder haben wir alle unseren Eltern höchst bedeutsame Fragen gestellt: »Wer bin ich? Was wird aus mir, wenn ich sterbe? Warum sind die Dinge so?« Wenige Eltern, wenn überhaupt, haben darauf Antworten gegeben, die gut genug waren, um die ihnen zugrundeliegenden, beklemmenden Ängste zu beruhigen. Deshalb haben wir aufgehört zu fragen. Aber sie spuken immer noch in uns herum und bedrängen uns immer hartnäckiger. Sobald wir selbst Erwachsene wurden, neigten wir dazu, sie als »Fragen nach letzten Dingen« abzutun, mit welchem Etikett sie sehr abstrakt klingen. Dabei sind es tatsächlich grundlegende Fragen. Solange sie unbeantwortet bleiben, schafft das von ihnen erzeugte »Sinnloch« sehr viel von dem Elend, mit dem wir uns herumschlagen – körperliche Krankheiten, ein gestörtes Gefühlsleben, eine alles durchdringende Ruhelosigkeit sowie einen aufreibenden Mangel an Glückserfahrung.

Ich finde es aufschlußreich, daß unter den Menschen, die ich kenne und die sich der größten Sicherheit erfreuen, sowohl in materieller als auch in psychologischer Hinsicht, fasziniert sind von Obdachlosen. Sie sind nicht nur betroffen oder beunruhigt; sie sehen ihr Spiegelbild in den hoffnungslosesten Gossenexistenzen. Sie spüren, daß auch sie jederzeit so verarmt sein könnten. Diese Angst ist eine sehr reale, wenn man versteht, daß das Heim, dessen Verlust sie befürchten, im Grunde in ihnen ist. Es ist ihr Mittelpunkt, der so unsicher ist, daß sie sich fragen, ob es ihn jemals gab.

Auf wissenschaftlich-verstandesmäßiger Ebene hat diese Mischung aus Faszination und Angst einen noch jungen Zweig der Physik hervorgebracht, die sogenannte Chaos-Theorie. Sie geht weit über die geordneten, stabilen mathematischen Modelle eines Newton oder sogar Einstein hinaus in einen Bereich ständigen Wandels, in dem Unbeständigkeit die Regel ist. Chaos ist die Abwesenheit voraussagbarer Muster und Beziehungen. Wirbelndes Wasser, Rauchkringel und in einem Sonnenstrahl tanzende Staubteilchen sind dafür Beispiele. Es sind alles unvorhersagbare Zufallsereignisse; kaum scheinen sich darin Muster abzuzeichnen, so lösen sie sich auch schon wieder auf. Für den Laien klingt das Verhalten des Chaos beunruhigend und nur allzu menschlich. Zusammenstoßende Staubteilchen ähneln einer Gesellschaft aus Einsamen; wirbelnder Rauch läßt an persönliche Beziehungen denken, die sich nicht lange erhalten lassen und sich dann ins Nichts auflösen.

In rein rationalen Begriffen ist die Physik seit langem fasziniert von der Tatsache, daß das Universum, das in vieler Hinsicht wie eine gut gebaute Maschine funktioniert, keine Drähte, Seilzüge und Pleuelstangen besitzt, die es wie eine Maschine zusammenhalten. Die allerersten Sterne wurden im Moment des Urknalls auseinandergeschleudert, als sie noch gestaltlose, feurige Gaswolken waren, und dieses Auseinanderstreben dauert auch heute noch an. Wo sind die Verbindungen, die Ordnungsprinzipien? Warum bestehen Gänseblümchen, Fledermausflügel und die Erdkruste in solch beständiger Form, wo doch die ganze Maschine – der Kosmos – in alle Himmelsrichtungen verstreut ist?

Die Chaos-Theorie versucht, die tieferliegende Ordnung zu erfassen, die möglicherweise dem unablässigen Naturspiel von Schöpfung und Zerstörung zugrundeliegt. In diesem Sinne ist dieser Wissenschaftszweig sehr optimistisch, denn jede neue Schicht der Ordnung liefert weitere Gewißheit, zumindest für den Laien, daß die Natur Sinn macht. Andererseits – warum kennt diese Ordnung keinen Stillstand? Offensichtlich, weil die Natur so nicht funktioniert. Für jede Schicht der Ordnung gibt es eine andere, in der Unordnung herrscht. Eine explodierende Sternwolke ist reines Chaos; ihre einzelnen Atome jedoch sind Modelle der Ordnung. Eine menschliche Hautzelle erfüllt ihre unzähligen biologischen Aufgaben mit solch erstaunlicher Geordnetheit, daß die Medizin noch kaum ihre Geheimnisse kennt, und doch löst sie sich nach drei Wochen ins Chaos auf. Die Natur scheint nicht gewillt zu sein, eindeutig entweder der Ordnung oder der Unordnung den Vorrang zu geben.

Die Physiker schauen manchmal geringschätzig auf die populärwissenschaftlichen Bilder herab, die aus ihren Theorien hervorgehen. Aber die Laienwelt ist zutiefst davon beeindruckt, daß nichts in der Natur den

Verwüstungen des Wandels widerstehen kann. Die schrecklichsten und immer noch unheilbaren Krankheiten – darunter auch der Krebs – scheinen auf die *Wahrscheinlichkeit* zurückzuführen sein, daß die DNS einen Fehler macht. Unter normalen Bedingungen korrigiert sich die DNS selbst; das heißt, sie versteht es, sich im Falle einer Beschädigung von selbst zu reparieren, abnormes Genmaterial zu vernichten und sogar die schlimmsten Abweichungen aufzufangen, um das fein abgestimmte Gleichgewicht der normalen Lebensfunktionen aufrechtzuerhalten.

Da aber jede der fünfzig Billionen Zellen einen vollständigen Satz von drei Milliarden genetischer Bits enthält, ist Fehlerfreiheit in diesem Bereich unmöglich. Eine unbestimmbare Anzahl von Fehlern tritt auf – wahrscheinlich Millionen in jedem Jahr. Und einige davon geraten außer Kontrolle, mit dem möglichen Ergebnis einer wild wuchernden Krebsgeschwulst. Diabetes, Arthritis und Herzkrankheiten besitzen mit großer Wahrscheinlichkeit alle auch eine genetische Komponente. Der auslösende Mechanismus scheint bei jeder Krankheit ein anderer zu sein, wieder ein ganz anderer bei Krebs, aber die bestehende Ungewißheit ist in allen Fällen schrecklich.

Es ist nicht nur Krankheit, die ein Gefühl von Haltlosigkeit verursacht. Der Körper selbst ist ja kein fest verschnürtes Paket von Atomen und Molekülen. Er ist eher ein Prozeß, beziehungsweise die Gesamtheit von Milliarden gleichzeitig koordiniert ablaufender Prozesse.

Ich sah einmal gebannt zu, wie ein Imker seine Hand in einen Bienenschwarm steckte und, indem er die Königin behutsam forttrug, den ganzen Schwarm bewegte, eine lebendige Kugel von Insekten, die in der Luft schwebte. Was bewegte er da? Da war keine feste Masse, sondern nur das Bild eines schwirrenden, summenden, ständig sich verändernden Lebens, das sich um einen Mittelpunkt angeordnet hatte. Der Schwarm besteht als Ausdruck von Bienenverhalten. Es ist eine vorgegaukelte Gestalt, der eine Wirklichkeit reinen Wandels zugrundeliegt.

So ist es auch mit uns. Wir sind ein Schwarm Moleküle, die um einen Mittelpunkt schwirren, dies jedoch mit schwindendem Vertrauen. Die alte Königin, die Seele, hat sich davongemacht, und die neue Königin scheint sich mit dem Ausschlüpfen Zeit zu lassen. Der große Unterschied zwischen uns und einem Bienenschwarm ist der, daß wir uns schwertun, dem unsichtbaren Mittelpunkt, der uns zusammenhält, Wirklichkeit zuzuerkennen. Und doch muß er ja da sein, denn sonst würden wir ins Chaos auseinanderfallen. Während die Bienenkönigin dadurch zu erkennen ist, daß sie größer ist als die anderen Bienen, besteht für uns keine Hoffnung, einen Zellhaufen zu finden, der das enthalten würde, was wir als unseren Mittelpunkt betrachten – Liebe, Hoffnung, Vertrauen und Glauben.

Das Chaos mag ein faszinierender Forschungsgegenstand sein; als Lebensweg taugt es nicht. Dazu ist der Mangel an Sinn zu schmerzlich. Die großen Forscher, die in das Herz der Natur vordrangen, fest entschlossen, den Kern der Wasserstoffatome aufzubrechen und die fernsten Horizonte von Raum und Zeit auszuloten, übersahen, daß es für jedes Hineingehen ein Verlassen gibt. Um irgendwo hinzugehen, muß man irgendetwas zurücklassen. Und das bedeutet, je tiefer wir in die Natur »dort draußen« eindringen, um so größer ist die Gefahr, daß wir unsere eigene menschliche Natur, die Wirklichkeit »hier drinnen«, die unser Leben gestaltet, verwaisen lassen.

In dieser Gefahr schweben wir momentan alle sehr. Freud ließ sich hinsichtlich des Telefons sehr deutlich über die Zweischneidigkeit des materiellen Fortschritts aus, denn diese Erfindung eroberte sich in seiner Jugend überall den Markt. Er gab zu, daß er dank des Telefons mit seiner Tochter sprechen konnte, die in einer weit entfernten Stadt lebte. Andererseits, so meinte Freud, wäre sie womöglich nicht so weit fortgezogen, wenn es keine Telefone gegeben hätte. Das heißt nicht, daß Maschinen schlecht wären oder ihrer Anlage nach menschenfeindlich. Wahr ist jedoch, daß der technologische Fortschritt in solch einer Weise ausgeglichen werden muß, daß die potenzielle Gefahr nicht zum Ausbruch kommt.

Ich brauche auf der Kehrseite des Fortschritts nicht herumzureiten, möchte aber doch ein Beispiel geben, das mir unauslöschlich im Gedächtnis bleibt. In der Maiausgabe 1986 der Fachzeitschrift »Pediatrics« wurde der therapeutische Nutzen von »taktil-kinästhetischer Stimulierung bei Frühgeborenen« besprochen. Ärzte an der Universität von Miami teilten vierzig Frühgeborene, die vor Ablauf des achten Monats geboren waren, in zwei Gruppen auf. Eine Gruppe erhielt die auf der Säuglings-Intensivstation des Krankenhauses übliche Behandlung. Die andere erhielt dreimal täglich für fünfzehn Minuten besondere Aufmerksamkeit: Ein Betreuer langte durch eine Öffnung in den Brutkästen, um die Säuglinge zu streicheln und behutsam ihre Arme und Beine zu bewegen – das war ihre »taktil-kinästhetische Stimulierung«.

Die Ergebnisse dieser einfachen Erweiterung der üblichen Routine waren verblüffend. Obwohl sie nach jeweiligem Bedarf mit derselben Milch ernährt wurden, nahmen die gestreichelten Säuglinge um siebenundvierzig Prozent schneller zu als die der Kontrollgruppe; sie waren wacher und begannen früher, sich wie normal geborene Säuglinge zu verhalten. Und schließlich verließen sie das Krankenhaus eine Woche früher als vorgesehen, was den Urhebern der Studie gestattete, eine Ersparnis von dreitausend Dollar je Säugling zu veranschlagen.

Hier scheint der Gegensatz zwischen Leben und Anti-Leben fast zu offenbar zu sein, als daß man ihn hervorheben müßte. Die naturwissenschaftliche Medizin hat einen Punkt erreicht, wo es nicht mehr angemessen ist, eine Liebkosung beim Namen zu nennen – viel weniger Liebe und Zuneigung. »Streicheln« muß durch den Orwellschen Terminus »taktilkinästhetische Stimulierung« bezeichnet werden. Noch mehr im Sinne der Orwellschen Schreckensvision ist es, kontrolliert Experimente durchzuführen, um zu sehen, ob Säuglinge liebevolle Zuwendung brauchen, die ihnen in abgemessener Menge zugeführt wird wie Hustensaft oder Jod.

Meine tiefsten Gefühle wurden jedoch angerührt durch die Gruppe der nicht gestreichelten Säuglinge. Wenn ich an sie denke, allein in ihren hermetisch abgeschlossenen Brutkästen, wie gestrandet in der fremdartigen Umgebung einer Intensivstation, die erwachsene Patienten abstumpft und häufig zu Nervenzusammenbrüchen führt, dann protestiert mein Herz. Nicht nur Frühgeborene, sondern jeder leidet, wenn unser Glaube an die Wahrheit sich in ein Nichts auflöst. Wir verlieren die Bezeichnungen von Grundwerten, und damit nimmt die Gefahr zu, daß wir auch die Werte selbst verlieren.

Persönliche Wirklichkeit

Immer aufs neue werden wir in die Welt »hier drinnen« zurückgezogen, die unsere Kultur in vieler Hinsicht nicht richtig verstanden hat. Als junger Arzt war ich häufig erstaunt, wenn zwei Patienten mit identischer Diagnose in völlig unterschiedlicher Weise auf ihre Krankheit reagierten. Schließlich bedeutete ja eine Diagnose soviel wie ein neutrales Etikett, das unabhängig von der jeweiligen Person ein klinisch definiertes Krankheitsbild bezeichnete. Aber es ist selten so einfach.

Ich hörte letzthin von einer Krebspatientin, bei der es zu Knochenmetastasen gekommen war, die heftige Schmerzen verursachten. Diese Frau steckte dazu in einer durch und durch zerrütteten Ehe. Eines Tages, der ständigen Reibereien mit ihrem Ehemann müde, beschloß sie ein für allemal, ihrer Beziehung ein Ende zu machen. Am Tage, nachdem sie die Scheidung von ihm verlangt hatte, verschwanden ihre Knochenschmerzen. »Mit einem Male kam mir der Ausdruck, daß einem ›die Müdigkeit in die Knochen kriecht‹ in den Sinn«, sagte sie. »Und plötzlich erkannte ich blitzartig, daß meine Krankheit die Art und Weise war, auf die mein Körper sich ausdrückte.« Nachdem sie nun einen Teil der aufgestauten Müdigkeit losgeworden war, fühlte sich diese Frau von den buchstäblich doppelten Schmerzen befreit. Und jetzt fragt sie sich (wie ich mich auch), ob nicht auch der Krebs selbst den Rückzug antreten wird. War ihre ganze Krankheit lediglich eine Metapher?

Unsere westliche Kultur hat sich für die Annahme entschieden, daß die Ursache von Krankheit auf der materiellen Ebene liegt. Sobald man eine Asbestfaser eingeatmet hat, kann sich diese in den feinsten Falten des Lungengewebes einnisten, und nach einer gewissen Zeit ergibt sich eine kleine, aber eindeutige Wahrscheinlichkeit, daß eine spezifische Art von Lungenkrebs entsteht. Gleichzeitig aber stellt man fest, daß die Krebshäufigkeit bei kurz zuvor verwitweten Männern zunimmt. Auch Gram nistet sich tief in einem Menschen ein, und selbst wenn ein Asbestmolekül von »dort draußen« mit einer gramvollen Stimmung »hier drinnen« nichts gemein hat, kann beides doch auf einer tiefen Ebene der Persönlichkeit identisch sein.

Vom physischen Standpunkt her haben Sie und ich sehr ähnliche Herzen; wenn man genug Kaliumchlorid in unsere Adern injiziert, werden wir beide einen Herzstillstand erleiden. Aber unsere Lebenserfahrungen sind nur uns zu eigen. Wir sind durch verschiedene Gärten gegangen und haben an verschiedenen Gräbern gekniet. Ihre traurigen Erinnerungen machen Ihr Herz vielleicht müde oder krank, während ich dagegen »immun« bin. Andererseits mögen die fröhlichen Bilder, die unser beider Herz erfreuen, einander sehr ähneln, aber Ihre Erinnerungen haben einen besonderen Geschmack, den ich nicht kosten kann.

»Erinnerung« ist ein Wort, daß wir gemeinhin in ganz unpersönlichem Sinne verwenden. Die Bäume, der Himmel, Gebäude und soziale Einrichtungen, die als real definiert sind, scheinen ohne Anbetracht unserer persönlichen Gedanken und Gefühle zu bestehen. Und doch ist die deutliche Trennung zwischen Innen- und Außenwelt, zwischen »mir« und den Dingen »dort draußen« nicht genau. Alles, was ein Mensch erlebt, muß durch einen mentalen Filter, bevor es als wirklich wahrgenommen wird. Und das bedeutet, daß wir ständig damit beschäftigt sind, *Wirklichkeit zu erzeugen.*

Kehren wir noch einmal zu Robert zurück, mit dem ich diese Gedanken ausführlich besprach. Bei einem unserer Folgetreffen fragte ich ihn: »Sind Sie jemals nachts aufgewacht, so gegen zwei oder drei Uhr, mit einem schrecklichen Angstgefühl? Kennen Sie das, so eine eisige Angst oder, sagen wir, eine unbestimmte Furcht, wie immer man das nennen mag?« Ich wartete nicht auf seine Antwort – wir beide kannten das.

»Das nächste Mal, wenn es geschieht, merken Sie möglicherweise etwas sehr Seltsames. Kaum sind Sie mit diesem Angstgefühl aufgewacht, da findet Ihr Verstand etwas – im allgemeinen ein Geräusch –, das dieses Gefühl an sich bindet. Das Tropfen eines Wasserhahns, der Wind in den Bäumen, das Ticken einer Uhr: Ein harmloses Alltagsgeräusch kann mit einem Male absolut beängstigend sein. Sie haben sich dabei ertappt, wie Sie den Ereignissen eine ›persönliche Note‹ geben, indem Sie sich selbst in sie projizieren. Wie geschieht das? Der Verstand hält sich normalerweise nicht mit Abstraktem auf. Er mag das Konkrete. Wenn also ein Angstimpuls aufsteigt, verknüpft er diesen mit etwas Greifbarem. Das ist eine Art automatischer Reflex, der unablässig ganz von selbst abläuft, denn da gibt es ja ständig etwas – einen finanziellen Verlust, Versagen am Arbeitsplatz, eine schreckliche Krankheit –, das wir als begreiflichen Grund für Angst ansehen. Wenn Sie mit der Angst aufwachen, daß Sie Krebs haben, erscheint der Zusammenhang so selbstverständlich, daß Sie den wesentlichen Punkt übersehen: Nicht der Krebs erschreckt Sie, es ist der Verstandesreflex. Das nächste Mal halten Sie Ausschau nach dieser gestaltlosen Angst, die versucht, sich an etwas anzuhängen. Sie werden vielleicht bemerken, wenn Sie so im Bett liegen, daß Ihr Verstand von einem Vorwand zum anderen eilt, wie ein Bettler, der von einem Haus nach dem anderen abgewiesen wird, bis er dann doch noch irgendwo Einlaß findet. Ihre Aufmerksamkeit mag sich vielleicht zunächst an das Klappern der Fensterscheibe heften. Genau in dem Moment, wo der Verstand nun da einhakt, wird er sich sagen: ›Wie komme ich eigentlich dazu, mich vor dem Wind zu fürchten? Mein Gott, ich habe Krebs, und das ist es, worüber ich mir Sorgen machen muß.‹«

Wider seinen Willen mußte Robert lächeln.

»Sehen Sie«, fuhr ich fort, »wie einleuchtend das Lächerliche der ganzen Geschichte ist. Warum läßt sich der Verstand auf so etwas ein? Aus Gründen seiner Sicherheit – wie ein Bergsteiger Griff um Griff am Seil hinaufsteigt, hangelt sich der Verstand von einem Moment zum nächsten, indem er sich mit den Eindrücken von Augen, Ohren, Zunge, Nase, Haut und vor allem mit Erinnerungen identifiziert. Auf diese Weise besitzt das Leben Dauer, aber der konditionierte Verstand läßt wenig Raum für Neues. Sobald wir erkennen, daß unsere liebsten Gedanken lediglich Reflexe sind, erhebt sich ganz von selbst der Wunsch auszubrechen. Anstatt durch die Stimuli von Angst und Lust übermannt zu sein, werden Sie die Möglichkeit einer anderen Sichtweise erblicken.«

»Aber es ist nicht die Sorge, die mir Angst macht«, wandte Robert ein, »sondern meine Krankheit.«

»Die Sorgen entstehen aus Ihrer Sicht der Dinge«, betonte ich nochmals, »nicht aus der Krankheit. Ihre innere Wachheit spielt für die Wirklichkeit, die Sie erfahren, eine enorm wichtige Rolle.« Robert sah nicht überzeugt aus.

»Zwei Leute können auf derselben Berg- und Talbahn fahren«, gab ich ihm zu bedenken. »Der eine ist starr vor Schreck und sein Körper ist überflutet von Streßhormonen, was seine Immunreaktion hochgradig beeinträchtigt. Der andere liebt das Auf und Ab, und er erzeugt jede Menge von Substanzen wie Interferon und Interleukin, die das Immunsystem stärken. Derselbe Input, gegensätzliche Ergebnisse, alles wegen des Unterschieds in der Sichtweise.«

Ich wartete ab, bis die Botschaft sich gesetzt hatte, und sagte dann: »Was ich Ihnen klar machen möchte, ist, daß es möglich ist, jene Freiheit zu erlangen, die uns erlaubt, unsere Perspektive und damit unsere Wirklichkeit zu wählen. Erzeuger der eigenen Wirklichkeit zu sein, das ist die Grundlage aller anderen Perspektiven, obwohl es Ihnen momentan wohl ziemlich unmöglich ist, das so zu sehen. Sobald Sie jedoch zu dieser fundamentalen Perspektive zurückkehren, werden Sie sich nicht mehr als hilfloses Opfer des Lebens betrachten – Sie stehen gerade im Zentrum des Lebens und haben die Macht, dieses zu jedem Zeitpunkt zu erneuern.«

»Das fängt ja an, richtig mystisch zu klingen«, sagte Robert zögernd.

»Nicht, sobald Sie erst einmal die entsprechende Erfahrung gemacht haben«, sagte ich. »Zu wem spreche ich jetzt? Wenn ich mich nur mit einer Ansammlung von Gewohnheiten und Erinnerungen unterhielte, dann wären Sie ein vollkommen determiniertes Etwas, aber das sind Sie nicht. Die alten Bilder und Ereignisse, die sich in Ihnen aufgestapelt haben, das sind Sie nicht; Sie sind deren Archivar, der sie ordnet und

Überblick behält. Sie geben jedem Quentchen Information seinen Sinn, und ohne Sie würde alles zu einem chaotischen Brei.«

Das führt uns dahin, wonach Robert strebte – nach einem Ausweg aus seinem tiefsitzenden Leiden. Frustration und Schmerz stauen sich in uns durch die Konditionierung, die uns sagt, daß es kein Entrinnen gibt. Um deshalb das, was da schmerzt, zu heilen, müssen wir uns der Konditionierung entledigen. Wir sind alle von Grenzen umstellt. Der Verstand strukturiert sich um die Eindrücke herum, die er enthält, und der Versuch, sie zu leugnen oder ihnen zu entkommen, ist zwecklos.

Täglich hat ein Mensch – so etwas ist einmal berechnet worden – etwa fünfzigtausend verschiedene Gedanken. Das ist ein ganzer Sturzbach willkürlich vermischter und auch kollidierender Impulse. Dieses Wirrwar kann an sich schon äußerst peinvoll sein. Wir empfinden reine Liebe und abgründigen Haß für diejenigen, die uns am nächsten stehen, und sehen offenkundig keine Möglichkeit, in uns Klarheit darüber zu schaffen. Die zerstörerischsten Gefühle – Zweifel, Angst, Selbstanklage, Ekel und Einsamkeit – durchstreifen ungehindert unseren Geist, dem Zugriff jeglicher Kontrolle entzogen. Vielmehr ist es so, daß sie uns im Griff haben.

Aber dieses Gefängnis erweist sich als Illusion, sobald man inne wird, daß man es selbst gebaut und sich darin eingeschlossen hat. Da der Geist die Grenzen, in denen er gefangen ist, selbst errichtet hat, sollte er auch in der Lage sein, sie abzubauen. Aus dieser Sicht fällt jedem die Entscheidung zu, wie seine innere Wirklichkeit aussehen soll. Einerseits sagt uns unsere alte Konditionierung, daß der Schmerz noch zunehmen wird, wenn wir uns freimachen wollen. Andererseits drängt uns der Wunsch nach Freiheit dazu, gewahr zu werden, daß alle Beschränkungen im Grunde falsch sind. Was es schwierig macht, diesem Impuls zu folgen, ist, daß er vom Schmerz überschattet wird.

Schmerz läßt Menschen zurückzucken, so als zögen sie sich vor einem feindlichen Angriff zurück. Aber Schmerz ist im wesentlichen ein Signal, daß an dieser Stelle die Heilung einsetzen sollte. Meine Absicht ist es deshalb, Menschen ihre Angst zu nehmen und sie gewahr werden zu lassen, daß ein Leben in Freiheit die natürlichste Art zu leben ist. Sobald jemand auch nur ein Fünkchen Mut dazu hat, sich mit seiner alten Konditionierung auseinanderzusetzen, wird er feststellen, daß der Blick nach innen diese Konditionierung auflöst. Gegenwärtig ist der Gedanke daran, sich nach innen zu wenden, für die meisten Menschen etwas Erschreckendes, doch ist es der einzige Weg, auf dem der Geist die eingebauten Widerstände überwinden kann. Es gibt keine Heilung von außen. Das anfangs erwähnte »Sinnloch« wird sich nur noch vergrößern, und schließlich könnte die Menschheit so krank werden, daß keine Heilung mehr möglich ist.

Dieses Buch trägt den Untertitel »Energien jenseits der persönlichen Grenzen aktivieren«. Ich habe lange dazu gebraucht, zu durchdenken und in Worte zu fassen, was es bedeutet, das zu meistern. Nicht die Manipulierung der eigenen Psyche ist damit gemeint, auch nicht der Griff nach übermenschlichen Höhen der Willenskraft. Beide Ansätze haben sich als Fehlschläge erwiesen. Wir leben in einer Gesellschaftsform, deren Glaubenssatz es ist, daß man hart arbeiten muß, um zu überleben, und daß der Lohn um so größer sein wird, je mehr man sich abarbeitet. Diese Einstellung macht es nahezu unmöglich einzusehen, daß gewisse Dinge keine Arbeit verlangen und dennoch größtmöglichen Nutzen bringen.

Es schmerzt innen, wenn draußen Druck gemacht wird, auch wenn es Druck in Richtung Genesung ist. Sobald der Druck verschwindet, beginnt der Geist von selbst zu heilen. Das ist eine Erfahrung, die nicht viele Menschen ohne weiteres akzeptieren werden. Sie ziehen es vor, gegen ihren Schmerz anzukämpfen, Kummer, Depression und Angst Widerstand zu leisten, und das alles trotz der unübersehbaren Tatsache, daß, wenn sich diese Gefühle jemals auflösen, sie das ganz von selbst tun. Das Kämpfen verlangsamt nur den Prozeß und macht ihn um so schmerzlicher.

Vollständige Heilung hängt davon ab, ob wir aufhören können zu kämpfen. Ich werde in den folgenden Kapiteln mehr darauf eingehen, was dies bedeutet. Sie sind so angeordnet, daß sie die wesentlichen Stufen darstellen, auf denen ein Mensch von der Konditioniertheit zur Freiheit gelangen kann. Mit dem Fall jeder weiteren Grenze wird sich eine neue Perspektive auftun. Die Lektüre eines Buches kann Sie nicht freimachen, aber es kann Ihnen die Einsicht geben, was Sie zurückhält. Verständnis und Erfahrung sind die beiden Beine des Heilungsprozesses, den wir Schritt um Schritt durchlaufen. Auf diese Weise entdeckt das von Angst verkrüppelte Ich ohne Zwang und Druck die unterdrückte Kraft der Wahrheit, die ihm so lange vorenthalten wurde.

Bessere Bilder im Gehirn

Bis hierher habe ich ein recht düsteres Bild entworfen von Menschen, die leiden, ohne den Grund dafür zu wissen, und die Linderung suchen, ohne sie jemals zu finden. Aber diese Sichtweise ist sehr beschränkt, denn wenn wir die Dinge anders sehen, dann ändert sich das Bild völlig, dann ist die Natur eine ausnahmslos heilende. Sterne explodieren, aber ständig werden auch neue geschaffen; Zellen sterben ab, aber sie teilen sich auch wieder und erzeugen Nachkommen, die ihre DNS weitertragen (und auch fortentwickeln: bei all meinen so menschlichen Sorgen ziehe ich es dennoch vor, Mensch zu sein und keine Amöbe oder sogar der ansehnlichste Schimpanse).

Aus dieser Sicht erweist sich das Leben als ein Wunder der Erneuerung. Jegliche Ordnung, die sich ins Chaos auflöst, entsteht von neuem als eine andere Ordnungsform. Alles Leben, das dem Tod anheimfällt, wird ständig neu geboren. Wenn Patienten ein Bekehrungserlebnis durchmachen, so ist das, was sich bei ihnen wandelt, nicht die faktische Realität, sondern ihre Sichtweise der Dinge. Der Tanz von Sonnenstrahlen auf dem Meer, das saftige Grün eines Alpentales, die einfache Güte von Kindern oder die zerbrechlichen Hände einer alten Frau, die trotz aller Narben des Lebens ihre Anmut bewahrt haben – all diese Dinge bestehen unabhängig von unseren Gefühlsschwankungen und warten nur darauf, daß jemand an ihnen Freude empfindet.

Sobald wir gewahr werden, daß in der Natur Heilung und Zerstörung unzertrennlich verbunden sind, erhebt sich der Verdacht, daß alles Elend, das die Menschen empfinden, letztlich ein selbstzugefügtes ist. Wir sehen die Wolken, nicht aber den Regenbogen, und machen sie dafür verantwortlich, daß sie uns eine Depression bescheren. Ich glaube zwar mittlerweile, daß man das Problem auch so sehen kann, aber gleichzeitig muß ich gestehen, daß ich die Vorbehalte derer teile, die sich weigern, die Wirklichkeit so wahrzunehmen. Ihr Geist weist heftig jegliche Andeutung zurück, daß der so intensive und unkontrollierbare Schmerz von ihm selbst erzeugt wurde. Und doch entsteht dieser Schmerz durch die Geist-Körper-Verbindung. Es ist nur logisch, daß die Verbindung in beide Richtungen wirkt. Wenn man den Beweis hat, daß gewisse biochemische Substanzen im Gehirn ein Gefühl des Wohlbefindens vermitteln können, so kann die Existenz von anderen, die Depressionen verursachen, nicht geleugnet werden.

Der springende Punkt ist, daß gerade die Gehirne, die am meisten der Heilung bedürfen, voller falscher Substanzen stecken. Da es dazu erzogen wurde, die Welt als traurig und hoffnungslos zu sehen, wird für ein depressiv veranlagtes Gehirn jede Idee einschließlich der seiner eigenen Heilung nur der Anlaß für ein Depression sein. Wir mögen den inneren Heiler anfordern, so als wäre er eine Sache wie eine Dose Penizillin; dabei ist er abstrakt, ein Gebilde aus Worten und Erinnerungen. Er wohnt abgeschieden in der persönlichen Welt, die jeder von uns in seinem Inneren aufbaut und die sich von Mensch zu Mensch und von Minute zu Minute verändert.

Und dabei könnte man die Sache belassen – das Realitätsbild des Gehirns wird von seiner Chemie bestimmt –, nur haben wir heutzutage synthetische Substanzen, die diese Chemie drastisch beeinflussen und damit unser Weltbild von Grund auf verändern können. Ein depressiver Mensch schluckt eine Pille, und plötzlich erscheinen die anderen Menschen freundlicher und weniger bedrohlich; Situationen bieten sich ihm weniger hoffnungslos dar; die Farben sind heller, die Klänge werden voller. Solch eine dramatische Veränderung tritt nicht immer ein, aber der Bereich der bewußtseinsverändernden Drogen hat sich so rasch ausgedehnt, daß erstmals die Wissenschaft womöglich in der Lage ist, uns die erwünschte Wirklichkeit in einer Ampulle zu servieren.

Peter Kramer, ein Privatpsychiater in Providence, Rhode Island, erzählt die Geschichte einer Frau, die ihn vor Jahren wegen einer chronischen Depression aufsuchte. Sie war eine höhere Angestellte, die vor lauter Arbeit und Leistungswillen kaum Zeit für persönliche Kontakte hatte. Ihr Privatleben, sofern sie darauf überhaupt Zeit verschwendete, bestand aus einer hoffnungslosen Affaire mit einem verheirateten Mann. Sobald andere Männer sich ihr zu nähern versuchten, gab sie Signale, die diese auf Abstand hielten.

Kramer war nicht gebeten worden, diese Frau zu behandeln, die bereits therapeutische Fortschritte bei einem Kollegen machte; seine Funktion war nur, ihr ein Medikament zu verschreiben, was er in Form eines herkömmlichen Antidepressivums tat. Das Medikament schien anzuschlagen. Ihre Symptome nahmen merklich ab; sie schlief und aß besser; sie hatte weniger Weinkrämpfe als zuvor. Und dennoch hätte niemand behaupten könne, daß diese Frau ein normales Leben führte. Kramer notierte sich den Fall als eine teilweise Heilung und gab die Hoffnung nicht auf, daß irgendetwas mehr für sie getan werden konnte.

Zwei Jahre darauf erschien ein neues Antidepressivum namens Prozac – der Markenname für den Wirkstoff Fluoxetin – auf dem Markt, begleitet von erstaunlichen Berichten über seine Wirksamkeit. Vom chemischen Aufbau her war Prozac keine radikale Neuerung in der Familie der Triciclics, aber es hatte eine spezifischere Wirkung. Es half bei der Normalisierung der Aktivität einer Hirnsubstanz namens Serotonin, eines der wichtigsten Botenmoleküle oder auch Neurotransmitter, mittels derer eine Nervenzelle mit der anderen kommuniziert.

Kramer beschloß, der Patientin während einer Probephase Prozac zu verschreiben. Eine dramatische Veränderung war das Ergebnis. Nachdem sie zunächst aufgedreht und euphorisch geworden war, stellte sich ein Zustand ein, der gerade nur etwas energievoller und optimistischer war als der vorige. Dieser leichte Schub war jedoch ausreichend, um ihr Leben völlig zu verändern. Sie wurde flexibler am Arbeitsplatz. Sie hörte auf, feindselige Signale abzugeben und Männern immer nur im Arbeitston zu begegnen. Das Ergebnis war ein Senkrechtstart ins Amüsierleben. »Drei Rendezvous am Wochenende«, rief sie aus, als sie in Kramers Praxis kam. »Ich muß wohl ein Mal auf der Stirn haben.« Sie löste sich aus ihrem bisherigen Freundeskreis, in dem die Beziehungen auf der Grundlage ihrer Depression bestanden hatten, und fand neue Freunde, die ebenso lebhaft waren wie sie.

Es war das klassische Beispiel dafür, wie die Wirklichkeit eines Menschen durch die Veränderung seiner Hirnchemie verändert werden konnte. Kramers Gefühle waren gemischt. »Das Urteilsvermögen der Patientin blieb erhalten, der zusätzliche Schwung schien ihren Tagesablauf nicht zu beeinträchtigen – aus ihrer Sicht eher das Gegenteil –, aber ich fühlte mich nicht wohl bei der Sache. Ich erlebte das Medikament als etwas, das der Patientin quasi einen fremden Lebensstil aufgepropft hatte.« Kramer konnte sein Unbehagen nur so ausdrücken, daß das Prozac irgendwie die Persönlichkeit »beeinflußt« habe, doch ist das ein recht nichtssagendes Urteil. War es ihr Los zu leiden? Wenn ja, dürfen wir ihr dann nicht etwas von dieser Bürde abnehmen, damit sie weniger leidet?

Andere Psychiater stehen mit ratlosem Blick vor der Apothekentür. Wir sind eindeutig an einem Wendepunkt angelangt. Der Tag ist vielleicht nicht mehr fern, wo wir nicht im klinischen Sinne depressiv sein müssen, um solche Drogen nehmen zu dürfen. Ein bekannter New Yorker Arzt meinte: »Tatsache ist, daß wir alle depressiv sind. Die ganze Welt ist depressiv. Ich kenne keinen Menschen, der es nicht wäre.« Sollen wir also der ganzen Welt Prozac verschreiben.

Daß man noch nicht Wirklichkeit in Ampullen verkauft, hat hauptsächlich taktische Gründe. Vor Prozac waren die meisten bewußtseinsverändernden Drogen hochgiftig, führten zu Abhängigkeit oder hatten andere unliebsame Nebenwirkungen. Amphetamine erzeugen ein Gefühl erhöhter Wachheit, Konzentrationsfähigkeit und kreativer Leistungskraft, doch bewirken sie auch Geistesgestörtheit. Valium und die ihm verwandten Beruhigungsmittel vertreiben leichte Angstzustände, doch sind sie suchterzeugend. LSD und ein breites Spektrum anderer Halluzinogene erlauben visionäre Erlebnisse, bisweilen von höchster Intensität, aber sie verzerren die Sinneseindrücke so sehr, daß nur wenige Menschen unter ihrem Einfluß noch ein normales Leben führen können. In allen diesen Fällen kam das Hochgefühl mit dem hohen Preis, sich auch sehr schlecht fühlen zu müssen.

Im fortgeschrittenen Alter gestand der französische Existenzialist Jean-Paul Sartre, daß er sein letztes Buch unter dem Einfluß von Amphetamin geschrieben habe. Obwohl er sich bewußt war, daß er sein Gehirn zerstörte und sein Leben verkürzte, zog er die erhöhte schriftstellerische Brillanz, die ihm die Droge verlieh, vor. In den USA, wo Ärzte vorsichtiger mit gefährlichen Drogen umgehen, hätte Sartre wohl kaum diese Wahl treffen können; der Arzt, der ihm das Amphetamin verweigert hätte, würde zwar ein Buch auf dem Gewissen haben, aber kein Menschenleben. Können wir einem Menschen sein Extramaß an Genie verweigern, wenn erst einmal nichts mehr dafür zu bezahlen ist?

Heutzutage, wo die Toxidität bewußtseinsverändernder Drogen vermindert werden kann, tritt dieses Problem noch deutlicher hervor. Ein klareres, wacheres Gehirn ist ein offensichtlicher Vorteil im Leben; wollen wir es jemandem verweigern, so müssen wir sehr gute Gründe dafür haben. Prozac verändert angeblich das Selbstgefühl so unmerklich, daß manche Patienten den Wecker stellen müssen, um sich an die Einnahme zu erinnern. Sonst vergessen sie, daß die glückliche, energievolle Persönlichkeit, in der sie jetzt stecken, vorher nicht existierte.

Obwohl Ärzte heute noch Einwände ethischer Art haben mögen, ist es wahrscheinlich, daß sie allmählich nachgeben und synthetische Verstärker der Gehirnfunktion mehr oder weniger auf Nachfrage verschreiben werden. Der einzige denkbare Grund, jemandem ein glücklicheres Gehirn zu verweigern, wäre der, daß ihnen dafür etwas noch Besseres entgeht. Was aber könnte besser als Glück und Kreativität sein? Die Antwort ist, *echtes* Glück und Kreativität von einer Art, die nicht verschwindet, wenn man einmal vergißt, den Wecker zu stellen.

Anstatt das Gehirn als ein Netzwerk chemischer Schaltstellen anzusehen, das wie ein Bildschirm heller oder dunkler geregelt werden kann, sollten wir noch gründlicher seine Rolle als Schöpfer erforschen. Wenn wir alle Miterzeuger der Wirklichkeit sind, dann ist unser Lebenszweck nicht lediglich, klar, wach und einfallsreich zu sein, sondern die Gestaltung einer ganzen Existenz. Wenn das Gehirn das besser tun könnte, dann wäre dies eine echte Verstärkung, die weit über die synthetische Schubkraft einer bewußtseinsverändernden Pille hinausginge.

Nicht die Dinge »da draußen« sind wesentlich, ungeachtet dessen, wie fröhlich man sie erleben mag, sondern der uns innewohnende »Erkenner«. Ohne ihn gibt es kein Licht, keinen Klang, keine Berührung, keinen Geruch und keinen Geschmack. Um diese Dinge zu erzeugen, bedarf es der ureigenen Zauberkunst eines jeden von uns, die uns so in ihren Bann schlägt, daß wir uns eher als Zuschauer denn als Zauberkünstler empfinden.

2 Die Linse der Wahrnehmung

Es war einmal ein Mann, der starb, weil ich etwas zu ihm sagte. Es war ein Notfall, den ich einmal Arthur Elliott nennen werde. Herr Elliott war Rechtsanwalt, etwas über Dreißig. Er kam nach Mitternacht in die Notaufnahme eines Bostoner Vorortkrankenhauses, allein, in einem zerknitterten Schlafanzug. Sichtlich erschrocken, kündigte er auf der Station an, daß er gerade eben aus tiefem Schlaf mit einem plötzlichen, unerträglichen Schmerz aufgewacht sei. Er hatte abgewartet, hatte kaum zu atmen gewagt. Nach einigen Minuten hatte der Schmerz nachgelassen, aber er war aus dem Bett gesprungen und hatte das nächstgelegene Krankenhaus aufgesucht. Der junge Notarzt nahm rasch eine Untersuchung vor, konnte aber nichts feststellen. Da ihm Herr Elliott erzählte, er habe nie Herzbeschwerden gehabt, sagte er zu ihm, daß der Schmerz womöglich durch einen Krampf der Brustmuskulatur verursacht worden sei.
Herr Elliott protestierte: »Aber es war so, als hätte man mich erdolcht!«
Der Notarzt versicherte ihm, daß eine Herzattacke typischerweise mit dumpfen, pressenden Schmerzen beginnt und nicht mit einem scharfen Stich. Auch hatte Herr Elliott keinerlei Anzeichen von Schwindelgefühl, Übelkeit, plötzlicher Schwäche oder Atemnot – was alles auf eine Attacke hinweisen könnte. Herr Elliott bekam den Rat, am Morgen zurückzukommen; man würde dann eine Reihe von Untersuchungen durchführen.
Er ging widerstrebend nach Hause, aber innerhalb einer Stunde traten die stechenden Brustschmerzen erneut auf. Er raste in panischer Angst zurück in die Notaufnahme. Da ich Nachtdienst hatte, wurde ich geweckt, damit ich ihn mir anschaute. Im Vorbeigehen sagte der Notarzt, daß Herr Elliott »etwas streitsüchtig« sei. Der Mann, den ich im Wartezimmer vorfand, sah bleich und verschreckt aus. Er zuckte zurück, als ich seine Brust mit dem Stethoskop berührte.
»Entspannen Sie sich«, sagte ich behutsam. »Das ist wahrscheinlich nichts, worüber wir uns Sorgen machen müssen.«
»Wir?« schoß er zurück und durchbohrte mich mit seinem Blick. »Ich bin derjenige, der hier sterben könnte.«

Wortlos beugte ich mich zu ihm hinab, um seinen Herzschlag zu hören. Er klang etwas rasch, war aber sonst normal. Um sicher zu gehen, ließ ich ein EKG anfertigen. Auch hier waren keine offenkundigen Anomalien festzustellen. Trotzdem beschloß ich, Herrn Elliott zur Beobachtung aufzunehmen, hauptsächlich deswegen, weil er in solch erregter Verfassung war.

Am nächsten Morgen, nach dem EKG, hatte ich etwas widersprüchliche Nachrichten für ihn:»Ich habe unseren Kardiologen gebeten, sich ihre beiden EKGs anzusehen, und da ist ein sehr kleiner Unterschied zwischen letzter Nacht und jetzt. Es könnte bedeuten, daß Ihr Herzmuskel während der beiden Schmerzperioden einen geringfügigen Schaden erlitten hat.«

Ich wollte Herrn Elliott gerade sagen, daß offensichtlich keine unmittelbare Gefahr bestand. Ein ansonsten gesundes Herz kann solche kleinen Schäden ohne weiteres beheben. Manche Wunden heilen einfach, andere werden abgeriegelt, und das Herz arbeitet um sie herum weiter. Aber bevor ich ihm das sagen konnte, explodierte er. Seine Augen quollen vor Wut hervor, und er fing an zu brüllen.

»Das ist unglaublich! Sie kümmern sich einen Dreck um mich. Ich hätte Ihretwegen auf der Stelle tot umfallen können, aber das lasse ich Ihnen nicht durchgehen! Ich werde Ihnen das Handwerk legen.«

Er war fast besinnungslos vor Wut, aber es war klar genug, daß er mir und der ganzen Station einen massiven Schadensersatzprozeß anhängen wollte. Um seine Drohung wahrzumachen, griff er zu seinem Zimmertelefon und begann, seine Kollegen anzurufen, wobei er sich mehr und mehr erregte. Ich bat ihn, doch den Versuch zu machen und sich zu beruhigen. Als sein Blutdruck rapide anstieg, verabreichten wir ihm die stärksten Blutdruck- und Beruhigungsmittel, die wir dahatten. Nichts fruchtete. Er war außer Kontrolle, in die Welt seines Wahns geraten.

Eine Stunde später, während er noch ins Telefon wütete, fühlte er erneut die stechenden Schmerzen, diesmal mit solcher Heftigkeit, daß er zusammenbrach. Die Stationsschwester, die ihn fand, konnte keinen Pulsschlag feststellen. Binnen zwei Minuten war ein Defibrilliergerät zur Stelle mit allem Drum und Dran, aber alle Wiederbelebungsversuche waren erfolglos.

Meine unmittelbare Reaktion, als ich erfuhr, daß wir ihn verloren hatten, war völlige Bestürzung. Natürlich ist jeder Patient besorgt, wenn er hört, daß er möglicherweise eine Herzattacke gehabt hat. Aber eine Bemerkung wie »für Ihr Herz ein geringfügiger Schaden«, die mir doch sehr behutsam erschien, führte zu einer Katastrophe, als sie Herrn Elliott erreichte. Sie löste eine Kettenreaktion aus, die niemand aufhalten konnte, am wenigsten Herr Elliott.

Immer wenn in einem Krankenhaus plötzlich der Tod eintritt, wird eine ausführliche Autopsie vorgenommen. In diesem Fall wurde als Todesursache eine Myokardruptur angegeben – ein abgestorbener Teil des Herzmuskels war aufgerissen, allem Anschein nach infolge des heftigen Krampfes, und hatte den Tod herbeigeführt.

Das abgestorbene Gewebe war noch nicht vernarbt, was bedeutete, daß der Schaden erst vor kurzem aufgetreten war. Dennoch war nicht mit Genauigkeit zu bestimmen, ob seine beiden Schmerzepisoden diesen Schaden verursacht hatten. Die Autopsie hatte erbracht, daß Herrn Elliotts Arterien »sauber« waren. Wir wußten bereits, daß Herr Elliott nicht geraucht und auch keinen hohen Blutdruck gehabt hatte, die zwei wesentliche Risikofaktoren für Herzattacken darstellen. Der Herzmuskel wies keinen essentiellen Fehler, wie zum Beispiel eine beschädigte Klappe, auf, und es gab auch keine Hinweise auf eine Infektion. Mit anderen Worten: Er war so sicher gewesen, wie man es sich eigentlich wünschen konnte – bis sein Herz beschloß auseinanderzureißen.

Es war mir nie in den Sinn gekommen, daß ein Wort töten konnte. Vom physikalischen Standpunkt aus ist ein Wort nur ein schwacher Klang. Es also als Ursache eines Herzversagens anzusehen, ist absurd, es sei denn, man ist willens, sein eigenes Glaubenssystem radikal auszuweiten. Ich habe davon gelesen, daß auf Neu Guinea die Eingeborenen einen Baum fällen können, indem sie sich um ihn herum aufstellen und ihn aus voller Kehle anschreien. Dann gehen sie fort, und wenn sie nach einigen Wochen zurückkommen, ist der Baum von selbst umgefallen. Im Alten Testament finden wir den Bericht, daß Josua die Schlacht um Jericho gewann, indem er seine Soldaten so lange die Posaunen blasen ließ, bis die Stadtmauern einstürzten. Als ich an Herrn Elliott dachte, begann ich zu glauben, daß da ein ähnliches Wunder stattgefunden hatte.

Ein Grund dafür, daß ein sehr feiner Stimulus jemanden töten könnte, ist, daß das menschliche Herz ohnehin mehr als genug Kraft besitzt, um sich zu zerstören. Obwohl es kaum größer ist als eine Männerfaust, erbringt das Herz eine Tagesleistung, die dem Heben eines Gewichts von einer Tonne auf die Höhe eines fünfgeschossigen Gebäudes entspricht. Gewöhnlich ist diese enorme Kraft gezügelt. Aus der Nähe besehen, ist jedoch selbst der leichteste Schlag des Herzens schon recht gewaltsam – das Herz versucht buchstäblich mit jedem Schlag, aus dem Brustraum herauszuspringen, und wird nur dadurch aufgehalten, daß die Herzspitze abrupt gegen die Brustwand stößt.

Glücklicherweise ist in jedem von uns eine gewaltige Anzahl von Sicherheitsmaßnahmen getroffen worden. Die Natur bewahrt ganz besonders unsere Herzen vor der Selbstzerstörung, beginnend in dem winzigen Hirnbereich des Hypothalamus, der kaum größer ist als die Kuppe unseres kleinen Fingers, der aber sorgfältig Dutzende von Körperfunktionen regelt, einschließlich Blutdruck und Herzrhythmus. Darüber hinaus ist der Vagus, einer der zehn Hirnnerven, dafür zuständig, ein heftig schlagendes Herz zu beruhigen und auf Normal zurückzubringen. Innerlich ist das Herz durch seine eigenen Schrittmacherzellen und ein elektrisches System geschützt, für den Fall, daß das Gehirn durch Krankheit oder Verletzung außer Gefecht gesetzt wird. Und doch, so ausgefeilt sie auch war, trat bei Herrn Elliott in dieser narrensicheren Maschinerie eine Panne auf, ausgelöst durch das Nichts eines Gedankens.

Die Welt als Spiegel unserer selbst

Der genaue und objektive Befund des Leichenbeschauers »Todesursache ›Myokardruptiur‹« gab auch nicht den leisesten Hinweis darauf, wie das Unglück zustandegekommen war. Es lieferte lediglich ein konventionelles Etikett für das Ergebnis. Hätte der Befund gelautet »Todesursache: verzerrte Wahrnehmung der Situation«, so wäre man der Wahrheit nähergekommen.

Eine Kamera zeichnet ein Ereignis auf, indem sie Lichtimpulse aufnimmt und sie in Abbilder umwandelt. So aber arbeiten unsere Sinne nicht. Wir nehmen wahr, was bedeutet, daß wir jedem zu uns gelangenden Signal eine Bedeutung zuschreiben. Es ist für eine Kamera unerheblich, ob da irgendwo ein rotes Licht blinkt. Wenn wir aber ein solches Licht sehen, wissen wir, daß Vorsicht geboten ist. Wahr-nehmung ist der erste und wichtigste Schritt, um aus den Rohdaten des Universums Wirklichkeit zu gestalten. Weltanschauen ist beileibe nicht der passive Akt, als welchen wir es ansehen; denn wenn wir etwas betrachten, so sehen wir es gefärbt durch die Brille unserer höchstpersönlichen Erfahrungen.

Wenn ich mich niedergeschlagen fühle und in die Dämmerung blicke, so sickert meine Stimmung in die Dämmerung hinaus und läßt sie traurig und einsam erscheinen. Bin ich fröhlich, ist dieselbe Dämmerung eine Widerspiegelung meiner Freude. Dieses Verschmelzen von »Ich« und Außenwelt gibt der Linse der Wahrnehmung ihre magische Eigenschaft. Einfach, indem ich höre, sehe, rieche, schmecke und ertaste, mache ich die Welt zu *meiner* Welt.

Eine Grenze dafür, wieviel Bedeutung wir in die Daten hineininterpretieren wollen, gibt es nicht. Es ist absolut möglich, Haßliebe für eine Reihe willkürlich ausgewählter Zahlen zu empfinden, wie es von einem Psychologie-Team an der Universität Harvard nachgewiesen wurde. Das Team lud Studenten ein, ein Geldwettspiel mit einem Partner zu spielen. Die Spielregeln waren einfach: »Du und dein Partner, ihr habt beide zwei Knöpfe, die ihr drücken könnt und die mit 1 und 0 gekennzeichnet sind«, sagten die Experimentatoren. »Wenn beide auf 0 drücken, bekommt keiner etwas. Wenn beide 1 drücken, bekommen beide etwas. Drückst du dagegen auf 0 und dein Partner auf 1, dann bekommst du zwei Dollar und er nichts.«

Der Zweck des Spiels, so sagten sie, war festzustellen, ob Menschen bereit sind zu kooperieren, um einen kleinen Gewinn zu machen, anstatt einander in der Hoffnung auf größeren Gewinn auszutricksen. Den Studenten wurde gesagt, daß sie in verschiedenen Räumen sein würden, so daß sie ihren Partner nicht sehen und ihm so Zeichen geben oder ihre Gefühle im Spielverlauf zeigen konnten. Das Spiel begann, und nach einer festgelegten Zeit kam jeder Spieler heraus.

»Kannst du«, stellte man ihnen dann die Frage, »auf der Grundlage dieses Spiels beurteilen, was für eine Person dein Partner ist?«

»Er ist hinterhältig«, kam die typische Antwort. »Zuerst habe ich die ganze Zeit auf 1 gedrückt, so daß wir beide etwas gewannen, aber dann wurde er gierig, und nach nur ein paar Malen drückte er auf 0, gerade, als ich es am wenigsten erwartete. Und dann habe ich auch angefangen, auf 0 zu drücken.«

»Aber dann habt ihr ja beide nichts bekommen«, meinten die Experimentatoren.

»Was konnte ich sonst tun?«, fragten die Studenten. »Er hat versucht, mich zu betrügen. Also mußte ich ihm eine Lehre erteilen.«

Jede Versuchsperson hatte ihre eigene Geschichte von Betrug und Gier, von kurzen Rückfällen in die Zusammenarbeit, gefolgt von rachsüchtigem Verhalten oder reiner Irrationalität. Sie mögen mittlerweile bereits ahnen, daß es in Wirklichkeit gar keinen Partner gab. Jeder Student spielte gegen eine computererzeugte Zufallssequenz von Nullen und Einsen. Alle fielen jedoch auf den Trick herein. Und jeder Spieler zeichnete ein ausführliches psychologisches Porträt eines Partners, dessen jeweiliges Verhalten das ganze Spektrum zwischen »sadistisch« und »brillant manipulierend« ausfüllte.

Daraus erhebt sich eine beunruhigende Frage: Wenn meine Wahrnehmung nur ein Bündel von Zufallserfahrungen ist, durch die ich eine im Grunde willkürliche Welt erlebe, wie wirklich bin ich dann? Vielleicht hat meine so ausgeprägte Persönlichkeit gar keinen festen Mittelpunkt. Ich könnte ja eine Ansammlung von zusammengetragenen Gewohnheiten und Neigungen sein, ein wandelnder Weltdeuter, der Spinat mag, aber Pfefferschoten haßt; der von Jazz fasziniert ist, aber Wagner nicht ausstehen kann; und so fort.

Zweifellos haben wir uns alle aus den Tupfern auch der unbedeutendsten Erfahrungen gemalt und gebildet. Auch Herr Elliott erhielt nicht mehr und nicht weniger, und er starb daran. Was ich zu ihm sagte, war nichts Welterschütterndes, aber es erschütterte *seine* Welt – ein Tupfer zuviel. Die Aussage »an Ihrem Herz ein geringfügiger Schaden« schien ihn in eine chaotische Privatwelt zu stürzen, in der er aber bereits bis zum Halse steckte. Die Heftigkeit seiner Reaktion war der bloße Ausbruch der aufgestauten Gewalt, die in ihm kochte.

Der verborgene Zorn und Schmerz des Ich entgeht oft der Aufmerksamkeit auch dann, wenn ein enormer Druck erzeugt wird. Das Zurückhalten negativer Gefühle, was ja die meisten von uns tun, verbiegt die innere Wirklichkeit; wie sehr auch der Verstand diese Energie verdrängt, ist sie dennoch ständig spürbar.

Ich war gerade dabei, eine junge Frau zu untersuchen, bei der einige Monate zuvor Lungenkrebs festgestellt worden war. Ich befragte sie gerade über ihre Kinderkrankheiten, als sie plötzlich trotzig hervorstieß: »Egal, was Sie mir raten, sagen Sie mir nicht, daß ich mit dem Rauchen aufhören soll!«

»Warum nicht?« fragte ich verblüfft.

Die Frau antwortete: »Weil der Lungenkrebs, den ich habe, nichts mit Rauchen zu tun hat.«

Da sie ein Haferzellenkarzinom (Bronchialkarzinom) hatte, war ihre Aussage rein klinisch exakt; diese Krebsart ist nicht das Plattenepithelkarzinom, das auf Zigaretten zurückgeführt wird. Bevor ich ihr antworten konnte, daß es mir gleichgültig war, ob sie rauchte oder nicht – unter den gegebenen Umständen war dies das geringste ihrer Probleme –, fügte sie hinzu: »Das Leben ist nichts wert, wenn man es nicht genießen kann, und Rauchen genieße ich!«

Irgendwo in mir klickte etwas, das eigentlich nicht klicken soll, wenn ein Arzt mit einem Schwerkranken spricht.

»Sie genießen es, Ihr Essen nicht zu schmecken?« fragte ich sie. »Und Sie genießen es, die Blumen nicht mehr riechen zu können, ständig einen üblen Atem zu haben, fast gefühllose Fingerkuppen und einen Blutdruck, der so hoch ist, daß er wahrscheinlich so gefährlich ist wie der Krebs?«

Kaum war ich mit meiner Rhetorik zuende, da fühlte ich mich beschämt, aber gleichzeitig war ich zutiefst frustriert. Wie können Menschen etwas »genießen«, wenn sie doch genau wissen, daß es ihnen schadet?

Am Rande der Tränen, hatte sie dennoch das letzte Wort. »Diktieren Sie mir nichts. Ich weiß, was ich will!«

Sie warf mir ihr Ego, ihr unabdingbares Recht, »Ich« zu sein, ins Gesicht. Allein die Weise, wie sie das »Ich« betonte, ließ mich zusammenzucken. Dieses verlorene Ich hatte so viel durchgemacht, hatte solch schreckliche Fehler begangen und war auf dem Weg in eine unausweichlich düstere Zukunft. Woran konnte sie sich noch festklammern? »Ich« war ihr Anker in der Wirklichkeit, und niemand lichtet diesen Anker, es sei denn, er ist so in die Enge getrieben, daß sein Geist sich losreißt und sich auf »die gefahrvolle Reise der Psychose« begibt, wie Freud es nannte.

Das Ego hat eine bedenkliche Weise, gegen sein eigenes Interesse zu handeln, Gutes zu Bösem und Böses zu Gutem zu verdrehen. Es scheint der menschlichen Natur eigen zu sein, daß sich der Geist in einen bewußten und einen unbewußten Bereich aufspaltet, diese Bereiche wiederum in Unterbereiche zu unterteilen und schließlich Tausende von Abteilungen in diesen Unterbereichen zu erzeugen. Wie ein ehrgeiziger König, der einen Palast so schnell baut, daß er gar nicht jeden Raum betreten kann, hat unser Geist in seinem eigenen Labyrinth, seinen Verließen und spukerfüllten Dachkammern die Spur verloren.

In einigen Kammern sind jedoch Dinge verborgn, die eindeutig zu schmerzlich sind, als daß wir sie ausdrücken oder uns mit ihnen auseinandersetzen wollten. Wir riegeln sie ein, um Konflikte zu vermeiden, die unerträglich wären. Wie ein Neugeborenes, das in seine Windeln gewickelt wird, legt sich Schicht um Schicht der Erfahrung um das Selbst, bis »Ich« ganz verwirrt bin, wer »Ich« eigentlich bin.

Kein Licht ohne Auge

Bis hierher habe ich alles getan, um die Wahrnehmung als etwas höchst Pesönliches erscheinen zu lassen, wandelbar, illusionär, willkürlich und nicht vertrauenswürdig. Für einen Forscher auf diesem Gebiet mag diese Behauptung seltsam klingen, denn der Trend der letzten Jahre war überwiegend der, die Sinne weniger im psychologischen als im mechanischen zu »erklären«. Über den Sehsinn haben wir erfahren, daß ein menschliches Auge auf seiner Netzhaut etwa 125 Millionen Stäbchen und sieben Millionen Zapfen besitzt. Die Stäbchen sind zuständig für die Sicht bei Nacht, die Zapfen für die Sicht bei Tag. Niemand weiß, warum wir fast zwanzigmal mehr Rezeptoren für Mondlicht als für Sonnenlicht haben, aber das ist nun einmal so.

Diese speziellen Rezeptoren sind direkte Terminals des Gehirns, und jeder reagiert nur auf eine ganz spezielle Wellenlänge. Wenn ein Photon eine Netzhautzelle erreicht, löst es dort einen chemischen Prozeß aus, der wiederum über den Sehnerv, einem Bündel aus 800 000 zu einem regelrechten Kabel zusammengepackten Nervenfasern, einen elektrischen Strom in Richtung des visuellen Kortex fließen läßt. Während der Verarbeitung der ersten visuellen Impulse bleiben die von jedem Auge gesandten Bilder im Gehirn noch getrennt; erst am Ende werden sie zu einem dreidimensionalen Bild verbunden. Und auch dann gibt es in unserem Gehirn noch kein Bild der Welt. Das Bild eines Baumes ist beispielsweise lediglich ein Code elektrischer Daten. Und dennoch ist der visuelle Kortex eindeutig eine Art Bildschirm, auf dem sich gewisse Aspekte des Baumes abzeichnen. Die Elemente des Bildes, die vertikaler Art sind, werden von Zellen aufgezeichnet, die vertikal angeordnet sind; dasselbe gilt für die horizontalen Elemente.

Die Mechanik des Auges ist mittlerweile so gut erforscht, daß sie imitiert werden kann: Man hat Roboteraugen entwickelt, die Licht wahrnehmen und es an einen Computer zur Verarbeitung weiterleiten können. In manchen Fällen ist das Sehvermögen der Roboter so ausgefeilt, daß es Farbe, Textur und Form erkennen, Objekten in ihrer Bewegung folgen und nahe oder entfernte Objekte fast genauso unterscheiden kann wie unsere eigenen Augen. Das einzige Problem an dem entschlüsselten Sehcode ist, daß die Erfahrung des Sehens völlig außer Acht gelassen wurde. Roboteraugen langweilen sich niemals darüber, was sie sehen, oder sind von Schönheit verzückt. Sie ziehen nicht Karmesinrot dem

Scharlachrot vor oder umgekehrt. Sie vertiefen sich nicht in die Sanftheit der Schatten auf Tizians Gemälden oder in das Melodramatische eines Caravaggio. Keine der Eigenschaften des Lichts, die im menschlich-persönlichen Sinn wirklich etwas bedeuten, kann in mechanische Begriffe übertragen werden.

Die Mutter eines meiner Freunde ist alt geworden und verliert, wie dies oft geschieht, die Haare. Das dünne Greisenhaar auf ihrem Kopf verstörte die einmal sehr hübsche Frau, und als sie fast achtzig Jahre alt geworden war, entschloß sie sich schließlich, eine Perücke zu tragen. Mein Freund wollte seine Mutter aufmuntern, und so lud er sie zu einem Fest ein, wo viele bekannte Persönlichkeiten zugegen sein sollten. Die Gesellschaft war brillant, und die Mutter schien sehr beeindruckt zu sein.

»Waren diese Leute nicht faszinierend?« fragte er nachher.

»Sehr beeindruckend«, murmelte sie. »Und hast du gesehen, wie voll ihr Haar war?«

Wir alle sehen die Welt in genau dieser subjektiven Weise. Wenn wir einen Raum betreten, so sehen wir das, was für uns interessant ist, und sondern aus, was uns gleichgültig ist. Wir sehen auch das, was unsichtbar ist – in den einen dort drüben waren wir einmal verliebt, ein anderer ist ein notorischer Schwachkopf; diese Vase muß ein Vermögen gekostet haben (ich frage mich, woher sie das Geld haben), dieses Gemälde sieht sehr nach einer Fälschung aus. Ein Rasterbild des visuellen Kortex kann so gut wie gar nichts über die geheimen Beziehungen aussagen, die das Licht dem Auge enthüllt, genauso wenig wie die Konstruktionszeichnung eines Klaviers eine Aussage darüber machen kann, wie Musik uns verzückt.

Der einzige Grund, warum von einem Roboterauge überhaupt behauptet werden kann, es sehe, ist, daß es vom Menschen gebaut wurde. Jedes Teil ist so entworfen worden, daß es einem menschlichen Zweck entspricht. Könnten wir einen Vordergrund nicht von einem Hintergrund unterscheiden, so würde kein Roboterauge je zu diesem Zweck gebaut worden sein, keine Software würde diesem Unterschied Rechnung tragen. Selbst wenn ein Roboterauge das perfekte Gegenstück zu einem Menschenauge wäre, einschließlich des Kortex, würde es dennoch blind sein. Das Licht, das es erfüllt, ist *mein* Licht.

Diese Erkenntnis dämmerte mir, als ich das Buch »Laterna Magica« las, die Autobiographie des schwedischen Regisseurs Ingmar Bergman. Bergman hörte auf, Filme zu drehen, bevor er siebzig wurde, eine Entscheidung, mit der er trotz mancher Momente des Bedauerns seinen Frieden gemacht hat. Am meisten, so schrieb er, vermisse er die Zusammenarbeit mit Sven Nyquist, seinem langjährigen Kameramann. »Vielleicht, weil wir beide von der Problematik des Lichts gefangen sind, dem zärtlichen, gefährlichen, traumhaften, lebendigen, toten, klaren, dunstigen, heißen, heftigen, nackten, plötzlichen, dunklen, frühlingshaften, fallenden, durchdringenden, schrägen, sinnlichen, gedämpften, begrenzten, giftigen, besänftigenden, blassen Licht.«

Wenn ich der Kurve dieses langen, elegischen Satzes folge, so kann ich dabei all diese Eigenschaften des Lichts sehen. Wir alle können es, weil ohne uns das Licht sie nicht hätte. Es würde keine Helligkeit haben, keine Farbe, keine Tönung. Ohne »mein« Auge gibt es nichts zu sehen, nicht einmal Schwärze. Photonen würden willkürlich und sinnlos durch die Leere tanzen, niemals etwas hervorheben, niemals Licht werden. Im Raum des Kosmos ist das Licht unsichtbar; wenn es auf einen Gegenstand trifft, prallt es zurück auf eine neue Spur, aber es wird deswegen nicht sichtbar. Die Sonne strahlt nicht, auch nicht die Sterne. Sie wären höchstens »Hitzeflecken«, die Energie verstrahlen würden, aber selbst dieser Begriff macht ohne unser Gefühl für Temperatur keinen Sinn.

Von selbst hat nichts »da draußen« eine Bedeutung. Wenn Forscher behaupten, sie hätten die Mechanik des Sehvorgangs entschlüsselt, so ist das, was sie gefunden haben, lediglich eine Landkarte, die nicht für die Wirklichkeit gehalten werden sollte. Eine Karte von Tahiti ist bedeutungslos, solange wir nicht begreifen, daß sie sich auf eine Insel bezieht, deren Berge, Küsten und Flüsse von Menschen »erfahren« wurden. Wir verzeichnen aber auf Landkarten keine Luftströmungen oder Hauptbrutplätze, die für Vögel relevant wären, obwohl sie ebenso zu dem wirklichen Tahiti gehören wie die Merkmale, nach denen wir Ausschau halten.

Die Landkarte ist nicht das Land. Jeder von uns hat Photographien gesehen, auf denen die Welt durch das Facettenauge einer Biene, Spinne oder Fliege abgebildet war. Jedes dieser Insekten sieht die Welt durch mehr als eine Linse, und die Photographien stellen daher eine Anordnung von zehn oder zwanzig Einzelbildern dar; meistens sind es Bilder von Blumen, und das Tier sieht die Blume angeblich so.

Diese zusammengesetzten Bilder geben jedoch nicht die tatsächliche Erfahrung aus Insektenperspektive wieder – sie zeigen einzig und allein, was ein Mensch sehen würde, blickte er gleichzeitig durch verschiedene Kameralinsen. In Wirklichkeit ist das Auge einer Pferdefliege in 20 000 verschiedene Augenzellen-Cluster unterteilt. Jedes von ihnen reagiert auf eine bestimmte Wellenlänge des Lichts oder auf verschiedene Chemikalien, die in der Luft schweben. Als Ergebnis ist das Bild der Welt, das im Nervensystem einer Pferdefliege entsteht, für uns unvorstellbar (was soll das schon bedeuten, eine Substanz in der Luft zu »sehen«?).

Das Gehirn eines Tümmlers ist fast so groß wie das eines Menschen, achtzig Prozent davon dienen jedoch der Verarbeitung von Geräuschen. Tümmler, Wale und Delphine haben einen ausgeprägten Hörsinn; einige Arten können den »Gesang« eines Artgenossen meilenweit durch das Wasser wahrnehmen. Die äußere Form eines Tümmlerohrs gibt mir Aufschluß über die Form seines Trommelfells, und wenn ich die winzigen Haarzellen innen im Ohr betrachte, so sehe ich Zellen, die denen in meinem Ohr verwandt sind. Diese ganze strukturelle Ähnlichkeit ist irreführend, denn die Erfahrung eines Tümmlers ist dem menschlichen Verstand nicht begreiflich, wie gut unsere morphologischen Kenntnisse auch immer sein mögen.

Ja, sogar der Begriff »Hören« ist mit Vorsicht zu genießen. Das Hören eines Tümmlers ist eher einem Sonar vergleichbar, ähnlich wie bei einer Fledermaus; es erzeugt aus den reflektierten Signalen eine Art dreidimensionales »Klangbild«. Ein Tümmler »hört«, wie groß ein Hai ist und in welche Richtung er sich bewegt. Mutmaßlich kann er auch »hören«, daß es Sommer ist, daß die Sonne niedrig am Horizont steht, daß ein Artgenosse grau ist und daß die Marsachse schräg auf der Marsbahn steht.

Klänge betrachten

Wenn alle Wahrnehmung persönlicher Art ist, wo beginnt dann die Wirklichkeit von gesehenen, gehörten, gerochenen, geschmeckten und berührten Dingen? Wir vertrauen auf unsere Augen, daß sie »wirkliche« Photonen sehen, und unseren Ohren, daß sie »wirkliche« Schwingungen hören, aber es ist leicht zu beweisen, daß dieses Vertrauen auf sehr wackeligen Füßen steht. In seinem tiefgründigen Buch über die Erfahrungswelt Tauber, »Seeing Voices«, erzählt der Neurologe Oliver Sacks die seltsame Geschichte von David Wright, einem Engländer, der meinte, hören zu können, bis er »sah«, daß er taub war.

Wright hatte sein Gehör in der frühen Kinderheit nach und nach verloren, war aber erst mit Sieben ganz taub geworden. Mit normalem Hörvermögen geboren, hatte der kleine Wright bereits sprechen gelernt und war daran gewöhnt, Menschen sprechen zu hören. Das erschwerte ihm festzustellen, daß er aus der Welt der Geräusche ausgeschlossen war. »Schon ganz früh hatten meine Augen unbewußt begonnen, Bewegung in Töne umzusetzen. Ich verbrachte den ganzen Tag an der Seite meiner Mutter und verstand alles, was sie sagte. Ganz spontan hatte ich ihr alles von den Lippen abgelesen. Warum auch nicht?« Mit anderen Worten: Wenn seine Mutter sprach, konnte Wright nicht ausmachen, daß ihre Stimme nicht wirklich war, denn wie alle anderen auch »hörte« er sie ja. »Es war eine Täuschung, die auch dann nicht verblaßte, als ich erfuhr, daß es eine solche war«, erinnert er sich. »Mein Vater, meine Vettern, alle, die ich einmal gekannt habe, behielten diese spukhaften Stimmen.«

Wrights Gehirn verwandelte sofort und automatisch den Anblick sich bewegender Lippen in Klänge. Diese »Projektionen aus Gewohnheit und Erinnerung«, wie er sie nannte, bestanden auch noch fort, als er das Krankenhaus verließ, wo man schließlich festgestellt hatte, daß sein Hörvermögen vollständig und unwiederbringlich verloren war. Dann kam der Wendepunkt: »Ich sprach eines Tages mit meinem Vetter und der – da kam plötzlich der Schalk über ihn – hielt sich beim Sprechen die Hand vor den Mund. Stille! Ich verstand ein für allemal, daß ich das, was ich nicht sehen konnte, auch nicht hören konnte.«

Warum sehen wir alle miteinander Stimmen nicht, sondern bewegen uns eher auf den ausgetretenen Trampelpfaden des Hörens? Viele Taube »hören« tatsächlich den Wind in den Bäumen, wenn sie die Zweige schwanken sehen. Irgendeine Schaltstelle in ihrem Gehirn wandelt die visuellen Signale in auditive um. Viele Blinde können gleichermaßen Gesichter »sehen«, wenn sie diese mit den Händen abtasten. Eine mentale Schaltstelle hat die taktilen Signale in visuelle umgewandelt. Auch unser eigenes Gehirn wäre dazu in der Lage, aber wir lassen nur allzu gern der Gewohnheit und der Erinnerung den Vorrang. Wir sehen durch unsere Augen und spüren durch unsere Finger, weil wir so konditioniert wurden. Ist diese Behauptung wirklich so unglaublich?

In seinem Roman »Walden« (Walden oder Hüttenleben im Walde) berichtet der amerikanische Schriftsteller Thoreau, daß er sich nach Anbruch der Nacht bisweilen im Hause eines Freundes in Concord aufhielt und dann ohne Laterne zu seiner Hütte in Walden Pond zurückgehen mußte. Auch wenn der Mond nicht schien und es stockfinster im Wald war, konnte er seinen Weg ohne weiteres »sehen«; ohne zu stolpern oder fehlzugehen, kam er nach mehreren Meilen zu seiner Hütte.

Da gibt es auch den Fall von Meyer Schneider, einem in Israel geborenen Blinden, dem es gelang, sein Sehvermögen durch selbsterarbeitete Augenübungen weitgehend wiederherzustellen. (Von seinem Lehrzentrum in San Francisco aus vermittelt er diese Methode heutzutage einer großen Gefolgschaft.) Obwohl sein Sehvermögen 20/70 beträgt, stellen Augenärzte bei der Untersuchung von Schneiders innerem Auge dieselben Defekte fest, die er immer gehabt hat.

Das ganze Konzept, daß wir genau fünf Sinne haben, ist überhaupt sehr willkürlich. Was den Tastsinn angeht, so schließen wir darin unsere Reaktion auf Wärme ein, Oberflächenbeschaffenheit, Druck, die Stellung unserer Glieder, die Erfahrung unseres Gewichts sowie den Schmerz – das alles sind Dinge, die wir »spüren«. Wenn das Nervensystem intakt ist, können wir sagen, daß wir nach Ansicht von Fachleuten sogar siebzehn Sinne haben. Wir benennen die meisten davon erst gar nicht, und manche werden ohnehin angezweifelt. Jeder scheint fähig zu sein, beispielsweise Pheromone (nach außen abgegebene Wirkstoffe, auch Lockstoffe) wahrzunehmen, besonders chemische Substanzen, die der Körper von sich gibt, wenn jemand Angst hat oder sexuell erregt ist, und die Zirbeldrüse in unser aller Gehirn ändert die Menge des von ihr ausgeschütteten Hormons je nach Sonnenstand im Jahresverlauf. Nur wenige »Auserwählte« zählen jedoch ESP (außersensorische Wahrnehmung) oder die Fähigkeit, Auren zu sehen, zu ihren Sinnen.

Die Wahrnehmung – zu diesem Schluß kommen wir also – ist unbegrenzt flexibel und dient dem Geist in jeder beliebigen Weise. Wir schaffen neue Welten innerhalb unserer persönlichen Weltanschauung, Welten, die unsere fünf Sinne dann als wirklich bestätigen. Die äußere Wirklichkeit kann sogar durch die Bewegung eines Handgelenks abgeschaltet werden. Ein befreundeter Psychiater berichtete mir, er sei einmal in der Innenstadt von Boston zu Hilfe gerufen worden: Ein Wagen war bei Rot an der Ampel stehengeblieben, war dann aber bei Grün nicht losgefahren. Ein Polizist kam zur Stelle und fand den Fahrer bewegungslos hinter dem Steuer. Er war offensichtlich das Opfer einer Herzattacke. Die Sanitäter, die wenige Minuten darauf eintrafen, stellten allerdings fest, daß der Fahrer noch lebte, nur war er katatonisch: Er reagierte nicht auf Licht, Klang oder Berührung, obwohl sich seine Pupillen weiteten, wenn man ihm mit der Taschenlampe in die Augen leuchtete. Er saß da wie eine Statue, seine Hände um das Lenkrad geklammert, so daß man sie mit Gewalt davon lösen mußte.

Als mein Freund den Mann erblickte, war ihm klar, daß dieser sich völlig in sich selbst zurückgezogen hatte. Es stellte sich später heraus, daß er nie psychisch auffällig gewesen war (was nicht die Möglichkeit ausschließt, daß er ein unerkannter Schizophrener war, von denen es viele gibt). Aus ihm eigenen Gründen hatte er beschlossen, Schluß zu machen, und sein ganzer Sinnesapparat kam mit einem Male zum Stillstand. Niemand hat bislang erforschen können, was Menschen eines Tages dazu bewegt, die Welt um sich herum auszuschließen. Auch von diesem Recht läßt sich Gebrauch machen, und sobald sie es einmal ausüben, ist alles, was sich außerhalb der mentalen Weltkugel abspielt, ohne Belang.

Vielleicht ist der Unterschied zwischen sieben und siebzehn Sinnen nicht so sehr bedeutsam, denn jeder Sinn ist ja lediglich ein Kanal für die eigentliche Aufgabe des Geistes, nämlich das Aussondern, Interpretieren und schließlich die Erzeugung von Wirklichkeit. Ein Neugeborenes fühlt sich völlig eins mit seiner Mutter und allen anderen Dingen. Obwohl seine Haut funktionierende Neuronen besitzt und sein Auge eine funktionierende Netzhaut, reichen die rein mechanischen Funktionen nicht aus, ihm das Gefühl seiner Individualität zu vermitteln. Das Anfassen und Sehen von etwas »da draußen« ist eine Art »Sich-selbst-Fühlen« oder »Sich-selbst-Sehen«.

Sich aus diesem symbiotisch-gestaltlosen Identitätsbrei herauszulösen, ist die hauptsächliche geistige Aufgabe des Neugeborenen während seiner ersten Lebensmonate. Wir alle haben das geschafft, einige wenige ausgenommen. Es gibt da beispielsweise manche Menschen, die in ihrer Kindheit autistisch waren und immer noch gelegentlich blitzartig die Empfindung haben, als seien sie wieder in diesen Brei hinein aufgelöst. Das Erlebnis des Verschmelzens mag für ein Kleinkind beseligend sein, für einen Erwachsenen ist es jedoch verwirrend und, sofern es andauert, sogar erschreckend.

Sobald einmal ein Sinnesorgan für eine spezielle Funktion ausgewählt ist, wird das, was es sieht, berührt oder hört, »wirklich«, aber gleichzeitig müssen Milliarden anderer Stimuli während des Auswahlprozesses ausgeschlossen werden. Wenn man einen anderen Menschen betrachtet, so sieht man weder das infrarote Licht, das von ihm ausgeht, noch das ihn umgebende elektrische Feld, die Magnetlinien, die sich um ihn biegen, oder das Zittern der Erde, wenn er sich bewegt – das alles sind Signale, die bei unseren Alltagssinnen keinen Einlaß finden; zumindest reagieren wir nicht bewußt auf sie.

Schlangen, Fledermäuse und Insekten sind jedoch auf diese Signale angewiesen und bewohnen daher eine Welt, die sich mit unserer zwar überschneidet, aber gleichzeitig recht anders ist. Ich stelle mir besonders gern die Welt aus der Sicht eines Chamäleons vor, dessen beide Augen sich unabhängig voneinander drehen können. Ein Lichtstrahl, der auf einen Tisch trifft, wäre für ein Chamäleon ein doppelter Strahl. Zwei Stühle wären nie eine Handbreit oder sonst wie weit voneinander entfernt, denn mit der Schwenkung eines Auges könnte das Chamäleon sie so weit voneinander entfernen, wie es will.

Jemand griff mich diesbezüglich einmal sehr scharf an: »Wenn ich die Augen eines Chamäleons hätte, könnte ich diese Tür da einen halben Meter weiter rechts sehen, aber da ist sie ja in Wirklichkeit gar nicht. Wenn ich durch diese so gesehene Tür gehen wollte, dann würde ich gegen die Wand rennen.«

»Aber bedenken Sie,« entgegnete ich, »das bedeutet nur, daß Sie Ihrem Tastsinn mehr vertrauen als Ihren Augen. Die Welt mag ja sehr überzeugend aussehen, aber das beantwortet nicht die tieferliegende Frage: Warum sollte man sich überhaupt auf irgendeinen seiner Sinne verlassen?«

Viele Wirklichkeiten

Wenn jeder ständig seine eigene innere Erfahrung erzeugt und die durch die Sinne gelieferten Rohdaten in vielfältiger Weise interpretiert, so ist das Anlaß genug, niemandem seine persönliche Version der Wirklichkeit abzuerkennen. Vor einer Generation war die herrschende Ansicht die, daß lediglich eine aus harten Fakten bestehende, materielle Wirklichkeit für alle zutraf. Heutzutage müssen wir uns mit der Tatsache vieler Wirklichkeiten anfreunden.

Es gibt die Geschichte eines britischen Anthropologen, der eine wissenschaftliche Exkursion nach Indien unternahm. Eines Abends kroch er durch den Dschungel und wurde Zeuge einer seltsamen Szene: Ein alter Heiliger tanzte in Ekstase im Wald. Er rannte zu den Bäumen und umarmte sie; er lachte, wenn die Blätter raschelten, und badete sein Gesicht mit einem Ausdruck verzückter Freude im Mondschein. Der Anthropologe sah diesem Treiben fasziniert zu. Endlich konnte er sich nicht mehr zurückhalten.

»Entschuldigen Sie«, sagte er und trat aus dem Gesträuch, »aber was bringt Sie dazu, hier draußen ganz allein im Dschungel zu tanzen?«

Der Heilige sah ihn erstaunt an: »Verzeih! Aber was läßt dich denken, ich sei allein?«

Beide Fragen sind nicht beantwortbar, denn sie gehören zu zwei ganz verschiedenen Weltanschauungen. Der Heilige sieht sich im Wald umgeben von Naturgeistern, während der Wissenschaftler Holz und Chlorophyll sieht. Die beiden Wirklichkeiten überlappen zwar einander, doch fehlt die lebendige Begegnung.

Ich bin von solchen Geschichten besonders angetan, da mein eigenes Leben von zusammenhanglosen und bisweilen widersprüchlichen Wirklichkeiten geprägt ist. In meiner indischen Kindheit, die ich in einem Arzthaushalt (mein Vater war Stabsarzt) verbrachte, sah ich die Regimentskapelle mit ihren turbantragenden Musikern aus dem Pundjab auf dem Paradeplatz marschieren und schottische Märsche auf ihren Dudelsäcken blasen. An meinen Geburtstagen saßen wir Kinder mit großen Augen da und sahen mit der Hand vor dem Mund dem Schlangenbeschwörer zu, aber mein Lieblingsgeschenk war eine englische Modelleisenbahn mit kleinen Bahnhöfen, auf denen »Wembley« und »Paddington« stand.

Meine Schule war St. Columba's in Neu Delhi; sie wurde nach strengen britischen Regeln von katholischen Ordensbrüdern geführt. Cricket war eine Sache von Leben und Tod in St. Columba's: Während der Spielsaison zerrte mich Bruder McNamara vom Spielfeld, zog mir die Hosen herunter und prügelte mich durch, wenn ich ein Tor verfehlte. Als der letzte Schultag herankam, holte er mich in sein Büro und sagte: »Christus ist gestorben, um dich aus ewiger Verdammnis zu erretten. Das ist Sinn und Zweck unserer Erziehung hier. Was wirst du daraus machen?«

Konnte ich ihm sagen, daß ein Swami bei uns nebenan wohnte, der von den fünfzig Rupien lebte, die ihm meine Mutter, eine gläubige Hindu, monatlich zukommen ließ? (Nicht, daß der Swami das Geld gebraucht hätte, denn er saß in tiefem *samadhi*, fast ohne zu atmen oder sich zu bewegen, bisweilen eine ganze Woche lang.) Oder hätte ich ihm sagen sollen, wie freudig erregt meine Mutter war, als sie von einer Pilgerfahrt zu einer heiligen Höhle in Nordindien zurückkehrte? Als sie am Eingang der Höhle kniete, öffnete sie die Augen und sah, daß Gott Shiva ihr in der Gestalt einer kaum eine Armlänge entfernt aufgerichteten Kobra seinen Segen gab.

Meine Wirklichkeitserfahrung schwankte unstet zwischen einer und der anderen Welt. Als ich nach Sri Lanka flog, um dort ein Examen abzulegen, das mir erlauben sollte, als Arzt in den USA zu praktizieren, verbrachte ich den Morgen in einem Tempel, der über Buddhas Zahn gebaut war, und lauschte den Windharfen, die vor Tausenden von Jahren so gestimmt worden waren, daß sie die *devas*, die Engel, ergötzten. Am Nachmittag dann arbeitete ich mich durch ein Examen, vollgestopft mit metabolischen Prozessen und Grundbegriffen der Biochemie. Das amerikanische Konsulat legte Wert darauf, daß nur solche ausländischen Ärzte ins Land kamen, die gut Englisch sprachen. Deshalb hatte ich auch einen Sprachtest zu absolvieren, der die denkwürdige Frage enthielt: »Ein Schwergewichtler ist a) ein Mann, der schwere Kisten hebt, b) ein Sportler? c) ein großer, wie eine Kiste gebauter Mann?«

Wenn Sie mich fragen, wer ich denn nun »wirklich« bin, so muß ich antworten: »Alle davon«. Der Triumph des individuellen Geistes ist, daß er etwas völlig Neues und Einzigartiges auf der Erde schaffen kann. Meine Persönlichkeit enthält Bruder McNamara, meine Mutter, den Swami nebenan, Shiva in Gestalt einer Kobra, mein Cricket-Team und einen Modelleisenbahn-Bahnhof »Wembley«. Diese Bilder sind zu dem, der ich bin, verarbeitet worden; neuere Eindrücke, einschließlich all dessen, was ich sah, hörte, berührte, schmeckte und roch, werden in diesem Augenblick zu mir. Jedesmal, wenn ich meine Aufmerksamkeit auf einen dieser Aspekte meinerselbst lenke, erzeuge ich gleichzeitig eine Fülle einzigartiger körperlicher Reaktionen. Jeder neue Gedanke verursacht womöglich nur eine geringfügige Veränderung in meiner Physiologie, aber »geringfügig« bedeutet immerhin mehrere Millionen Nervensignale im Gehirn, die in Sekundenschnelle Milliarden anderer Ereignisse auf zellularer Ebene hervorrufen. In einem sehr realen Sinne macht mich jeder neue Gedanke zu einem neuen Menschen.

Dasselbe gilt für jeden anderen auch. Ein alter Mann, der sich an ein beglückendes Erlebnis in seiner Kindheit erinnert, kann plötzlich vor Jugendlichkeit strahlen. Der Effekt kann, obwohl nur vorübergehend, oft sehr beeindruckend sein – seine Falten glätten sich, seine Haut erscheint frisch, seine Augen sprühen vor Lebendigkeit. Der Junge von damals steckt noch in ihm und sehnt sich danach, die Schwelle der Zeit zu überschreiten. Man kann die starke Enttäuschung sehen, wenn das Kind umkehren muß und die Maske des müden Alters sich wieder aufzwingt.

Die Tiefe und Intensität solcher Veränderungen ist bisweilen schwer auszuloten. Ich war fasziniert von dem Augenzeugenbericht einer Frau aus der Gemeinde des französischen Pfarrers Jean Lamy, der 1931 im Alter von achtundsiebzig Jahren starb. Vater Lamy, der ein sehr gläubiger und frommer Mann war, hielt eine bewegende Predigt, als diese Frau wie bestürzt das tatsächliche Hervorgehen eines jungen Mannes aus dem alten miterlebte:

> Er hielt inne und blickte empor. Seine Gesicht wurde durchscheinend wie ein Block Alabaster, der von innen erleuchtet ist. So alt er auch war, sah ich ihn jung und ansehnlich wie einen Dreißigjährigen werden. Ich sah seine Falten verschwinden. Da war kein sprühendes Licht um seinen Kopf, aber ein inneres Licht, das sein Gesicht durchsichtig machte, ohne Trübheit, ohne Schatten weder um die Nase noch um die Augen. Das dauerte etwa fünf Sekunden, vielleicht auch mehr – ich weiß es nicht. Er blickte leicht in die Luft vor sich hin. Unmerklich wurde alles wieder wie zuvor, und er predigte weiter.

Dieser magische Moment, dem ein anderer Augenzeuge beiwohnte, gehört zu einem Muster von Ereignissen innerer Erleuchtung, die für Heilige und Fromme aller Zeiten und Traditionen überliefert sind. Wenn ich zunächst einmal den spirituellen Gehalt des Ereignisses beiseite lasse, so bin ich doch beeindruckt davon, wie mühelos die harte Maske des Körpers durch eine Verschiebung unserer inneren Perspektive aufweichen kann.

Um die Macht des Bewußtseins richtig einzusetzen, müssen wir davon Abstand nehmen, seine Aktivität als auf unsere »mentale Weltkugel« beschränkt anzusehen. Fast jede »primitive« Kultur glaubt, daß das Betrachten eines Objekts verlangt, daß der Geist durch die Augen hervorschießt. Anstatt das Sehen so zu erklären, daß Licht hereinkommt, heißt es da, daß die Sehkraft nach außen geht. So kann ein erfahrener Jäger das Wild in seinen Bann schlagen, indem er es mit den Augen verfolgt, und ein Schamane kann durch die Macht seines Blickes Menschen heilen oder behexen.

In beiden Fällen verhält sich der Blick wie eine Welle, auf der mentale Information in die Welt hinausgetragen und auf alles übertragen wird, worauf der Blick fällt. Anstatt des Konzepts einer rein rezeptiven Wahrnehmung von Wirklichkeit ist hier die Vorstellung, daß Wahrnehmung Wirklichkeit *verleiht*, was im übrigen die Ansicht sowohl Aristoteles' als auch der ganzen Antike war. Dasselbe gilt auch für die übrigen Sinne. Der Klang kommt mit einer Macht hervor, die mehr ist als seine physikalische Schwingung. Das ist der Grund dafür, warum Eingeborene auf Neu

Guinea einen Baum niederschreien oder die Posaunen der Israeliten eine Stadtmauer niederblasen können.

Der aufgeklärte Zeitgenosse belächelt so etwas und tut es als Aberglauben ab, wie etwa das »böse Auge«. Wir sind überzeugt von unserem Wissen, daß Lichtwellen in das Auge eindringen und Klangwellen in das Ohr. Erstaunlicherweise ist das jedoch nicht das letzte Wort, denn es ist ja das Fließen der Aufmerksamkeit und nicht der Photonen oder Luftmoleküle, das die Kräfte verleiht, von denen wir sprechen.

Der Körper kann also auf der Grundlage mentaler Interpretation leben oder sterben. Die uralte Vorstellung, daß unser Geist in Wechselwirkung mit der Welt steht, bedarf einer genaueren Untersuchung. Sonst werden wir nicht in der Lage sein festzustellen, ob wir einem Aberglauben den Rücken gekehrt oder womöglich eine latente Kraft übersehen haben, die aus ihrem Dornröschenschlaf geweckt werden könnte.

③ Magisches Denken

Es gab eine Zeit, als ich noch nicht im Bannkreis des Zaubers lebte. Ich war ein junger Stationsarzt in Boston und arbeitete sechzehn Stunden am Stück im dortigen Veteran's Hospital. Für meine Frau hatte ich so gut wie keine Zeit, und wenn ich Glück hatte, waren mir drei köstliche Minuten mit unserer neugeborenen Tochter vergönnt, die dann schlafen gelegt wurde, wenn ich zur Tür hereinkam. Mein Gehalt war mager, fünfhundert Dollar im Monat. Und als uns unsere winzige Wohnung zu klein wurde, beschloß ich, noch etwas mehr zu arbeiten. Ich fand eine Stelle für Nachtarbeit. Anstatt unseren klapprigen VW-Käfer nach Hause zu lenken, fuhr ich eine weite Strecke zu einer Notambulanz in einem Vorort, wo ich bis zur Dämmerung Dienst tat.

Ein anderer Arzt war da, ein Notchirurg mit langjähriger Erfahrung namens Karl. Wir waren Weggenossen der Erschöpfung, und um den völligen Zusammenbruch zu vermeiden, machten wir abwechselnd ein Nickerchen. Einer von uns rollte sich auf einer Tragbahre hinten im Korridor zusammen, während der andere mühsam die Augen offen hielt.

Niemand hätte solch ein Leben »zauberhaft« nennen können; das Wort wäre ohne Bedeutung für mich gewesen. Das Leben war schwierig, und manchmal, wie damals, als ich einen Kaiserschnitt an einer gerade zuvor ermordeten Frau vornehmen mußte, erdrückend. Karl war in dieser Nacht nicht im Dienst, nur eine junge irische Krankenschwester. Wir hatten keine Zeit, die Tragbahre hinauf in den OP zu schaffen, sie mußte unten im Eingang der Notambulanz bleiben. Das Unheimliche dieser Situation machte unsere Hände zittern. Das Baby kam zwei Minuten nach dem Tod der Mutter auf die Welt. Wir warteten angespannt. Es atmete und bewegte sich.

»Das süße Ding hat's geschafft«, flüsterte die Krankenschwester. Sie nahm das Kind behutsam in den Arm und trug es zu einem Brutkasten. Ich sah sie lächeln, aber gleichzeitig liefen ihr dabei die Tränen über das Gesicht. Freude folgte der Traurigkeit auf dem Fuße. *Wann war es je anders gewesen?* Das fragte ich mich. Die Welt ist ein Mühlrad, teilnahmslos mahlt es Geburt und Tod hervor. Ein Arzt tanzt oben auf dem Rad, gerade immer einen Schritt vor dem Absturz, damit das Geborenwerden die bessere Chance hat.

Meine Ansicht, daß die Dinge willkürlich geschehen, ohne Rücksicht auf menschliches Fühlen oder Hoffen, hatte ihre Grundlage in langen Jahren der Berufserfahrung, nicht in einem einzelnen beunruhigenden Ereignis. Dann aber geschah nach und nach etwas Seltsames, wodurch an meiner Weltsicht gerüttelt wurde und ich mich fragen mußte, ob der Geist nicht in gewisser Weise den Verlauf der Dinge beeinflußt – hier ist der Anfang dessen, was ich mit Zauber meine.

Das ganze Geschehen begann mit etwas Belanglosem und scheinbar Harmlosem: Karl bekam einen Husten. Man konnte eigentlich nicht erstaunt sein, denn er war Kettenraucher, sogar im Dienst. Er hatte einen krachenden, aufreibenden Husten, der erst nach zwei Päckchen am Tag richtig ausreift. Eines Tages fragte ich ihn geradeheraus, warum er um Himmels willen keine Brust-Röntgenaufnahme machen ließ, einfach zur Sicherheit. »Weil ich, wenn ich darauf Krebs sehe«, antwortet er ernst, »einen Todesschrecken kriegen werde.« Der Blick auf seinem Gesicht sagte mir, daß ich die Sache in Ruhe lassen sollte.

Karls Husten wurde aber schließlich so schlimm, daß er seine Tätigkeit eindeutig beeinträchtigte. Er gab nach und ließ eine Aufnahme machen. Als wir den Film vor der Lichtplatte untersuchten, war ein pfenniggroßer grauer Fleck an der linken unteren Lungenspitze zu sehen.

»Mein Gott«, stieß Karl hervor. »Ich habe tatsächlich Krebs!« Ich sagte zu ihm, daß wir keinen eindeutigen Beweis hatten, aber nach einigen Tagen stellte sich heraus, daß er recht gehabt hatte. Nach Verlauf einer Woche hustete er zum ersten Mal Blut. Nach drei Wochen keuchte er und litt unter Atemnot. Er erhielt starke Bestrahlung, reagierte aber sehr schlecht darauf, und innerhalb von zwei Monaten war mein Freund Karl tot.

Es war alles mit bestürzender Schnelligkeit gegangen, und im nachhinein versuchte ich, das Ganze als unausweichlich anzusehen. Karl war das Opfer eines Plattenepithelkarzinoms geworden, einer Krankheit, bei der die Todesrate nahezu bei hundert Prozent liegt. Es war nur logisch, sich zu sagen, daß seine Chancen statistisch gesehen sehr gering gewesen waren. Aber dann stieß ich auf eine alte Röntgenaufnahme von Karl, die fünf Jahre zuvor gemacht worden war. Ich war neugierig und hielt sie nebeneinander. Was ich sah, ließ mir einen Schauer den Rücken herablaufen. Sie waren kaum zu unterscheiden – dieselbe Läsion, ein pfenniggroßer grauer Fleck war auf der früheren Aufnahme zu sehen. Er sah etwas kleiner und verwischter aus, weshalb es wohl zu keiner genauen Diagnose gekommen war.

Karls Körper hatte mit diesem kleinen, runden Schatten fünf Jahre lang gelebt. Wie konnte er plötzlich innerhalb von zwei Monaten daran sterben? Hatte er sich etwa zu Tode geängstigt, so wie er es vorausgesagt hatte? Die Schulmedizin würde mit einem donnernden »Nein« antworten – der Mechanismus bösartiger Tumoren ist schlicht und einfach mechanisch. Er läuft nach festen Gesetzen der Physik, der Chemie und der Biologie ab und nicht etwa nach den Launen eines Patienten. Man stirbt nicht deswegen an einer Krankheit, weil man sich davor fürchtet. Und doch muß man sich fragen, ob das wirklich so ist?

Verwirrende Magie

Angst ist nichts anderes als ein negativer Wunsch. Wenn Wünsche Wirklichkeit werden können, so auch Ängste. Angeblich soll weder das eine noch das andere der Fall sein. Wenn sich aber ein Psychiater zu einem Gespräch

mit einem Patienten zusammensetzt, der am Rande des Wahnsinns steht, so ist eines der Hauptsymptome, nach denen er Ausschau hält, das sogenannte »magische Denken«. Erkennbar ist dieses an der festen Überzeugung des Betreffenden, daß er die Wirklichkeit mit seinen Gedanken beeinflussen kann. Verkehrsampeln schalten nicht automatisch von Rot auf Grün – er bringt sie dazu. Seine Gedanken lassen Menschen auf ihn zugehen oder sich entfernen. Wenn er die Augen schließt und stark genug wünscht, kann er sogar den Psychiater verschwinden lassen.

Die Tatsache, daß ein Gedanke Wirklichkeit wird, macht ihn nicht automatisch magisch. Manche Menschen haben plötzlich eine Vorahnung, buchen auf einen anderen Flug um und lesen dann später in der Zeitung, daß das erste Flugzeug abgestürzt ist. So etwas passiert, und sobald der Moment des Wunderns vorüber ist, denken wir im allgemeinen nicht mehr daran. Was aber, wenn eine tatsächliche Verbindung am Werk wäre? Vielleicht warnten unsichtbare Kräfte diese Reisenden, um ihr Leben zu retten. Hier flirten wir nun mit der Magie.

Der nächste Schritt könnte zur Geistesgestörtheit führen. Es gibt paranoische Schizophrene, die ihren Geist und den Gottes nicht mehr auseinanderhalten können. Ein solcher Mensch wird beginnen, sich für alle Weltereignisse verantwortlich zu halten – ohne sein persönliches Zutun könnte ein Erdbeben das Empire State Building einstürzen lassen oder könnten Atomraketen über den Polarkreis angeflogen kommen. Manche Paranoiker zwingen sich, rund um die Uhr wach zu bleiben, Wacht zu halten wie eine besorgte Mutter an der Wiege – so stark ist ihr Glaube, daß die Wirklichkeit wie ein Traum verschwinden wird, wenn sie ihren Geist nicht mehr darauf richten.

Das ist jedoch nur ein Aspekt eines Geheimnisses, das den Menschen seit Tausenden von Jahren in seinen Bann zieht. Können wir tatsächlich die Wirklichkeit mit unseren Gedanken beeinflussen? Ein reiner Mystiker wird dies sofort bejahen, ein reiner Rationalist ebenso rasch verneinen. Die meisten von uns sind von der Frage angezogen und zugleich verwirrt. Niemand hat jemals den Beweis erbracht, daß magisches Denken falsch sein muß, und in manchen Fällen gibt es sogar keine andere Möglichkeit, um zu erklären, warum die Dinge so gekommen sind.

Es gibt beispielsweise das seltene Phänomen, wo unheilbar Kranke mit einem Male die Eingebung haben, daß sie gesunden werden. Dieser plötzliche Bewußtseinswandel kann weder vom Patienten selbst noch von seinem Arzt vorausgesagt werden – er scheint mit der Willkürlichkeit eines Blitzschlags einzutreffen. Ein solches Beispiel (es wurde mir von Dr. Yujiro Ikemi berichtet, dem führenden japanischen Forscher über Spontanheilungen) ist der Krebspatient im Endstadium, dessen oft riesiger Tumor plötzlich verschwindet. Und während oder kurz bevor dies geschieht, *weiß* es der Patient. Noch kurz zuvor ist er jenen unkontrollierbaren Stimmungsumschwüngen ausgeliefert gewesen, mit denen alle Patienten zu tun haben, die kurz vor dem Tode stehen. Und mit einem Male schwindet dann die Verzweiflung und macht Platz, nicht für Hoffnung, sondern für eine fast unirdische Gewißheit. »Dieser Tumor wird verschwinden« wird ein so sicheres Wissen wie »Diese Erkältung wird verschwinden«. Der Bewußtseinssprung hat etwas im Körper bewirkt, beziehungsweise er war ein Signal dafür, daß etwas bereits geschehen war. Niemand weiß genau, was zuerst kam.

Nehmen wir einmal an, daß dies magisches Denken sei, nicht im Sinne einer Geistesstörung, sondern als potenziell wirksame Kraft des menschlichen Geistes. Ganz offensichtlich hat sich die Natur große Mühe gegeben, diese Kraft verborgen zu halten. Man könnte ein ganzes Leben zubringen, ohne zu wissen, daß es sie gibt, gäbe es nicht jene Menschen, die entweder zu unschuldig oder zu verrückt sind, als daß sie aus ihrer Innenwelt ein Geheimnis machen könnten.

Ein Ansatz, um das magische Denken zu ergründen, wäre es, die Geist-Körper-Verbindung einmal für eine Weile außer acht zu lassen und sich auf die Vorstellung des magischen Denkers von seinem eigenen Handeln zu konzentrieren. Ich meine, daß er anders als die meisten Menschen vorgeht, nach einem Prinzip, das man »Selbstbezug« nennt. Selbstbezug bedeutet, daß ich die Wirklichkeit nicht nach äußeren Gegebenheiten bemesse, sondern nach inneren, meinen eigenen Gefühlen und Intuitionen. Wenn ich nach diesem Prinzip lebe, so ist es kein Wunder, daß eine Veränderung in meinem Bewußtsein eine Veränderung in meinem Körper bewirkt, denn jegliche Wirklichkeit beginnt mit einer solchen und verwandelt sich ständig weiter wie ich mich selbst auch.

Scheinbar nur geschieht mir etwas, tatsächlich aber habe ich an allen Ereignissen teil. Wäre ich wach genug, so würde ich gewahr werden, wie meine Gedanken von mir wie Licht von einer Kerze oder einem Stern ausstrahlen. Gedanken steigen auf aus ihrer unsichtbaren Quelle und schlagen gegen die Welt wie Wellen an einen Strand. Sie treffen auf alles in meiner Umgebung – Eichen, Wolken, Wolkenkratzer, andere Menschen, ja sogar auf die zufälligsten Atome und subatomaren Teilchen. Diese Dinge sind im Grunde Widerspiegelungen auf dem Spiegel meines Bewußtseins. Und dieser Spiegel ist gewaltig – meine Gedanken dringen bis zum Rande des Universums vor; von einem winzigen Punkt dehnen sie sich in die Unendlichkeit aus.

Das Gegenteil von Selbstbezug ist Objektbezug, was bedeutet, daß vorrangig den äußeren Gegebenheiten Aufmerksamkeit zukommt und nicht mir selbst. Jemand, dessen Denken objektbezogen ist, nimmt automatisch an, daß sein Geist keinen Einfluß auf die Dinge der Außenwelt hat. Ein Gedanke ist ein subjektives Ereignis, das innerhalb einer mentalen Blase hin- und herprallt und niemals nach außen gelangt. Das bedeutet praktisch, daß ein objektbezogenes Bewußtsein unerbittlich von äußeren Dingen dominiert wird. Verglichen mit der Spukhaftigkeit eines Gedankens erscheinen die harten, festen Dinge der Welt so viel wirklicher und damit auch machtvoller. Das ist die Weltanschauung der meisten von uns.

Selbst wenn Sie keine solche Wirklichkeit ersinnen können, die ausschließlich nur Sie als Mittelpunkt hätte, könnte dennoch ein anderer sehr erfolgreich auf diese Weise leben. Einer meiner Bekannten machte eine Reise durch Kaschmir und berichtete mir folgendes:

»Heilige gehören wegen der Nähe des Himalaya zum Straßenbild von Srinagar, der Hauptstadt von Kaschmir. Eines Tages sah ich einen solchen Heiligen die Straße entlanggehen. Es war ein alter Asket mit einem langen Bart; er war sehr groß und sah kraftvoll aus. Er trug ein safranfarbenes Gewand und in der Hand einen dreigezackten Stab, den *trishul* Shivas. Gott Shiva wird von vielen Asketen Indiens als ihr Schutzheiliger angesehen. Als dieser eindruckvolle Wanderer auf mich zukam, wurde er plötzlich von einer Schar johlender Straßenjungen eingeschlossen. Sie waren sehr grob, und im Handumdrehen wurden aus den Neckereien Handgreiflichkeiten. Sie zerrten den alten Mann hin und her, aber dieser zeigte auch nicht den leisesten Ärger. Einer der Jungen entwendete seinen Dreizack und rannte mit ihm davon. Aber der alte Mann ging weiter, lächelnd, so als ob nichts geschehen wäre. Der Dreizack war alles Wertvolle, was er besaß. Zweifellos war er ihm vor Jahrzehnten feierlich von seinem Guru überreicht worden. Seine übrigen Habseligkeiten trug er in einer Tasche um den Hals. Mit einem Male schoß ein anderer Junge auf den Entführer des Dreizacks zu, entriß ihn seinen Händen und rannte hinter dem Asketen her. Als er ihm gerade genügend nahe gekommen war, streckte der Asket bedächtig die Hand nach hinten aus und nahm den Stab entgegen. Er verlangsamte dabei nicht den Schritt oder wandte den Kopf. Es war so, als ob Hand und Stab dazu bestimmt waren, wieder zueinander zu finden, oder als ob sie im Grunde gar nicht getrennt worden waren. Dann verschwand der Asket. Ich ging weiter, in Gedanken versunken. Wie konnte der alte Mann so unberührt geblieben sein? Wußte er, daß sein Stab ihm zurückgegeben werden würde? An der nächsten Kreuzung blickte ich auf, und da war er und kreuzte meinen Weg von neuem. Er wandte den Blick bedachtsam in meine Richtung und sah mich eindringlich und wie verschwörerisch an. Es war mir nicht eingefallen, daß er wußte, daß ich ihn beobachtet hatte. Dann sagte er auf Englisch: ›Darf ich dir eine Tasse Tee kaufen?‹ Die Worte klangen etwas unwirklich, aber ich fühlte mich unvermittelt in diese fugenlose, unerschütterliche Wirklichkeit hineingezogen und bewunderte ihre Sicherheit.«

Was mir diese Geschichte mitteilt, ist, daß der einzelne und die Welt nicht unweigerlich getrennte Dinge sind. Das ganze Ereignis war nicht unbedingt eine Auseinandersetzung zwischen einem alten Mann und einer Horde Straßenjungen, es war vielmehr ein unterhaltsames Spiel im Bewußtsein des Asketen, das eine äußere Form annahm. Er stand im Mittelpunkt des Geschehens, dessen Ausgangs gewiß, und seine Hand fand den Stab einfach deswegen, weil es so sein sollte. Manche Menschen sehen mehr von dieser Magie als die anderen. Der amerikanische Dichter Robert Frost schrieb in einem seiner kürzesten Gedichte: »Wir tanzen im Kreis und vermeinen/ In der Mitte jedoch sitzt das Geheimnis und weiß.« Mein Bekannter ging mit dem alten Mann und trank den Tee, aber er fand es schwer, mehr aus ihm herauszufragen. Der Asket hatte an diesem Tag genug des Geheimnisses preisgegeben.

Menschen, die auf selbstrückbezogener Grundlage leben, brauchen deswegen nicht den Ausblick auf die objektive Welt zu verlieren; sogar der strengste Asket benötigt Nahrung, Wasser und ein Dach über dem Kopf. Auch sollten wir nicht übereilt annehmen, daß die Annehmlichkeiten dieser Welt Feinde des inneren Selbst sind. Es ist lediglich eine Frage der Neuorientierung unserer Sichtweise, in der das Selbst als primär und die äußeren Dinge als nachgeordnet erscheinen. Leider ist für jemanden, der seine Identität mit Hilfe äußerer Dinge aufbaut, die Vorstellung, sich selbst als Drehachse der Wirklichkeit zu sehen, recht beunruhigend. Für jeden positiven Begriff wie selbstgenügsam, selbstmotiviert und selbständig hat unsere Kultur ein negatives Gegenstück gefunden: selbstherrlich, selbstgefällig, selbstzufrieden.

Obwohl das Subjektive als wechselhaft und unzuverlässig angesehen wird, scheint es nicht risikoreicher zu sein, sich auf die Psychologie zu verlassen als auf äußere Gegebenheiten. Ich erinnere mich da an ein Geschichte, die ich einmal in Indien hörte:

Es war einmal ein armer Dörfler, der nur zwei Dinge besaß, die ihm teuer waren – seinen sechzehnjährigen Sohn und ein hübsches graues Pony. Der Dörfler liebte diese beiden über alles in der Welt. Eines Tages verschwand das Pony und war nirgendwo zu finden. Der Dörfler verfiel in tiefe Niedergeschlagenheit, und niemand konnte ihn aufmuntern. Dann, nach drei Tagen, kam das Pony zurück, gefolgt von einem schwarzen arabischen Hengst. Überglücklich umarmte der Mann das Pony und legte dem Hengst geschwind einen Zaum an. Sein Sohn wollte das wilde Pferd reiten, und da er ihm nichts abschlagen konnte, gab der Vater ihm nach. Eine Stunde darauf kam die Nachricht, daß der Sohn am Meeresufer abgeworfen und schwer verletzt worden war. Er wurde, zerschunden und zerschlagen wie er war, auf einer Tragbahre nach Hause getragen; sein rechtes Bein war an zwei Stellen gebrochen. Beim Anblick seines Sohnes verwandelte sich das Glück des Vaters erneut in Trauer. Er saß wehklagend vor seiner Hütte, als eine Schar von Soldaten vorüberkam. Ein Krieg war im Anzug, und sie hatten die Aufgabe, im Dorfe zu rekrutieren. Roh griffen sie sich jeden waffenfähigen Knaben heraus. Als sie aber an das Haus des Dörflers kamen und sahen, daß dessen Sohn darniederlag, zogen sie unverrichteter Dinge davon. Des Vaters Tränen verwandelten sich zu Tränen der Freude, und er gab dem Himmel inbrünstig Dank für die Unbill, die er gerade eben noch bejammert hatte.

Das Besondere an dieser Geschichte ist, daß sie kein Ende hat; das ist ihre Moral. Das Auf und Ab der Gefühle des Dörflers nimmt kein Ende, unlösbar verbunden mit dem Schicksal von Knabe und Pony. Im wirklichen Leben hat man mehr Dinge, an denen man hängt, aber das Ergebnis ist dasselbe. Solange unser Glücklichsein von den Dingen »da draußen« abhängt, sind wir Gefangene. Wir haben unsere Freiheit an Äußerlichkeiten abgetreten.

Traurige Liebesgeschichten

Obwohl die Medizin noch nicht bereit ist zuzugeben, daß magisches Denken eine große Rolle spielt weder beim Entstehen einer Krankheit und bei ihrer Heilung, stehen zahlreiche Patienten dieser Möglichkeit offen gegenüber. Sie orientieren sich intuitiv an den Gefühlen, die ihre Krankheit umgeben. Wenn sehr viel Verzicht oder Selbstanklage im Spiel ist, so sind diese Gefühle für gewöhnlich turbulent und daher irreführend. Sie können jedoch auch erstaunlich klar sein und dem Patienten einen wahrheitsgetreueren Einblick in seine Situation geben, als dies irgend jemand von außen leisten könnte.

In diesem Zusammenhang gibt es eine faszinierende Erzählung des bekannten amerikanischen Schriftstellers Michael Crichton, der vor fünfundzwanzig Jahren an der Harvard Medical School studierte. In seinem autobiographischen Buch »Travels« erinnert sich Crichton an seine Zeit in der kardiologischen Abteilung einer Bostoner Lehrklinik. Es gehört zum Lehrplan eines Studenten im vierten oder fünften Studienjahr, einen kurzen Durchgang durch sämtliche wichtigen Spezialgebiete der Medizin zu machen. Crichton hatte nicht die Absicht, sich in Kardiologie zu spezialisieren, aber er hatte während seines Aufenthalts in der besagten Abteilung eine einfache, recht neuartige Idee: Konnte es sein, daß eine Herzkrankheit nicht für jeden Patienten dieselbe war, sondern eine für jeden einzelnen persönliche Bedeutung hatte?

Was Crichton dazu brachte, in dieser Weise zu spekulieren, waren einige berühmte pathologische Erkenntnisse aus den frühen fünfziger Jahren. Während des Korea-Krieges wurden routinemäßig an jungen Gefallenen Autopsien durchgeführt, und die Ärzte waren erstaunt festzustellen, daß die Arterien von mehr als siebzig Prozent von ihnen fortgeschrittene Stadien von Arteriosklerose aufwiesen; in diesen jungen Arterien lagerten sich bereits Fettschlacken ab, die dem Herzen das Blut abschnürten und unweigerlich zu Herzattacken führten.

Wenn jedoch schon junge Menschen im Alter von siebzehn Jahren diese Krankheit hatten, so fragte sich Crichton, warum trat dann eine typische Herzattacke erst so viel später auf, im allgemeinen im vierten oder fünften Lebensjahrzehnt? »Es war anzunehmen, daß alle diese Patienten seit ihrem Jugendalter mit verschlackten Arterien herumgelaufen waren«, schreibt Crichton. »Eine Herzattacke konnte jeden Moment eintreten. Warum aber ließen sie sich dazu zwanzig oder dreißig Jahre Zeit? Warum passierte es gerade in diesem Jahr und nicht im nächsten, in dieser Woche und nicht die Woche darauf?«

Um diese Frage zu beantworten, beschloß er, etwas darüber zu erfahren, was Herzpatienten gegenüber ihrer Krankheit empfanden. Der direkte Ansatz schien der beste, und so ging Crichton auf die Station und fragte die Patienten ohne lange Umschweife: »Warum hatten Sie eine Herzattacke?« Er war sich bewußt, daß seine Fragen unvorhersehbare Reaktionen nach sich ziehen konnten.

»Meine Frage beinhaltete ja, daß die Patienten gewissermaßen eine Wahl gehabt hatten, und damit eine bestimmte Kontrolle über ihre Krankheit. Ich befürchtete, daß sie mit Ärger reagieren würden. Ich begann also mit dem umgänglichsten Patienten auf der Station, einem vierzigjährigen Mann, der einen schwachen Anfall gehabt hatte.

»Warum hatten Sie eine Herzattacke?«

»Wollen Sie das wirklich wissen?«

»Selbstverständlich!«

»Ich bin befördert worden. Meine Firma will, daß ich nach Cincinatti ziehe. Aber meine Frau will nicht. Sie hat ihre ganze Familie hier in Boston, und sie will mich nicht begleiten. Das ist der Grund.«

Der Mann sagte das völlig ruhig, ohne irgendein Anzeichen von Ärger. Als Crichton nach und nach die übrigen Patienten befragte, hatte jeder zweite von ihnen eine ähnliche Antwort:

»Meine Frau will mich verlassen.«

»Mein Sohn will nicht studieren.«

»Ich habe meine Gehaltserhöhung nicht bekommen.«
»Meine Frau will noch ein Kind, und ich glaube, daß wir uns das nicht leisten können.«

Kein einziger war ohne Antwort, aber kein einziger erwähnte Arteriosklerose als die Ursache seines Anfalls, auch nicht die üblichen Risikofaktoren wie fettreiche Ernährung, Bluthochdruck, mangelnde körperliche Bewegung oder Rauchen. Gegen Ende der sechziger Jahre hatte die Geist-Körper-Verbindung erst wenig Anhänger gefunden, und Crichton war von dieser Sichtweise der Patienten verblüfft. Im Rückblick schreibt er: »Was ich sah, war, daß ihre Erklärungen vom Standpunkt des Gesamtorganismus aus Sinn machten; die Krankheit war eine Art physisches Zur-Schau-Stellen. Diese Patienten erzählten mir von Ereignissen, die ihr Herz in metaphysischer Weise berührt hatten. Traurige Liebesgeschichten, die ihr Herz belastet hatten. Mangelnde Zuwendung von seiten ihrer Ehefrauen oder Arbeitgeber. Ihre Herzen wurden angegriffen. Und bald darauf waren ihre Herzen tatsächlich ›angegriffen‹.

Dieser einsichtsreiche Bericht »beweist« nichts Neues im Zusammenhang mit Herzkrankheiten. Crichton gebührt die Ehre, ein Schlüsselkonzept der Geist-Körper-Medizin vorweggenommen zu haben, das heutzutage weithin akzeptiert ist: Unsere Gefühle leben nicht in einer von unseren Zellen getrennten Welt. Was Crichtons Bericht so faszinierend macht, ist die präzise zeitliche Steuerung dieser Herzattacken, die von dem jeweils Betroffenen zwar kontrolliert wurde, aber gleichzeitig für ihn völlig unvorhersehbar war. Crichtons Patienten wußten erst im nachhinein, was sie getan hatten. Dieser blinde Fleck erschließt einen neuen Aspekt des Geheimnisses. Wir sehen, wie der Körper das Drama des Geistes in Szene setzt, aber wir haben noch nicht den Dramaturgen ausfindig gemacht, der darüber entscheidet, wann der nächste Akt gespielt wird. Der Grund dafür ist, daß der Geist beschlossen hat, sich selbst einen Teil seiner selbst vorzuenthalten.

Ein Raum jenseits des Verstandes

Da das Zauberhafte ihm so fremd erscheint, fühlt sich der rationale Teil unseres Geistes im allgemeinen ziemlich beängstigt von dem nicht-rationalen. Das bloße Wort »Zauberei« hat für die meisten von uns einen düsteren Beigeschmack, der mit allem Dunklen, Gefährlichen, Unheimlichen und Unberechenbaren gleichgesetzt wird. Aber die Gefahr ist gewaltig übertrieben worden. Wir verbringen nicht wenig unseres Lebens in einem Raum jenseits des Verstandes. Wenn ich sage: »Ich mag Sie«, so treffen die Klangwellen meiner Stimme auf Ihr Trommelfell und erzeugen dort eine Schwingung, die durch das Innenohr zu einem elektrischen Signal umgewandelt wird. Dieser Impuls wandert die Nerven entlang in das Sprachzentrum des Gehirns, und Sie sehen erfreut aus.

Der Verstand kann die ganze Reise nachvollziehen, außer den letzten und wichtigsten Schritt. Warum sind Sie beglückt, daß ich Sie mag? Warum haben diese elektrischen Impulse im Gehirn eine Bedeutung? Wenn ich sage: »Sie haben einen unheilbaren Krebs«, so tragen dieselben physiologischen Impulse meine Stimme in das Sprachzentrum Ihres Gehirns, aber nun sind Sie erschüttert. Vom wissenschaftlichen Standpunkt aus sind alle Signale völlig identisch, aber die von ihnen hervorgerufenen Ergebnisse könnten nicht unterschiedlicher sein. Ein EEG kann die Bedeutung von Hirntätigkeit nicht entziffern; die Zacken auf dem Ausdruck machen keine Aussage darüber, was Liebe von Haß unterscheidet, Freude von Kummer, Begeisterung von Langeweile. Die EEG-Aufzeichnungen von Swamis, die in Glückseligkeit versunken sind, weisen Muster auf, die denen eines epileptischen Anfalls sehr ähnlich sind; die bioelektrische Spannung im Nervensystem eines Dichters ist nicht notwendigerweise geringer als die eines Psychopathen.

Bedeutung entzieht sich dem Zugriff der Wissenschaft. Und das gibt jedem, der ernsthaft an Sinn Interesse hat, einen guten Grund dafür, das Zauberhafte ernst zu nehmen. Das materialistische Vorurteil der Naturwissenschaft führt dazu, Dinge auszuklammern, die nicht direkt den Sinnen zugänglich sind. Die Natur jedoch hat eine gewaltige Reserve an Dingen, die nicht gesehen, berührt oder gewogen werden können. Wenn Sie jemals eine Schar Schwalben beobachtet haben, die durch die Dämmerung fliegen, so haben Sie gesehen, wie sie gemeinsam atemberaubend unvermutete Schwenkungen und Drehungen ausführen. Wie versteht es jeder Vogel, genau zeitgleich mit den anderen zu wenden? Forscher haben festgestellt, daß kein Vogel als Anführer fungiert – der Impuls wird irgendwie von allen gleichzeitig aufgenommen. Der Zauber liegt in jedem einzelnen Vogel, aber auch zwischen ihnen, über ihnen und um sie herum. Er ist flüssig und unsichtbar wie die Luft, ja noch mehr.

Ein ähnliches Geheimnis ist es, wenn ich beispielsweise das Wort »Archipel« denke. Damit ich dieses Wort überhaupt denken kann, müssen Millionen Hirnzellen im selben Moment nach einem bestimmten Muster feuern. Es ist nicht so, daß eine einzelne Zelle sich das Wort ersinnt und es dann weiterleitet. Es entsteht überall gleichzeitig. Wo hielt sich übrigens das Wort »Archipel« verborgen, solange ich es nicht dachte? Die Lage des mentalen Raumes ist so unfaßbar wie die des kosmischen.

Der mentale Raum ist so unvorstellbar, daß man leicht behaupten könnte, er sei ein völliges Hirngespinst. Computer können so programmiert werden, daß sie mit Weltmeistern Schach spielen, aber anders als Weltmeister ermüden sie nie, haben keine genialen Einfälle, geraten nie aus dem Häuschen, jubeln nie über einen Sieg oder schmollen über eine Niederlage. Ein ehemaliger Weltmeister spielte verrückt und weigerte sich zu spielen, wenn man ihm nicht ein Ananas-Sundae neben das Brett stellte. So etwas ist bei der imitierten Intelligenz eines Computers undenkbar, es ist aber nur allzu menschlich. Das ist das Besondere daran, einen menschlichen Geist zu haben. Selbst wenn ein Computer als größter Schachspieler in die Geschichte einginge, würden doch die Menschen den ganzen Spaß haben.

Magisches Denken stellt sich damit nicht als Abweichung vom Verstandesdenken dar, sondern als Mittel, einen dahinterliegenden Raum auszuloten, der lebendiger und sinnreicher ist. Er ist uns ebenso natürlich wie der Verstand und vielleicht noch mehr. Bei der Geburt ist ein Baby völlig selbstbezogen; deshalb ist es nicht verwunderlich, daß wir alle unsere Lebensreise mit magischem Denken begannen. Am Tage Ihrer Geburt begannen Sie, sich in der Welt umzuschauen, die mit Ihnen geboren wurde. Bald darauf kam ein seltsames fliegendes Objekt in Ihr Blickfeld. Weich und irgendwie teigig anzusehen, schwebte es so vor Ihren Augen, war manchmal sichtbar und verschwand dann wieder. Sie hatten keinen Bezug zu diesem Objekt, bis zu dem Tage, als Sie eine entscheidende Entdeckung machten. Getrieben von einem starken Wunsch nach der Mutterbrust oder der Flasche, hatten Sie den Impuls zuzugreifen. Als Sie diesem noch ungeprüften Impuls nachgaben, war das, was da nach der Brust griff, dasselbe Objekt – und nun begriffen Sie. Was da vor Ihren Augen gebaumelt hatte, unterstand Ihrem Befehl; Sie hatten sich Ihre Hand erworben.

Die komplexesten motorischen Fähigkeiten, wie zum Beispiel das Geigespielen oder Gymnastik, entwickeln sich auf derselben Grundlage. Ein Wunsch reicht hinaus in irgendeinen unbekannten Bereich und kommt mit einer Nachricht zurück: Er findet heraus, was möglich ist und was nicht. Mit dieser Information verändert der Geist geringfügig seine Einstellung, und wenn der nächste Bericht eintrifft, hat sich die Nachricht verändert. Nun ist mehr möglich, oder auch weniger – die neue Position der Finger auf dem Griffbrett der Geige gestattet eine erhöhte Flexibilität oder auch nicht. In jedem Falle ist der Geist erneuert worden.

Die Fähigkeit des menschlichen Geistes, seinen Einflußbereich zu erweitern, scheint unbegrenzt zu sein, selbst wenn größte Hindernisse im Wege stehen. In seinem letzten Buch »Wisdom, Madness, and Folly« (Weisheit, Wahnsinn, Torheit – Werdegang eines Psychiaters) erzählt der bekannte schottische Psychiater R. D. Laing die folgende erstaunliche Geschichte von Jacqueline du Pré, der berühmten englischen Cellistin, die im Alter von vierzig Jahren an Multipler Sklerose starb.

»Auf tragische Weise brach die Krankheit bei du Pré aus, als sie gerade achtundzwanzig war, und brachte ihre musikalische Karriere zu einem jähen Ende, da sie bald nicht mehr fähig war, ihre beiden Arme zu koordinieren. Ein ganzes Jahr verging, ohne daß sie ihr Cello anrührte. Eines Morgens wachte sie auf und stellte fest, daß sie auf unerklärliche Weise völlig geheilt war. Nicht nur war die Koordinierung ihrer Muskeln wiederhergestellt, sondern auch ihr gesamtes musikalisches Können war unbeeinträchtigt. Sie begab sich in aller Eile in ein Tonstudio, wo die schönsten Aufnahmen verschiedener Stücke von Chopin und Franck gemacht wurden, die sie ja ein ganzes Jahr lang nicht hatte spielen können. Ihre Heilung dauerte vier Tage, wonach sie wieder in ihren vorherigen Zustand der Hilflosigkeit verfiel.«

Man kann nicht umhin anzuerkennen, daß du Pré während dieser vier Tage völlig von ihrer Krankheit befreit war, und doch macht es aus medizinischer Sicht keinen Sinn. Multiple Sklerose verursacht einen fortschreitenden organischen Verfall des Nervensystems; die jede Nervenzelle umgebende Fettschicht, das sogenannte Myelin, wird an verschiedenen willkürlich in Gehirn und Wirbelsäule verteilten Stellen schadhaft. Bei manchen Patienten dauert der degenerative Prozeß bis zu fünfzig Jahren, andere sind bereits innerhalb weniger Wochen oder Monate nach Krankheitsbeginn Invalide.

Du Pré hatte schon den Punkt erreicht, wo ihre beschädigten Nerven rein physisch nicht mehr funktionieren konnten. Wie kam es dann zu dieser Heilung? Wie konnte ein Nervensystem, das noch tags zuvor keinen Arm bewegen konnte, plötzlich die Herrschaft über die unglaublich präzisen und feinen Bewegungen zurückgewinnen, die das Cellospiel verlangt? Sie hatte das nicht absichtlich erreicht; Mut und Willenskraft schienen keine

Rolle dabei zu spielen. Irgendwie hatte sie ihre Krankheit so völlig transzendiert, daß sich die Wirklichkeit einschließlich aller real verfügbaren Fähigkeiten einfach veränderte.

Als Schlußstein dieser Geschichte fügt Laing hinzu, daß er einem Patienten half, denselben magischen Effekt zu erzielen, wenn auch nur für einen Augenblick. Der Patient war ein Mann Ende Dreißig, der seit einiger Zeit an den Rollstuhl gefesselt war. Er »war ein eindeutiges klinisches Beispiel für jemanden mit fortgeschrittener MS«, schreibt Laing. »Nur um zu sehen, was geschehen würde, hypnotisierte ich ihn und befahl ihm, aus seinem Rollstuhl aufzustehen und zu gehen. Dies tat er auch – einige Schritte weit. Dann aber sackte er in sich zusammen, und ich mußte ihn stützen und ihm in den Rollstuhl zurückhelfen.«

»Er würde womöglich immer noch gehen«, glaubt Laing, »wenn ich (und er) nicht nach den ersten drei oder vier Schritten die Nerven verloren hätten – er war seit einem Jahr völlig gehunfähig gewesen.« Dieses Argument beinhaltet, daß Laing während eines kurzen Augenblicks dem Patienten den Zugang zu einem Bereich geöffnet hatte, in dem es keine MS gab. Die zerstörten Nerven verhielten sich entweder wie gesunde oder waren in sehr geheimnisvoller Weise ohne Belang. Beide Sichtweisen haben einen gemeinsamen Grund: Die Lähmung war abhängig – bis zu welchem Grad, wissen wir nicht – vom Bewußtseinszustand des Patienten.

Diese Schlußfolgerung würde einen Wissenschaftler zur Weißglut bringen, aber wir alle wären gelähmt, wenn nicht Gedanken eine unsichtbare belebende Wirkung hätten. Das wird in ergreifender Weise in Fällen von Autismus deutlich. Es ist eine seltene Kinderkrankheit, die erstmals im Jahre 1943 diagnostiziert wurde. Sie tritt seltener als in 1:10000 Fällen auf und ist bei Jungen viermal häufiger als bei Mädchen. Ihre Ursache ist noch nicht festgestellt. Die älteren psychologischen Theorien suchen die Schuld bei einer gefühlskalten Mutter. Sie wurden jedoch in jüngerer Zeit von biologischen Theorien verdrängt, die ein chemisches Ungleichgewicht oder sogar eine Läsion im Gehirn des Kindes dafür verantwortlich machen.

Was immer auch die Ursache sein mag, das Kind zeigt keinerlei Reaktion auf seine Umgebung. Setzt man es auf eine Schaukel und stößt es an, so ist es scheinbar an dem Ereignis beteiligt, überläßt man es aber sich selbst, so verfällt es in Apathie. Wirft man ihm einen Ball zu, so wird es weder den Versuch machen, ihn zu fangen, noch die Hände heben, um ihn abzuwehren. Die Zeit verbringt es zumeist mit Wiederholungsgesten, mechanischen Bewegungen, auch »twiddling« genannt. Irgendwie ist der Impuls des Wünschens im dunklen, verworrenen Labyrinth der Selbstvergessenheit verloren gegangen. Er kann bisweilen wiedererweckt werden. Ich sah einmal einen Videofilm über autistische Kinder, die mit Drei oder Vier noch nicht laufen gelernt hatten. In ihre Weltkapseln zurückgezogen, standen sie nur auf, wenn man ihnen eine Stütze bot. Sonst fielen sie sofort hin und machten keine Anstalten aufzustehen. Um diesen Kindern zu helfen, war etwas wirklich Geniales ausgedacht worden.

Zwei Stühle befanden sich etwa drei Meter voneinander entfernt, verbunden durch ein dickes Seil. Man redete jedem Kind gut zu, damit es sich am Seil festhielt und einige Schritte tat. Nach einer Weile war diese Aufgabe gemeistert, und die Kinder konnten, ohne zu straucheln, von einem Stuhl zum anderen gehen. Das darauffolgende Mal wurde ein etwas dünneres Seil an die Stühle gebunden. Wieder hielten sich die Kinder am Seil fest und gelangten so von einem Stuhl zum anderen. An jedem weiteren Tage wurde ein immer dünneres Seil benutzt, ohne daß die Kinder des Unterschieds gewahr wurden. Und endlich gingen sie, lediglich »gestützt« von einem dünnen Fädchen.

Und nun kam das wirklich Geniale an der Sache: Um die Kinder aus der mechanischen Routine der wenigen Schritte zwischen den Stühlen herauszulösen, gaben die Experimentatoren jedem von ihnen ein Stückchen Faden, das sie in der Hand herumtragen konnten. Im Gefühl der Sicherheit, daß es noch seine Stütze besaß, konnte sich nun jedes Kind frei bewegen. Dieser Moment des Loslassens hat seinen Zauber. Als ich die Kinder zum ersten Mal frei in ihrem Klassenzimmer umherlaufen sah, fragte ich mich, wie viele kleine Lücken mich von der Freiheit trennen, Lücken, die mir womöglich wie gewaltige, unüberwindbare Abgründe erscheinen würden, weil ich kein Fädchen habe, sie zu überbrücken.

Brücke zwischen zwei Welten

Bis hierher hat sich mein Plädoyer für das magische Denken nicht weit aus dem eng begrenzten Bereich des Gehirns und des von ihm beherrschten Körpers hervorgewagt. Und doch glauben Menschen bisweilen, daß ihre Gedanken Ereignisse beeinflussen, die völlig außerhalb der Reichweite der Sinneswahrnehmung liegen. Das Studium der Parapsychologie hat hier eine recht wackelige Glaubwürdigkeit zurechtgezimmert. Nicht wenige Menschen haben Vorahnungen, die sich dann als wahr erweisen. Aber, wie bereits bemerkt, magisches Denken reicht über die außersinnliche Wahrnehmung (ESP) und Vorahnungen hinaus, indem es offenbar die Menschen und Dinge »da draußen« nach dem Willen eines »Magiers« bewegt.

Da es so viel Angst und Vorurteile zu diesem Thema gibt, möchte ich nun schließlich den Schleier von dieser Art von Zauberei lüften. Um einen anderen Menschen dazu zu bringen, daß er etwas von Ihnen Gedachtes ausführt, braucht dieser weder ein Roboter zu sein, noch braucht man deswegen seinen freien Willen außer Kraft zu setzen. Das sind alles Reflexängste, die sich dem Verstand aufzwingen, unterstützt durch den »rationalen« Glauben, daß jeder Mensch eine völlig isolierte Portion von Raum und Zeit einnimmt.

Nehmen wir einmal an, dies sei ein Vorurteil. Wenn man einen kleinen Hufeisenmagnet in der Hand hält, scheint sein Magnetfeld winzig und isoliert. Aber der Magnet hätte kein Feld ohne das gewaltige Magnetfeld der Erde; es gibt eine unsichtbare Verbindung zwischen beiden. Und das Ganze erstreckt sich noch weiter: Das Erdmagnetfeld hätte ohne das der Sonne keinen Bestand, die Sonne benötigt für ihre Kraftfelder die der Milchstraße, und so fort, bis ins Unendliche. Die letztendliche Konsequenz ist, daß der Magnet in Ihrer Hand in das Gewebe des ganzen Universums eingewoben ist.

Die Abfolge der Entwicklungsschritte seit dem (mutmaßlichen) Urknall bis zu meinem individuellen Geist ist ebenso kontinuierlich wie jene, die zu dem Hufeisenmagnet führt. Jeder meiner Gedanken ist zwar winzig, doch hat er seinen Ursprung in dem Urmeer von Billiarden latenter Gedanken, die ein Mensch möglicherweise haben kann, und diese gehen auf Jahrmillionen menschlicher Evolution zurück, die zu der heutigen Struktur des Gehirns geführt hat. Die Evolution wiederum ist das Werk der Entfaltung des gesamten Universums seit dem Urknall. Man könnte deshalb einen einzelnen Gedanken als eine Kräuselung auf einem universalen Wellenfeld sehen.

Der wesentliche Unterschied ist natürlich der, daß das elektromagnetische Feld nach Millionen von Lichtjahren gemessen werden kann, während niemand jemals nachgewiesen hat, daß der Kosmos einen Geist besitzt. Wir ziehen es vor zu glauben, daß Intelligenz erst spät auf dem Plan erschien, in der letzten Minute der elften Stunde des überschaubaren Lebens in diesem Universum, und daß unsere Intelligenz eine besondere

Variante dieses völlig isolierten Ereignisses ist. Von einer Handvoll wissensdurstiger Biologen abgesehen, kommt die Naturwissenschaft auch tatsächlich zurecht, ohne sich mit der dornigen Frage auseinanderzusetzen, woher und wie Intelligenz entstand.

Wir wollen der Frage hier auf den Grund gehen, denn magisches Denken scheint viele der Eigenschaften eines Feldphänomens zu haben. Das elektromagnetische Feld des Universums ist unsichtbar, alldurchdringend und kann auf die feinste Veränderung in sich selbst reagieren. Wenn sich der Magnetpol der Erde verschiebt, so folgt ihm jede Kompaßnadel auf dem Planeten; ziehen Sie andererseits Ihren Kompaß aus der Tasche, so wird das Erdmagnetfeld, wenn auch in äußerst geringfügiger Weise, ebenfalls beeinflußt. Kurz gesagt: Kein Teil des Feldes kann sich bewegen, ohne das Ganze zu bewegen. Übertragen wir diese Sichtweise auf den Geist, so würde das bedeuten, daß alle unsere Gedanken das Denken aller anderen Menschen beeinflussen. Und zwar nicht deswegen, weil wir irgendwelche Psychokräfte anwenden, sondern weil eben jeder Geist eine kleine Kräuselung des Feldes ist. Ich führe hier ein sehr stark verallgemeinerndes Konzept ein und habe so auch die Absicht, es in allen Einzelheiten zu durchleuchten. Werfen wir jedoch nicht gleich einen Blick auf die sich auftuenden tiefgreifenden Fragen, sondern öffnen wir uns zunächst einmal der Einsicht, daß die Zugehörigkeit zu einem Gewebe aus Intelligenz die logische Schlußfolgerung auf das Argument einer Verbundenheit von äußerer und innerer Wirklichkeit ist. Denn was könnte die beiden mit größerer Wahrscheinlichkeit verbinden als Intelligenz?

Wenn also der Geist eines Menschen der Welt in einem schöpferischen Geben und Nehmen begegnet – zu diesem Schluß kamen wir ja, als wir den Wahrnehmungsvorgang betrachteten –, so muß es da einen gemeinsamen Grund geben. Es mag absurd erscheinen, behauptete man, das unser Gehirn einen Felsen oder einen Baum beeinflussen könnte, aber innerhalb unserer Gehirne verändert die mentale Aktivität ständig die Struktur der chemischen Substanzen. Die Substanzen bestehen wie Felsen und Bäume aus Molekülen und Atomen. Nur deswegen, weil ein Kohlenstoffatom in der grauen Masse Ihres Gehirn sitzt, ist es dem Geist nicht näher als eines, das Bestandteil eines Baumes ist. Es gibt immer noch die unüberwindliche Kluft zwischen Geist und Materie, mit der wir fertig werden müssen.

Magisches Denken liefert uns den Beweis, daß wir diese Kluft dennoch unablässig überbrücken. Im Grunde ist dieses Bild viel zu statisch, denn

Felder pulsieren die ganze Zeit mit Leben. Wir kommen der Wahrheit näher, wenn wir sagen, daß Geist und Materie miteinander tanzen, in instinktivem Einvernehmen, wortlos den nächsten harmonischen Schritt wählend. Um diese Metapher mit Leben zu füllen, möchte ich die Geschichte von Moira erzählen, einer etwa fünzigjährigen Engländerin, die eine sehr tiefe Erfahrung mit magischem Denken machte.

Vor dreißig Jahren, gerade eben aus der Klosterschule entlassen, empfing Moira ein uneheliches Kind. Ihre streng katholische Familie konnte diese Schwangerschaft nicht akzeptieren. Moira selbst begriff, daß sie nicht bereit war, ein Kind allein aufzuziehen, und obwohl der Gedanke daran, ihr Kind aufzugeben, für sie quälend war, beschloß sie, es nach seiner Geburt einer Adoptionsagentur anzuvertrauen. Sie schrieb mir in einem aufschlußreichen Brief:

»Ich sah im Spiegel am Fußende des Bettes zu, wie mein Kind geboren wurde. Ich erinnere mich noch an das Gefühl des Wunders, des Glücks und des Beschenktseins, als dieser wunderschöne kleine Knabe erschien. Und gleichzeitig erinnere ich mich an eine·große Verlorenheit, denn da war niemand, mit dem ich diese Gefühle teilen konnte. Im Moment seiner Geburt begannen wir beide zu weinen. Ich drückte ihn an mich in der Absicht, uns beide zu trösten, indem ich sein Herz im Einklang mit dem meinen schlagen hören konnte. Ich stillte ihn dann sechs Tage lang mit der Flasche, während das langsame, unerbittliche Adoptionsverfahren in unser Leben eingriff. Tröstender Rat wurde mir nicht zuteil, außer daß man mir sagte, ich sei ein armes junges Ding, das, was geschehen war, vergessen und einen neuen Anfang machen sollte. Ein tiefer Kummer nistete sich in meiner Seele ein.«

Für das Kind war eine geeignete Familie gefunden worden, und Moira verpflichtete sich, keine Ansprüche geltend zu machen oder ihm ihre Existenz bekanntzugeben, während es heranwuchs. Dafür bat sie darum, daß das Kind den Namen behielt, den sie ihm gegeben hatte – Jamie. Zwanzig Jahre lang hielt sie sich an ihr Versprechen, obwohl die Trennung sie immer mehr belastete, anstatt leichter zu werden. Sie konnte keine anderen Kinder haben, da sie eine Wiederholung des intensiven Traumas der ersten Geburt fürchtete.

Als Jamie schließlich Einundzwanzig wurde, beschloß Moira, von ihrem neuen Wohnort im Ausland nach England zurückzukehren und um eine Begegnung zu bitten. Da sie nicht wußte, wo die Adoptivfamilie lebte, beauftragte sie einen Privatdetektiv mit der Ermittlung. Unterdessen zog sie sich zu früheren Freunden in Oxford zurück. Da geschah etwas, das Moiras Geschichte auf eine neue Ebene hebt.

»Ich verbrachte die Zeit damit, durch die Bilderbuchszenerie von Oxford spazierenzugehen. Ich war bezaubert von der mittelalterlichen Stimmung der Stadt. Eines Nachmittags ging ich nach dem Besuch des Christ Church College durch die Wiesen unten am Fluß. Eine Rudermannschaft der Universität war gerade mitten bei der Übung. Mit einem Male kroch mir ein Schaudern den Rücken hoch. Ohne jeglichen Grund jagte mir das Adrenalin durch den Körper, auf den Handflächen brach mir der Schweiß aus und der Mund wurde mir trocken. Mein Geist wurde sehr wach, und ich hörte das Wort ›Jamie‹ in meinen Ohren klingen. Ich rannte verstört in das Haus meiner Freunde zurück. Da lag ich auf dem Sofa vor dem Kamin und fühlte mich sehr kalt, erschüttert und verwirrt. Irgendwie ahnte ich, daß mein Sohn in Oxford studierte und daß ich ihn an diesem Nachmittag hatte rudern sehen. Eine zweite Welle der Einsicht kam über mich, und ich sagte laut ›Ich weiß etwas, das ich gar nicht wissen kann: Er studiert nämlich Medizin. Jamie tritt in die Fußtapfen seiner Großmutter.‹ Meine Mutter war Internistin. Ich konnte mir nicht erklären, woher dieser Zustand erhöhter Wahrnehmung gekommen war.«

Ihre Freunde besorgten in aller Eile ein Verzeichnis der eingeschriebenen Studenten, und, wie geahnt, es enthielt den Namen James Michael Stuart. Moira war von ihrer unheimlichen Erkenntnis verstört, aber da sie nicht wußte, was sie nun tun sollte, unternahm sie nichts. Die Detektei lieferte ihr später einen Bericht, der auch andere Aspekte ihrer Intuition bestätigte; man war erstaunt zu hören, daß sie bereits alles wußte.

Unsere herkömmlichen Kenntnisse der menschlichen Psyche können dieses Ereignis nicht erklären, und doch gibt es für mich keinen Zweifel daran, daß Moira es in Szene setzte und so das verlorene Kind zu sich heranzog, nach dem sie sich so sehr gesehnt hatte. Es war so, als konnte ihre aufgestaute Frustration nicht länger eingedämmt werden. Moira mußte ausbrechen, und um das zu tun, mußte sie die künstliche Wand zwischen innerer und äußerer Wirklichkeit einreißen.

Es gibt ein weiteres Detail in Moiras Geschichte, das mich mit Staunen und Dankbarkeit erfüllt. Ihre für sie so unheimlichen Einsichten führten letztendlich zu keiner glücklichen Wiederbegegnung mit Jamie. Seine Adoptivfamilie übte starken Druck auf ihn aus, das plötzliche Erscheinen dieser unerwünschten Person in ihr Leben zurückzuweisen. Es dauert noch weitere neun Jahre, bis Mutter und Sohn endlich den Mut fanden, einander zu begegnen und zu akzeptieren.

Diese sehr bewegende Begegnung fand 1989 statt, als Jamie, der mittlerweile als Kinderarzt in Oxford praktizierte, seine Mutter einlud, ihn zu besuchen. Trotz allen Zitterns war nun Moiras lange gehegter Wunsch in Erfüllung gegangen – sie wurde als die angenommen, die sie war, so wie sie war, und als Mitglied in Jamies Familie willkommen geheißen. Bald schlug sie Jamie vor, einen Spaziergang durch den Wald nahe seinem früheren College zu machen. Zufällig wählte er denselben Weg am Ufer entlang, wo Moira vor Jahren die Rudermannschaft gesehen hatte. Sie erzählte ihm von ihrer Intuition, und er hörte gebannt zu.

»Es ist wahr«, sagte er dann mit stockender Stimme. »Ich ruderte tatsächlich an diesem Tag und erinnere mich daran, daß ich aufblickte und eine Frau allein auf einem Hügel stehen sah. Ich spürte, wie sich mir die Haare sträubten. Mein Rücken kribbelte und ich fühlte mich sehr erregt. Sie schien nach mir Ausschau zu halten. Dann zuckte mir der Gedanke durch den Kopf: ›Das ist deine Mutter‹.«

Moira und Jamie verfielen in Schweigen. Es war ihnen nicht möglich zu begreifen, wie sie zusammengeführt worden waren, aber sie hatten das Gefühl, daß etwas Übernatürliches geschehen war. »Wir gingen zu der Kapelle in Merton College«, schrieb sie. »Jamie zog mir die Handschuhe aus und hielt behutsam meine Hände, während wir in Dankbarkeit beteten. ›Ich bin verlegen‹, flüsterte er. ›Es ist wie beim ersten Rendezvous.‹ Ich lachte, und Tränen liefen uns über das Gesicht, sanft und still. Sie schienen den Schmerz aus meinem Herzen zu waschen und ließen nur Liebe und Vergebung zurück. Ich wußte nicht, wem und was vergeben wurde, aber in diesem Augenblick war ich von meinem alten Groll und meiner Einsamkeit befreit.«

Moiras Erzählung ist sicherlich außergewöhnlich, aber ich meine, sie veranschaulicht ein viel umfassenderes Phänomen. Die Welt »hier drinnen« ist dazu bestimmt, in die Welt »da draußen« hinauszufließen und sich mit ihr zu vereinen, und wenn wir uns diesem Fließen in den Weg stellen, verschieben wir nur den Tag, wo der Geist hinausreicht, um die natürliche Ordnung der Dinge wiederherzustellen. Das muß sich in geringerem oder größerem Umfang viel öfter ereignen, als wir wahrnehmen oder auch wahrnehmen wollen, und man kann sich auf Dauer nicht der Einsicht verschließen, daß magisches Denken ein Akt der Heilung ist, und daß die magischsten Gemüter deshalb auch die gesündesten sind.

4 Die Umkehrung des Zeitpfeils

Ein Unglück kommt selten allein – das war auch der Fall in Malcolms Leben. Am Montag joggte sein Bruder gerade wie jeden Morgen durch den Park, als ein anderer Jogger ihn plötzlich zusammenbrechen sah. Der Mann eilte zu Hilfe, aber Malcolms Bruder war bereits tot, das Opfer einer schweren Herzattacke. Er war gerade Fünfzig, sieben Jahre jünger als Malcolm; Herzbeschwerden hatte er nie zuvor gehabt.

Am Dienstag rief dann schluchzend die Frau von Malcolms bestem Freund an, einem ortsansässigen Kinderarzt Ende Vierzig. Ihr Ehemann war an diesem Nachmittag auf der Rückfahrt vom Krankenhaus mit einem Male am Steuer zusammengebrochen. Auch er war einer tödlichen Herzattacke zum Opfer gefallen, ohne daß jemand eine Herzkrankheit vermutet hätte.

Diese beiden Todesfälle trafen Malcolm sehr. Wie betäubt und erschüttert, begann er schwermütig, über die Unsicherheit des Lebens zu sinnieren. Nach einer Woche beschloß er, wegen seines eigenen Herzens einen Arzt aufzusuchen. Der machte ein EKG, das auch normal ausfiel. Da aber die Herzattacke seines Bruders auf eine Familienveranlagung hinweisen konnte, mußte sich Malcolm auf das Ergometer setzen. Seine Werte waren ausgezeichnet; sein Herzschlag konnte auf 180 gesteigert werden, ohne daß er Schmerzen spürte. Auch gab es keine Anzeichen für irgendwelche Herzrhythmusstörungen. »Hören Sie auf, sich Sorgen zu machen!« sagte sein Kardiologe. »Sie haben das Herz eines Zwanzigjährigen.«

Tags darauf stand Malcolm jedoch im Frühverkehr vor einer roten Ampel, seine Gedanken kreisten unablässig um die beiden Todesfälle, die in seinem Leben so klaffende Lücken hinterlassen hatten. Er verpaßte das grüne Licht und befand sich plötzlich an erster Stelle vor drei Spuren wütend hupender Autos, die versuchten, um ihn herumzufahren. Verwirrt und desorientiert brauchte er einige Sekunden, bis er seine Fassung wiedergefunden hatte. Als er den Gang einlegte, bemerkte er ein komisches Gefühl in der Brustmitte – er konnte nicht ausmachen, ob es ein Schmerz oder ein Druck war, aber er hatte für einen Augenblick ein Schwindelgefühl.

Malcolm beschloß, einen anderen Kardiologen aufzusuchen, der dann auch einige mögliche Fehler in der Art und Weise entdeckte, wie die erste Untersuchung durchgeführt worden war. »Warum machen Sie nicht noch einen Streßtest?« meinte er. »Einfach, um sicher zu sein.« Malcolm kam zu früh ins Labor, und man sagte ihm, daß er sich etwas gedulden müsse, da vor ihm noch jemand im Test war. Er setzt sich hin und blickte durch das Fenster des Labors, wo ein gesund aussehender Mann in Shorts zügig in die Pedale des Ergometers trat. Wie in einem Stummfilm öffnete der Mann den Mund, ohne einen Laut von sich zu geben, faßte sich krampfhaft an die Brust und fiel zu Boden. Die Krankenschwester brachte Malcolm in aller Eile außer Sichtweite. Nach einigen Minuten erfuhr er, daß der Mann eine Herzattacke erlitten hatte. Sein eigener Test wurde um eine Woche verschoben.

Malcolm hatte Angst, daß ihn ein Fluch verfolgte. In hohem Maße verstört, kehrte er nach Hause zurück und bemerkte zum ersten Mal deutliche Anflüge von Schmerzen im Bereich des Brustbeins. Unverzüglich setzte er seinen neuen Kardiologen davon in Kenntnis. »Schauen Sie«, sagte der Arzt, »kein Ergometertest ist absolut zuverlässig. Wenn Sie wirklich sicher gehen wollen, sollten wir ein Angiogramm machen.« Ein Angiogramm erlaubt es, das Herz auf einem Monitor zu beobachten, wo die Herzkranzarterien durch eine Farblösung hell hervortreten. Diese Methode gilt als das Nonplusultra bei der Ermittlung von Herzkrankheiten.

Die Untersuchung wurde gemacht, und das Schlimmste, was Malcolm befürchtet hatte, fand sich bestätigt. Zwei seiner Herzkranzarterien waren zu 85 Prozent verstopft, wodurch die Blutzufuhr zu seinem Herzen in gefährlicher Weise eingeschränkt war. Seine Brustschmerzen nahmen plötzlich an Stärke und Häufigkeit zu. Das Profil einer typischen Angina pectoris zeichnete sich ab mit Anfällen bei jeder körperlichen Anstrengung. Alarmiert verschrieb ihm der Kardiologe Nitroglycerin-Kapseln, um die Attacken zu mildern. Die ganze folgende Woche hütete Malcolm das Haus. Um aber seiner Niedergeschlagenheit Herr zu werden, nahm er sich ein paar Reparaturarbeiten an seinem Haus vor, was erforderlich machte, daß er auf eine Leiter stieg und einige schwere Schiebefenster einsetzte.

Bei seinem nächsten Arztbesuch erwähnte er, daß er diese Arbeiten ohne irgendwelche Probleme in der Bust durchgeführt hatte. Der Kardiologe traute seinen Ohren nicht: »Sie dürfen so etwas unmöglich tun! Begreifen Sie nicht, daß mit Herzkranzarterien, die so zu sind wie Ihre, Sie jederzeit eine Herzattacke haben können?«

Als er das hörte, spürte Malcolm beengende Brustschmerzen, die ihm den Atem nahmen – das war sein erster Anfall instabiler Angina pectoris, ein erst spät auftretendes, dafür aber um so ernsteres Symptom einer Herzkrankheit. Sie heißt »instabil« deswegen, weil die Schmerzanfälle ohne Vorankündigung auftreten, mit und ohne körperliche Anstrengung. Der Kardiologe sah keine andere Wahl, als zu operieren. Und so unterzog sich Malcolm noch in derselben Woche einer doppelten Bypass-Operation, kaum einen Monat nach jenen zwei tödlichen Herzattacken, die ihn aus der Bahn geworfen hatte.

Es war auch nicht das Ende. Als ich ihn vier Monate später zu Gesicht bekam, waren Malcolms frisch operierte Herzkranzgefäße zwar noch offen, seine Brustschmerzen hatten jedoch nicht nachgelassen. Auch heute noch zeigt er alle typischen Anzeichen einer instabilen Angina pectoris. Er muß auch dem leichtesten Streß aus dem Wege gehen und ist deshalb Frührentner geworden. Selbst der Gang zum Kühlschrank kann mittlerweile einen Schmerzanfall verursachen, so daß Malcolm fast völlig ans Haus gefesselt ist. Es ist anzunehmen, daß sein hohes Angstniveau der Grund für diese Anfälle ist, indem es entweder eine Verkrampfung der Herzkranzarterien oder psychosomatische Schmerzen verursacht.

»Was, meinen Sie, hat dazu geführt?« fragte ich ihn.

»Ich liege nachts wach und denke darüber nach«, antwortete er kläglich. »Habe ich mir das selbst angetan, oder habe ich einfach unglaublich viel Pech? Niemand hat mir irgendeine akzeptable Erklärung gegeben. Nennen wir es also ein Geheimnis und lassen es auf sich beruhen.«

Zeit und Zeitwahrnehmung

Wenn Malcolms Krankheit bis zu ihrem Ausbruch vierzig Jahre anstatt vier Wochen gebraucht hätte, so wäre da nichts Geheimnisvolles. Wir würden einfach sagen, er sei alt geworden. Herzkranzprobleme sind bei älteren Menschen so gang und gäbe, daß man sie lange Zeit als normalen Bestandteil des Alterungsprozesses ansah. Und selbst heute noch, wo man doch Herzkrankheiten für vermeidbar hält und somit eigentlich nicht für normal, bleiben sie dennoch die Haupttodesursache bei älteren Menschen. Seit Anbeginn hat die Medizin vergeblich versucht, dem Alterungsprozeß auf den Grund zu gehen oder ihn auch nur richtig zu beschreiben, definiert aber trotzdem das Älterwerden als etwas, das lange Zeit dauert.

Ein Herz, das binnen Monatsfrist altert, verhält sich in höchst atypischer, ja sogar bizarrer Weise.

Es gibt mehr als einen Hinweis, daß Malcolm die Kette von Ereignissen, deren Opfer er wurde, selbst erzeugt hat, obwohl sein Verstand dies nicht einsah. Seinen Fall als das Produkt von Zufällen anzusehen, ist in keiner Weise überzeugend. Die zeitliche Abfolge und quasi »konzertierte Aktion« der Ereignisse nach dem Tode seines Bruders sind einfach zu perfekt. Sie reihen sich aneinander wie die Akte eines meisterlichen Schauspiels, mit zunehmender Spannung und einem raschen, packenden Höhepunkt. Malcolm begriff nicht, wie er das alles hatte tun können. Die Beschleunigung des Alterungsprozesses beinhaltet die Fähigkeit, ihn zu steuern, dies wiederum beinhaltet die Kontrolle über die Zeit. Und das ist ja völlig unmöglich – zumindest denken wir das.

Wenn wir die begrenzte Weltanschauung der Naturwissenschaft verlassen, bieten sich jedoch Erklärungsmodelle an. Zunächst können wir die grundlegende Annahme, daß Zeit objektiv sei, in Frage stellen. Die Uhren, denen wir vertrauen, ticken ihre Stunden und Minuten unabhängig von unserem Einfluß herunter, und die täglichen Ereignisse erscheinen ohne Sinn und Verstand aneinandergereiht; von einem anderen Standpunkt aus stellt diese unsere Behandlung von Zeit allerdings nur eine bequeme Übereinkunft dar. Wir haben uns kollektiv darauf geeinigt, daß die Zeit gewisse unveränderliche Eigenschaften hat: sie bewegt sich vorwärts, wird mit Uhren gemessen, ist überall gleich und wartet auf niemand.

Doch ist diese Übereinkunft nicht unantastbar, und in gewissen Momenten wird Zeit unerklärlich flexibel. Vor einiger Zeit las mir einer meiner Schweizer Freunde, der ebenfalls Arzt ist, einen seltsamen und ergreifenden Zeitungsbericht über ein Grubenunglück in Deutschland vor. Ein kleine Gruppe von Bergarbeitern war nach einem massiven Einsturz unter Tage eingeschlossen worden. Sie wußten, daß die Luft im Stollen nur eine bestimmte Zeit von Stunden ausreichen würde. Es stellte sich heraus, daß nur einer von ihnen eine Armbanduhr trug. Der begann nun, die Zeit auszurufen, während die Gruppe beklommen auf Rettung wartete. Um in den anderen die Hoffnung aufrechtzuerhalten, rief er jedoch die Stunden nicht richtig aus, sondern tat es lediglich nach jeder zweiten Stunde. Nach sechs Tagen stieß eine Rettungsmannschaft zu der Gruppe vor; erstaunlicherweise waren alle noch am Leben, bis auf eine Ausnahme – der Mann mit der Armbanduhr.

Was war geschehen? Der Mann mit der Uhr hatte durch seinen Trick die anderen über ihre Übereinkunft bezüglich der »wirklichen Zeit« hinweg-getäuscht. Tragischerweise konnte er sich selbst nicht täuschen. Könnte es sein, daß die Zeit auf den einen wartet und den anderen überholt, je nachdem, was man erwartet? Im Frühjahr 1990 berichteten Sozialwissen-schaftler der University of California in San Diego, daß die Zahl der Todesfälle unter der chinesischen Bevölkerung in der Woche vor dem Erntemondfest, einem der glückverheißendsten Tage im chinesischen Kalender, wo den alten Menschen besondere Aufmerksamkeit gewidmet wird, um fünfunddreißig Prozent zurückging. Wenn das Fest zu Ende ging, nahm die Zahl wieder zu und stieg nach Wochenverlauf auf vierunddrei-ßig Prozent über der Norm. Das läßt darauf schließen, daß Menschen, die schon kurz vor dem Ende stehen, ihren Tod aufschieben können, um einen Tag zu genießen, der ihnen teuer ist.

Ein ähnliches Phänomen ist die Sterbequote bei der jüdischen Bevölke-rung kurz vor und nach dem Passahfest (bei nicht-jüdischen Kontrollgrup-pen trat dieser Effekt nicht auf; hier blieb die Sterbequote über diese Zeit hinweg gleich). Und schließlich grübeln Kardiologen darüber nach, warum die Wahrscheinlichkeit von Herzattacken am Montagmorgen ge-gen neun Uhr höher ist als während der restlichen Woche. Das ist nun beileibe keine beliebige Stunde: Für viele Menschen ist die Rückkehr an den Arbeitsplatz eine Rückkehr in die harte Wirklichkeit. Haben einige von ihnen einen dramatischen Fluchtweg gefunden, der ihnen dank einer Herzattacke den Weg zur Stechuhr erspart?

Diese Beispiele sind auf die biologische Zeit beschränkt, die verborgene Zeit in unseren Zellen. Um wirklich eine umfassende Beherrschung der Zeit zu sehen, müssen wir uns den Träumen zuwenden. Der Traumzeit fehlt jegliche feste Folge oder Logik. Sie kann vorwärts oder rückwärts ablaufen, schneller oder langsamer, stillstehen oder einfach verschwin-den – viele Traumereignisse sind in einer Art Un-Zeit eingefroren, in der es keinen Anfang und kein Ende gibt. Ein Flug durch die Wolken, das Ertrinken in einer Flutwelle oder die Flucht vor einem spukhaften Verfol-ger sind Traumereignisse, die entweder einen Augenblick oder eine Ewigkeit dauern, so, als habe die Zeit die Bühne verlassen.

Wenn wir dann in die Welt der zuverlässigen Uhren hinein aufwachen, nimmt die Zeit wieder ihren Kriechgang an, aber das sagt wenig über ihr eigentliches Wesen aus. Stellen wir uns einen Mann vor, der in einem Zimmer sitzt und müßig zum Fenster hinausschaut. Morgen, Mittag und Abend gehen vorüber; er starrt passiv auf die Passanten und beobachtet, was sich auf der Straße abspielt. Derselbe Mann könnte nachts einschlafen und genau dieselben Leute und Ereignisse in einem Traum sehen, aber jetzt nehmen Morgen, Mittag und Abend nur zwei Minuten seines Traums ein. Wie der übrige Traum war auch die Zeit in seinem Gehirn erzeugt worden. In welcher Hinsicht ist die Zeit des Wachzustandes verschieden? Dieselben Gehirnzellen verarbeiten den Zeitverlauf in beiden Situationen; die Zeit des Wachzustandes wie die des Traumes könnte demzufolge eine selbstgeschaffene sein.

Wenn dem so ist, dann ist die Zeit selbst nurmehr eine persönliche Wahrnehmung, denselben Schwankungen unterworfen wie Stimmungen, Träumereien, Fantasien oder irgendein anderer verüberhuschender Gedanke. Die Psychologie anerkennt bereits, daß die Zeit ein starkes persönliches Element enthält. Wir alle besitzen irgendeine Fähigkeit, die Zeit nach unserer Lust und Laune zu verändern. Wenn ich beklommen im Wartezimmer eines Zahnarztes sitze, so läßt meine Angst die Zeit vorüberschleichen. Um sie zu beschleunigen, brauche ich nur anderswohin zu gehen, etwa in ein Restaurant, wo ich wieder Freude am Leben gewinne. Wenn ich mich etwas zuwende, das sehr unterhaltsam ist, so wird dies ja auch kurzweilig genannt; die Zeit fliegt nur so vorüber. Der Unterschied zwischen kurz- und langweiliger Zeit liegt in meiner Wahrnehmung der Situation. Solange ich frei bin, mich vom Zahnarzt ins Restaurant zu begeben, habe ich eine persönliche Kontrolle darüber, wie sich die Zeit anfühlt.

Bin ich aber aus irgendeinem Pflichtgefühl gezwungen, im Wartezimmer zu bleiben, dann habe ich keine andere Wahl, als die dort angebotene kriechende Zeit zu erfahren. Diese Art von Zwang hat uns alle am Haken. Wir bleiben tagaus tagein in demselben Zeitrahmen, weil wir meinen, wir müssen es beziehungsweise sollten es tun. Doch das ist lediglich eine Übereinkunft, zu der wir irgendwann einmal gekommen sind – wann, das wissen wir selbst nicht mehr. Jeder kann daraus ausbrechen und seine Herrschaft über die Zeit wieder ausüben.

Reisende durch die Zeit

Eines der Hauptthemen in den spirituellen Traditionen der Welt ist die Unwirklichkeit der Zeit, und eines der Ziele erleuchteter Lehrer ist es, den Bann der Zeit zu brechen, der die Gemüter ihrer Schüler gefangen hält. Ein indischer Meister sagte einmal zu seinen Schülern: »Ihr habt euch selbst in den Kerker der Zeit und des Raumes eingesperrt, habt euch in die Spanne eines Menschenlebens und den Raum eines Körpers gezwängt. Und aus dieser selbst-auferlegten Illusion ergeben sich alle eure Konflikte: Leben und Tod, Schmerz und Freude, Hoffnung und Angst. Um diese Konflikte zu lösen, müßt ihr zuallererst der Illusion ein Ende machen.«

»Und wie geschieht das?« fragte ein Schüler.

Der Meister erwiderte: »Ihr steckt in dieser Welt wie die Fische im Netz. Aber alle Netze haben Löcher. Findet eines, entrinnt hindurch, und Ihr werdet sehen, was Wirklichkeit wirklich ist.«

Offensichtlich ist das Netz der Zeit tatsächlich voller solcher Löcher. Zeit scheint objektiv real zu sein, ist jedoch im Grunde nicht mehr als ein von unserem Verstand erzeugter Begriff. Der große Weise Shankara, der die ganze Tradition indischer Philosophie überragt, schrieb einst: »Die Menschen altern und sterben, weil sie andere Menschen altern und sterben sehen.« Ich erinnere mich daran, daß ich beim Lesen dieses Satzes vor zehn Jahren eine Mischung von Zweifel und Wunder empfand. Wenn Shankara recht hat, dann ist das Altern kein biologisch verankerter Prozeß, sondern lediglich ein System von Sichtweisen, die wir uns angeeignet, verstoffwechselt und in unserem Körper ausgedrückt haben.

Es gibt ein bezeichnendes, allerdings herzloses biologisches Experiment, in dem eine Ratte in einen Wassertank geworfen wird. Ratten sind keine guten Schwimmer, und so wird das Tier wild um sich schlagen, vergeblich versuchen, aus dem Tank herauszukommen, und immer wieder an den glatten Wänden abrutschen. Nach einigen Minuten ist das Tier völlig erschöpft und kurz vor dem Ertrinken. Dann holt der Experimentator es heraus und läßt es sich ausruhen. Die Prozedur wird an den folgenden Tagen wiederholt, und in kurzer Zeit – im allgemeinen weniger als drei Wochen – wird die Ratte sich dramatisch verändert haben. Der Druck von so viel täglichem Streß wird ihre Gewebe enorm verändern. Wird das Experiment fortgesetzt, so wird die Ratte binnen Monatsfrist an Altersschwäche sterben. Seziert man sie dann, so werden ihr Herz, ihre Lungen und die anderen Organe so dunkel, zäh und faserig sein wie die einer Ratte am Ende der üblichen Lebensspanne von zwei Jahren oder auch mehr.

Was die Experimentatoren taten, war, daß sie die Zeit beschleunigten (wenn auch in anderer Weise als ich durch meinen Besuch im Restaurant). Die so entstandenen mißfarbenen, verbrauchten Gewebe waren wie

Stücke gefrorener Zeit, in die der Alterungsprozeß sich eingeprägt hatte. Derselbe Prozeß findet auch im Menschen statt, obgleich wir Zeit in komplexerer Weise verarbeiten, entsprechend unseren persönlichen Wertvorstellungen. Anders als Versuchstiere haben wir die Wahl, mit mehr oder weniger Streß zu leben. Wichtiger noch: Wir können Zeit unterschiedlich interpretieren und sie damit verändern. Der Mißbrauch dieses Privilegs erzeugt unermeßliches Leiden. Ich denke dabei nicht nur an jene Menschen, die sich in hoffnungslos streßbelastete Situationen begeben, obgleich ja Millionen das tun. Das tieferliegende Unwissen ist, daß wir nicht begreifen, daß die Zeit in uns nicht gefroren sein muß. Shankaras scheinbar seltsame Vorstellung, daß wir deswegen altern, weil wir andere altern sehen, könnte sehr wohl wahr sein. Teilweise ist sie bereits Ende der Siebziger Jahre durch eine einfallsreiche Studie an der psychologischen Abteilung der Harvard University bestätigt worden. Das Harvard-Team unter der Leitung von Professor Ellen Langer hatte dabei keineswegs die Überprüfung der Aussage Shankaras im Sinn; getestet wurde, ob der Alterungsprozeß, wie weithin angenommen, ein unumkehrbarer ist.

Das amerikanische National Institute on Aging, das sich mit der Erforschung des Alterungsprozesses befaßt, ist der offiziellen Ansicht, daß es keine verläßliche Methode gibt, seien es Medikamente, Diäten, Körperübungen oder Bewußtseinstechniken, die die verlorene Jugendlichkeit wiederherstellt. Obgleich umfangreiche Forschung diese Ansicht unterstützt, hatte das Langersche Team seine Zweifel daran: Konnte es nicht sein, daß das Altern eine Projektion des menschlichen Geistes war, die dieser ebenso gut wieder auflösen kann?

Um diese Hypothese zu untersuchen, setzte Langer eine Anzeige in eine Bostoner Zeitung; sie suchte Männer ab Fünfundsiebzig, die gewillt waren, eine Woche kostenlos Ferien zu machen. Eine Gruppe geeigneter Freiwilliger wurde ausgewählt, in einen Bus gesetzt und in ein luxuriöses Landhaus inmitten eines abgelegenen Wäldchens irgendwo in New England gefahren.

Als sie in dieser isolierten Umgebung ankamen, traten die Männer in eine Nachbildung des Alltags, wie er zwanzig Jahre zuvor gewesen war: Anstatt der Zeitschriften von 1979 lagen auf den Lesetischen Ausgaben aus dem Jahr 1959. Im Radio hörte man Musik aus diesem Jahr, und die Gruppengespräche gingen um die Politik und die Berühmtheiten der damaligen Zeit. Eine Ansprache von Präsident Eisenhower wurde vom Band abgespielt, gefolgt von dem Film »Anatomie eines Mordes«, der im Jahre 1959 mit dem Academy Award ausgezeichnet wurde. Abgesehen von diesen Hilfsmitteln wurde alles unternommen, um jeden einzelnen darauf einzustimmen, wie er sich fühlte, wie er aussah, sprach und handelte, als er zwanzig Jahre jünger war.

Die Gruppe mußte ausschließlich im Präsenz sprechen, so als ob 1959 der gegenwärtige Moment war (»Denken Sie, daß Castro eine Marionette von Chruschtschow werden wird?«), und ihre Bemerkungen bezüglich Familie, Freunden und Beruf durften nicht über dieses Jahr hinausgehen. Ihre Kinder in der Mitte ihres Berufslebens waren noch zu Hause oder gingen gerade ins College; in ihre Karrieren war gerade Schwung gekommen. Jeder von ihnen hatte ein zwanzig Jahre zuvor gemachtes Photo eingereicht; mit diesem wurde jeder der Gruppe vorgestellt.

Während dieser Nostalgie-Woche unterhielt sich eine Kontrollgruppe von Männern über fünfundsiebzig ebenfalls über die Ereignisse aus dem Jahre 1959, aber sie benutzten die Erzählform anstelle des Präsenz. Castro, Eisenhower und Marilyn Monroe waren in den jetzt gültigen Zeitrahmen gestellt. Im Radio kam aktuelle Musik des Jahres 1979, in den Zeitschriften standen die letzten Neuigkeiten, und die Filme kamen frisch aus Hollywood.

Vor, während und nach der Studie wurden die Alterungsfaktoren bei jedem der Teilnehmer festgehalten. Bei den Mitgliedern der Nostalgie-Gruppe war während der einwöchigen Periode tatsächlich eine Umkehrung der Werte festzustellen. Das Gedächtnis sowie die manuelle Geschicklichkeit nahmen zu. Sie waren aktiver und selbständiger (anstatt sich helfen zu lassen, holten sie sich ihr Essen selbst und räumten die Tische ab).

Einige solcher Veränderungen sind bei jedem älteren Menschen zu erwarten, der unterhaltsame Ferien erlebt. Aber auch jene Faktoren, die als eindeutig irreversible (nicht umkehrbare) Gradmesser des Alterns angesehen werden, zeigten eine umgekehrte Tendenz. Unabhängige Gutachter bewerteten vor und nach der Studie gemachte Photos der Teilnehmer und urteilten, daß sie um drei Jahre jünger aussahen. Messungen der Hände ergaben, daß die Finger länger geworden waren und die Gelenke wieder an Geschmeidigkeit gewonnen hatten. Die Gruppe saß insgesamt aufrechter, hatte einen festeren Griff und konnte sogar besser sehen und hören. Die Kontrollgruppe wies ebenfalls einige dieser Veränderungen auf, jedoch in geringerem Maße, und bei manchen Meßwerten wie manuelle Geschicklichkeit und Fingerlänge war die bisherige Abwärtstendenz nicht unterbrochen worden.

In ihrem spannenden Buch »Mindfulness« (Aktives Denken – Wie wir geistig auf der Höhe bleiben) schreibt Langer einige dieser Veränderungen dem Umstand zu, daß den Männern mehr Kontrolle über ihr Leben als zu Hause zugestanden worden war. Sie wurden wie jeder andere Mensch Mitte Fünfzig behandelt, der selbstverständlich seinen Koffer selbst trägt oder bei Tisch sein eigenes Essen auswählt. Ihre Meinung kam in Gruppendiskussionen zur Geltung, und es wurde vorausgesetzt, daß sie geistig auf der Höhe waren, was in ihrem Alltag nicht der Fall war. Auf diese Weise waren sie von einer »bedeutungsleeren« zu einer »bedeutungsvollen« Existenz gelangt, womit Langer ein Leben in Wachheit, Offenheit und geistiger Kraft bezeichnet. Warum aber schnitt die Nostalgie-Gruppe so viel besser ab als die andere? Es ist durchaus plausibel, daß sie sich durch das verjüngten, was sie sahen. Wenn wir Shankaras Ausspruch genau umstellen, so scheinen wir, wird uns der Anblick des Alterns erspart, selbst vom Alter verschont zu bleiben.

Die Langerschen Pensionäre waren so etwas wie Reisende durch die Zeit, die sich zurück in die Vergangenheit bewegten, indem sie sich erinnerten. Wir neigen dazu anzunehmen, daß die Zeit außerhalb von uns ist, aber in diesem Fall war sie genauso gut innen, eben in Form einer Erinnerung. Sich erinnern bedeutet, daß wir unseren Körper auf die Reise schicken, selbst wenn wir uns dabei nicht aus dem Stuhl erheben. Wenn ich mich beispielsweise daran erinnere, wie ich als Kind in einer dunklen Gasse Angst bekam, so schlägt mein Herz wieder wie das des Sechsjährigen von damals.

Der Geist kann den Körper aber auch in der Zeit vorantreiben. Ich habe zwanzigjährige Frauen gesehen, die bei der Mitteilung, daß sie Krebs hatten, buchstäblich vor meinen Augen alterten und so verfallen aussahen wie jemand, der jahrelang gegen diese Krankheit angekämpft hat.

In beiden Fällen schafft es der Geist, an zwei Orten gleichzeitig zu sein, in der Zeit zu reisen und in der Gegenwart zu bleiben. Die Nostalgie-Reisegruppe blieb bei ihrer Reise ins Jahr 1959 dennoch fest im Jahre 1979 verankert – sie lasen zwar alte Zeitschriften, aber derselbe Regen fiel während dieser Woche auf sie wie auf die anderen Einwohner von Boston. Die Illusion einer festen Zeit löste sich damit teilweise auf. Man könnte noch weiter gehen. Wenn ich jegliche vorherige Konditionierung, mit der ich andere altern sehe, abschüttelte, so könnte ich womöglich auf Dauer ein Zwanzigjähriger bleiben, obgleich ich ja umhergehen und den üblichen Zeitablauf erfahren würde, wie andere Menschen das tun. Ich würde dann »meine Zeit« unter Kontrolle haben.

Und warum sollten wir nicht gleich »meine Zeit« und »deine Zeit« sagen? Ein Wecker auf dem Regal tickt ungerührt seine Sekunden und Minuten herunter, aber unsere innere Uhr besitzt soviel Intelligenz wie das Gehirn, das ihr Gehäuse ist. Nach jahrelangem Forschen haben Physiologen im vergangenen Jahrzehnt die biologische Uhr ausfindig gemacht, die alle rhythmischen Körperfunktionen wie Wachen, Schlafen, Hunger, Durst, Körpertemperatur, Blutdruck, Wachstum und das Auf und Ab hormonaler Veränderungen steuert.

Ein winziger Zellhaufen im Hypothalamus, der sogenannte suprachiasmatische Kern, regelt alle diese Rädchen im Räderwerk und orchestriert sowohl den langen achtundzwanzigtägigen Menstruationszyklus als auch den kurzen dreistündigen Zyklus der Ausschüttung von Wachstumshormonen. Sogar die chemischen Reaktionen innerhalb jeder einzelnen Zelle, die in Bruchteilen von Sekunden ablaufen, müssen sich dieser zentralen Uhr des Körpers unterordnen.

Der Gebrauch des Wortes »Uhr« ist eigentlich irreführend, denn wir können ja den Zeitfluß in uns bestimmen und sind damit über alles mechanische Ticktack erhaben. Wir wachen, schlafen, essen und atmen nach eigenem Willen, können uns also aus dem biologisch vorgegebenen Rhythmus lösen. Manche Frauen scheinen den Zeitpunkt ihres Eisprungs regeln zu können: In streßreichen Zeiten schieben sie den Eisprung heraus (sie wissen womöglich gar nicht, daß sie diese Wahl getroffen haben, aber ihre Körper reagieren offenbar auf das Signal einer speziellen Gefühlslage). In extremen Fällen können Frauen, die an Persönlichkeitsspaltung leiden – einem Syndrom, das durch die Fälle von Eve und Sybil Berühmtheit erlangte –, in jeder Persönlichkeitsphase einen anderen Menstruationszyklus haben mit Abweichungen von mehreren Tagen oder sogar Wochen. Eine Frau mit drei Persönlichkeiten und drei Zyklen hat keine drei verschiedenen »Uhren« in sich; sie hat lediglich einen unmittelbareren Zugriff auf die Zeit, als wir gemeinhin anerkennen.

So viel Freiheit kann Rhythmen durcheinander bringen, die nicht gestört werden sollten. Die Zeitverschiebung bei Langstreckenflügen unterbricht unseren grundlegenden Tageszyklus, was eine Störung untergeordneter Zyklen mit sich bringt. Doch weist gerade die Tatsache, daß Zeit und menschlicher Geist sich miteinander verbinden, auf die Möglichkeit einer totalen Freiheit hin, einen Ausweg aus einer Wirklichkeit geistloser Uhren in eine solche, wo jede Sekunde lebendig ist.

Der Zeitpfeil

Die Vorstellung einer persönlichen Zeit würde einem Physiker fantastisch vorkommen. Für ihn ist die Raumzeit etwas aller Existenz Zugrundeliegendes, und Zeit unterliegt Gesetzen, die sich nicht beugen, weil der menschliche Geist es so will. Physiker benutzen den Begriff des »Zeitpfeils«, um anzuzeigen, daß Ereignisse sich in einer vorgeschriebenen Weise voranbewegen und nicht umkehrbar sind. Stephen Hawking hat unter anderem das Beispiel von einem Glas Wasser benutzt, das vom Tisch gestoßen wird. Wenn das Glas den Boden berührt, zerspringt es in tausend Stücke, und aus dieser Zersplitterung wird es sich niemals mehr zu einem ganzen Glas zusammenfügen. Demselben Gesetz gemäß schmelzen Eisstücke in einem Glas Tee und bilden sich nicht erneut; Wracks auf einem Schrottplatz werden zu einem Chaos aus Rost ohne die Aussicht, daß sie sich plötzlich wieder in Autos zurückverwandeln.

Auf dem Papier kann man ein zerbrochenes Glas wieder zusammensetzen, wenn man sorgfältig den Energieaustausch berechnet, dem entsprechend jeder Splitter in den Raum hinausflog. Ein heiles Glas könnte dann herbeigezaubert werden, wenn man jede Tangentialbewegung umkehrt. Vom mathematischen Standpunkt her ist ein vollständiges Glas lediglich ein zerbrochenes Glas, bei dem man die Gleichungen umgekehrt hat, und man kann eine Version mit der anderen endlos abwechseln.

Aber der Zeitpfeil verbietet solch leichten Zustandswandel in der wirklichen Welt. Sobald der Bruch auftritt, nimmt die Zeit das Glas mit sich fort und bringt es nie wieder heil zurück. Wenn dies tatsächlich das Gesetz ist, so wäre es nur vernünftig, sich damit abzufinden und sich der Zeit zu beugen, wie das Wärme, Licht, bewegliche Körper und alle Formen von Energie im Universum tun. Aber die persönliche Zeit, »meine Zeit«, ist völlig anderer Art. Anstatt in eine Richtung loszurasen, bewegt sie sich vorwärts, wenn ich mir über die Zukunft Sorgen mache, und rückwärts, wenn ich mich an Vergangenes erinnere. »Zeit ist nicht einfach eine Straße«, schrieb der Romancier John Fowles. »Sie ist auch ein Zimmer.« Wir nennen das Zimmer Erinnerung, einen Raum, in dem man sitzen kann, und wo man von Stapeln von Vergangenem umgeben ist.

Persönliche Zeit kann desgleichen tot oder lebendig sein. Vor einigen Jahrzehnten förderte eine Gruppe von Archäologen aus einer ägyptischen Pyramide ein Tongefäß zutage, in dem Weizenkörner aufbewahrt waren. Man säte die Körner aus und begoß sie; wenige Tage darauf keimten sie zu aller Erstaunen nach zweitausend Jahren des Dornröschenschlafs. Wenn wir uns einmal das Ereignis aus der Sicht der Weizenkörner vorstellen, so muß es so ähnlich wie ein Aufwachen gewesen sein. Die Zeit war tot, solange sie schliefen, ohne daß sich ein Wandel oder Verfall vollzog. Daß zwanzig Jahrhunderte vorübergingen, war in nichts verschieden vom Vergehen eines Jahres, denn die vorübergehende Zeit hatte kein Leben in sich. Sie war tot oder schlief, eingehüllt in den Samen in der Erwartung, daß das Leben sie berührte.

Der Ort, wo diese eingepackte Zeit ruht, ist die DNS des Weizens, die in Form unseres eigenen genetischen Gedächtnisses auch unsere Zeit speichert. Man könnte keine Erkältung oder irgendeine andere Krankheit überleben, wenn die Thymusdrüse nicht die Erinnerung an Antikörper aufbewahrte, die vor Jahrmillionen gelernt haben, Viren und Bakterien zu bekämpfen. Unser Immunsystem ist eine Enzyklopädie jeglicher Krankheit, die unsere Vorfahren bis zurück in graue Vorzeit befiel; Tausende von Generationen starben an Fieber und Seuchen, damit wir heute leben können.

Die Naturwissenschaft muß noch anerkennen, daß die DNS eine magische Seite hat. Aber stellen Sie sich einmal vor, Sie stünden in einem leeren Raum mit einer Wendeltreppe gerade vor Ihnen. Sie ist aus wunderbar geschnitztem Holz, und Sie sind gerade in bewundernder Betrachtung versunken, da geschieht etwas Seltsames: Die Wendeltreppe dreht sich langsam und teilt sich in der Mitte, so als ob sie einen Reißverschluß hätte. Und nun stehen da zwei Hälften einander gegenüber. Sie bemerken etwas, das Ihnen bis dahin entgangen war. Die Treppen sind von einer tanzenden Sägemehlwolke umgeben. Diese Wolke scheint formlos zu sein, aber Strömungen und Wirbel machen sich darin bemerkbar, und dann bilden sich allmählich, unerklärlich, die Gegenstücke zu den Treppenhälften heraus, Stufe um Stufe, dann das Geländer, die Pfosten, bis Sie schließlich zwei vollständige Treppen erblicken, die in jeder Hinsicht dem Original gleichen.

Die DNS verhält sich in genau dieser unglaublichen Weise. Jedesmal, wenn Sie eine neue Zelle erzeugen müssen (diese Notwendigkeit ergibt sich mehrere Millionen Mal in der Minute), muß sich ein DNS-Molekül teilen. Es tut dies genauso wie die geträumte Treppe: Erst trennt sich die ursprüngliche Doppelspindel in der Mitte und läßt die Zelle momentan ohne intakte DNS. Dann aber erzeugt sich die DNS aus einem Mahlstrom von biochemischen Substanzen jeweils zwei neue Hälften, so daß zwei genaue Abbilder des ursprünglichen Moleküls entstehen.

Das Erstaunliche an diesem Prozeß ist nicht seine Komplexität – obwohl dabei in jeder Zelle drei Milliarden Genome mit perfekter Genauigkeit ersetzt werden. Das eigentlich Erstaunliche ist, daß dieser ganze Wiederaufbau *von Dingen* bewerkstelligt wird. Ein DNS-Molekül ist lediglich ein Ding wie eine Wendeltreppe. Es ist aus recht gewöhnlichen Wasserstoff-, Kohlenstoff-, Sauerstoff- und Stickstoffmolekülen aufgebaut, die einfach nur kleinere Einheiten sind. Ähnliche Moleküle bilden einen Zuckerkrümel, einen Öltropfen, ein Stückchen Moos. Keines dieser Dinge kann das tun, was wir gerade gesehen haben. Wie kommt es, daß stur-träge Moleküle eine Treppe bauen lernten, die viele Male komplizierter ist als alles von Menschenhand je Gebaute?

Die Antwort ist, daß die DNS in Wirklichkeit gar kein Ding ist; sie ist ein lebendiges Gedächtnis, das einem Ding innewohnt. Das Gedächtnis ist keine Eigenschaft der atomaren Bausteine des Kohlenstoffs, Wasserstoffs oder Sauerstoffs. Wenn dem so wäre, dann müßte ein Zuckerwürfel ebenfalls lebendig sein. Die DNS ist im Grunde eine stoffliche Maske, hinter der sich eine reiche, aber abstrakte Bewußtheit verbirgt.

Nehmen wir nur einmal die Meisterschaft der DNS über die Zeit. Für ein menschliches Wesen ist ein Zelluloidstreifen, der mit vierundzwanzig Bildern in der Sekunde abläuft, ein Film, weil unser Gehirn die aufblitzenden Bilder als eine kontinuierliche Bewegung wahrnimmt. Das wäre für eine Pferdebremse eine reine Illusion, denn ihr Auge ist schnell genug, um die schwarzen Ränder zwischen jedem Bild zu erfassen – das Gehirn der Fliege registriert eine Abfolge einzelner Bilder. Eine Schnecke, die nur alle vier Sekunden ein Bild erfaßt, würde andererseits drei Viertel des Films verpassen; sie würde nur ein Wirrwarr zuckender Bilder wahrnehmen. In jedem Geschöpf besitzt die DNS eine andere Anordnung, die eine für dieses Geschöpf geeignete Art von Bewußtsein und entsprechende Zeiterfahrung erzeugt.

Die DNS ist wie eine Schaltstelle zwischen der Ewigkeit und all den Lebensformen, die eines Lebens in der Zeit teilhaftig sind. Die DNS schneidet das endlose Zeitkontinuum sehr präzise in Scheiben, die dem einzigartigen Bewußtseinsstand und der spezifischen Lebensdauer eigen sind. Menschenzeit, Fliegenzeit, Schneckenzeit – jeder Bezugsrahmen unterscheidet sich vollkommen von den übrigen. Noch eindrucksvoller ist, daß die DNS über die Richtung des Zeitpfeils entscheidet. Die Tatsache, daß wir alle einen dritten Backenzahn bekommen, ist beispielsweise ein Teil unseres Erbes, das sich die DNS aus der Vergangenheit aufruft. Andererseits muß die DNS in die Zukunft gehen, um zu wissen, daß dieser Zahn erst nach Vollendung des zwölften Lebensjahres dem ausgewachsenen Gebiß als letzter hinzugefügt wird.

Dasselbe DNS-Stäubchen, das sich im Schoß einnistet, kann Millionen von Handlungen ausführen, die vorerst auf Jahre oder gar Jahrzehnte hinaus nicht gebraucht werden. Unsere Gene können die noch lose verbundenen Schädelknochen eines Säuglings miteinander verbinden und wissen gleichermaßen, wie das verlorene Kalzium im Schulterknochen eines Siebzigjährigen zu ersetzen ist.

Die Vermischung von Zeit und Leben geht weit über alles Vorstellbare hinaus. Man schätzt, daß in jeder Sekunde im Körper sechs Billionen chemische Reaktionen ablaufen. Dasselbe DNS-Stäubchen steuert sie alle und irrt sich nur selten, wo und wann auch immer es sei.

Wenn in diesem Gewimmel von Reaktionen ständig dieselben Vorgänge abliefen, könnte ein Zellbiologe eines Tages eine vollständige Erklärung dafür finden, wie die DNS den Fluß des Lebens steuert. Es gibt jedoch eine vierte Dimension, in der jede Zelle ihrem eigenen Schicksal folgt: Eine Hautzelle lebt einen Monat lang, während eine Nervenzelle, von demselben Genstrang angetrieben, ein Leben lang überdauert. Es ist unvorstellbar, wie unsere Gene solch stark verschiedene Lebensspannen koordinieren. Irgendein Fleckchen Nirgends und Nicht-Zeit ist zum Stoff unserer Gene zusammengewoben worden, ein Ort, wo wir uns hinkauern können wie ein Angler am Flußufer, der seine Angel ins Wasser wirft. Von jener zeitlosen Position aus sind wir alt, bevor wir jung werden, kahl, bevor wir den ersten Babyflaum bekommen, tun den letzten Atemzug auf dem Sterbebett, bevor wir das erste Mal in diesem Leben Luft holen.

Das Selbst jenseits der Zeit

Da die DNS eine solche Herrschaft über die Zeit ausübt, müssen wir daran teilhaben. Wenn dem so ist, dann weist Malcolms Geheimnis auf seine eigene Lösung hin. Er kettete sich vom Zeitpfeil los, sprang aus den geraden Gleisen der Zeit. Er tauchte in das Unbekannte mit all seinen

Gefahren ein. Und dennoch kam er der Wahrheit dadurch näher als die meisten von uns, denn die Zeit ist tatsächlich viel eher ein weites Neuland als ein Bahngleis.

Betrachtet man die ganze Landschaft der Zeit, so verschwinden die schnurgeraden Linien, was übrigbleibt, ist Ewigkeit, das Zeitlose. Jede spirituelle Tradition hat auf ihre Weise versucht, den Menschen zu überzeugen, daß das Zeitlose wirklicher ist als alles in der Zeit Erfahrene. Und trotzdem treiben wir immer noch hilflos im Strom der Zeit, sowohl körperlich als auch geistig. Diejenigen, die sich freigeschwommen haben, sind nur selten zu finden, und in diesem Jahrhundert sind es nicht unbedingt Gläubige im religiösen Sinn.

Erwin Schrödinger, der zu den einflußreichsten Vertretern der frühen Quantentheorie gehörte, tat einen Gedankensprung, den die meisten von uns nicht nachvollziehen können: In seinem Buch »Meine Weltansicht« heißt es: »Nein, sondern so unbegreiflich es der gemeinen Vernunft erscheint: du – und ebenso jedes andere Wesen für sich genommen – bist alles in allem. Darum ist dieses dein Leben, das du lebst, auch nicht ein Stück nur des Weltgeschehens, sondern in einem bestimmten Sinn das *ganze*.« Für das isolierte Ich ist diese Behauptung unergründlich. Wie kann ein einzelner das Ganze sein, alles, was existiert, und dabei das bleiben, was er zu sein scheint, ein Einzelwesen mit eigenen Vorstellungen und Erinnerungen?

Auch wenn unsere Welt in die Zeit eingebunden ist, gibt es doch viele Anzeichen dafür, daß wir mit einer größeren Wirklichkeit des »alles in allem« in Verbindung stehen. Der führende japanische Neurowissenschaftler Dr. Tadanobu Tsunoda hat vierzehn Jahre damit verbracht, die Funktionsweise der linken und rechten Gehirnhälfte zu erforschen. In jedem von uns gibt es einen im Stammhirn angelegten Schaltmechanismus, der uns befähigt, unsere linke Gehirnhälfte verstärkt zu benutzen, sobald wir sprechen, rechnen und logisch denken, und unsere rechte Gehirnhälfte einzusetzen, sobald wir uns musisch betätigen, Formen erkennen, Vergleiche anstellen oder etwas tun, was unsere Gefühle anspricht. (Wir meinen hier kurzfristige Verschiebungen, nicht die in den letzten Jahren totgeredete dauerhafte links- oder rechtshemisphärische Dominanz.)

Tsunoda erfand eine neue Methode, um diesen Schaltmechanismus zu kartieren: ein zeitverzögertes Feedback von Tönen, ähnlich der Situation, wo man die elektrischen Hirnströme eines Menschen beobachtet, der während des Sprechens seiner eigenen Stimme zuhört. Viele kaum merkliche Aspekte der Rechts-links-Verschiebung wurden entdeckt, doch das Bemerkenswerteste ist folgendes: Es stellte sich heraus, daß sich die hemisphärische Dominanz verschob, wenn man den Versuchspersonen einen Ton vorspielte, dessen Frequenz ein Vielfaches ihres Alters betrug (beispielsweise ein Vielfaches von vierzig Schwingungen pro Sekunde im Falle eines Vierzigjährigen). Noch seltsamer war die in Japan bei dreißig Versuchspersonen gemachte Beobachtung, daß eine dauerhafte Dominanzverschiebung auch am Geburtstag auftritt. Während einer jeweils unterschiedlichen Dauer werden linkshemisphärisch dominante Menschen zu rechtshemisphärisch dominanten und umgekehrt. Das Phänomen trat bei über der Hälfte der Versuchspersonen auf, bei manchen in drei aufeinanderfolgenden Jahren.

Angesichts dieser Rätsel stellte Tsunoda die Überlegung an, daß unsere Gehirne irgendwie auf die Drehung der Erde um die Sonne, die Mondphasen und andere kosmische »Uhren« eingestellt sind. »Die Verbindung mit kosmischer Aktivität legt nahe«, so schreibt er, »daß es einen Miniaturkosmos im menschlichen Gehirn gibt. Wir aber haben die Fähigkeit verloren, diesen Mikrokosmos inmitten der Geschäftigkeit unserer Zivilisation wahrzunehmen.« Aus westlicher Sicht nimmt sich diese Schlußfolgerung in Anbetracht des geringen Datenmaterials freilich wie ein Gedankenweitsprung aus. Die alten indischen Weisen erklärten jedoch:

> *Wie der Makrokosmos, so der Mikrokosmos,*
> *Wie das Atom, so das Universum,*
> *Wie der menschliche Geist, so der kosmische Geist.*

Mit anderen Worten: Es gibt keinen Ort des Universums, der außerhalb von uns liegt. Wie Schrödinger sagte: »Du bist Teil eines unendlichen, ewigen Seins ... So magst du dich hinwerfen auf die Erde, flach angedrückt an ihren Mutterboden in der gewissen Überzeugung: Du bist eins mit ihr und sie mit dir. Du bist so fest gegründet und unverletzlich wie sie – ja, tausendmal fester und unverletzlicher.«

Diese Behauptung stammt nicht aus mystischer Verehrung; Schrödinger nahm den Ansatz, daß das Selbstgefühl »Ich bin« etwas Grundlegendes im Universum ist, sehr ernst. Es ist unversehrbarer als die Erde selbst, da diese nur als Materieansammlung Bestand hat, die schließlich doch der

Zeit zum Opfer fällt. Ich dagegen wache jeden Morgen mit einem erfrischten Lebensgefühl auf, gegründet in der Sicherheit, daß ich existiere.

Wie entstand dieses Gefühl des »Ich bin«? Ganz offensichtlich ist es im Wesen des Lebens selbst verankert. Heutzutage sind die meisten Menschen nicht in der Lage zu begreifen, daß in allem »da draußen« tatsächlich Leben ist. Diese Blindheit nimmt unsere Zivilisation aus dem großen Strom der Menschheitstradition heraus. Derselbe Lebensstrom floß einst, von den Göttern oder von Gott ausgehend, durch die ganze Welt. Diese unvorstellbare Kraft erschuf Galaxien und erhielt gleichzeitig die zarteste Alpenblume. Überall sprudelte Leben hervor und floß zu sich selbst zurück, wandte sich freudevoll zu sich selbst und jubelte über seine eigene unendliche Kraft. Auch wir sind Teil dieses Stroms. Wir sind aus ihm hervorgegangen, und unser Schicksal ist es, auf seinen Wellen zu reiten.

Heutzutage ist dies alles sehr vage und fragwürdig geworden. Wir setzen Leben mit DNS-Molekülen gleich und ignorieren, daß jemandes DNS in der Sekunde nach seinem Tod so intakt ist wie zuvor. Manchmal gehe ich nach einem scharfen Novemberfrost durch das hohe Gras in der Nähe meines Hauses spazieren und finde einen Grashüpfer, der leblos an einen dürren Halm geklammert ist. Ich hebe die kalte Insektenhülle auf, betrachte sie und denke: »Irgendetwas lebte einst darin. Nun ist es fort; ich weiß nicht, wohin. Ich halte eine Schale in den Händen, und bald werden auch ihre Moleküle verschwinden, wieder zu Erde werden. Was machte sie einst lebendig und was nahm dann ihr Leben fort?«

Mein Erstaunen selbst macht mir bewußt, daß ich am besten beurteilen kann, was Leben ist. Denn ich habe ja Fragen und ein Geschenk, um das ich nicht gebeten habe – einen Spaziergang durch das Gras, wo ich sie stellen kann. Die Zeit existiert also, soweit ich dies verstehen kann, damit ich mit ihr wettlaufe. Ich kann bereits absehen, daß meine Moleküle eines Tages wieder zu Erde werden, aber anders als der Grashüpfer kann ich diese Gefahr möglicherweise bannen, indem ich mich bewußt auf eine Ebene erhebe, auf der sie nicht mehr besteht. Im weitesten und tiefsten Sinne ist das der eigentliche Sinn des Lebens – die Gesamtsumme alles dessen, was ein Mensch über sein eigenes Leben und die Chancen, es zu erhalten, gelernt hat. Andere Epochen mögen die Antwort auf dieses Rätsel gewußt haben, oder vielleicht haben die Menschen sich damals mit der Antwort einer vorgefertigten Glaubenssache abgefunden.

Der letztendliche, unwiderlegbare Beweis, daß der Geist in der Natur seinen Platz hat, ist absolut nicht das, worauf ich warte. Dieser Beweis wird womöglich nie erbracht, denn es ist ja unser Geist, der diese Schnipseljagd durchführt, und der Geist ist berüchtigt dafür, daß er ständig die Spielregeln ändert. Bedeutung ist da, wo man sie sieht, und zwar unübersehbar. Man kann unter dem Mikroskop die flitzenden Punkte auf einem Farbbildschirm verfolgen und sie als Zufallsflimmern auf einer phosphoreszierenden Emulsion ansehen, oder aber man tritt einen Schritt zurück und erkennt, daß dasselbe Flimmern ein Bild formt. Aus einer Perspektive nimmt man Geordnetheit und – als Produkt des Verstandes – eindeutige Form wahr, aus der anderen nichts dergleichen. Der Unterschied zwischen beiden liegt ausschließlich im Ausgangspunkt, nicht im Gegenstand selbst.

Wenn Sie aus dem Fenster blicken und Bäume, Himmel und Wolken als Teil Ihrer selbst erkennen, so ist Ihre Wahrnehmung nicht automatisch wahr oder falsch. Vielleicht haben Sie eine schizophrene Halluzination; vielleicht ist es eine Erfahrung der tiefsten Einsicht, das *Aham Brahmasmi* – Ich bin die Ganzheit – der alten indischen Seher. Die Reichweite der Bedeutung in einer solchen Erfahrung geht vom Absurden bis zum Heiligen. Wesentlich dabei ist, daß derselbe Geist alle diese Bedeutungen enthält. Erreichen wir eine neue Ebene der Bewußtheit, so entsteht eine neue Welt.

In einem Zeitalter des Zweifels aufzuwachsen, ist an sich kein Fluch. Es steckt so etwas wie Ehrfurcht in dem Unterfangen, die Wahrheit zu suchen, bevor noch das erste Stückchen davon auftaucht. »Der Wunsch nach Weisheit!« – so bezeichnete es Albert Schweitzer einmal. »Erforsche alles um dich her, dringe bis an die fernsten Grenzen menschlichen Wissens vor, und du wirst schließlich immer wieder auf etwas Unerklärliches stoßen. Es heißt Leben.«

Das unerklärliche Etwas, das der Grashüpferhülle entwich, gibt es auch in meinem Leben, und wenn ich die Daten betrachte, die vom Rande des Universums her zusammengetragen werden, so lese ich dasselbe Geheimnis daraus ab. Das bedeutet letztendlich nichts anderes, als daß meine Suche nach Wahrheit das Leben ist, das sich selbst erforscht. Die Natur ist ein Spiegel; der Beobachter ist das Beobachtete. Das mag der wesentliche Hinweis sein, der dem Rätselspiel ein Ende setzt.

Ich hörte einmal von einer spirituellen Übung, die ein indischer Meister von seinen Schülern verlangte: »Halte deinen Daumen und den Zeigefinger zusammen. Fühlst du, daß der Daumen den Finger berührt oder der

Finger den Daumen? Es kann so oder so sein, nicht wahr? Im einen Falle ist der Daumen der Spürende, im anderen der Gespürte. Nun frage dich selbst: ›Wer ist es, der vom Spürenden zum Gespürten wechselt?‹ Ihr steuert ja den Vorgang, also steht ihr darüber. Ihr seid größer als der Erkenner, größer als alles zu Erkennende. Was immer ihr seid, ihr werdet euch immer nur jenseits der Dinge finden, die ihr jetzt begreift.«

Vielleicht wird nicht jeder diese Lektion so weltbewegend finden, wie ich es tat. Sie macht mir bewußt, daß mein individueller Geist und Körper, die mir heute beide solch offenkundige Beschränkungen auferlegen, nicht die ganze Geschichte sind. Was ist der Geist anderes als der Erfahrende, der Erkenner? Was ist der Körper anderes als das Erfahrene, das Erkannte? Wenn ich meine Aufmerksamkeit von einem auf den anderen lenken kann, dann muß es da ein »Ich« geben, daß nicht in der Dualität von Geist oder Körper verfangen ist. Dieses »Ich« ist nicht einfach zu entdecken. Ich kann es nicht betrachten, denn es ist in meinem Auge; ich kann es nicht hören, denn es ist in meinem Ohr; ich kann es nicht berühren, denn es ist in meinem Finger. Was also bleibt übrig? Nur diese Stimme in mir, die flüstert: »Geh darüber hinaus!« Wenn ich diesem Flüstern folge, kann ich mich im Weglosen verirren. Andererseits kann ich sogar die Grenzen der Zeit hinter mir zurücklassen. Und dann werde ich ein für allemal entdecken, ob die Zeit mein wirkliches Zuhause ist oder die Ewigkeit.

TEIL II
Jenseits der Grenzen

5 Das Gaukelspiel der Moleküle

Während meiner Kindheit in New Delhi war ich immer wieder erstaunt über den enormen Gegensatz zwischen meinen beiden Großvätern. Der eine war ein Mann der Tat, ein Soldat, der als Sohn eines kleineren Rajah in den sandigen Hügeln des Nordwestens aufgewachsen war. »Rajah« oder Fürst ist ein recht großartiger, etwas hochtrabender Titel für jene unbezähmbar freiheitsliebenden Stammesoberhäupter, deren Untertanen zu den kriegerischsten Indiens gehörten. Als britische Soldaten ausgesandt wurden, um seine Untergebenheit an die Krone zu erzwingen, beschloß mein Großvater übereilt, das Feuer zu eröffnen. Seine winzige Streitmacht war bald besiegt.

Unsere Familienchronik berichtet, daß das aufständige Dorf für seinen Widerstand nur eine einzige uralte Kanone besaß. Das alte Stück feuerte erfolglos in die Gegend, und als die Eindringlinge schließlich einmarschierten, war der Platz übersät mit Toten, darunter auch mein Urgroßvater. Die Sünden des Vaters wurden nicht an seinem Sohn heimgesucht. Die Briten boten meinem Großvater großzügig die Pension, die einem Rajah zukam, zusammen mit dem Titel eines Sergeanten der britischen Armee auf Lebenszeit.

Dies war eine außergewöhnliche Ehre zu jener Zeit. Großvater genoß das Regimentsleben, das seine Persönlichkeit bis in alle Einzelheiten formte. Er begrüßte meine Geburt, indem er auf das Dach seiner Villa in Lahore stieg, eine Salve in die Luft abfeuerte und triumphierend auf seine Weise in sein Horn blies. Nachdem er erfolgreich seine Nachbarn alarmiert (und entsetzt) hatte, stieg er wieder herab, um in aller Ruhe sein Frühstück fortzusetzen.

Mein Großvater mütterlicherseits war dagegen ein Mann des Friedens. Sein Leben war ebenfalls von ausländischen Einflüssen geprägt worden, doch in völlig anderer Weise. Als um die Jahrhundertwende die Singer Nähmaschine in Indien Einzug hielt, wurde er Generalvertreter der Firma. Er reiste durch das ganze Land, um triumphierend diese Maschine vorzuführen, die die Arbeit von drei Frauen leisten konnte. In kurzer Zeit brachte er es zu einem stolzen Vermögen und zog sich noch vor seinem fünfzigsten Lebensjahr aus dem Arbeitsleben zurück, um den Rest seines Lebens in Meditation und spiritueller Suche zu verbringen. Als ihm meine Geburt mitgeteilt wurde, begab er sich unauffällig aus seinem Haus, ging in eine Nebenstraße der Altstadt und verteilte dort Almosen an die Armen.

Dieser Großvater verbrachte Stunden in Gesellschaft von Yogis, Swamis und anderen heiligen Männern oder auch mit seinen alten Freunden, die ständig von »dem Geheimnisvollen« sprachen. Wenn einer von ihnen eine goldene Rupie auf der Straße fand, so schüttelten sie lächelnd die Köpfe und murmelten, so als wäre es ein nur ihnen gemeinsamer Scherz, »Oh, es ist wieder der Geheimnisvolle«. Verlor eine junge Mutter ihr erstes Kind, so war das ebenfalls auf die Laune des Geheimnisvollen zurückzuführen. Eigentlich gab es kein ungewöhnliches Ereignis, ob groß oder klein, ohne daß dabei diese nie gesehene und unsichtbare Persönlichkeit erwähnt wurde. Ich hatte keine Ahnung, von wem sie sprachen, obwohl aus ihren Worten seine Eigenart als eine Mischung von Unergründlichem, Unvorhersagbarem und des göttlich Spielerischen hervortrat.

Selbst in Indien haben nur wenige zehnjährige Knaben eine Neigung zur Kontemplation, und ich war keine Ausnahme. Es kam mir nicht in den Sinn, daß diese alten Männer in ihren weißen Jacken und spitzen Kappen, die die Hälfte des Tages auf unserer Veranda saßen und kaum ein Wort wechselten, irgendetwas sehr Wertvolles erforschen konnten. Dieser Großvater starb, ohne mir einen Einblick in seine Welt zu gewähren. Mein Leben stand eher unter dem Einfluß meines Soldaten-Großvaters.

Die Medizin ist mehr für das Handeln geeignet und ist fast militärisch in bezug auf ihre disziplinierte Ausbildung, ihre Ausrichtung auf Verteidigung, ihre Aufmärsche und ihren bedingungslosen Widerstand gegen den Angreifer und nicht zuletzt auf die Gewalt, die dem menschlichen Körper im Hinblick auf seine Heilung angetan wird.

Für die meisten Ärzte ist die füchterlichste Perspektive nicht die eines unheilbaren Falles, sondern eines solchen, wo sie hilflos sind. Sogar für eine unheilbare Krankheit gibt es Therapien, die mit der Zielsetzung angewandt werden, daß eine schließlich doch einmal wirken wird. Ohne diese Haltung des »besser irgendetwas als gar nichts« würde es die meisten der heute gängigen Therapien nicht geben. Was aber in jenen Fällen, wo gerade das Nichteingreifen die Heilung *ist*? In diesen Momenten wird die Gegenwart des Geheimnisvollen spürbar.

In seiner brillanten Essaysammlung über die Chirurgie, »Mortal Lessons«, erinnert sich Richard Selzer an einen Patienten, einen Schnellkoch namens Joe Riker, der zu seinen wöchentlichen Sprechstunden immer einen Filzhut trug. Unter dem Hut war ein schauerliches Geheimnis verborgen: Ein Tumor in der Mitte des Kopfes hatte sich allmählich durch die Kopfhaut, den Schädelknochen und drei äußere Gehirnschichten hindurchgefressen und ein klaffendes Loch geschaffen, durch das man nun das feuchte Hirngewebe sehen konnte. Es war jedoch nicht das Grauen, das Selzer bei diesem schauerlichen Anblick packte, es war vielmehr tiefes Mitgefühl.

Ich blickte Joe Riker an und staunte innerlich. Wie würdig er aussah, so als ob der Tumor … ihm eine Anmut gab, die ihm ein ganzes Leben in bester Gesundheit nicht verliehen hätte.

»Joe«, sage ich zu ihm, »das sollten wir loswerden. Wir schneiden den schlechten Teil heraus, tun eine Metallplatte hinein, und Sie sind geheilt.« Und ich warte.

»Keine Operation«, sagt Joe. Ich versuche es noch einmal.

»Was meinen Sie mit ›Keine Operation‹? Sie werden eine Gehirnhautentzündung bekommen. Das kann jetzt jeden Tag sein. Und sterben. Das Ding da wird Ihr Gehirn angreifen.«

Ich stelle mir vor, wie es die Träume und Erinnerungen des Mannes verschlingt. Und frage mich, wo sie sind. Der Chirurg kennt das Gehirn in- und auswendig, aber er weiß nichts über die Träume und Erinnerungen seines Patienten.

»Keine Operation«, beharrt Joe.

»Sie bereiten mir Kopfzerbrechen«, sage ich. Und wir lächeln uns an, nicht weil der Spaß noch lustig wäre, sondern weil wir da etwas Gemeinsames haben, wie zwei Verschworene.

Sechs Monate lang, Woche um Woche, hatte Selzer keine andere Wahl, als den Verband zu erneuern und die wöchentliche Sprechstunde jeweils für den darauffolgenden Donnerstag um vier Uhr zu vereinbaren. Dann kam der Tag, an dem Joe nicht erschien. Er kam nie mehr zurück. Einen Monat später fuhr Selzer zu einem Essen nach New Haven, wo Joe gearbeitet hatte, und fand ihn hinter der Theke, den Filzhut unverrückbar auf dem Kopf. Als er ihn bat, ihn untersuchen zu dürfen, wies Joe dies nervös zurück, willigte aber ein, am darauffolgenden Donnerstag zu Selzer in die Sprechstunde zu kommen.

»Nehmen Sie den Hut ab«, sage ich, und er hört an meiner Stimme, daß ich nicht glücklich bin. Er tut es aber, hebt ihn mit beiden Händen gerade hoch, so wie er es immer tat, und ich sehe ... daß die Wunde verheilt ist. Wo früher die eingefressene Grube war ... da ist jetzt eine dünne Brücke glänzender neuer Haut.

»Was ist passiert?« frage ich mit Mühe.

»Sie meinen das?« Er deutet auf seinen Schädel. »Je nun«, meint er, »die Schwester der Frau, sie ging nach Frankreich, und sie brachte mir eine Flasche Wasser aus Lourdes mit. Ich habe es damit seit einem Monat ausgewaschen.«

»Weihwasser?« sage ich.

»Ja«, sagt Joe, »Weihwasser.«

Ab und zu sah Selzer Joe in seinem Schnellimbiß; er sah völlig unscheinbar aus, gar nicht das »fleischgewordene Wunder«, wie Selzer ihn scherzhaft genannt hatte. Es schien überhaupt keine Veränderung in Joes unbekümmertem Schlurfschritt zu geben. »Das einzige, was sich vielleicht verändert hat, ist ein verstohlenes Augenzwinkern, mit dem er mich begrüßt, als wolle er mich daran erinnern, daß wir etwas Flüchtiges gemein hatten. Konnte ein solcher Mann, so denke ich, während ich langsam meinen Kaffee trinke, konnte ein solcher Mann gespürt haben, daß ihn die Flügel eines Engels streiften?«

Die Maske der Illusion

In seinen eigenen, ganz anderen Worten, stellt hier Selzer dieselbe Frage wie mein spiritueller Großvater: Gibt es eine geheimnisvolle Kraft, die uns bisweilen berührt und das Alltagsleben über die Gesetze erhebt, die es zu fesseln scheinen? »Was für den einen ein Zufall ist, ist für den anderen ein Wunder«, schreibt Selzer. »Das, was ich letztes Frühjahr sah, war entweder das eine oder das andere.« Aber gibt es da nicht eine andere Alternative? Der Körper könnte ja eine Maske sein, eine scheinbare Wirklichkeit, die den fünf Sinnen angepaßt ist, und die zwar *gewöhnlich* den wohlbekannten physikalischen Gesetzen folgt, aber dennoch frei ist, sich zu verändern. Wenn dem so ist, dann sind die seltsamen Ereignisse, die gelegentlich auftreten, eigentlich keine Wunder, sondern eher Blicke hinter die Maske oder auch kleine Fenster in einen Wirklichkeitsbereich, der normalerweise versiegelt ist.

Wenn ich den Satz sage: »Der Körper ist eine Illusion«, so spreche ich diesem Gebilde aus Haut und Knochen zwar seinen lokalisierten, bestimmbaren und festen Zustand ab, den es in Zeit und Raum einzunehmen scheint, aber ich meine nicht, daß wir ihn damit vernachlässigen, ihn so gleichgültig betrachten sollten wie Gaukelbilder, die der Rauch in die Luft zeichnet. Der Körper ist uns *gerade deswegen* lieb und wert, weil er lokalisiert und bestimmbar ist.

Wir haben eine große Auswahl, wie wir mit dieser Illusion umgehen können. Wir können etwas Trügerisches daraus machen, etwas Unwirkliches und Unzuverlässiges. Ich könnte sie aber auch als etwas Wunderbares, Verzauberndes und Erstaunliches ansehen, wie die Zauberkünste eines Houdini. Gewiß steht es mir frei, diese zweite Interpretation zu wählen. Das ist es, was mein spiritueller Großvater tat, als er sich der noch größeren Illusion des »Lebens-an-sich« näherte. Für ihn war der Geheimnisvolle kein Taschenspieler. Er war die allmächtige, lebenspendende Kraft, die alles werden ließ, manchmal den Regeln gemäß, manchmal aber auch nicht. Schließlich sind alle Regeln die seinen.

In der indischen Tradition ist der Fachbegriff für diese allmächtige Kraft *Maya*. Maya ist ein Sanskrit-Wort und bedeutet soviel wie »Illusion« oder »Trug«; aber es bedeutet noch viel mehr. Der berühmte Mythenforscher Joseph Campbell ist den Nuancen aller Bedeutungen dieses Wortes nachgegangen. Maya läßt sich aus der Wurzel *ma*, »ausmessen, gestalten, bauen«, ableiten, was auf die Macht der Götter hinwies, Formen zu verwandeln, Welten zu schaffen, Masken zu tragen und sich zu verkleiden. Maya bedeutet auch »Zauber«, ein Schauspiel der Illusionen. In der Kriegskunst bedeutet es Tarnung oder Täuschungsmanöver. Und schließlich, im Wortgebrauch der Philosophen, bezeichnet Maya den Trugschluß des Denkens, daß man Wirklichkeit sieht, wo »in Wirklichkeit« nur eine Schicht simulierter Wirkungen zu sehen ist, die die tatsächliche Wirklichkeit überlagern.

Ihrer trügerischen Natur getreu, ist Maya voller Paradoxien. Zunächst einmal ist Maya überall, obwohl sie gar nicht besteht. Sie wird oft mit einer Fata Morgana verglichen, aber anders als diese, schwebt sie nicht einfach »da draußen«. Der Geheimnisvolle ist nirgends, wenn nicht in jedem Menschen. Und schließlich ist Maya nicht so allmächtig, daß wir ihrer nicht doch Herr werden könnten – das ist der springende Punkt. Maya ist furchterregend oder unterhaltsam, allmächtig oder völlig ohnmächtig, je nach unserer Einstellung. Wenn Krebs nichts weiter als Maya ist, dann ist sein Erscheinungsbild nur ein Buhmann, der von jedem entlarvt werden kann, der ihn durchschaut. Die erschreckende Illusion wird ein faszinierendes Schauspiel, wenn man nur selbst die Regie dabei führt.

Maya wäre ein wertloser oder gar abgefeimter Trick, wenn wir ihre Maske nicht durchschauen könnten. Wer hört schon gern, wenn man ihm sagt, daß er zu dumm sei, die wirkliche Wirklichkeit zu sehen? Als Arzt ist man geradezu gezwungen, hinter die Maske zu schauen, denn viele solcher Patienten wie Joe Riker werfen uns unsere eigene Unwissenheit ins Gesicht. Mein Patient, Herr Elliott, hatte zumindest einen kleinen objektiven Anlaß – die schlechten Nachrichten über sein Herz –, um so überzogen zu reagieren. Aber ich kann mich nicht so recht davon überzeugen, daß dieser Anlaß ausreicht. Irgendwo tief in uns wissen wir alle, daß die Regeln, die das Leben zusammenhalten, nicht endgültig sind, und daß wir sie auch aus dem geringfügigsten Grund außer Kraft setzen können. Ein verborgener Stimmungsmacher kann plötzlich voller Panik und Zorn in uns erwachen und brüllend verkünden: »Ich habe diesen Körper gemacht, ich kontrolliere ihn und ich will damit tun, wie mir beliebt!«

Maya verwandelt sich im allgemeinen nicht so gewaltsam. Der Körper ist so eingerichtet, daß er wie eine gut funktionierende Maschine läuft. Aber die Behauptung, der Körper sei buchstäblich eine Maschine, ist eine subjektive Entscheidung und keine objektive Tatsache. Ich war einmal eingeladen, vor einer kleinen Gruppe von Ärzten aus Boston zu sprechen, und der Arzt, der mich vorstellte, ein Pathologe, begann jovial: »Ich bin sicher, daß wir alle die Ansichten der Geist-Körper-Medizin hochinteressant finden werden, aber ich muß gestehen, daß ich als Wissenschaftler nichts als wirklich ansehen kann, was ich nicht auch unter dem Mikroskop sehen kann.«

»Ich bin da in Verlegenheit, überhaupt anzufangen«, antwortete ich, »denn ich wollte eigentlich versuchen zu beweisen, daß das, was wir unter dem Mikroskop sehen, gar keine Wirklichkeit hat. Und ich möchte Sie ja nicht brotlos machen.«

»Schießen Sie los«, sagte er. »Ich glaube nicht, daß Sie es beweisen können, und im übrigen wollte ich schon immer Psychiater werden.«

Alle lachten, aber ich zweifelte, ob er begriff, daß mir Ernst damit war. Wenn man nur die Bestandteile eines menschlichen Körpers in Betracht zieht, die unter dem Mikroskop zu beobachten sind, so ist das aufs Ganze gesehen herzlich wenig. Denn jedes Atom in uns besteht zu 99,999 Prozent aus leerem Raum, und die umherflitzenden »festen« Teilchen sind selbst wiederum nur Bündel energetischer Schwingungen. Siebt man den scheinbar so überzeugend festen Körper bis auf seine Grundbestandteile durch, so hat man schließlich eine Handvoll Nichts. Aber dieses Nichts ist nicht wirklich leer, sondern ist ein Schoß. Aus der unvorstellbaren Fruchtbarkeit dieses unseres inneren Raumes quillt »Liebe und Haß, Freude und Leid, Elend und Glück, Lust und Schmerz, Recht und Unrecht, Sinn, Bedeutung, Hoffnung, Mut, Verzweiflung, Gott, Himmel und Hölle, Gnade, Sünde, Erlösung, Verdammnis, Erleuchtung, Weisheit, Mitgefühl, Neid, Bosheit, Großmut, Kameradschaft und letztendlich alles, was ein Leben ausmacht.« Das ist eine recht eindrucksvolle Liste von Dingen, die ein Physiker aus der Wirklichkeit auszuklammern hätte. (Diese Liste wurde von R. D. Laing aufgestellt, aber der ist nun tatsächlich Psychiater!)

Naturwissenschaftler verteidigen objektive Fakten mit dem Argument: »Ich kann dieses Ding sehen und berühren; es hat meßbare Dimensionen; es folgt objektiven Gesetzen, die mathematisch bis zu beliebig vielen Dezimalen festzulegen sind.« Diese Vorgehensweise beweist nicht viel. Wenn ich ins Kino gehe, kann ich bis direkt an die Leinwand gehen und die Nadelstiche an den Kleidern der Schauspieler zählen. Betrachte ich die Schauspieler mit einer diagnostischen Absicht, könnte ich Anzeichen einer Krankheit bei ihnen feststellen, und mit einem geeigneten Mikroskop könnte ich womöglich ihre Hautzellen auf dem Zelluloid des Filmstreifens untersuchen. Nichts davon gibt jedoch dem Bild Realität. Unsere Körper nehmen drei Dimensionen ein anstelle der zwei des Filmstreifens, was bedeutet, daß ich mehr in die Tiefe des Bildes eindringen kann, das ich sehe und berühre. Aber das macht es ebenfalls nicht realer.

Was den Körper realer macht als einen Film, das ist Maya. Maya ist vor allem überzeugend. Wäre das nicht der Fall, so würden wir ja alles durchschauen; aber dennoch wäre die nächste Schicht der Wirklichkeit dann auch wiederum Maya. Der Vorgang wäre unendlich fortzusetzen. Solange man den »Beweis« dafür will, daß die Welt der Sinne real ist, besitzt Maya genügend Tiefe, um alle Schichten aufzuweisen, die man sich wünschen kann: Organe, die aus verschiedenen Geweben bestehen; Gewebe, die aus Zellen bestehen; Zellen, die sich aus Molekülen zusammensetzen und immer kleineren Einheiten: Atomen, Protonen, Elektronen, Quarks und schließlich – Nichts.

Aus intellektueller Sicht begreifen wir alle, daß der leere Raum der letztendliche Grund aller Dinge ist. Aber damit das tägliche Leben fortdauert, treffen wir gewisse Übereinkünfte. Die »objektive« Naturwissenschaft ist die Hüterin dieser im Grunde pragmatischen Regeln und leistet als solche eine wertvolle Aufgabe, solange sie nicht vergißt, daß Regeln dazu da sind, daß sie auch gebrochen werden. Nichts ist beispielsweise geordneter und zuverlässiger als das Herz inmitten dieser Maschinerie, die wir Körper nennen. Seine komplexe Funktionsweise hat seit vierhundert Jahren – seitdem William Harvey den Blutkreislauf entdeckte – die brillantesten Köpfe der Medizin herausgefordert. Aber wie jeder andere Teil des Körpers ist auch das Herz letztendlich nur leerer Raum. Das »wirkliche« Herz ist nicht dieses feste Bündel zuckender Muskeln, das drei Milliarden Mal schlägt, bevor es den Dienst einstellt, sondern jene organisierende Kraft, die es zusammenhält und die alle Dinge aus dem Nichts hervorhebt.

Die Harveysche Metapher

Vom historischen Standpunkt her hat das Herz eine Schlüsselrolle dabei gespielt, daß der Körper zu einer Maschine wurde. Bereits 1616 schrieb Harvey einen einfachen Vermerk in sein Notizbuch: »Die Bewegung des Blutes vollzieht sich beständig in einem Kreislauf und wird durch das Herz verursacht.« Niemand hatte zuvor einen solch gewagten Gedanken ausgedrückt (zumindest nicht im Westen; die alten indischen Texte untermauern die Behauptung, daß ayurvedische Ärzte schon Jahrhunderte vorher den Blutkreislauf entdeckt hatten). Harveys kühne These war ein Schlag ins Gesicht der höchsten medizinischen Autorität des Mittelalters, des griechischen Arztes Galen, dessen Worte über vierzehn Jahrhunderte hinweg Gesetz gewesen waren.

Nach Galens Ansicht – und somit nach Ansicht jedes gebildeten Arztes in Europa – half das Herz den Lungen, *pneuma* in den Körper zu bringen; dies war der griechische Ausdruck für die unsichtbare Vitalkraft, die alle Wesen am Leben erhielt. Galen behauptete, daß das Blut nicht durch den Körper kreiste. Es gab vielmehr zwei Arten von Blut, eines in den Arterien, das andere in den Venen, die wie die Gezeiten auf- und abstiegen. Beide Arten von Blut wurden von der Leber erzeugt; von dort aus quoll es in die anderen Körperregionen und wurde dort in unerklärlicher Weise verbraucht; zu seinem Ursprung kehrte es jedenfalls nie zurück.

Da der Gedanke daran, einen Körper zu sezieren, in ihrer Kultur Abscheu hervorrief, widmeten die Väter der griechischen Medizin der Anatomie des Herzens kaum Aufmerksamkeit. Die Beobachtung des lebendigen Herzens stand außer Frage, und in jedem Fall war der Herzschlag zu schnell, als daß man ihn hätte genau beschreiben können, machte er im Menschen doch kaum eine Sekunde aus – ganz zu schweigen von den kleineren Tieren. Dies bewegte die mittelalterlichen Kirchenväter zu der eindeutigen Feststellung, nur Gott könne um das tatsächliche Wirken des Herzens wissen.

Natürlich hatten Ärzte Blut aus zerschnittenen Arterien spritzen sehen und hatten den Unterschied zwischen dem Hellrot des arteriellen Blutes und dem dunklen Blaurot des venösen Blutes bemerken können. Auch hatten sie den Puls festgestellt, doch wurde dies für das unabhängige Pochen der Arterien selbst gehalten. So oder so wurden alle diese Besonderheiten auf das Prokrustesbett des Griechen gespannt.

Harvey war ein stämmiger Mann mit vollem schwarzem Haar, der völlig in seiner Aufgabe aufging; er war dazu ein leidenschaftlicher Experimentator. Er bezahlte Fischer dafür, daß sie ihm lebendige Garnelen von der Themsemündung brachten, so daß er ihre durchsichtigen Körper betrachten und darin das Blut fließen sehen konnte. Er suchte Schlachthäuser auf und blickte in die aufgeschnittenen Leiber verendender Tiere, denn nur bei diesen verlangsamte sich der Herzschlag so, daß er beobachtbar wurde. Er steckte seine Hand in die dampfenden Eingeweide sterbender Hunde und Schweine, um ihre Adern zu pressen; auf diese Weise konnte er persönlich prüfen, ob das arterielle Blut vom Herzen fort und das venöse zum Herzen hin floß.

Was Harvey jedoch lieferte, waren nicht nur einfach Beobachtungen, sondern eine neue Metapher für das Herz. Er nahm jenen unsäglich feinen Quell unserer zartesten Gefühle, den Sitz der Liebe, das nur göttlichem Wissen erschaubare Geheimnis, und machte daraus – eine Pumpe. Es war nicht das erste Mal, das die Metapher der Maschine auf den menschlichen Körper angewandt wurde, aber es wurde damit ein Körperbild geschaffen, von dem sich die Medizin bis heute nicht hat lösen können.

Nur wenige Menschen scheinen zu begreifen, daß Harvey keine reine Wahrheit weitergab. Eine Metapher ist ein Symbol, ein Wortkunstgriff, der einen vordergründigen Begriff durch einen übertragenen ersetzt. In der Metapher kann die Frau, die wir lieben, eine Rose sein, die Sonne, der Mond und die Sterne – alles Bilder, die unseren Gefühlen besser Ausdruck geben als die nüchterne Aussage »Meine Liebe gilt einer Frau«. Den

Körper eine Maschine nennen, ist eine besonders kraftvolle Metapher, denn »Maschine« ist ja kein poetisches Wort – es ist hart, fest, eindeutig. Eine Maschine ist ein Kind der Materie, nicht der Phantasie.

Ärzte sind von Natur aus sehr materiegläubig. Von dem Moment an, wo im Sezierraum zum ersten Mal das Skalpell die graue Haut eines Leichnams berührt, verstärkt ihre Ausbildung diese Einstellung noch weiter. Als Einweihungsritual ist der erste Schnitt durch menschliche Haut ein Abenteuer, flüchtig, schockierend und sehr überzeugend, viel zu überzeugend, als daß man es in den folgenden Jahren vergessen könnte. Als einzige in unserer Gesellschaft sind Ärzte damit betraut, das heilige Innere des Körpers zu entweihen, hineinzugreifen und seine Gewebe und Organe zu berühren. Diese Erfahrung ist stärker, als eine anatomische Schautafel jemals vermitteln könnte. Das Öffnen des Gehirns beispielsweise ist selbst für den erfahrensten Neurochirurgen ein ehrfurchtgebietendes Ereignis. Die Ehrfurcht kommt daher, daß er da tatsächlich den Blick auf die feuchte, verletzliche graue Materie wirft, die sich unter dem Panzer des Schädels verbirgt, sie berührt und mit größter Sorgfalt behandelt.

Anders jedoch als die alten Griechen fühlen wir uns angesichts des Körpers nicht mehr von allzuviel Ehrfurcht betroffen; da ist ja die Maschine, die es zu warten gilt. Dr. Michael DeBakey, der berühmte amrikanische Herzspezialist, beginnt sein weithin anerkanntes Lehrbuch »The Living Heart« mit den Worten: »Die Organe des Körpers können mit einer Reihe laufender Maschinen verglichen werden. Das Herz beispielsweise, das mit allen anderen in Verbindung steht, ist eine Zweitakt-Pumpe. Leber und Därme raffinieren die für die körpereigenen Maschinen bestimmten Brennstoffe. Nieren, Lungen, Eingeweide und Leber sind Sanitäranlagen, die potentielle Schmutzstoffe, Abfälle oder Asche entsorgen, nachdem der Brennvorgang stattgefunden hat.«

Anschließend geht es zu den Lungen (Blasebälge für den Hochofen), dem Nervensystem (ein Telephonnetz) und den Venen und Arterien (Pipelines). DeBakey entwickelt auf diese Weise sein Gleichnis von einer sorgfältig verbundenen Mechanik, die insgesamt der übergeordneten Maschine des Körpers zu Diensten steht. Das ganze Schema ist höchst nützlich in einer Welt, die nach immer neueren und besseren künstlichen Herzklappen und synthetischen Blutgefäßen für By-Pass-Operationen verlangt. Das Problem bei der Annahme, daß das Herz eine Maschine ist, liegt jedoch darin, daß es uns dazu prädestinieren könnte, selbst wie eine

Maschine zu leben. Metaphern können für den Verstand sehr überzeugend sein, und sobald der Verstand überzeugt ist, sitzt die Wirklichkeit fest, so wie ein zugefrorener Fluß im Winter, außerstande zu fließen.

Wenn wir das Herz als eine Pumpe ansehen, so erwarten wir, daß es sich wie eine Pumpe an einer Quelle oder einer Tankstelle verhält. Es nutzt sich ab; seine Einzelteile können beschädigt werden oder verschleißen; nach einer Weile ist es mit seiner Nützlichkeit vorbei. Wenn man aber nicht ganz von dieser Metapher behext ist, so ist das Herz ganz offensichtlich keine Pumpe. Zunächst einmal: es wächst. Ihr Herz wog kaum mehr als 50 Gramm, als Sie geboren wurden, und brauchte mehr als ein Jahrzehnt, um als ausgewachsenes Organ schließlich etwas über ein Pfund zu wiegen. Das Herz kann je nach Ihrer Aktivität oder Stimmung seinen Rhythmus und sein Kammervolumen ändern, kann sich selbst regulieren und sogar durch kleinere Herzattacken verursachte Schäden selbst beheben. Welche Pumpe kann das schon?

Und dann sind da die Gefühle, die mit dem Herzen in Verbindung gebracht werden. Etwas in meiner Brust verkrampft sich vor Schmerz, weitet sich vor Freude, verhärtet sich vor Mißtrauen und schmilzt sanft wie eine Schneeflocke im Sonnenschein vor Zärtlichkeit.

»Nun gut«, mögen Sie einlenken, »das Herz ist mehr als eine Maschine. Aber seien wir praktisch. Irgendwann kommt doch der Tag, an dem das Herz wie jede andere Pumpe den Dienst einstellt.« Wir dürfen da nicht so sicher sein. Vor fünfundzwanzig Jahren war die gängige Ansicht, daß das Herz mit zunehmendem Alter an Leistungskraft verlor, steifer und fasriger wurde und mit jedem Schlag weniger Blut pumpen konnte. Dann kamen Bilder von weit entlegenen Orten wie dem Kaukasus, auf denen Neunzigjährige abgebildet waren, die in geradezu wunderbarer Weise rüstig waren.

Westliche Ärzte waren Zeugen, als diese Menschen steile Hügel erklommen, in Gebirgsbächen ihr morgendliches Bad nahmen und viele andere Dinge unternahmen, die für alte Pumpen eigentlich nicht gut waren. Ärztliche Untersuchungen ergaben, daß diese bemerkenswerten Herzen biologisch oft jünger waren, als man hätte annehmen sollen, und selbst dann, wenn Krankheit und Verschleiß feststellbar waren, war der Betreffende nicht davon abgehalten worden, ein aktives Leben zu führen. Um den altersbedingten Verfall auszugleichen, verdickten sich die Herzwände, lernte das Herz eine andere Art zu schlagen und funktionierte so in alter Stärke.

Alle diese Tatsachen zu übersehen, wäre eine ironische Erbschaft Harveys mit ihrem eingebläuten Respekt vor Fakten. Moderne Ärzte sind ihrem Selbstverständnis nach nicht minder auf wahrheitsgemäße Forschungsergebnisse aus als ihr großer Vorgänger, und dennoch haben sie nicht allen Fakten gleiches Gewicht gegeben. Einige davon sind gröblich ausgeschlossen worden, einfach deswegen, weil sie in der Maschinenmetapher keinen Platz haben.

Man hat unter kontrollierten Bedingungen beobachtet, daß indische Yogis ihren Herzschlag willentlich verlangsamen können, und zwar so weit, daß der Herzmuskel keine Blutzufuhr mehr erhält. Nach westlichem Wissensstand ist ein solches Kunststück nicht nur verblüffend, sondern sprengt den Erklärungsrahmen, wie Leben aufrechterhalten wird. Ein stillstehendes Herz kann nicht länger als höchstens fünfzehn Minuten ohne Sauerstoff überleben; die Gehirnzellen sind nach nur vier Minuten ohne Sauerstoff irreparabel geschädigt. Das setzt allen Wiederbelebungsteams eine Zeitvorgabe für ihren Wettlauf mit dem Tod. Einige Yogi-Versuchspersonen haben jedoch ihren Blutkreislauf tatsächlich stundenlang ruhen lassen und mehrere Tage zugebracht, ohne daß ihr Herz mehr als ein schwaches Zucken aufwies. Wenn die Medizin darauf bedacht ist, eine objektive Wissenschaft zu sein, so sollten solche Beweise unsere ganze Vorstellung davon, was der Körper tatsächlich ist, völlig auf den Kopf stellen. Leider haben Metaphern ein zähes Leben.

Phantome

Nichts zwingt uns dazu, die Maske der Maya zu durchbrechen. Solange wir die physische Welt, so wie sie ist, akzeptieren, hält unser Einvernehmen die ganze Sache instand: Felsen bleiben hart und fest, der Wind weht, Wasser macht naß und Feuer brennt. Maya ist sehr gefällig; ab einem bestimmten Punkt jedoch ist das Trugbild der Moleküle nicht mehr ausreichend real, um noch zu überzeugen. Die Illusion beginnt sich aufzulösen – davon haben wir jetzt viele Beispiele gesehen –, und damit beginnt die Suche nach der wahren Wirklichkeit, die unter den Scheineffekten verborgen ist.

Ich muß nicht unbedingt auf »wunderbare« Weise von einem Gehirntumor genesen, um mit dieser Suche anzufangen. Die einfache Beobachtung, daß ich nicht nur eine Handvoll leerer Raum bin, ist ausreichend. Irgendetwas muß mich ja zusammenhalten, eine Art Leim oder Magnetpol, der meine Moleküle davon abhält auseinanderzustieben. Was ist dieser Leim? Wie schaffe ich es, mich um einen festen, sinnvollen Kern herum anzuordnen?

Ein Hinweis dafür liegt seltsamerweise in der Erfahrung von Amputierten, die weiterhin das Vorhandensein verlorener Finger, Zehen, Arme und Beine spüren. Oliver Sacks hat dieses in der Neurologie als »Phantomglieder« bekannte Phänomen sehr plastisch beschrieben. Phantomschmerzen treten häufig nach Operationen auf und können Tage, Wochen und sogar Jahre anhalten. Ihr Auftreten kann beunruhigend sein, um das Mindeste zu sagen.

Dr. Sacks beschreibt einen Patienten, einen Matrosen, der bei einem Unfall auf See einen Zeigefinger verlor. Als der Unfall geschah, war der Finger geradeaus gestreckt, und das an seine Stelle tretende Phantomglied verblieb in derselben Position. Der Mann hatte das deutliche Gefühl, daß er fortgesetzt mit dem Finger in die Luft zeigte. Das Gefühl war so lebensecht, daß er beim Rasieren kaum sein Gesicht zu berühren wagte, da er befürchtete, sich ein Auge auszustechen. Andere Patienten haben Phantomschmerzen, Jucken und andere lästige Empfindungen, die fast schon bizarr anmuten – ein Mann berichtete, daß er in seinem Phantombein nachts regelmäßig schwere Krämpfe hatte, komplett mit gekrümmten Zehen und verknoteten Wadenmuskeln.

Phantomglieder haben oft die unheimliche Eigenschaft, ihre Größe zu verändern. So kann ein Bein in einer Minute zwei Meter lang scheinen und in der nächsten zehn Zentimeter. Phantomglieder sind jedoch nicht einfach trügerisch. Jeder, der mit Körperbehinderten zu tun hat, entdeckt bald, daß ohne ein Phantomglied die Benutzung einer Prothese viel schwieriger ist. Mit einer Beinprothese gehen zu können, setzt voraus, daß man sie in das Selbstbild des eigenen Körpers einfügt. Solange die Prothese lediglich Ballast ist, wird diese Integration niemals völlig natürlich sein. Aber das Phantombein kann gewissermaßen in die Haut des künstlichen Beines schlüpfen und das Gefühl vermitteln, daß dieses lebt.

Auch wenn es sich als nützlich erweist, ist ein Phantomglied nicht immer dienstbereit. Sacks erwähnt einen Patienten, der manchmal morgens aufwachte und dann feststellen mußte, daß sein Bein – vom Knie abwärts ein Phantomglied – nicht da war. An seiner Stelle war eine Leere, ein Nichts ohne jegliches Gefühl. (Selbstverständlich gab es ja unterhalb des Knies ohnehin nichts, aber an solchen Morgen war es noch weniger als das!) Um sein Phantombein wieder ins Leben zu rufen, schlug sich der Patient fünf- oder sechsmal auf den Schenkel, bis es aufwachte und sich reckte. Dann erst konnte er seine Prothese anschnallen und gehen.

Was mich an diesen Phantomen so fasziniert, ist, daß wir alle eines haben – nur nennen wir es eben unseren Körper. Im Grunde genommen ein träger Klotz, ist unser Körper nicht lebendiger als eine Prothese. Seine Kohlenhydrate haben nicht mehr Gefühl als ein Gummibärchen; seine Proteine sind nicht empfindlicher als eine Kichererbse. Durch das Nervensystem, das jede Faser unseres Körpers durchdringt, haben wir gelernt, uns in diesen trägen Klotz zu projizieren und ihn uns so anzupassen, wie ein Amputierter dies mit seiner Prothese tut. Wenn einmal ein Fuß oder eine Hand einschläft, können wir spüren, was für ein Ballast sich da im Grunde genommen befindet. Das »Einschlafen« von Gliedmaßen ist eine vorübergehende Lähmung, die auftritt, wenn die Nerven eingeklemmt wurden, meistens verursacht durch das Gewicht unseres Rumpfes, wenn wir uns unversehens im Bett umdrehen oder lange mit untergeschlagenen Beinen sitzen.

Außer den Amputierten gibt es viele Menschen, die sich auf irreführende Phantomsignale verlassen. Eine junge Frau mit Magersucht schaut in den Spiegel und sieht sich einem mageren, fast skelettartigen Bild gegenüber. Der Körper, den sie durch ihre Eßstörung ausgehungert hat, ist da vor ihren Augen. Aber in sich trägt sie das Selbstbild einer Fettleibigen (zumindest jedoch nicht ausreichend Schlanken), und dieses visuelle Phantom beherrscht ihre Vorstellung. Sie »sieht« im Spiegel tatsächlich eine dicke Frau, so wie ein Amputierter »spürt«, daß er ein zehn Zentimeter oder zwei Meter langes Bein hat.

Was immer das Phantom Ihnen als real vorgaukelt, wird Wirklichkeit. Ich »weiß«, daß mein Bein etwa einen Meter lang ist, daß mein Körper etwa 70 Kilo wiegt, daß ich aufrecht sitze und wach bin, aber diese Dinge zu glauben, heißt ihnen Vertrauen zu schenken, und dieses Vertrauen könnte Ihr Phantom auch mißbrauchen. Es liegt in der Art des Geistes, sich nach Dauer zu sehnen, einen Gedanken mit einem anderen zu verknüpfen, Handlungen auf triftige Beweggründe zurückzuführen und nach Zusammenhang in anderen Ausschau zu halten.

Um sich ein Bild zu machen, wieviel dazu nötig ist, sich eine zusammenhängende Wirklichkeit zu schaffen, vergegenwärtigen wir uns die Notlage von Schizophrenen, deren Gehirne die Welt so unzureichend verarbeiten, daß das, was als Sprache zum Vorschein kommt, ein wirres Hervorsprudeln von Wörtern ist, ein »Wortbrei«. In David Noonans scharfsinnigem Buch »Neuro-« (NEURO. Das Abenteuer der Gehirnchirurgie) gibt es eine lebhafte Beschreibung jener »losen Assoziierung«, bei der die Logik unter dem Ansturm der Schizophrenie zerfällt. Ein Patient sagt: »Mein letzter Lehrer in diesem Fach war Professor A. Er war ein Mann mit schwarzen Augen. Es gibt auch blaue und graue Augen und viele andere auch. Ich habe gehört, daß Schlangen grüne Augen haben. Alle Menschen haben Augen.«

Offensichtlich von Gedanken und Gefühlen überschwemmt, kann der Geist eines Schizophrenen aus dem Mahlstrom der inneren und äußeren Eindrücke nicht länger irgendwelche geordneten oder logischen Aussagen herausarbeiten. Ein anderer Patient wurde aufgefordert, etwas zur Energiekrise zu sagen. »Sie zerstören zuviel Vieh und Öl, nur um Seife zu machen«, antwortete der Betreffende. »Wenn wir Seife brauchen, wenn wir in einen Teich springen und wenn man Benzin tankt, da dachten meine Leute immer, sie sollten Sprudel holen, aber das Beste, was man kriegen kann, ist Motorenöl und Geld. Könnte jetzt eigentlich reingehen und was eintauschen, Sprudelflaschen und, na, Reifen und Traktoren, Autogaragen, damit sie die Autos von den Wracks wegziehen; daran habe ich geglaubt.«

Es ist offenkundig, daß dieser Patient die gestellte Frage verstand, aber er konnte in die Bilder, die assoziierten Erinnerungen und Konzepte keine Ordnung bringen. Sie wurden alle miteinander und durcheinander zu einem verworrenen Brei verrührt, der aber in erschütternder Weise auf jene Tage zurückweist, als die Welt noch einen Sinn hatte. Das jetzt erzeugte Wortgewirr erinnert mich daran, daß meine eigenen Worte in geheimnisvoller Weise durch ein geordnetes Bewußtsein miteinander verknüpft sind, das ich für selbstverständlich halte. Ich muß keine geistigen Kämpfe durchmachen, um Sinn zu erzeugen, wenn ich spreche – es geschieht einfach, oder es geschieht nicht.

Ohne diese täuschend automatische Kontinuität würde das Leben zu einem »Lebensbrei«. Aber hier besteht ein offener Widerspruch: Wie kann man Kontinuität aufrechterhalten und gleichzeitig für Unerwartetes offen sein, für den endlos veränderlichen Strom der Ereignisse und den plötzlichen Gedankenblitz? Meine Wahl spielt eine Schlüsselrolle dabei, ob ich die Welt, so wie sie ist, annehme, oder ob ich sie meinen Wünschen entsprechend verändere. Maya und ich halten uns recht gut an unsere Abmachung, daß die Bestimmbarkeit der Welt zu bewahren ist. Und doch

– wer weiß? – könnte ich beschließen, diese Abmachung morgen zu brechen. Oder in einer Minute. Die Wirklichkeit ist stets neu zu verhandeln.

Das Ende des Dornröschenschlafs

Milton Erickson, ein Wegbereiter der therapeutischen Nutzung der Hypnose, führte einmal in einer Vorlesung vor Medizinstudenten eine Hypnose durch. Er bat einen Freiwilligen auf das Podium. Ein junger Mann kam nach vorne, setzte sich mit dem Gesicht zur Zuhörerschaft und legte nach Anweisung Ericksons seine Hände auf die Knie. Dann fragte ihn Erickson: »Wären Sie gewillt, weiter Ihre Hände auf den Knien zu sehen?« Der Student bejahte. Während er sprach, gab Erickson einem Kollegen ein kleines Zeichen; dieser ging auf die andere Seite des jungen Mannes und hob seinen Arm in die Luft. Der Arm blieb dort.
»Wie viele Hände haben Sie?« fragte Erickson.
»Zwei natürlich«, antwortete der junge Mann.
»Zählen Sie sie, während ich darauf zeige«, sagte Erickson.
»Na gut«, antwortete der junge Mann mit einiger Herablassung. Erickson zeigte auf die Hand, die auf dem linken Knie ruhte, und der junge Mann zählte: »Eins«. Dann zeigte er auf das rechte Knie, wo keine Hand lag, und der junge Mann antwortete: »Zwei«. Daraufhin zeigte Erickson auf die in der Luft schwebende Hand. Der Student war hoffnungslos verwirrt.
»Und wie erklären Sie die andere Hand?« fragte Erickson.
»Ich weiß nicht«, antwortete der junge Mann. »Ich sollte wohl im Zirkus auftreten.«
Sie haben wahrscheinlich bereits vermutet, daß der Freiwillige unter Hypnose stand. Das Erstaunliche an der Geschichte ist jedoch, daß er zuvor nicht hypnotisiert gewesen war. Erickson war ein solcher Meister seiner Kunst, daß er einen Trancezustand lediglich dadurch erzeugen konnte, daß er die Frage stellte: »Wären Sie bereit, weiter Ihre Hände auf den Knien zu sehen?« Die Suggestion ist genau das, was der Student ausführte, als er eine Hand auf seinem rechten Knie »sah«.
Und was ist mit mir? Alles, was ich jetzt um mich her erblicke, ist genau so unwirklich wie diese dritte Hand. Ich habe einen Wirklichkeitssinn, dem ich vertraue, nicht etwa, weil da etwas Reales wäre, sondern weil mein Vertrauen es real macht. Ein Hypnotiseur kann mich mit der leisesten Verdrehung meiner Wachsamkeit glauben machen, daß in einem Zimmer

sechs anstatt zwei Dutzend Menschen sind oder daß ein von einem Apotheker zusammengerührtes, übel schmeckendes Gebräu ein Glas köstlichsten Sherrys ist. Beides wurde von einem befreundeten Hypnotiseur an R. D. Laing durchgeführt.

Als er die Sache mit dem trocknen Sherry erwähnte, klagt Laing: »Wie kann nur jemandes Geschmackssinn, der doch so etwas Intimes ist, so sehr getäuscht werden? Ich konnte mich nicht auf meinen Geschmack verlassen! Das war nicht nur interessant – das war hochgradig beunruhigend. Ich war sprachlos, ja, es erschreckte mich.« Die Wogen unserer Erregung schlagen hoch, wenn wir das Gefühl haben, über einem Abgrund zu schweben. Und Laing fragt so auch folgerichtig: »Was ist der *wirkliche* Geschmack einer Sache? In welchem Sinn sind Dinge überhaupt wirklich?« Das ist genau dieselbe Frage, die die alten Männer auf unserer Veranda in der Babar Road herausforderte. Laing ist dabei der Beunruhigtere. »Wie weit ist das ganze Gefühl und das Gewebe unserer Alltagserfahrung durch ein kollektives Übereinkommen programmiert, eine Fiktion, der wir alle ins Garn gegangen sind?« fragt er. Die einzigen, die aus dem Netz entkommen, sind »einige wenige, bei denen die Konditionierung nicht anschlug oder aufgebrochen ist oder die aus dem Dornröschenschlaf aufgewacht sind – eine Handvoll Genies, Geistesgestörte und Weise.«

Genau das ist es – der einzige Ausweg aus der Maya ist, aufzuwachen aus der Verzauberung, sich zu denjenigen zu gesellen, die nicht gänzlich verzaubert sind. In unserem Kulturkreis wurde dem Zauber die Autorität einer Wissenschaft harter Fakten zuteil, aber das erhöht deswegen nicht seinen Wahrheitsgehalt. Durchschaut man die Maya des wissenschaftlichen Zaubers, der uns doch dieses moderne Leben mit seinen Düsenflugzeugen und Computern, Tomographen und elektrischen Saftpressen beschert hat, so geht einem auf, daß er weder unsere Ängste, noch unsere Gewalttätigkeit, unseren Haß und unser Leiden beseitigt hat. Diese Dinge sind ebenfalls in die Maya hineinprogrammiert worden. Sie kommen mit diesem Tagtraum, wenn wir einmal einwilligen, ihn zu träumen.

Dann und wann treffe ich mit jemandem zusammen, der bereits zu der besagten Handvoll gehört, bei der die Konditionierung nicht anschlug. Es sind nicht unbedingt Geistesgestörte, Genies oder Weise; es sind einfach Menschen, die sich nicht so leicht wie der Rest etwas vorgaukeln lassen. Unweigerlich schütteln mich diese Begegnungen ein bißchen aus meinem Tagtraum auf. Ich gehe dann weiter und sehne mich danach zu sehen, was sie sehen, und so zu sein, wie sie sind. Aber es gibt auch Freude, ja sogar Heiterkeit, wenn wir begreifen, was geschieht. Einen Augenblick lang haben wir uns über die Illusion hinweg angeblickt und festgestellt, daß wir Weggenossen sind. »Wer weiß«, scheinen ihre Augen zu sagen, »vielleicht wachst du das nächste Mal auf.«

Ich denke da besonders an Harold, einen älteren Mann, der zunächst ganz gewöhnlich zu sein schien; obwohl erst Fünfundsiebzig, war sein Körper vom Verfall gezeichnet. Seine Tochter brachte ihn zu mir in die Sprechstunde, denn sie war besorgt darüber, daß Harold zunehmend an akutem Nierenversagen litt, einer ernsthaften und lebensbedrohenden Erkrankung, die bei vielen älteren Menschen auftritt.

Während wir drei in meiner Praxis saßen, sprach sie eindringlich über die zu unternehmenden Schritte, bis hin zur Dialyse. Harold dagegen machte es sich in seinem Sessel bequem und sah unbeteiligt drein. Als ich mir den Befund seiner Blutuntersuchungen ansah, verstand ich sofort, warum seine Tochter so erregt war. Der Stickstoffgehalt in Harolds Blutharnstoff betrug fast neunzig; normalerweise liegt das Niveau um zehn. Auch ein anderer Indikator, das Kreatinin, war stark gestiegen.

Bei jedem von uns sammelt sich infolge des Proteinabbaus in den Zellen Stickstoffabfall im Blut an. Dieser Abfall ist in größeren Mengen toxisch und würde rasch tödlich wirken, wenn ihn der Körper nicht ständig durch die Nieren entsorgte. Wenn ein Arzt einen erhöhten Stickstoff- und Kreatininwert feststellt, so weist dies auf ernsthafte, wenn auch nicht sofort eindeutig bestimmbare Nierenprobleme hin. Harold war sehr nahe an dem Punkt angelangt, wo automatisch zur Dialyse gegriffen wird. Genau darauf hatte der Familienarzt bestanden, aber Harold hatte sich dem widersetzt. Eigentlich hätte sich Harold sehr unwohl fühlen müssen, aber als ich ihn nach den typischen Symptomen von Nierenversagen fragte – Übelkeit, Schwindelgefühl, Schwäche und Appetitverlust – sagte er, daß er sich ordentlich fühle, vielleicht etwas müde. Ich muß ihn recht ungläubig angeschaut haben, denn bevor ich noch weiterfragen konnte, sagte er: »Das ist kein neues Problem, wissen Sie.«

»So?« sagte ich. »Wann haben Sie es zum ersten Mal bemerkt?«

»Vor etwa vierzig Jahren«, antwortete er und lächelte mir spitzbübisch zu.

Ein Mensch, der fünfvierzig Jahre lang mit chronischem Nierenversagen lebt, wäre von einer Unzahl von Symptomen geplagt, darunter bleibende Schäden an den Knochen, den Augen, Lungen und Blutgefäßen. Aber Harold bestand darauf, daß er das erste Mal während des Zweiten Weltkriegs etwas von seinem Problem erfahren hatte, als ihm ein Militärarzt eröffnete, daß seine Blutwerte seine sofortige Wehrdienstbefreiung bedeuteten. Man sagte ihm ohne Umschweife, daß er mit diesen hohen Werten höchstens noch fünf Jahre zu leben hatte.

Harold wies damals noch keine Symptome auf, und da es keine wirksame Therapie bei chronischem Nierenversagen gab, verließ er die Armee. Nach Verlauf von fünf Jahren kam er zurück, um den Arzt aufzusuchen, und erfuhr, daß dieser verstorben war.

»Es beunruhigte mich, daß er nicht mehr da war, denn er war ja der einzige, der meinen Fall kannte«, sagte Harold. »Und so zog ich wieder davon, ohne jemand anderem etwas davon zu sagen.« Erst Mitte der Fünfziger Jahre suchte er einen anderen Urologen auf. Dieser geriet in Panik, als er Harolds Werte zu Gesicht bekam, und sagte ihm, daß er nur noch kurze Zeit zu leben hatte. Seine einzige Hoffnung sei eine neue Therapie – die Dialyse –, die zwar noch in den Kinderschuhen stecke, aber mit der Zeit so weit verbessert werden könnte, daß es für ihn Rettung gäbe. Harold solle sich also gedulden.

»Ich dachte, die Dialysegeräte würden die Antwort sein, und so hielt ich Ausschau danach«, sagte er. Etwa zehn Jahre später las er in einer Zeitung, daß nunmehr die Nierenwäsche praktische Anwendung gefunden hatte. Er suchte seinen Urologen auf, nur um zu erfahren, daß auch der zweite Arzt verstorben war. Harolds Werte stiegen beständig weiter, und vor fünf Jahren, als er sich einer Aufnahmeuntersuchung für eine Krankenversicherung unterzog, sagte ihm ein dritter Facharzt, er sei so krank, daß er entweder regelmäßig zur Dialyse müsse oder daß eine Nierentransplantation zu empfehlen sei.

»Das hat meiner Tochter natürlich einen Schrecken versetzt«, sagte er. »Und ich habe die ganze Zeit überlegt, was ich tun sollte. Also habe ich letzten Monat den Arzt noch einmal angerufen. Seine Sprechstundenhilfe sagte mir, er sei an einer Herzattacke gestorben.«

Wir saßen alle drei eine Weile lang da, aber was gab es zu sagen? Schließlich brachen wir gleichzeitig in Gelächter aus. »Ich meine, wenn ich drei Urologen überlebt habe«, sagte Harold, dem sein glückliches Schicksal nicht ganz geheuer war, »dann sollte ich vielleicht Ärzten völlig aus dem Wege gehen. Es wäre viel sicherer für sie.«

Ich mußte ihm beipflichten.

6 Der Ariadnefaden zur Freiheit

»Ich habe keine Angst. Ich begreife, daß mein Entschluß zu dieser Operation ein großes Risiko beinhaltet. Ich könnte für den Rest meines Lebens am Dauertropf hängen. Das ist jetzt egal; Hauptsache, wir tun etwas. Ich habe bei dem Gedanken an den Tod niemals Angst verspürt. Das versichere ich Ihnen.«

Es war eine wenig überzeugende Mitteilung. Als Lou das von sich gab, sah ich seine bohrenden Blicke und das unkontrollierbare Zittern seiner Hände. Er versuchte zu übersehen, wie sehr seine wahren Gefühle durchschienen. Vielleicht bemerkte er es auch gar nicht. Wie konnte man etwas von seiner aufgestauten Angst entschärfen, fragte ich mich. In Anbetracht dessen, wie unvermutet ihn die Katastrophe überfallen hatte, war es keine leichte Aufgabe.

Noch zwei Monate zuvor waren keine Anzeichen einer Störung festzustellen gewesen, es sei denn, daß ein allzu perfektes Leben auf einen kommenden Sturm hinweist. Lou war ein Amerikaner, der in Spanien von seinen Ersparnissen lebte, um seiner Leidenschaft, der Kunstgeschichte, nachzugehen. Als er begann, sich krank zu fühlen, waren die Symptome fast belanglos. Seine spanische Frau stellte zum Essen immer Wein auf den Tisch, aber Lou stellte mit einem Mal fest, daß auch nur ein Glas roter Landwein ausreichte, um bei ihm einen plötzlichen Anfall von Übelkeit und Durchfall auszulösen.

Er suchte einen Internisten in Madrid auf, der Lou versicherte, daß er wahrscheinlich eine vorübergehende Darmvirusinfektion hatte. Als das Problem jedoch andauerte, beschloß der Arzt, einige Tests zu machen. Ein Tomogramm entdeckte an der Bauchspeicheldrüse eine etwa fünf Zentimeter lange verdächtige Masse. Man machte eine Biopsie; der nach wenigen Stunden vorliegende Befund brachte eine unheilvolle Nachricht: Die Masse war ein Adenokarzinom, ein tödlicher Bauchspeicheldrüsenkrebs.

Auch jetzt, wo seine Chancen, die nächsten sechs Monate zu überleben, 1:1 standen, war Lou noch schmerzfrei. Sein Körper wies keine Anzeichen von Kachexie auf, dem typischen Gewebeverfall im Endstadium der Krankheit. Wenn er nicht so besorgt über die Ursache seiner Verdauungsbeschwerden gewesen wäre, hätte sich Lou immer noch als gesund ansehen können.

»Es ist seltsam, morgens aufzuwachen und sich wohlzufühlen«, sagte er. »Erst wenn ich dann überlege, ob ich Tennis spielen oder ein paar Zeichnungen aussortieren soll, erinnere ich mich daran, daß ich ein Schwerkranker bin, und dann habe ich keinen Schwung mehr, um irgendetwas zu tun.« Ein Schatten flog über sein Gesicht. »Wenn ich nur diesen ersten Moment nach dem Aufwachen festhalten könnte!«

Mehr als sonst fühlte ich in diesem Fall ein persönliches Anliegen. Lou war zu einer Behandlung in die Staaten zurückgeflogen, aber die Standardtherapien mit Operation und Bestrahlung waren einfach zu schrecklich. Die Bauchspeicheldrüse ist der Hauptlieferant von Verdauungsenzymen; ist sie einmal entfernt, so verliert der Patient fast völlig die Fähigkeit, Nahrung zu verdauen. Ersatzenzyme sind zwar zu beschaffen, doch sind sie momentan nur ein schwacher Ausgleich für die fehlenden natürlichen Körpervorgänge.

Als ich meine Ausbildung in Endokrinologie erhielt, verbrachte ich eine Weile auf der Krebsstation im Baptist Hospital in Boston, wo ich die Patienten eines berühmten Chirurgen betreute, der sich auf Bauchspeicheldrüsenoperationen spezialisiert hatte. Der Anblick der Patienten war entsetzlich – halbtot, verfallen, gelbsüchtig. Da sie nach ihrer Operation nie wieder normal würden essen können, waren sie permanent an den intravenösen Dauertropf angeschlossen. Schließlich und endlich überlebte die überwiegende Mehrheit trotz des enormen finanziellen und pflegerischen Aufwands nur wenige Monate.

Meine erste Aufgabe war, Lou dieses füchterliche Szenario zu ersparen. Ich war ursprünglich nicht sein betreuender Arzt; er war an mich von seinem Hausarzt verwiesen worden, der eines meiner Bücher gelesen hatte und der Ansicht war, der Geist-Körper-Ansatz könne Lous starke Ängste lindern. Es war jedoch offensichtlich, daß Lou über seine Behandlung ebenso besorgt war wie über seine Krankheit. Ich riet ihm zunächst von einer Operation ab. Mit der Operation würden seine Überlebenschancen laut Statistik nur geringfügig verlängert, aber sein eigenes Wohlbefinden sollte dabei auch in die Waagschale geworfen werden. Wollte er für den geringen Gewinn so viel Elend auf sich nehmen? Lou hörte mir aufmerksam zu, war aber keineswegs überzeugt.

»Mein Instinkt sagt mir, daß ich keine Operation haben soll«, sagte er. »Was aber, wenn ich in sechs Monaten sterbe, nachdem ich nichts getan habe? Es wäre grausam meiner Frau gegenüber, und ich würde mich so schuldig fühlen, wenn ich sie auf diese Weise leiden lasse.«

Nach vielem In-sich-Gehen stimmte er einem Kompromiß zu. Anstatt die gesamte Bauchspeicheldrüse entfernen zu lassen, wollte er sich einer teilweisen Operation unterziehen, wobei der größte Teil des Organs intakt bliebe. Er würde dann in den folgenden Wochen weiterhin normal essen können. Als die Operation jedoch immer näher kam, geriet Lous Stimmung in stürmisches Auf und Ab. Manchmal kam er in meine Praxis und tat sehr zuversichtlich, ja, war sogar begeistert hinsichtlich seiner Chancen; meistens jedoch war er düster und niedergeschlagen. Das normale Verhältnis zwischen seinem Selbst und seinem Körper war verwirrt zusammengebrochen. Sein Körper war nicht mehr der seine; es war ein angsteinflößender Fremder. Lou wollte sich von ihm distanzieren, wurde aber mehr und mehr in seinen Bann geschlagen. »Starre lange genug auf ein Ungeheuer, so wirst du zu ihm« – dieser Spruch wurde für Lou Wirklichkeit.

Eines Tages bat ich ihn, die Augen zu schließen und still dazusitzen. Als er dies tat, sagte ich: »Jetzt wollen wir einmal eine Weile nicht über Ihren Fall sprechen oder nachdenken. Seien Sie einfach Sie selbst. Hängen Sie Ihren Geist nicht an irgendein Problem; tun Sie nichts.« Ich machte eine Pause, und wir saßen beide in Stille da.

»Bemerken Sie irgendwelche Schmerzen?« fragte ich.

»Nein«, murmelte er.

»Gut«, sagte ich. »Nun sitzen Sie einfach bequem da und nehmen Sie wahr, was Ihnen in den Sinn kommt. Wenn Sie einen starken Gedanken haben, und selbst wenn es ein packender Gedanke ist, lassen Sie ihn einfach los. Sie werden feststellen, daß das nicht schwer ist.« Noch eine Pause, und dann: »Spürten Sie irgendeinen Impuls von Furcht oder Angst?«

Er nickte.

»Kümmern Sie sich nicht darum«, sagte ich. »Es ist nur eine vorüberziehende Wolke. Was ich Sie bitte wahrzunehmen, ist, daß da Lücken zwischen Ihren Gedanken sind, wie Flecken von Blau zwischen den Wolken. Wenn Sie solch eine Lücke bemerken, nicken Sie einfach.« Er schloß wieder die Augen, und nach einer Weile nickte er langsam. Wir setzten das Experiment über mehrere Minuten fort.

»Fühlen Sie sich jetzt ängstlich?« fragte ich. Lou schüttelte den Kopf, und ich bat ihn, die Augen zu öffnen. Er hatte einen ziemlich überraschten Ausdruck im Gesicht.

»Sehen Sie, es ist gar nicht so schwer, kein Krebspatient mehr zu sein«, sagte ich. »Ich wollte, daß Sie eine Weile still sitzen, damit Sie, wie vage auch immer, den Zustand innerer Stille erfahren. Gedanken kommen und gehen in dieser Stille. Aber wenn kein Gedanke da ist und also auch kein Angstimpuls, keine starke Erinnerung oder ein Zwang zum Handeln, dann ist der Geist einfach bei sich selbst, ist er sich selbst. In genau diesem Moment besteht die Möglichkeit, einen weiteren Gedanken oder ein Gefühl zu wählen. Nun fragen Sie sich selbst: Wer trifft diese Wahl?«

»Ich weiß nicht«, sagte Lou etwas verwirrt. »Niemand hat mir das jemals in dieser Weise nahegebracht.«

»Um einen Film zu projizieren, braucht man eine Leinwand,« sagte ich. »Die Bilder bewegen sich und tanzen über die Leinwand; lebhafte Gefühle und spannende Dramatik werden da inszeniert. Und trotz allem ist die Leinwand unbeteiligt. Sie nimmt nicht am Filmgeschehen teil, oder?«

»Stimmt«, meinte er zögernd.

»Der Unterschied zwischen dem Geist und einer Leinwand ist der, daß wir an dem Filmgeschehen tatsächlich teilnehmen, denn es ist schließlich unser Leben. Die Leinwand in uns wird so durchtränkt mit persönlichen Bildern, die sich uns aufzwingen, daß das Gewahrsein dieser Leinwand als eines unveränderlichen, unbeteiligten Teiles unseres Geistes verlorengeht.«

Wir wurden beide gewahr, wie neu das alles klang. Unser inneres Ichgefühl setzt sich aus Bildern der Vergangenheit zusammen, aus all den Ängsten, Hoffnungen, Wünschen, Träumen, Liebeserlebnissen und Enttäuschungen, die man als ›mein‹ bezeichnet. Aber selbst, wenn man alle diese Bilder fortnimmt, bleibt etwas von diesem ›mein‹ übrig: die Leinwand, der stille Zeuge. »Es ist dein Atman, der heimliche Lenker, der Unsterbliche«, heißt es in den vedischen Schriften der Upanischaden.

»Ich kann diesen Ihren unberührten Kern nicht für Sie auffinden«, sagte ich ernst. »Man muß ihm unmittelbar begegnen. Ich habe Ihnen jedoch einen Fingerzeig gegeben. Die wie Wolken am Himmel vorüberziehenden Gedanken und Gefühle sind Ablenkungen. Das wirkliche Ich ist der Himmel darüber. Jedesmal, wenn es Ihnen gelingt, diesen klaren, offenen Raum wahrzunehmen, werden Sie einen Ort finden, der sicher ist, denn dort ist der Krebs überhaupt nie hingelangt. Hier treten Sie sich selbst gegenüber – der Wahrgenommene ist zugleich derjenige, der wahrnimmt.«

Der Faden des Yoga

Der Glaube daran, daß das Selbst einen unberührbaren Kern hat, spielt eine zentrale Rolle in der modernen Psychologie, insbesondere im Rahmen der Psychotherapie. In der Therapie wird sich ein Patient nur sehr oberflächlich verändern, solange er sich nur mit den äußeren Schichten seiner selbst auseinandersetzt. Um einen Durchbruch und eine wesentliche Veränderung zu schaffen, muß er den »innersten Kern – jenen Wirbel des Selbst, der absolute Weisheit und Selbsterkenntnis besitzt« enthüllen. Diese Worte stammen von Irvin Yalom, einem langjährigen Professor für Psychiatrie an der Stanford University Medical School. Anfangs weiß nur der Therapeut, daß dieser innerste Kern existiert. Der Patient ist unter dem Einfluß seiner psychischen Not diesem Teil seiner selbst entfremdet. Daher ist es die Aufgabe des Therapeuten (ich spreche hier von der klassischen Couch-Therapie), dem Patienten den Mut und die Freiheit zu geben, damit er sein innerstes Selbst ans Licht bringen kann.

In fast allen Fällen ist der erste Schritt, ihn davon zu überzeugen, daß das tiefere Selbst real ist. Man muß es dem Patienten bewußt machen und ihn dann auch jenen Teil seines Geistes erfahren lassen, der jenseits aller Krisen liegt und das Leben mit kristalener Klarheit wahrnimmt, selbst dann, wenn der bewußte Teil des Geistes vor Ratlosigkeit und Panik ins Schwanken gerät. Das ist keine leichte Forschungsaufgabe. Seit Freud geht die Psychologie von der Annahme aus, daß der Erkennende unter Schichten schmerzlicher Erfahrungen verschüttet ist. Man kann ihm nicht direkt gegenübertreten; deshalb muß man zu einem Trick greifen. So werden dem Patienten seine Träume bewußt gemacht, seine Versprecher und seine freien Assoziationen, die verraten, was tatsächlich unter all den Schichten der Verkleidung vor sich geht.

Ich unterhielt mich einmal mit einem anderen Internisten über die derzeitig so hohe Scheidungsrate und fragte angelegentlich, ob seine Eltern geschieden seien. »Nein«, war seine Antwort. »Sie mögen es glauben oder nicht, aber sie sind jetzt schon fünfundvierzig Jahre verheiratet. Sie sind fast Museumsstücke in dieser heutigen Zeit. Man sollte sie eigentlich eingraben lassen.« Bevor ich eine Bemerkung machen konnte, verbesserte er sich: »Mein Gott! Ich wollte natürlich sagen ›einrahmen lassen‹«. Vor achtzig Jahren hätte er seinen Versprecher als belanglos abtun können; heute muß er sich die Frage nach dem geheimen Wunsch stellen, der plötzlich aus den Spalten seiner Psyche hervordrang.

Einer der wichtigsten kulturellen Unterschiede zwischen Ost und West ist, daß die Suche nach dem Erkenner, die wir als Therapie für Störungen wie Neurose und Depression ansetzen, im Osten ein normales Lebensziel ist. In Indien wird das Finden des Erkenners als das große Abenteuer des Lebens erachtet. Obwohl ein höchst persönliches Abenteuer, ist der Weg von einer Wissenstradition gekennzeichnet, die eigentlich eine Wissenschaft ist, nach dem Sanskritwort für »Vereinigung« Yoga genannt.

Die Vereinigung, die ein Yogi sucht, ist nicht die mit irgendetwas außerhalb seiner selbst; auch ist es nicht die ekstatische Vereinigung mit Gott oder dem Übernatürlichen, obwohl dies alles zu einem oder dem anderen Zeitpunkt eintreten kann. Die Vereinigung des Yogi ist endgültigerer Art, verwurzelt in seinem Sehnen nach jenem Punktwert seiner selbst, der Wirklichkeit direkt erfahren kann ohne Filter oder Masken.

Die Überlieferung yogischen Wissens in Indien ist uralt und umfassend wie auch verwirrend für den Außenstehenden. Wenn sie überhaupt den Versuch machen, Yoga zu definieren, so nehmen die meisten Menschen im Westen an, daß dies die Ausübung verschiedener Körperhaltungen sei, die im Extremfall den Körper zu grotesken Statuen verdrehen. Diese Form des Yoga wird eigentlich Hatha Yoga genannt und ist nur eines der acht »Glieder« oder Unterbereiche des Yoga und bei weitem nicht der wichtigste.

Die Suche nach dem Erkenner ist kein ausschließlich indisches Unterfangen; auch Yoga ist es nicht. Dessen Zweck ist es, daß wir systematisch den stillen Zeugen in uns entdecken – eine Möglichkeit, die jedem von uns offensteht. Sie erscheint in einem Vierzeiler von Wu-Men aus dem China des dreizehnten Jahrhunderts:

Ein Moment ist Ewigkeit,
Ewigkeit ist das Jetzt.
Wenn du durch diesen einen Moment siehst,
siehst du durch den, der sieht.

Der große Sufi-Dichter Rumi ruft uns mit zwei lockenden Zeilen auf, ihm in die Freiheit zu folgen:

Draußen, jenseits der Begriffe von Gut-Tun und Schlecht-Tun
gibt es ein Feld.
Dort werde ich dich treffen.

Wenn wir eine deutlichere Vorstellung von dem, was Yoga ist, haben wollen, müssen wir uns dem gesamten Problem der sogenannten Identifizierung zuwenden, denn dieses wird gelöst, wenn die Vereinigung erreicht ist. Wir alle bewegen uns durch das Leben, indem wir uns mit einem Ding nach dem anderen identifizieren. *Mein* Haus, *meine* Karriere, *meine* Frau sind alles Formen der Identifizierung, die uns das Leben angenehm machen und Sicherheit geben – aber nicht auf Dauer. Der Geist muß ständig den Fokus seiner Identifizierung wechseln, denn die Gegebenheiten ändern sich: mein Haus wird zu klein, meine Karriere flacht ab, meine Frau langweilt sich. Wenn ich mich rasch diesem Wandel füge, bin ich in relativer Sicherheit, aber es gibt ständig das Risiko, daß ich plötzlich den Boden unter den Füßen verliere, weil ich mich an etwas völlig Unsicheres gebunden habe. In Lous Fall war es die Identifizierung mit seiner Krankheit. Nicht, daß er sie bewußt gewählt hatte – die Identifizierung mit dem eigenen Körper ist ganz selbstverständlich. Wenn der Körper erkrankt, ist sein Schmerz nicht unbedingt ein Problem, aber es wird automatisch zu einem, wenn die Vorstellung von *meinem* Körper nur stark genug ist.

Da die Identifizierung in den Geist eingebaut ist, kann man sie nicht abschaffen. Der Yogi löst das Problem der Identifizierung vielmehr dadurch, daß er es auf den Kopf stellt. Anstatt sich mit Dingen zu identifizieren, beginnt jemand, der Yoga ausübt – hauptsächlich durch Meditation –, dies mehr und mehr mit dem inneren Zeugen zu tun. Der Vorgang ist so, als folgt man einem Altweibersommerfaden, bis man schließlich auf die Spinne stößt. Mein Faden mag von dem Ihren sehr verschieden sein, denn ich habe das Netz meiner inneren Wirklichkeit meinen eigenen einzigartigen Erfahrungen entsprechend gesponnen. Ich mag einem bestimmten Meister glauben, einer bestimmten Schule, Methode oder einem Buch. Oder ich könnte auch von Yoga als solchem gar nichts gehört haben. Die Kernfragen bleiben jedoch stets dieselben: Habe ich einen Faden, dem ich folgen kann? Wird er mich zum Ursprung zurückführen, ohne zu reißen?

Ist das Ziel einmal erreicht, so heißt es, daß Yoga den Sucher von den Begrenzungen des gewöhnlichen Lebens befreit. Die Kluft zwischen Körper und Geist ist geschlossen, und es ist dem Betreffenden vergönnt, einen höheren Zustand sowohl seiner körperlichen als auch geistigen Funktionen zu erreichen. Ich habe bereits die Fähigkeit mancher Swamis erwähnt, die Atmung und Herzschlag willentlich zum Stillstand bringen können. Wahre Yogis würden sich jedoch nicht herablassen, solche Künste als Hauptziel ihrer Entwicklung anzusehen. Sie sind zu sehr darauf bedacht, ein für allemal die Wahrheit über die Materie, den menschlichen Geist und das Geistige an sich zu erfahren. In dieser Hinsicht sind sie Forscher in ihrem eigenen Bereich, wachsame Beobachter und völlig in ihrer inneren Erfahrung gegründet.

Mein gottsuchender Großvater konnte nicht genug mit Yogis zusammensein, die er auf traditionelle Weise als lebendige Heilige verehrte. Ich erinnere mich lebhaft an einen seiner Berichte. Er kam atemlos vor Begeisterung von einer Pilgerreise in den Himalaya zurück. »Ich habe etwas höchst Erstaunliches gesehen«, rief er meiner Mutter zu. Dann gewahrte er mich, der ich in der Ecke meine Ohren aufstellte (damals war ich etwa acht Jahre alt), und ein Schatten flog über sein Gesicht. »Es könnte ihm Angst machen«, sagte er.

»Nein, gewiß nicht«, protestierte ich etwas unsicher.

»Nein, nein«, bekräftigte er mit einem Kopfschütteln seinen Einwand.

Erst viel später erfuhr ich die Geschichte. Mein Großvater hatte eine entlegene Höhle am Gangesufer besucht, wo ein Yogi lebte, der den größten Teil des Tages in Meditation zubrachte. Dieser begrüßte freudig meinen Großvater und seine Begleiter. Während sie sich unterhielten, konnte mein Großvater nicht umhin, zahlreiche doppelte Narben zu bemerken, die die nackten Arme und Beine des Yogis überzogen.

»Woher kommen die?« fragte er einen seiner Begleiter leise. Der andere zuckte mit den Schultern, und dann begriffen plötzlich beide, daß sie das Ergebnis von Schlangenbissen waren. Diese Gegend in den Niederungen des Himalaya wimmelte von Kobras. Die beiden Besucher blickten nervös um sich und erblickten auch schon eine große Kobra, die sich träge durch das Gras wand.

»Baba«, rief mein Großvater dem Heiligen zu, »du lebst ja inmitten von Schlangen.«

»Schlangen?« sagte der Heilige. »Ich habe hier nie welche gesehen.«

»Aber du bist ja voller Bisse«, protestierte mein Großvater.

Der Yogi blickte ihn mit durchdringender Milde an. »Vielleicht siehst du hier Schlangen, aber ich sehe hier nur Gott, und glaubt mir, Er beißt nicht.«

Mit acht Jahren fand ich diese Geschichte herrlich und glaubte sie auch, aber das war nicht von Dauer. Erst im Erwachsenenalter bekam das Konzept des Yoga Bedeutung, als es dann mit dem von Maya zusammenkam. Yoga ist jenes Verfahren, durch das Maya weniger überzeugend wird, so daß man schließlich frei ist, eine weitere Wirklichkeit zu wählen als die, die uns von unseren Sinnen automatisch dargeboten wird. Die Sinne stellen uns eine Kobra vor, aber der Heilige sieht nur Gott – und die Wirklichkeit wandelt sich. Was einen anderen Menschen getötet hätte, kann ihn nicht berühren, denn er ist bereits gestorben, hinausgestorben aus der alten, von den Sinnen dominierten Wirklichkeit.

Hier wird ein subtiler Aspekt der Identifizierung überwunden. Im allgemeinen können wir nicht anders, als uns mit der Welt zu identifizieren. Wenn das Bild einer Rose auf die Netzhaut fällt, so hinterläßt es automatisch einen Eindruck im Sehzentrum des Gehirns. Eine bewußte Auswahl wird nicht getroffen, denn das Nervensystem hat sich des Bildes unverzüglich bemächtigt. Bis die Aufmerksamkeit zu einem anderen Objekt hinwandert, ist die Wahrnehmung von der Rose eingenommen. Es ist daher eine Art Einheit, eine Art Yoga, aber eine falsche Art, denn das Gewicht liegt so sehr auf dem Objekt. Im Betrachten der Rose vergesse ich mich selbst.

Die meisten Menschen machen sich keinen Begriff davon, daß das Betrachten von Dingen etwas buchstäblich Fesselndes ist. Eine Rose ist eine Rose, Feuer ist Feuer, Wasser ist Wasser – alle diese natürlichen Tatsachen ordnen sich zu einer Einheit an, die infolge der automatischen Identifizierung vorbestimmt zu sein scheint. Für den Yogi aber ist die Fesselung durch die Sinne ein ernsthaftes Hindernis, denn sie bindet an die Dinge »da draußen« und an Erinnerungen, die voller Dinge der Vergangenheit sind. Breche ich mir das Bein und spüre intensiven Schmerz, so scheint die Art meiner Reaktion außer Frage zu stehen. In Wirklichkeit ist es lediglich eine Widerholung einer alten Reaktionsweise, die ich vor Jahren lernte. Kann man diese alte Lektion bewußt verlernen?

Jeder kann sich von einem leichteren Kopfschmerz ablenken, indem er sich mit einem Freund unterhält oder sich in ein Buch vertieft. Der Grund, warum diese Ablenkungsmanöver wirken, ist der, daß wir in bezug auf die Identifizierung mehr Entscheidungsspielraum haben, als wir denken. Selbst wenn die Sinne an der Welt kleben, können wir sie dennoch losreißen und neuen Objekten der Faszination zuwenden. Es gibt keinen Grund, warum dieses Entscheidungsprinzip durch Schmerzen außer Kraft gesetzt werden sollte.

Die christlichen Märtyrer, die in den beiden ersten Jahrhunderten unserer Zeitrechnung von der Römern den Löwen vorgeworfen wurden, begrüßten ihr Schicksal, denn sie sahen darin eine Gelegenheit, ihren Glauben zu beweisen. In »The Gnostic Gospels« (Versuchung durch Erkenntnis. Die gnostischen Evangelien) zitiert Elaine Pagels aus Briefen von zum Tode verurteilten Christen an ihre Freunde, in denen sie darum baten, man solle für sie keine Gnadengesuche einreichen. Angetrieben durch ihren Eifer, am eigenen Leibe die Geschehnisse in Christi Leben nachzuempfinden, wetteiferten die Märtyrer in den Arenen darum, möglichst viel Gleichmut zu zeigen. Sie sangen Hymnen und blickten aufwärts mit dem Ausdruck himmlischer Verzückung, während die Tiere sie angriffen – wir haben davon verläßliche Berichte von erstaunten römischen Zuschauern. Unter vielem anderen eroberten die Christen die heidnische Welt dadurch, daß sie ihren Geist mit Staunen erfüllte, indem sie über allen Zweifel hinaus bewiesen, daß der menschliche Wille die Materie regiert und nicht umgekehrt.

Heutige Schmerztheorien konzentrieren sich auf die komplexen Wege des Schmerzsignals durch das Nervensystem sowie die verschiedenen chemischen Substanzen, die die Schmerzempfingung auslösen. Und doch ist der Glaube an Christus kein chemisches Ereignis; es ist eine Entscheidung auf der Bewußtseinsebene. Deshalb ist auch das Vokabular eines Yogis, das solch abstrakte Dinge wie die Identifizierung beschreibt, dem tatsächlichen Geschehen näher als die wissenschaftlichen Termini heutiger Forscher. Um den Schalter zu erreichen, der den Schmerz ein- und ausschaltet, muß man die Linie überschreiten, die sichtbare Moleküle von unsichtbaren Überzeugungen trennt. An dieser abstrakten Schnittstelle wird entschieden, ob uns etwas weh tut oder nicht. Mit manchen Ereignissen verbinden wir das Ichgefühl, von anderen ziehen wir es ab.

Es gibt ein bekanntes medizinisches Fallbeispiel, das Stephen Locke und Douglas Colligan in »The Healer Within« beschreiben. Es bezieht sich auf einen Metallarbeiter, der in einen Tiegel mit flüssigem Aluminium fiel. Er wurde in ohnmächtigem Zustand ins Krankenhaus gebracht, wo er, als er wieder zu sich kam, sofort von einem in der Notambulanz tätigen Psychiater hypnotisiert wurde. Dieser suggerierte dem Mann, daß er in kaltes Wasser gefallen war, anstatt in das 371 Grad heiße geschmolzene Metall. Die Suggestion griff und wirkte so gut, daß sie nicht nur die Schmerzen auslöschte, sondern der Patient auch rasch und ohne größere

Brandnarben gesund wurde. Das ist das praktische Ergebnis einer rein mentalen Ablösung.

Ein Mensch, der das Problem der Identifizierung gelöst hat, mag immer noch das Schmerzsignal von seinem Gehirn wahrnehmen, doch wird er es nicht mehr in »mein« Schmerz umsetzen, und dieser winzige, aber hochbedeutsame Unterschied zertrennt die Schnur des Leidens. Er begeht nicht mehr den Fehler, daß er meint, die Sinneseindrücke strömten herein, um seine Wahrnehmung zu gestalten; es ist vielmehr seine Wahrnehmung, die hinausgeht und seine Sinneseindrücke erzeugt. Indem Yoga unser Bewußtsein den Tiefen der Wahrnehmung zuwendet, wo wir über unsere Erfahrung frei entscheiden können, eröffnet es uns die Möglichkeit, unser ganzes Leiden an seinem Ursprung auszulöschen.

Kann der menschliche Geist sich selbst befreien?

Die Demontage der Illusion unseres Geistes hört sich zwar als Ideal gut an, doch wie soll man in der Praxis vorgehen? Viele Menschen versuchen, an die Stelle der bedrängenden Gedanken, die sie verdrängen wollen, »positives Denken« zu setzen. Oberflächlich gesehen mag diese Taktik gewisse Anzeichen der Besserung zeitigen. Der menschliche Geist kann dazu gezwungen werden, sich nur mit angenehmen oder erhebenden Dingen zu identifizieren. Mit der Zeit aber werden die gefürchteten Gedanken wieder zum Vorschein kommen (Freud nannte dies »die Rückkehr des Unterdrückten«); dazu kommt der erschöpfende Kraftaufwand zur Aufrechterhaltung ständiger Selbstkontrolle.

Vor einiger Zeit kam regelmäßig eine Frau in meine Praxis, die auf positives Denken fixiert war. Sie war zwei Jahre zuvor erfolgreich gegen Brustkrebs behandelt worden, war aber extrem besorgt über einen Rückfall. Ihre Angst war für jeden spürbar, doch war sie das letzte, dem sie sich stellen wollte. Wenn ich nur mit dem Gedanken spielte, ihr zu sagen »Sie haben Angst, nicht wahr?«, so gaben mir ihr starres Lächeln und ihr aufgesetzter Optimismus das Gefühl, grundlos grausam zu sein. Auch fühlte ich mich in ihrer Gegenwart zunehmend nervös. Sie schien wie ein straff gespannter Draht zu sein, der jeden Moment reißen konnte.

Nachdem ich ihr vorsichtig zu verstehen gegeben hatte, daß sie sich vielleicht etwas vormachte, bat ich sie schließlich unumwunden, mit ihrer erbarmungslosen Positivität aufzuhören.

»Sie meinen, es ist in Ordnung, wenn ich auch mal negative Gedanken habe?« fragte sie mit rührender Ungläubigkeit.

»Ja, wenn sie natürlich und unvermeidlich sind«, sagte ich.

Plötzlich brach sie in schallendes Gelächter aus. »Gott sei dank«, rief sie aus. »Ich brauchte die Erlaubnis von jemand. Ich habe so viel darüber gelesen, wieviel Schaden man in seinem Körper mit negativen Gedanken anrichten kann, daß ich das ganze Jahr nach meiner Operation damit verbrachte, mich auch vor dem geringsten Anzeichen davon zu fürchten. Dann wurde mir bewußt, daß ja auch Furcht ein negativer Gedanke ist. Sie können sich nicht vorstellen, wie verwirrt ich da war.«

Ich fand dies eine recht eindrucksvolle Einsicht von ihrer Seite. Viele Menschen entrinnen mit ihren wohlgemeinten Bemühungen, das Positive zu verstärken, ihren Problemen nicht, sondern verstärken sie vielmehr. Sie wollen ihrem Leiden ein Ende bereiten, aber wählen irrigerweise die Taktik, sich über ihre wahren Gefühle hinwegzutäuschen – in der Annahme, daß diese Gefühle »zu negativ« sind, als daß man sie ausdrücken könnte. Ich ging mit meiner Patientin dieser ganzen Problematik auf den Grund. »Seiner Angst und seinem Schmerz Aufmerksamkeit zu widmen, ist für die meisten Menschen eine Ursache für Schuldgefühle«, gab ich ihr zu verstehen, »weil es nach Selbstmitleid aussieht, ein Charakterzug, den wir für falsch erachten. Aber wenn man sich selbst Mitgefühl versagt, wo man es bereitwillig anderen zuerkennt, ist das auch falsch. Wir alle haben einen verborgenen Schmerz in uns, und ihn zu unterdrücken, ist keine Tugend. Es ist einfach ein Ding der Unmöglichkeit. Sie halten es vielleicht für sehr wichtig, eine gute Haltung zu bewahren, aber an sich ist eine Haltung nicht sehr zuverlässig. Denn wer hält schließlich wem den Mut aufrecht? Alles in Ihnen ist nur Sie selbst, auch wenn Sie daraus ein tapferes Ich abspalten, das versucht, das furchtsame Ich zu unterdrücken oder zu besiegen. Wenn ein Teil den anderen anspricht und sagt: ›Nun gib nicht nach, verlier nicht die Hoffnung‹, dann ist das doch nur ein Spiel, nicht wahr?«

Sie räumte ein, daß das möglicherweise stimmte, aber es klang nicht sehr überzeugt. »Ich habe immer gefürchtet, daß, wenn ich dieses Spiel, wie Sie es nennen, nicht durchstehen könnte, meine negativen Gedanken mich verschlingen würden.«

»Vermindert Ihr Widerstand gegen die negativen Gedanken deren Macht?« entgegnete ich. »Schieben Sie damit nicht lediglich den Tag hinaus, wo sie dann doch irgendwie zum Vorschein kommen? Denken Sie nach. Sie verwenden wahrscheinlich viel Zeit darauf, nicht negativ zu denken. Es erfordert ja Ihrerseits eine ständige Wachsamkeit und Anstrengung. Und doch – kaum ist der Druck weg, kommen diese unterdrückten Gefühle mit doppelter Stärke wieder an die Oberfläche, stimmt's? In Ihrer Lage könnte ich nachts meinen Kopf nicht aufs Kissen legen, ohne daß mich Scharen von negativen Gedanken angreifen würden.«

Sie pflichtete mir bei, daß das Zubettgehen für sie eine Tortur geworden war. »Negative Gedanken kommen ungefragt, selbst gegen den stärksten Widerstand«, sagte ich. »Das müssen wir alle einfach akzeptieren. Wenn wir weiter dieses Spiel treiben, daß wir unliebsame Gedanken verdrängen, werden wir immer den Kürzeren ziehen. Die wirkliche Frage ist: ›Kann ich das ganze Spiel nicht aufgeben?‹ Nur sehr wenige Menschen ziehen diese Alternative in Betracht.«

Nach einer Bedenksekunde meinte die Frau: »Egal, was Sie sagen, denke ich, daß es nicht so leicht sein wird mit dem Aufhören.«

Sie hatte natürlich recht. Unsere Konditionierung, in der bisherigen Weise weiterzumachen, ist sehr stark. Die alten indischen Weisen oder Rishis erkannten dies und folgerten, daß der menschliche Geist sich nicht durch irgendeine mentale Aktivität befreien kann, sei es Kampf, Wachsamkeit oder Verdrängung. Der Versuch, sich aus dem Denken hinauszudenken, gleicht dem, sich aus Treibsand zu befreien, indem man sich an den Haaren hinauszieht. Im Grunde ist jeder Gedanke, wie positiv auch immer, immer noch im Gedankenbereich verhaftet. Durch Yoga öffnet sich ein anderer Weg. Sein Geheimnis ist einfach folgendes: Es gibt mehr im menschlichen Geist als das Denken. Denken ist eigentlich nur eine andere Maske der Maya, weniger fest als die Dinge, die wir sehen und berühren, aber dennoch genauso irreführend.

In einer alten indischen Schrift, den sogenannten *Shiva Sutras*, sind hundertundzwölf Techniken beschrieben, mit denen ein Mensch der Maya auf eine einzige Art und Weise entkommen kann – indem er sie transzendiert und die tieferliegende Wirklichkeit des stillen Zeugen erfährt. Hier sind einige dieser Techniken, die direkt von Gott Shiva stammen, dem traditionellen Meister der Yogis:

> Wenn lebhaft wach durch einen bestimmten Sinn,
> behalte *die Wachheit in dir.*
> Wenn auf dem Lager oder auf einem Sitz,
> laß dich *schwerelos* werden, jenseits des Denkens.

Sieh wie zum ersten Mal
einen schönen Menschen oder ein gewöhnliches Ding.
Am Rand eines tiefen Brunnens
schau beständig in dessen Tiefe bis hin – *ins Wundersame.*
Einfach indem du in den blauen Himmel schaust
jenseits der Wolken, *die Ewigkeit.*

Zwar betonen sie das andere *Sehen* der Welt, aber die eigentliche Grundlage aller dieser Techniken ist ein Wandel in der Bewußtheit, denn wie wir bereits besprochen haben, ist diese Bewußtheit die Ursache des Sehens. Einen schönen Menschen »wie zum ersten Mal zu sehen« könnte durch Zufall geschehen, aus den Augenwinkeln, aber niemals als dauernder Zustand, nicht im Alltagsbewußtsein. Sehe ich eine kleine, scheue, beflissene indische Frau, so erinnert mich dies stets an meine Mutter; ihr mag es umgekehrt ähnlich gehen. Wir sind aneinander gewöhnt, daran gewöhnt, durch so viele Schichten unserer selbst hindurchzublicken.

Mein Vater sieht sie und sieht einen anderen Menschen, ja, sieht verschiedene Personen, die einander überlagert sind: das wohlbehütete Mädchen mit niedergeschlagenem Blick, das zunächst eine Fremde war, dann der Gegenstand eines scheuen Werbens, dann die junge Braut und Mutter, und danach die vertraute Beraterin und Begleiterin, deren Worte und Gedanken sich mit den seinen verwoben haben, so daß sie fast zu einem zweiten Selbst geworden sind. Jede Bilderschicht birgt ihren eigenen Wert, wenn er sie ansieht. Die gestaltende Kraft, die sie fast eins werden ließ, ist deswegen nicht weniger stark, weil sie so langsam und unmerklich wirkt. Eine gemeinsame Wirklichkeit umströmt sie beide.

Ihre Vertrautheit gibt meinem Vater und meiner Mutter eine privilegierte Beziehung, doch hat die ihren Preis. Solange die Maske nicht abgenommen wird, wird mein Vater meine Mutter nie anders sehen denn als seine Frau. Ihre Schönheit wird in einer gewissen Entfernung bleiben. Eine glückliche Beziehung ist diesen Preis viele Male wert. Bei einem Mangel an wirklicher Vertrautheit ist jedoch der Preis zu hoch. Ein Vater mag zu seinem Sohn sagen: »Ich tadle dich nur, weil ich dich liebhabe«, und seiner eigenen Meinung nach könnte das auch wahr sein. Aber der Sohn muß die Liebe aus dem Tadel heraushören, so gut er kann. Das ist der Grund dafür, warum so viele Menschen im Erwachsenenalter dann dem Geliebtwerden gegenüber recht mißtrauisch sind.

Von Kindheit an haben wir alle gelernt, wie man sich in einer (eigentlich die Norm darstellend) komplizierten Situation verhält, in der die fundamentalsten Empfindungen und Wahrnehmungen miteinander vermischt sind. Das Leben wäre einfacher, könnten wir direkt in die kristallklaren Ideale, die Wunderhaftigkeit und Schönheit Einblick haben, von denen der Yogi erklärt, sie ruhten im Herzen des Lebens, also in unserem eigenen Herzen. Aber die Lehre Shivas durchdringt kaum den Panzer der heutigen Skepsis. Ein Skeptiker verbirgt oft in sich einen Idealisten, der die Qual der Enttäuschung einmal zu viel erfahren hat. Wenn Idealisten zum Enttäuschtwerden geboren sind, warum dann nicht von vornherein abgebrüht sein? Immer und immer wieder betonte Freud die Wichtigkeit des »Realitätsprinzips« als eines Indikators für psychische Gesundheit. Das Realitätsprinzip ist die Anerkennung, daß man nicht der Schöpfer der Welt ist. Unser Ich macht an einer bestimmten Grenze halt, jenseits derer unser Einflußbereich aufhört.

Ein Säugling wird deshalb als primitiv angesehen, weil er *fühlt*, daß er der Mittelpunkt der Welt ist und der Einbildung statt gibt, er selbst sei alles. Wächst das Kind dann heran, so wird von ihm erwartet, daß es diese infantile Illusion abstößt. »Ich« und »Nicht-Ich« schotten sich in ihren jeweiligen Bereichen ab, und es bleibt nur zu hoffen, daß es nicht allzu lange dauert, bis das »Ich« lernt, mit dem »Nicht-Ich« zu kooperieren. Eltern sind im allgemeinen darauf bedacht, diesen Gemeinschaftssinn zu fördern, auch dann, wenn ihr Kind dafür ganz offensichtlich noch zu jung ist. Sie übergehen das Unbehagen des Kindes aus Angst, es könnte selbstsüchtig werden. Für sie ist es schwer einzusehen, daß hier ihre eigene Angst projiziert wird – sie fürchten sich davor, sich selbst anzunehmen. Ihre Eltern hatten ihnen zu verstehen gegeben, daß Selbstbezogenheit falsch war, und dieses Werturteil wird nunmehr weitergereicht, indem man die meisten Spielarten der Befriedigung als »selbstsüchtig« darstellt.

Der rücksichtslose Egoismus eines Neugeborenen ist selbstredend kein Modell für künftiges Verhalten, aber er sollte auf natürliche Weise zu einem selbstloseren Verhalten kultiviert werden. Bleibt beim Heranwachsen des Kindes sein Selbstgefühl auf der Strecke, so ist etwas unendlich Wertvolles verlorengegangen. Das Sein birgt ein subtiles Gefühl der Einzigartigkeit in sich, und aus diesem Gefühl ergibt sich die Erfahrung von Einheit mit der Welt, so, als sei man eingebettet in Schönheit und Liebe. Auch das ist Wirklichkeit, wenn auch einer höheren Art.

Viele Kinder berichten über Erfahrungen, die mit erstaunlicher Genauigkeit auf die höchsten Ziele spirituellen Suchens zutreffen. Eine Frau beschreibt eine lebendige Kindheitserinnerung so: »Mit vier Jahren lag ich einmal im Gras und machte Bilder aus den Wolken. Mit einem Male bemerkte ich, daß sie aufgehört hatten, sich zu bewegen. Alles um mich her war ganz still, und ich fühlte mich, als wäre ich eins mit dem Himmel geworden. Ich war alles und alles war ich. Ich weiß nicht, wielange dies andauerte, und ich habe nie wieder solches empfunden. Aber möglich ist es.«

Ihr Erlebnis widerspiegelt klar die Meditationsanleitung in den *Shiva Sutras*, die besagt: »Schau in den blauen Himmel über den Wolken«, um Ewigkeit zu spüren. Viele Kinder erinnern sich an Momente kurz vor dem Einschlafen, wo sie eine Empfindung der Leichtigkeit oder des Schwebens hatten – auch dies ein Echo der Meditationsanleitung, *schwerelos* auf dem Lager zu liegen. Eine spirituelle Übung, die dem Erwachsenen so schwer erscheint, »einen schönen Menschen wie zum ersten Mal zu sehen«, ist für einen Säugling von vier Monaten völlig mühelos. Er begrüßt den Anblick seiner Mutter als des schönsten Wesens der Welt mit grenzenloser Liebe und Entzücken, Tag um Tag. Solange sie im Raum ist, bleiben seine Augen auf ihr ruhen, unfähig, etwas anderes zu sehen. Für ein Neugeborenes ist Existenz das Dasein im Mittelpunkt einer magischen Welt.

Manche Kinder können sich daran erinnern, daß der Zauber noch in spätere Entwicklungsphasen hinein fortdauerte. Mit fünf und sechs Jahren sah der Dichter William Wordsworth die Berge, Seen und Wiesen um sich »wie angetan mit himmlischem Licht« und mußte einen Baum umfassen, um sich daran zu erinnern, daß materielle Dinge keine Visionen waren. Ohne diese Anstrengung, so schreibt er, wäre er in eine ideale Welt aus reinem Licht und göttlicher Empfindung hinübergeglitten. Die Maya zu durchschauen, könnte also sehr viel natürlicher sein, als wir annehmen. Wer weiß, wie viele von uns in Feldern aus Licht gespielt haben, bevor sie aus unserem Gedächtnis entschwanden? Sicher ist, daß unser gegenwärtiges Ideal einer »vernünftigen« Erziehung im Boden von Fakten wurzelt und nicht im Ideellen. Durch immer wiederholte Lektionen lernt ein Kind, daß die rauhe Rinde eines Baumes realer ist als göttliche Empfindungen; sobald es alt genug ist, auf den Spielplatz zu gehen, findet es heraus, daß man sich auf dem Bürgersteig die Knie aufschlägt und daß ein Faustschlag ins Gesicht wehtut.

In der Meditation löscht der Yogi diese rauhe Erfahrung der Wirklichkeit aus und wendet sich zurück dem Licht entgegen, dem Ideellen, dem

Göttlichen. Yoga zielt auf Vervollkommnung ab, was soviel bedeutet wie ein Leben unmittelbar aus dem schöpferischen Kern heraus, vierundzwanzig Stunden am Tag, ohne Verstellung, ohne Ausflüchte, frei von jeglicher Art von Unwirklichkeit. Der erfolgreiche Yogi hat nicht nur einfach den Kontakt zu diesem allwissenden Kern, er *wird zu* diesem Kern. So schön das klingt, bleibt der Verstand des Erwachsenen doch auf Distanz. Unsere Erfahrungen von Schmerz und Enttäuschung sind höchst überzeugend, die Grundlagen des Yoga dagegen scheinen in weite Ferne entrückt. »Alles kann heutzutage als wahr angenommen werden«, ist ein beliebter Kommentar eines meiner Freunde, »solange es nur nicht die höchste Wahrheit ist.« Er hat das Realitätsprinzip nur zu gut verstanden.

Der Blitz der tieferen Einsicht

Glücklicherweise hat die höhere Wirklichkeit ihre Art, unvermutet durchzubrechen. Es gibt Momente, wo der allwissende Kern des Selbst die engen Vorurteile des Verstandes sprengt. Wir nennen diese blitzartigen Ereignisse tiefere Einsichten, und sie vermitteln uns recht gut, zumindest vorübergehend, was es bedeutet, erleuchtet zu sein. Nach Aussage der vedischen Schriften ist der erleuchtete menschliche Geist wie die Sonne, verglichen mit den Kerzen der Unerleuchteten. Aber eine Kerze hat ihren Wert, denn sobald sie angezündet ist, kann die Dunkelheit nicht mehr vollständig sein. Im Aufblitzen der Einsicht offenbart sich ein Teil des Selbst in seiner Eigenart. Man ruft innerlich »Aha!« – ein Stückchen Wahrheit ist enthüllt worden.

Diese Einsicht ist nicht immer tiefgreifend oder von Dauer – Psychiater verbringen enorm viel Zeit damit, ihren Patienten deren neue Einsichten zu Bewußtsein zu bringen und sicherzustellen, daß alte nicht verlorengehen und der Patient zurückfällt. Auch folgt der Körper nicht immer dem Ansporn des Geistes in Richtung eines Zustandes erhöhter Gesundheit. Und doch vermag der Augenblick der Einsicht oft die gesamte Persönlichkeit zu ergreifen; darin liegt seine verwandelnde Kraft.

Von einem vierzigjährigen Sozialhelfer stammt folgende Erzählung: »Ich ging einen Korridor entlang zu meiner Arbeit und wechselte mit einem Kollegen ein paar Worte. Ich sagte ihm, daß er meiner Ansicht nach seine Fälle zu ernst nahm und sich womöglich unnötigerweise eine Menge Schuldgefühle aufhalste. Plötzlich wandte er sich mir zu und fuhr mich an ›Du projizierst deine eigenen Gefühle auf mich; ich kann das nicht ausstehen!‹ Dann wurde seine Stimme etwas sanfter, und er sagte etwas bedachtsamer ›Das ist etwas, woran du arbeiten solltest. Ich habe an dir bemerkt, daß du gerne deine eigenen feindseligen Gefühle auf andere projizierst.‹ Ich wußte nicht, was ich antworten sollte. Ich stellte mich darauf ein, daß er sich entschuldigen würde. Stattdessen ließ er mich einfach stehen. Ich kam dann in mein Büro und setzte mich an meinen Schreibtisch, aber ich war so wütend, daß ich nicht arbeiten konnte. Ich kochte ein paar Minuten vor mich hin, wie ein Kind, daß gleich einen Wutanfall bekommen würde. Ich war außer mir und voller Selbstmitleid. Warum mußte mich ein Freund so enttäuschen? Um mir Luft zu machen, sprach ich laut vor mich hin, so als ob er im Zimmer wäre. ›Du scheinst dir keine Gedanken darüber zu machen, daß du *deine* feindseligen Gefühle auf mich projizierst! Du hast mir wirklich wehgetan, und ich muß dir sagen, daß deine Anschuldigungen ganz und gar aus der Luft gegriffen sind.‹ Bei diesem Vorgehen fühlte ich mich einige Sekunden erleichtert, aber irgendwie sagte mir mein Verstand, daß ich nicht bloß das Opfer einer ohne Absicht verletzenden Bemerkung gewesen war.«

In diesem Augenblick begann der Prozeß einer emotionalen Lockerung. »Plötzlich begann ich, in verschiedene Schichten aufzubrechen. Es war wirklich außergewöhnlich. Es vollständig zu beschreiben, würde viel Zeit brauchen – so viele Bilder blitzten innerlich auf und verschwanden wieder. Ich sah mein Selbstmitleid als eine Bastion gegen eine Armee von Zorngefühlen – eine völlig unangemessene Reaktion auf das, was mein Freund gesagt hatte (ich hätte ihn umbringen können!). Dann sah ich meinen Vater, so wie er vor Jahren ausgesehen hatte. Er ließ mich kleine Arbeiten um das Haus herum tun, was ich als Kind haßte. Ganz deutlich war hier dieselbe überzogene Reaktion am Werk. Diese Phase dauerte kaum den Bruchteil einer Sekunde. Bilder rasten an mir vorüber; ich nahm alles so wahr, als wäre ich ein Stein, der in einen Brunnenschacht fällt.«

In rascher Folge sah er, daß sein Zorn auf seinen Vater mit dem Gefühl verbunden war, daß er niemals dessen Liebe würde gewinnen können. Dann sah er, daß er niemals Kritik von seinen Brüdern oder seinen Freunden hatte annehmen können. Bilder zuckten vorüber und wirbelten Gefühle und Erinnerungen auf.

»Es konnte kaum eine halbe Minute vergangen sein, aber der Stein fiel noch immer, schneller und immer schneller. Aber anstatt sich schwindelig und verloren vorzukommen, war mein Geist tatsächlich recht klar. Ich nahm jeden neuen Blickwinkel bewußt wahr. Seltsam war dabei, daß immer dann, wenn meine Gefühle mich überwältigen wollten, eine kühle, ruhige, forschende Stimme in mir fragte ›Nun, stimmt das auch? Projiziere ich wirklich meine Gefühle auf andere?‹ Woher diese Stimme auch kommen mochte, sie war mit Halbwahrheiten nicht zufriedenzustellen.«

Während dieses ganzen Geschehens hatte der Mann seine Umgebung vergessen. Er konzentrierte sich in einer für die meisten von uns unvorstellbaren Weise auf die Dynamik der Befreiung aus unterdrückten Gefühlen. Noch einige Sekunden, und das Gefühl des Fallens war zu Ende.

»Das Seltsame daran war, daß ich keinen Aufprall spürte. Ich fiel durch alle Schichten hindurch mit einer sehr mulmigen Vorahnung, wo ich landen würde. Statt dessen kam ich einfach wieder zu mir und stellte fest, daß ich an meinem Schreibtisch saß. Ich holte tief Atem – offensichtlich hatte ich ihn die ganze Zeit über angehalten – und widmete mich wieder meiner Arbeit, etwas ruhiger, wenn auch immer noch verletzt. Erst eine Stunde später kam die Einsicht. Ich saß mit ein paar Kollegen bei Tisch, mit Leuten, die ich in- und auswendig kannte und die seit langem für mich ohne jegliches Interesse waren. Plötzlich schienen sie mir hochinteressant zu sein, ja sogar faszinierend.

»Sie blickten mich mit Zuneigung an, sie lachten, wenn ich etwas Lustiges sagte, und ich lachte mit ihnen. Es war in höchstem Maße sonderbar, bis mir blitzartig bewußt wurde, was geschehen war: Ich hatte aufgehört, meine Gefühle auf sie zu projizieren. Es war mir nie eingefallen, daß diese Leute deswegen nichts Neues zu bieten hatten, weil ich ihnen gar keine Gelegenheit dazu bot. Sobald ich mich zurücknahm, öffneten sie sich wie scheue Blumen. Der Wandel in meinem Bewußtsein hatte etwas Neues in ihnen freigesetzt. Es war ein sehr intimes Gefühl, sie sich so öffnen zu sehen, und gleichzeitig war es eine große Erleichterung.«

Die Geschichte von Craig

Was diese tiefere Einsicht betrifft, bezwecken die Psychiatrie und Yoga dasselbe: Die Enthüllung des Erkenners ist das Ziel beider Wissenszweige. Die Psychiatrie begnügt sich jedoch mit dem einen Aufblitzen; Einsicht ist im Grunde nur ein Werkzeug, kein dauerhafter Zustand. Die Patienten suchen aus verschiedenen Gründen Hilfe – um Erleichterung von Lebensunlust zu finden, unliebsame Schuld- oder Angstgefühle loszuwerden, selbstzerstörerisches Verhalten zu korrigieren und so fort – aber sie kommen nicht, um aus dem Maya-Traum zu erwachen. Aller Wahrscheinlichkeit nach würde dies als eine konfuse, schwächende Wahnvorstellung angesehen, diametral dem vernünftigen, vernunftbejahenden Endprodukt einer erfolgreichen Therapie entgegengesetzt.

Die Psychiatrie ist ein unvollkommener Heiler, denn sie ist selbst verwundet. Im Kern ihrer Realität hat das Zauberhafte keinen Platz; in der Tat tun viele Therapeuten ihr Möglichstes, um im Geist ihrer Patienten jegliche Spur von Zauber auszumerzen. Nur den außergewöhnlichsten Menschen gelingt es, sich über das Realitätsprinzip hinaus zu erheben; sie allein beginnen wahrzunehmen, wie einfach ein Zustand vollkommener Einsicht tatsächlich sein kann.

Ich denke dabei an einen Patienten, dessen Erfahrung des Überschreitens seiner physischen Grenzen für ihn über Tod und Leben entschieden hatte. »Das ganze vergangene Jahr hindurch war ich Zeuge einer Schlacht, die in meinem Körper tobte, aber in meinem Herzen bin ich wie das glücklichste, sorgloseste aller Kinder. Ich habe jenen Bereich meiner selbst gefunden, der durch meinen Krebs nicht berührt werden kann. Ich bin so viel mehr als er, so sehr über ihn erhoben. Manchmal habe ich das Gefühl, völlig Herr über meine Krankheit zu sein, dann wieder widme ich ihr einfach keine Aufmerksamkeit. In beiden Fällen kann die Krankheit mein Gefühl, inmitten von Chaos und Zerstörung lebendig und heil zu sein, nicht beeinträchtigen.«

Als Craig Reed diese Worte in einem Brief niederschrieb, hatte man ihm kurz zuvor seine Diagnose auf Krebs im Endstadium eröffnet. Den Brief zeigte er mir, nachdem er wieder gesund geworden war. Craig Reed ist ein dreißigjähriger Meditationslehrer aus dem Bundesstaat New York. Vor zwei Jahren suchte er wegen starker Halsschmerzen seinen Hausarzt auf und mußte sich sagen lassen, daß er einen sehr rasch wachsenden Lymphdrüsenkrebs hatte. Er hatte die Krankheit wahrscheinlich bereits seit sechs Monaten, ohne jemals irgendwelche Symptome zu bemerken, was bedeutete, daß der Krebs überall im Körper Metastasen gebildet hatte. Zwei Tage befand sich Craig in einer großen Bostoner Klinik in der Obhut eines führenden Spezialisten für Lymphdrüsenkrebs.

»Unsere einzige Wahl«, so eröffnete ihm der Onkologe, »ist die, daß wir das Ding mit allem, was wir haben, abzutöten versuchen. Es wird für Sie alles andere als leicht sein, das will ich Ihnen gleich sagen, aber es ist absolut notwendig.«

Als Craig fragte, wie schlimm es denn kommen würde, lächelte der Onkologe gequält und sagte: »Zuerst werden wir mit einen LKW über Sie fahren und dann werden wir den Rückwärtsgang einlegen, um sicher zu sein, daß wir Sie nicht verfehlt haben.« Im Kreise der Kollegen äußerte er seinen Zweifel, daß Craig lange genug überleben würde, um die erste Behandlungsrunde abzuschließen. Vom ersten Moment an war Craig jedoch ein atypischer Fall. Seine erste Behandlung verlief ungewöhnlich glatt. Das Fieber, mit dem er in die Klinik gekommen war, klang ab, und die ballonähnliche Schwellung in seinem Gesicht ging zurück. Seine psychische Bereitschaft, es mit den kommenden Prüfungen aufzunehmen, nahm ständig zu.

Zu diesem Zeitpunkt schrieb Craig den von mir zitierten Brief. Darin erwähnt er, daß er seit siebzehn Jahren täglich meditierte. Er hatte eine bemerkenswerte Fähigkeit entwickelt, sich aus der Identifizierung mit seiner Krankheit zu lösen. Obgleich sie eigentlich seinem Geist zuzuordnen war, hatte diese Haltung des Nicht-Gebundenseins eine tiefgreifende Auswirkung auf seinen Körper.

Zwei Monate nach Beginn der Behandlung stieg seine Temperatur in alarmierender Weise an; Craig wurde unverzüglich in die Klinik gebracht, wo festgestellt wurde, daß sein Immunsystem extrem beeinträchtigt war. Seine Lymphozytenwerte hatten einen absoluten Tiefstand erreicht: 200 im Gegensatz zu den 4000 bis 11 000 bei einem Gesunden. Es ist bekannt, daß diese Krisen auf die Chemotherapie zurückgehen, die den Patienten in lebensgefährlicher Weise auch für die harmloseste Ansteckung anfällig macht. Entmutigt verließ der Onkologe das Krankenzimmer und fragte sich, wie viele Wochen wohl verstreichen würden, bis die Lymphozyten wieder zunehmen würden. Drei Tage darauf wurde ein erneuter Bluttest gemacht. Er ergab, daß Craigs Werte auf 4000 hochgeschnellt waren, von fast-tödlich zu fast-normal – ein so gut wie niemals zuvor beobachteter Verlauf.

Aller ärztlichen Erfahrung zum Trotz erholte sich Craig unerwartet rasch; der Krebs war auf dem Rückzug. Craig wurde nach vier Monaten aus der Klinik entlassen; eine Rückenmarktransplantation hatte er trotz nachdrücklicher Empfehlung abgelehnt.

Für Craig gab es keinen Zweifel daran, daß seine Fähigkeit, sich von der Krankheit zu distanzieren, ein entscheidendes Moment war. »Die emotionalen Hochs und Tiefs sind endlos; ich bin von dieser schweren Prüfung durch alle denkbaren Gefühle gezerrt worden, aber etwas in mir ist darüber erhaben. Ich lache immer noch und weine, feiere und sorge mich, aber gleichzeitig bleibe ich unberührt. Ich habe entdeckt, wie ich mein Leben von Hysterie befreien konnte, und als die Hysterie verschwand, war ich geheilt.« Es sind nunmehr fast drei Jahre her, als Craig die Klinik verließ. Er führt ein normales Leben und ist von seiner Krankheit befreit.

Es ist sehr ermutigend, wenn man sieht, wie Patienten den Ariadnefaden zur Freiheit aufnehmen. Und was war mit Lou? Er ist noch irgendwo unterwegs, schon kein Gefangener seiner Angst mehr, aber noch nicht ganz überzeugt davon, daß er ihr entkommen ist.

Als Lou auf den Operationstisch kam, wo ihm ein Bauchspeicheldrüsenkarzinom entfernt, das Organ selbst aber weitgehend intakt gelassen werden sollte, stellte sich heraus, daß der Tumor viel größer als angenommen war. Lou wurde als inoperabel angesehen, auch eine totale Entfernung des Organs wurde nicht erwogen; der Bauchschnitt wurde sofort geschlossen.

Als er aus der Narkose erwachte, schockierte er den Onkologen damit, daß er die Nachricht mit froher Miene aufnahm. »Ich wollte sowieso keine Operation«, sagte er mir auf seinem Zimmer, »und auf Umwegen habe ich nun das erreicht, was ich wollte.«

Wir beide sannen darüber nach. Ich verstand damals noch nicht, daß etwas Entscheidendes geschehen war – Lous Gefühl, wie unter einem dunklen Zauber zu stehen, war aufgebrochen. Er flog nach Europa zurück zu einem Schicksal, das ich nicht voraussehen konnte. Sechs Monate darauf hatte ich die Freude, ihn wieder in meiner Sprechstunde zu sehen; er sah gut aus und hatte offensichtlich nicht abgenommen. Sein Appetit war normal, seine Verdauung bereitete ihm keine Probleme. Lou schien damit jedoch nicht so glücklich zu sein wie ich.

»Sehe ich gesund aus?« fragte er besorgt.

»Sie sehen einfach prächtig aus!« antwortete ich ihm begeistert.

»Das sagt mir jeder, aber innerlich weiß ich nicht so recht, was sich da tut.« Es wurde deutlich, daß Lous Unsicherheit noch immer einen langen Schatten warf, und doch, wenn er es nur begreifen konnte, hatte er gewaltige Hindernisse überwunden.

Ich erinnere mich noch daran, wie wir an jenem Tag auseinandergingen. Wir hatten uns eine ganze Weile unterhalten. Ich hielt inne und sah nach draußen. Es war April – ein selten schöner Frühlingstag in Neu England mit einem vollkommenen kristallblauen Himmel. Die Krokusse waren schon heraus, gelbe und violette Juwelen, über den Rasen ausgeschüttet, und aus den Bäumen sproßte der erste Glanz von goldenem Grün.

Ich sah, daß auch Lou aus dem Fenster blickte, aber irgendwie abgestumpft. Mit einem Male erahnte ich die völlige Vereinsamung, die seine Krankheit mit sich gebracht hatte. »Schauen Sie«, sagte ich, »warum gehen Sie nicht ein Weilchen hinaus. Es ist ein wunderbarer Tag, nicht wahr?« Er nickte traurig, immer noch einsam in seinem unzugänglichen grauen Raum.

Ich mußte die Schale aufbrechen, und sei es auch nur für einen Augenblick. »Denken Sie einmal an die wunderbaren Tage, an denen Sie Liebe empfanden«, sagte ich zu ihm, und war selbst über meine Gemütsbewegung erstaunt. »Wo sind sie jetzt? Sie müssen immer noch da sein, in Ihnen. Sie atmeten die Luft, und die wurde zu Ihrem Blut. Sie sahen in den Himmel, und sein Anblick prägte sich den Neuronen Ihres Gehirns ein. Sie fühlten den Sonnenschein, und Ihre Haut nahm seine Wärme auf. Es ist alles noch da, nicht nur in Ihrer Erinnerung, sondern als Bestandteil Ihrer selbst. Sehnen Sie sich also nicht nach der guten alten Zeit zurück, Lou – Sie *sind* diese gute alte Zeit. Draußen vor dem Fenster ist ein anderer Tag, der zu Ihnen werden will. Sie stehen nicht außerhalb des Lebens. Wie wir alle sind Sie da hineingemischt, sind sein Schöpfer und von ihm geschaffen. Dieser Tag kann nicht dauern, ohne daß Sie ihm Leben einflößen. Wollen Sie ihm eine Chance geben?«

Als ich fertig war, sagte Lou sehr wenig, aber er umarmte mich beim Abschied. Wir hatten einander verstanden. Von der Tür aus sah ich ihn noch einmal, wie er das Haus verließ. Aus der Art, wie er sich eifrig umsah, spürte ich sein inneres Glücksgefühl, von der Wärme der Frühlingssonne begrüßt zu werden.

7 Die Bedeutung, sich für etwas Besonderes zu halten

Als er zu fallen begann, war Ray wahrscheinlich bereits tot. Ein elektrischer Schlag von zwölftausend Volt hatte ihn brutal vom Dach gefegt, wo er damit beschäftigt war, einem Nachbarn beim Anbringen einer neuen Fernsehantenne zu helfen. Was wie ein harmloses Erdkabel ausgesehen hatte, war tatsächlich ein Starkstromkabel. Als Ray es anfaßte, war er völlig schutzlos gegen den Anprall der Spannung, die ohne Zweifel sein Herz auf der Stelle zum Stillstand brachte.

Der entsetzte Nachbar kam um die Ecke und fand Rays Körper zusammengekrümmt auf der Erde. Sein rechter Arm, durch den der Stromschlag eingedrungen war, war zerrissen; das rechte Knie, wo er ausgetreten war, aufgeborsten. Als der Nachbar jedoch vorsichtig Rays Brust berührte, spürte er, wie das Herz schlug. Man wird nie erfahren, warum.

Vielleicht – wenn Winkel und Fallgeschwindigkeit gerade richtig gewesen waren – hatte der Aufprall sein Herz wieder in Gang gesetzt. Wenn kein Defibrillator verfügbar ist, um das Herz mit elektrischen Schlägen zu reaktivieren, ist in Notsituationen ein heftiger Schlag auf die Brust das Standardverfahren. Aber auch bei Anwendung durch einen Arzt ist diese Methode sehr grob und riskant. Man kann dabei das Herz genauso leicht beschädigen wie retten und kann obendrein eine Rippe brechen oder eine Lunge perforieren. Der Sturz von einem Dach würde diese Risiken noch erheblich erhöhen. Aber wie anders hätte Ray Shepards Herz wieder zu schlagen beginnen können? Es war ein undurchschaubarer Umstand, über den die Ärzte der traumatologischen Abteilung später ihre Vermutungen anstellen duften. Als er jedoch davon hörte, nannte Ray diesen Moment unter all den anderen erstaunlichen, die noch kommen sollten, »das Geschenk«.

Das medizinische Leistungsangebot im Weideland im Osten des Staates Washington, wo Ray seine Pferdefarm hatte, ist bescheiden. Noch kaum wieder zu sich gekommen, mußte er einen einstündigen Ambulanztransport ohne Schmerzmittel durchstehen. Ein Hubschrauber brachte ihn zur nächsten Spezialklinik für Brandwunden in Seattle, wo er sofort operiert wurde. Im Verlauf der folgenden sechzehn Stunden amputierten die Ärzte seinen Unterarm und retteten das Gewebe an den beiden anderen durch den Unfall am schlimmsten betroffenen Stellen am rechten Knie und am linken Handgelenk.

Seine Schwester beschreibt den ganzen Verlauf sechs Monate später in einem Brief:

»Von dem Moment an, als er eingeliefert wurde, war Ray erstaunlich wach und ruhig. Er versank während der langwierigen Behandlung in keine Depression, und trotz der heftigen Schmerzen von den Brandwunden bestand er auf der geringstmöglichen Menge von Medikamenten. Er mußte sich im Verlauf von sechs Wochen fünf Operationen unterziehen, die nötig waren, um das abgestorbene und beschädigte Gewebe zu entfernen und durch umfangreiche rekonstruktive Plastik zu ersetzen. Eine sehr schwierige Hauttransplantation war vonnöten, um eine freigelegte Sehne an seinem linken Handgelenk zu bedecken. Das rechte Knie war so zerschmettert gewesen, daß es nur noch eine Masse offenliegender Arterien, Knochen und Nerven war.«

Die Heilung ist ein sehr individueller Prozeß, und in komplexen Fällen wie bei Ray ist eine »normale« Rekonvaleszenz fast ein Widerspruch in sich selbst. Die meisten von uns können sich kein Bild davon machen, was sie tun würden, wenn ihre Nerven und Knochen nackt der Luft ausgesetzt wären. Gewiß würden wir uns sehr unwohl fühlen, und die physische Schmerzempfindung würde eine komplexe Serie psychologischer Reaktionen auslösen, die das erzeugen, was Leiden genannt wird. Die meisten Menschen glauben, daß Schmerzen und Leiden in etwa identisch sind. Das traf jedoch für Ray nicht zu, der zwar heftige Schmerzen spürte, sie aber *nicht erlitt*. Seine Erklärung dafür war diese:

»Ich spürte, daß in dem Sekundenbruchteil, als ich zu fallen begann, eine Entscheidung getroffen worden war, die mich dem sicheren Tod entriß – es mußte nicht in dieser Weise geschehen, aber es geschah. Es war ein Geschenk. Ich bin in Gedanken immer wieder zu diesem Moment zurückgekehrt und habe festgestellt, daß die Erinnerung eine andere Bewußtheit in mir bewirkt. Ich kann es nur mit der Meditation vergleichen: Ich war an einem Ort, den der Schmerz nicht erreichen konnte. Ich hatte ein Gefühl des Schwebens und einer tiefen Ruhe. Manchmal erneute die Krankenschwester den Verband an meinem Knie, was sich sehr unangenehm anfühlte. Ich sah ihr dabei zu, das Schmerzsignal erreichte mich, aber anstatt sozusagen in meinen Geist hineinzustechen, gab es mir ein Gefühl intensiver – ja was? – nicht gerade Wonne, etwas kaum Benennbares, sehr sanft, sehr vertraut. Es war ein Schmerz, der sich zu prickelnder Freude verwandelte. Jedesmal, wenn es geschah, wunderte ich mich darüber und war sehr glücklich.«

Sobald er in diesen bevorzugten Bewußtseinszustand glitt, konnte sich Ray stundenlang von seinen Schmerzen absondern. Interessanterweise hatte er seit seinem achtzehnten Lebensjahr meditiert, also während fast seines ganzen Erwachsenenlebens, und war mit feineren Bewußtseinszuständen vertraut. Er bewies bald, daß er mehr tat, als nur den Schmerzen zu entrinnen. Seine Schwester schreibt:

»Als ich zum ersten Mal die Operationswunde um Rays rechtes Knie sah, war ich bestürzt darüber, daß man so viel vom Muskel hatte entfernen müssen. Trotz der Transplantationen waren nur Sehnen zu sehen, und als wir nach Seattle zurückfuhren, meinten mehrere Spezialisten, daß man eine Hauttransplantation von der Wade vornehmen sollte. Das beinhaltete ein größere Operation, und Rays Arzt beschloß, diese vorerst nicht vorzunehmen. Die freiliegende Sehne erhöhte zwar das Risiko einer Infektion, aber er wollte erst noch einen Monat abwarten. In dieser Zeit heilte sich Ray in erstaunlicher Weise selbst. Wir erneuerten die Verbände am Knie zweimal am Tag und überschütteten es förmlich mit liebevoller Aufmerksamkeit. (Ray sagte später bisweilen, daß er sich zurücklegen und buchstäblich fühlen konnte, wie diese Aufmerksamkeit von seinem Körper absorbiert wurde.) Ray meditierte sehr viel und war viel auf den Beinen, kümmerte sich um die neuen Fohlen und genoß das Leben in vollen Zügen. Als ihn die Ärzte vier Wochen später sahen, wollten sie ihren Augen nicht trauen: Neue Muskeln waren spontan um die Sehne herum gewachsen, waren in jeder Lücke sichtbar, und über dem ganzen bildete sich rasch neue Haut.«

Die Regeneration von Muskeln ist ein höchst unsicherer Prozeß, und es gibt insbesondere bei schweren Verletzungen keine Garantie dafür, daß er überhaupt in Gang kommt. In keinem Fall jedoch wäre eine so schnelle Gewebeerneuerung vorhersehbar gewesen, wie sie jetzt an Rays zerstörtem Knie auftrat. Mit unverhülltem Erstaunen rief einer seiner Ärzte aus: »Ich weiß nicht, warum, aber Sie sind ein großer Heiler, Ray!« Weitere Operationen waren überflüssig.

Es ist viel darüber geschrieben worden, warum manche Menschen besser und schneller gesunden als andere. In Ray verkörperten sich viele der dafür erforderlichen Eigenschaften. Er hatte den Mut, wenige Tage nach dem Unfall das Krankenbett zu verlassen und zu gehen. Als sein Arm amputiert werden mußte, lernte er unverzüglich, seine Schnürsenkel mit einer Hand zu binden. Ohne Zögern und mit natürlichem Hunger genoß er die Liebe seiner Familie und seiner Freunde. Das alles sind seltene Qualitäten des Herzens und des Verstandes.

Obwohl jeder Arzt solche Patienten gesehen hat, sind »große Heiler« erfahrungsgemäß so selten und einzigartig, daß man sie in keine Kategorie einordnen kann. Wir kennen deshalb ihr Geheimnis nicht wirklich. Ich bin der Ansicht, daß das, was an diesen Menschen so außergewöhnlich ist, nichts damit zu tun hat, was sie machen, sondern damit, was sie *sind*.

Wir alle sind. Deshalb haben wir alle die Gewißheit, daß wir existieren. Ein gewitzter Sophist kann Sie dazu bringen, daß Sie alles in Frage stellen, woran Sie bislang glaubten, dieses aber nicht. »Ich bin« ist der Kern eines jeden, eine felsenfeste Überzeugung, die anzuzweifeln keinen Sinn macht.

Sein oder Nicht-Sein ist *nicht* die Frage, es sei denn, man steckt in einer Hamletschen Lebenssituation. Die Existenz fällt uns mit der Geburt unvermeidlich zu. Seltsamerweise ziehen manche Menschen daraus mehr Nutzen als andere. Sie tun nicht mehr oder fühlen mehr oder denken mehr. Wie Licht, das durch eine völlig reine Linse fällt, scheint das Leben durch sie irgendwie klarer, heller und deutlicher hindurch als durch Menschen, die dumpf dahinleben.

Diese Tatsache ist der Psychologie nicht entgangen, obgleich es dort von entgegengesetzter Warte aus gesehen wird. Nur sehr wenige Menschen kommen mit klarem Geist in die Therapie. Die meisten sind extrem bedürftig und auf Hilfe von außen angewiesen, oder sie empfinden so viel Angst, daß sie kaum den Herausforderungen des Alltags standhalten können. Manchmal sind sie so niedergeschlagen, daß nichts in ihrem Leben, wie lebhaft und anregend es auch sein mag, mehr hinterläßt als einen grau-verschwommenen Fleck. In allen diesen Fällen ist nicht nur im Denken und Fühlen etwas aus dem Lot geraten, sondern im Sein. Diese Menschen haben das Geschenk des Lebens verloren.

Das Gefühl, etwas Besonderes zu sein

Woher kommt dieses Geschenk? In Rays Fall scheint es sich vor allen Dingen als eine felsenfeste Gewißheit auszudrücken. »Ich war von Anfang an sicher, daß ich gesund werden würde. Ich kann nicht erklären, warum –

137

es war wie ein Geheimnis, daß ich mit Gott teilte. Ich nannte es Geschenk, weil es eigentlich gar keine Worte gibt, um es zu beschreiben. Ich bekam eine Chance, mich neu zu schaffen. Ich wußte nicht, wie das anzustellen war, nur, daß es geschehen und nichts es aufhalten würde.«

Heutzutage hat wohl jeder schon einmal Berichte von kurzen Nahtoderfahrungen gelesen, die Tausende von Menschen jedes Jahr machen. Die Einzelheiten variieren je nach Bericht, aber ein gemeinsames Leitmotiv gilt für alle: das plötzliche Eintauchen in eine absolute Gewißheit. Menschen, die wiederbelebt wurden, nachdem ihr Herz stillgestanden hatte, erzählen, daß sie sich, während »sie ins Licht gingen« oder über ihrem Körper schwebten, völlig beschützt gefühlt hätten. Oft dauerte dieses Gefühl noch an, wenn sie die Bürde ihres Körpers wieder auf sich genommen hatten. Für sie ist es heute unmöglich, sich über Dinge Sorgen zu machen, über die man sich angeblich gemeinhin Sorgen machen sollte, besonders über das Sterben. Es könnte sein, daß wir uns im Grunde alle so fühlen sollten – auch ohne Nahtoderfahrungen.

Um zu sein, bedarf es zwar keiner Entscheidung, aber dazu, wie wir uns in diesem Sein fühlen, ganz sicher. Manche Menschen wachsen auf mit dem geheimen Gefühl, das sie irgendetwas Besonderes sind. Sie fühlen sich vom Schicksal behütet, gehen mit solch verwegenem Glaubensbekenntnis allerdings nicht hausieren. Dr. Irvin Yalom berichtet über eine Frau, die lange Jahre an ihr Besonders-Sein glaubte, bis sie eines Tages brutal herausgeschüttelt wurde: Sie war zutiefst erschüttert, als ihr auf dem Parkplatz eines Restaurants von einem Dieb die Handtasche entrissen wurde.

Yalom schreibt: »Vor allen Dingen machte der Raub ihre Normalität sichtbar; ihre Klage, sie hätte nie gedacht, daß ihr das zustoßen könnte, war Ausdruck für den Verlust ihres Glaubens an ihre persönliche Besonderheit.« Er bezieht sich nicht auf irgendein besonderes Talent oder sonstige Fähigkeiten, die diese Frau besessen hätte. Es ist selbstverständlich, daß Menschen diese Art von Besonderheit wertschätzen. Aber wir haben auch ein unverständlich-irrationales Gefühl von Besonderheit, meint Yalom, das als eine unserer wichtigsten Strategien, den Tod zu verneinen, angesehen werden kann. Psychiater sehen in dieser Art des Lebensgefühls jedoch alles andere als ein schätzenswertes Charaktermerkmal, und als die erwähnte Frau zu Yalom in Behandlung kam, war dessen Hauptaugenmerk darauf gerichtet, sie so weit zu bringen, daß sie sich mit ihrer Normalität abfand. Und dazu mußte er den Schutzmantel des Gefühls, gegen den Tod gefeit zu sein, von ihr ziehen.

Hier sehen wir uns mit der zwiespältigen Forderung der Psyche nach Selbstschutz konfrontiert. Daß wir uns vor dem Tod sicher fühlen, ist etwas, das wir nicht so ohne weiteres aufgeben können; wenn andererseits die Angst vor dem Tod gewaltsam in die Tiefen unseres Unterbewußtseins verdrängt würde, könnte sie dort untergründig und zu unserem ungewollten Schaden Schrecken verbreiten. Yalom fährt fort: »Der Bereich unseres Geistes, dessen Aufgabe es ist, die Todesangst zu mildern, erzeugt den irrationalen Glauben, daß wir unverletzlich seien – daß unangenehme Dinge wie das Altern und der Tod das Los nur der anderen seien, aber nicht das unsere, und daß wir über die Gesetze erhaben seien, jenseits allen menschlichen und biologischen Schicksals.«

Ich halte es durchaus für ein bedeutsames Ziel, Täuschungen zu entlarven, und für noch bedeutsamer, den Geist von verborgenen Ängsten zu befreien, aber höher noch als das Ziel mentaler Gesundheit (»Normgesundheit«) ist das der Freiheit. Wo soll Freiheit aber entstehen, wenn nicht in »diesem Gefühl des Besonders-Seins, des Verzaubert-Seins, in diesem Gefühl, eine Ausnahme und für alle Ewigkeit beschützt zu sein?« Alle diese Gefühle gehören zu jenen, die Yalom als Selbstbetrug bezeichnet. Zu glauben, daß sie Illusionen seien, könnte selbst jedoch eine noch größere sein – das zumindest behaupten die Yogis.

Der Ausgangspunkt für Yoga ist genau dieses Gefühl, etwas Besonderes, etwas Verzaubertes, etwas Beschütztes zu sein. Ohne es wäre die einzig vernünftige Lebensperspektive die, sich mit der festen, rationalen Welt vor unseren Augen abzufinden und mit ihrer Last an Schmerz, Altern und Tod. Im besten Falle würde man – wie es das berühmte Sprichwort Montaignes besagt – den »ironischen Kampf« aufnehmen, der darin besteht, daß man einen Feind bekämpft, dem von vornherein der Sieg bestimmt ist.

Viele Menschen, ja vielleicht alle würden sich auf die Gelegenheit stürzen, wieder das Gefühl des Besonders-Seins zu haben, aber ihre Konditionierung schließt sie kategorisch davon aus. Lawrence LeShan ist ein hochgeachteter Psychologe, der vor über dreißig Jahren die provozierende These aufstellte, daß Krebs eine persönlichkeitsbezogene Komponente habe. Er war der Ansicht, daß ein Krebspatient das Endergebnis eines neurotischen Mechanismus sei, der seinen Ursprung in der Kindheit habe. LeShan war dazu einer der ersten, die Psychotherapie anwandten, um die verschütteten Instinkte des Patienten freizulegen, insbesondere den der Heilung.

LeShan stellte fest, daß er damit beginnen mußte, die Methoden der klassischen Therapie auf den Kopf zu stellen. Wenn eine Patientin mit Brustkrebs zu einem konventionellen Therapeuten ging, so richtete dieser sein Augenmerk vor allem auf ihre Symptome. Konfrontiert mit ihrem seelischen Schmerz, versuchte er gewöhnlich, dessen genaue Ursache zu ermitteln und diese dann auszuschalten. LeShan jedoch machte den Versuch, den Krebs zu einem Wendepunkt zu machen mit dem Ziel, nicht die Symptome zu verringern, sondern den Patienten zu neuen Höhen der Erfahrung zu bringen. Er betonte die Einzigartigkeit und Besonderheit seines Patienten: Einer an Brustkrebs Erkrankten sagte er beispielsweise, sie »habe ein besonderes Lied im Leben zu singen«, habe ein Quelle der Freude, die nur ihr zu eigen sei.

Am ersten Tag der Behandlung, wenn LeShan sich seine Patienten ansah und erklärte, was sein Ziel war, bekam er oft eine ganze Breitseite von Feindseligkeit und Abweisung zurück. Hier sind einige der typischen Antworten, die seinem Buch »Cancer as a Turning Point« entnommen sind:

> »Wenn ich meine eigene Musik fände, dann wäre die so disharmonisch, daß ich sie nicht ausstehen könnte, und die anderen erst recht nicht. Meine eigene ›natürliche‹ Art zu sein ist häßlich, ja sogar widerwärtig. Ich habe vor langer Zeit gelernt, sie nicht auszudrücken, wenn ich überhaupt mit anderen in Kontakt kommen will oder auch nur fähig sein will, mit mir selbst zu leben.«
>
> »Wenn ich mein eigenes Lied fände und versuchte, es zu singen, würde ich feststellen, daß es in der ganzen Welt keinen Platz für jemand wie mich gibt.«
>
> »Mein eigenes Lied wäre so voller Widersprüche, daß es ein Ding der Unmöglichkeit wäre.«

In ihrer akuten Notlage empfanden diese Patienten die helfende Geste des Therapeuten als große Bedrohung. Sie verwarfen diese »unzumutbaren« Ziele und klammerten sich verzweifelt an »uneigennützige« Werte, die man ihnen in ihrer Kindheit eingebläut hatte. Diese Werte beinhalten

Mäßigung und Höflichkeit, Selbstbeherrschung, Rücksicht auf die Wünsche anderer und so fort. In unserer Gesellschaft hat sie jedes brave Kind gelernt. Aus dem Munde LeShans klangen diese Werte jedoch schrecklich, so, als sei jemandes Seele erstickt worden.

Die meisten von uns akzeptieren allerdings dieselben Werte, und in gewisser Weise haben auch wir nicht das Gefühl, daß die Welt unser Lied hören will – unsere allerpersönlichsten Gefühle und Wünsche – einfach deswegen, weil es unser eigenes Lied ist. Ein tiefgründender Mangel an Selbstbejahung kommt in dieser Haltung zum Ausdruck. Aber da wir gesund genug sind, um der Couch des Psychiaters oder der Krebsstation fernzubleiben, haben wir keinen Anlaß, unsere Verwundbarkeit so kraß zu verteidigen wie diese Patienten.

Immer dann, wenn Menschen wirklich ihr eigenes Lied finden, beginnt ihr tiefliegender Selbstzweifel sich aufzulösen und macht Raum für Kreativität. Der Gesang stellt sich als wunderbar heraus; die Menschen merken, daß sie singen können, ohne bestraft zu werden und sogar damit etwas verdienen können, daß sie einfach sie selbst sind. »Darüber hinaus«, fügt LeShan hinzu, »wurde in allen Fällen das Lied von der Gesellschaft positiv bewertet und angenommen. *Ich habe niemals eine Ausnahme gesehen.*« Unter aller Angst, einzigartig zu sein, steckt in jedem von uns ein starkes Verlangen nach größtmöglicher Einzigartigkeit und Besonderheit.

Im wesentlichen verlangt LeShan von seinen Patienten nur eines: sie selbst zu sein. Warum ist diese Perspektive zunächst so schrecklich? Tief in uns, wie sehr wir es auch leugnen mögen, tragen wir alle die Wunde, daß unsere Kinderwünsche mit Füßen getreten worden sind. Aber wir haben das »zu unserem eigenen Nutzen« akzeptiert. Ein Kind braucht und verlangt es, als einzigartig respektiert zu werden. Da es aber klein und hilflos von der Zustimmung seiner Eltern abhängig ist, wird es seine eigenen Gefühle opfern, um die Belohnung ihrer Liebe zu erhalten. Bei den meisten von uns trifft es zu, daß unsere Eltern uns mit ihrer Vorstellung von dem, was gut ist, fütterten, und wir paßten uns auch dann an, wenn unsere noch kindlich-egoistischen Gemüter sich dagegen auflehnten. Die bekannte Schweizer Psychoanalytikerin Alice Miller weist darauf hin, daß wir alle dazu erzogen wurden, gut zu sein, bevor wir gut sein *wollten.*

Das klingt etwas haarspalterisch, doch macht es im späteren Leben den Unterschied zwischen Freiheit und Sklaverei aus. Als Erwachsener bin ich möglicherweise ganz fest daran gewöhnt, gut zu sein. Wann immer ich anderen gebe, fühle ich Überlegenheit, weil ich fähig bin zu geben, fühle Mitleid mit denen, die es nicht können. Die entscheidende Frage ist jedoch, was ich im Moment des Gebens selbst empfinde. Ist es Freude oder lediglich Selbstgerechtigkeit? Erwarte ich eine Gegenleistung wie Dankbarkeit, Ehrfurcht oder Respekt? Oder überlasse ich dem anderen, so zu empfinden, wie er will, selbst wenn es gar nichts ist? Geben kann ein Zeichen wirklicher Freiheit sein, die Bereitschaft, mit weniger auszukommen, damit ein anderer mehr hat. Aber jemand, der gelernt hat, seinem Geben eine Maske aufzusetzen, ist ein völliger Sklave. Wovon? Von der Erinnerung an das, was zu tun ist, um die Eltern zufriedenzustellen.

Bereits mit dem Wunsch, unserer Mutter zu gefallen, haben wir als gelehrige Schüler gelernt, die leisesten Zeichen von Bejahung und Verweis wahrzunehmen. Wenn wir uns unmerklich diesem externen Verhaltensmuster anpassen, wird dies zu unserer zweiten Natur, eine Art falsches Selbst. Eine Lücke klafft zwischen den echten und den falschen Gefühlen, zwischen dem, was ich fühlen sollte, und dem, was ich tatsächlich fühle. Der Prozeß ist ebenso subtil wie trügerisch. Geht er weit genug, so vergißt man, was es bedeutet, einfach zu sein, Glücklichsein und Traurigkeit kommen zu lassen, wann sie wollen, zu geben und zu nehmen, wie es der Augenblick verlangt. Denn das falsche Selbst empfindet eigentlich nichts: es berechnet.

Ein wirklich gelebtes Leben ist die Ehe von Herz und Verstand. Gefühle kommen, und der Verstand bejaht und begrüßt sie. Es ist nicht schwer herauszufinden, ob jemand sein Leben so lebt, denn er wird Ihnen bereitwillig erzählen, daß die beste Zeit, die er je verbracht hat, die Gegenwart war. Das ist ein sicheres Zeichen dafür, daß der Verstand dem Herzen nicht in hastiger Erwartung vorausprescht oder ihm nostalgisch hinterhertrödelt. Der chinesische Dichter Wu-Men rät:

> *Zehntausend Blumen im Lenz,*
> *der Mond im Herbst,*
> *Eine kühle Brise im Sommer,*
> *Schnee im Winter –*
> *Ist dein Geist nicht von Unnötigem umwölkt,*
> *so ist das die beste Jahreszeit in deinem Leben.*

Wenn die Ausgewogenheit zwischen Herz und Verstand gestört ist, besonders, wenn die feine Gefühlsebene verschüttet wurde, beginnt ein Prozeß, den wir Vernünfteln nennen. Warum bin ich jetzt gerade nicht glücklich?

»Ich bin gerade zu beschäftigt. Ich werde glücklich sein,
wenn ich erst einmal erfolgreich bin.«
»Heute ist kein guter Tag; ich werde morgen glücklich sein.«
»Ich kann mit dir nicht glücklich sein; du entsprichst einfach nicht
meinen Erwartungen.«
»Andere brauchen mich so sehr, daß ich Verantwortung zeigen
muß.«
»Das Leben birgt weniger Gefahren, wenn man gut ist und der Norm
entspricht.«
»Ich werde glücklich sein, wenn ich bekomme, was ich will.«

In jedem dieser Sätze hört man den Sieg des Verstandes über das Herz
heraus. Glücklichsein ist nicht mehr das Unmittelbare; es ist ein Fern- oder
Nahziel geworden, mehr eine Vorstellung als eine Empfindung. In seiner
Meditation versucht der Yogi, dem Gefühl einen Weg zu bahnen; er trägt
den Abraum seines Geistes ab, um an die tieferen Schichten der inneren
Zufriedenheit heranzukommen, die alle alten Schriften als unser angeborenes Recht bezeichnen. Wann immer es jemandem gelingt, Herz und
Verstand zu vereinen, ist das Yoga. Der Lohn dieser Vereinigung ist
gewaltig: Jeder Moment im Leben dieses Menschen wird der beste sein.
Ein Yogi bringt die Eigenschaften von Intellekt und Gefühl ins Gleichgewicht, aber ich denke oft, daß er eher ein Fürsprecher des Herzens ist. Von
Menschen umgeben, die (auch in Indien) dem Erfolg nachrennen, ohne
Erfüllung zu finden, wählt er als erstes die Erfüllung. Er gestattet dem
Verstand nicht, ihm die geheimen Glücksempfindungen vorzuenthalten,
die so unvermutet kommen und wieder davonfliegen wie Blätter im
Wind.

Elaines Geheimnis

Ich saß auf dem Rand der Tragbahre und sah verwirrt auf Elaine. Es war
Mitternacht, und wir hatten sie gerade aus unserer Klinik ins Krankenhaus
gebracht, da sie unkontrolliert erbrach und starke Blutungen im Unterleib
hatte. Die Krise war so gut wie ohne Warnung ausgebrochen.
Als Elaine zwei Wochen vorher bei mir in Behandlung war, war ihr

Problem eine sogenannte Menorrhagie gewesen, extrem starke Regelblutungen. Diese Beschwerden, die während ihrer Perioden heftige Schmerzen verursachten und jeden Monat bis zu zwei Wochen andauerten, hatten sie seit über einem Jahrzehnt belastet. Dazu kam eine sekundäre Beschwerde, die Elaine zusammen mit der ersten zu einer sehr geheimnisvollen Patientin machte: Obwohl sie nie schwanger gewesen war, floß Milch aus ihren Brüsten.

Vom medizinischen Standpunkt aus schließen diese beiden Symptome einander aus. Ein besonderes Hormon der Hypophyse, das sogenannte Prolaktin, hätte ihrem Milchfluß verursachen können, aber eine andere Wirkung des Prolaktins ist, daß es die Periode beendet. Zu allem Überfluß förderten alle Tests keine Abnormitäten bei Elaines Hormonwerten zutage. Ich hatte mit verschiedenen Erklärungsansätzen für dieses Krankheitsbild gespielt, als dann dieser mitternächtliche Anfall kam.

Der junge indische Arzt, der in dieser Nacht in unserer Klinik Dienst hatte, klang sehr verängstigt am Telefon, als er mir berichtete, daß Elaine sich in weniger als drei Stunden mehr als zwanzigmal übergeben hatte. Er hatte bemerkt, daß ihr linkes Augenlid herabhing, und ein Zucken in ihrem Gesicht ließ ihn eine Schädigung des Gehirns befürchten. Möglicherweise hatte ein winziger Tumor, etwa in der Hypophyse, zu bluten begonnen; jedenfalls sah er keine andere Wahl, als so schnell wie möglich die Ambulanz zu holen.

Elaine hatte mittlerweile keine Schmerzen mehr und lag erschöpft auf der Tragbahre. Ihre Symptome waren so unerwartet verschwunden, wie sie aufgetaucht waren, und ein Tomogramm förderte zu meiner Erleichterung kein Anzeichen eines Gehirntumors zutage. Unbegreiflicherweise wies das gesamte Bündel von Testergebnissen darauf hin, daß sie völlig gesund war. Wir standen vor einem Rätsel.

Als Elaine schlief, blickte ich hinunter auf ihr müdes, abgespanntes Gesicht. Mir fiel auf, daß ich sie noch niemals so entspannt gesehen hatte. Bei ihrem ersten Besuch in meiner Sprechstunde hatte sie den Eindruck einer selbstsicheren, erfolgreichen Geschäftsfrau gemacht. Sie leitete ihre eigene Werbeagentur mit zwanzig Angestellten (alles Männer, wie sie mir mit Nachdruck berichtete). Was immer hinter dieser Maske der Selbstsicherheit lag – ich würde es in dieser Nacht nicht herausfinden. Ich merkte in ihrem Zustandsbericht eine Sprechstunde vor und rief zunächst ihren Hausarzt in Houston an, um zu erfahren, ob er mir irgendeinen Hinweis geben konnte. Er klang nicht sehr ermutigend.

»Elaine?« sagte er. »Sie hat nichts. Wenigstens habe ich nie etwas feststellen können. Sie hat über die letzten zehn Jahre hinweg etwa zwanzig solcher Anfälle gehabt (Elaine hatte mir das bei ihrem Besuch in
Boston verschwiegen), und ich habe ihr vor kurzem gesagt, daß ich
nichts mehr für sie tun könnte.«

Ich fragte ihn, was seiner Meinung nach eine genaue Diagnose sein
dürfte. »Hypochondrie«, kam es ohne Zögern. »Gar kein Zweifel. Sie
werden es nicht schaffen, sie davon abzubringen, aber immerhin viel
Glück dabei.« Mit unverhohlener Schadenfreude beendete er das Gespräch.

Anderntags fragte ich Elaine nach ihren zurückliegenden Anfällen. Sie
war verlegen und gab dann zu, daß diese seit fünfzehn Jahren immer
wieder aufgetreten waren, seitdem sie geheiratet hatte. War ihre Ehe
glücklich? Sie errötete und wandte sich ab. »Ich wurde nach strengem
katholischen Glauben erzogen, und ich empfinde es als meine Pflicht,
in dieser Ehe zu bleiben. Glücklich? Mein Mann behandelt mich sehr
gut, und ich respektiere ihn als einen guten Ehemann.« Es stellte sich
heraus, daß ihr Mann auf Grund einer bestehenden organischen Schwäche unfähig zum Geschlechtsverkehr war. Sie beschrieb ihre gegenwärtige Beziehung als fürsorglich und eng, aber platonisch.

»Wissen Sie, was Ihr Arzt in Houston von Ihren Beschwerden hält?«
fragte ich sie.

Sie antwortete zornig: »Er denkt natürlich, ich bin ein Hypochonder.
Ich bin sicher, daß er Ihnen das gesagt hat.«

»Wissen Sie, was der Begriff Hypochonder eigentlich bedeutet?« fragte
ich weiter. Sie gab zu, daß sie das nur vage wußte. »Ich bin kein
Psychiater«, sagte ich, »aber in der Alltagssprache ist ein Hypochonder
jemand, der einer Selbsttäuschung erliegt. Er besitzt alle Anzeichen
körperlicher Krankheit und ist von ihnen völlig überzeugt, und doch
kann niemand eine ›wirkliche‹ Ursache für seine Symptome finden.
Andererseits kann die Selbsttäuschung in sich ebenfalls als eine solche
wirkliche Ursache angesehen werden.«

Während das Wort »Hypochonder« Elaine zutiefst beleidigt hatte, bemerkte ich, daß sie der dann folgenden Erklärung aufmerksam zuge-
hört hatte. »Die Leute finden ungezählte Gründe, warum sie sich selbst
betrügen«, fuhr ich fort. »Sie haben bereits erwähnt, daß in ihrer Ehe
bestimmte Arten normaler Erfüllung fehlen, wie der Geschlechtsverkehr mit ihrem Mann und die Mutterschaft. Ihr Arzt hat gefolgert, daß

Ihre Symptome im Grunde auf eine Frustration zurückgehen. Ich weiß nicht, wie offen Sie mit Ihrem Ehemann sprechen können, aber ich bin mir sicher, daß Sie alle diese Kausalbezüge bereits selbst erkannt haben.«

Sie sagte nichts, was ich für ein Ja hielt. Bei meinen nächsten Worten sah sie jedoch erschrocken auf.

»Sie sind kein Hypochonder, Elaine. Ich glaube, in der Beweiskette Ihres Arztes ist ein Fehler. Tatsache ist, daß Sie sich sehr bewußt sind, daß etwas in Ihrem Leben fehlt, und das ist bei einem sich selbst täuschenden Menschen nicht der Fall. Ich würde mich wohler fühlen, wenn wir einmal den ganzen psychologischen Jargon beiseite lassen und das Problem direkter angingen.

»Wie meinen Sie das?« fragte sie beklommen.

»Beginnen wir einmal mit etwas ganz Grundlegendem«, entgegnete ich. »Wie fühlen Sie sich gerade jetzt?«

»Jetzt?«

»Ja. Welches Wort würde Elaine gerade jetzt beschreiben?«

»Leer«, sagte sie ohne Zögern. »Aber ich habe damit schon lange, sehr lange gelebt.«

»Warum?« fragte ich.

Sie sah mir forschend in die Augen. »Glauben Sie, ich habe eine andere Wahl? So fühle ich mich einfach.«

»Macht es Sie glücklich, wenn Sie sich so fühlen?« fragte ich.

»Sie mögen das nicht glauben«, kam ihre Antwort, »aber ich glaube, ich bin im Grunde so glücklich wie sonst jemand.«

»Wirklich? Sie sagten doch gerade, Sie fühlten sich die meiste Zeit leer. Eine Menge Leute fühlen sich so oder fürchten, daß sie sich so fühlen, aber eine Menge Leute tun das nicht.«

»Wie fühlen Sie sich?« fragte sie.

»Können Sie das nicht sehen?«

»Nein, eigentlich nicht. Wie könnte ich auch?«

»Ich verrate mich die ganze Zeit.«

»Tatsächlich?«

»Gewiß«, antwortete ich. »Mit dem Ton meiner Stimme, dem Blick in meinen Augen und mit vielen anderen kaum merklichen Dingen verrate ich meine Gefühle, genauso wie Sie und alle anderen es tun. Wir unterhalten uns in Gefühlen, wenngleich das auch auf einer Ebene unterhalb der Worte geschieht. Ich bin beunruhigt darüber, warum wir nicht erklären können, was mit Ihnen nicht stimmt, und gleichzeitig gebe ich zu, daß es mich reizt, Ihre Gefühle zu erforschen. Es ist ein sehr intimer Moment.«

Elaine gab keine Antwort. »Können Sie diese Gefühle nicht spüren?« fragte ich sie eindringlich. »Haben Sie nicht in etwa dieselben?« Sie nickte ohne große Überzeugung.

»Das Leben des Gefühls fließt wie ein unterirdischer Strom«, sagte ich zu ihr. »Auch dann, wenn der Verstand das nicht zugibt. Sie sind nicht leer, aber Sie *reden sich ein*, daß Sie es sind. Das ist die Kluft, die Ihnen so viel Kopfzerbrechen bereitet. Wir wissen, daß Sie eine ganze Palette von Gefühlen haben, starke und weniger starke, denn Ihr Körper drückt sie in Form von Symptomen aus. Aber diese Gefühle werden von Ihnen nicht bewußt wahrgenommen. Vielleicht sind Sie so frustriert, daß Sie damit einfach nicht fertigwerden, oder aber es gibt ein Übermaß an Glücksempfindung. Haben Sie jemals daran gedacht?«

Sie sah völlig ungläubig drein. »Zuviel Glück? Wollen Sie sich über mich lustig machen?«

»Die Gefühle, die man uns im Kindesalter aberzogen hat, sind uns im Erwachsenenalter verwehrt. Das Kind in uns könnte sich vor Lachen schütteln und vor Überschwang jauchzen. Wenn wir aber gelernt haben, daß solches Gelächter und Jauchzen nicht statthaft ist, so werden wir dafür ein gesellschaftsfähigeres Ersatzgefühl finden, wie beispielsweise den Stolz auf unsere Arbeit.«

»Aber ich *bin* stolz auf meine Arbeit.«

»Das ist ja auch nur richtig so«, sagte ich. »Aber wenn Sie dieses Erfahrungsfenster zu weit aufstoßen, schlagen sie andere womöglich zu, die genauso bedeutsam, wenn auch schwieriger zu öffnen sind.«

Ein abweisender Ausdruck glitt über ihr Gesicht. Wir standen am Rand eines psychologischen Abgrunds, aber ich hatte nicht die Absicht, sie hineinzustoßen. Elaines Innenleben war in dem Schrittmaß zu heilen, das angenehm für sie war. Was ich in diesem Moment von ihr wollte, war, daß sie etwas von allgemeinerem Wert begriff. Irgendwann in der Vergangenheit hatte sie eine fatale Fehlentscheidung getroffen, die weithin verbreitet ist. Sie hatte beschlossen, ihre Unzufriedenheit zu unterdrücken, anstatt sie auszudrücken und loszulassen. Wir Menschen scheinen in dieser Hinsicht einzigartig zu sein. Wenn eine Katze im Gras einem Spatzen auflauert, losspringt und ihn verfehlt, reagiert ihr ganzer Körper auf diese Frustration. Die Katze geht auf und ab, peitscht mit dem Schwanz, leckt sich und legt sich schlafen. Dank dieser verschiedenen Reflexe werden alle negativen Spuren des Ereignisses aus dem Nervensystem der Katze gelöscht, und wenn sie das nächste Mal einem Vogel nachstellt, ist da kein Schatten eines früheren Fehlschlags.

Das menschliche Nervensystem, obwohl mit ähnlichen Automatismen ausgestattet, ist sehr viel mehr verfeinert und läßt uns angesichts von Frustration dementsprechend komplexer reagieren. Wenn eine Katze wie ein Mensch denken könnte, so würde sie eventuell das ganze herabspielen (»Es war ja nur ein Versuch«) oder einen Sündenbock suchen (»Irgendwer hat hier das Wild aufgescheucht«), Selbstkritik üben (»Ich weiß, ich hätte heute morgen meine Krallen schärfen sollen«) oder Schuld empfinden (»Warum kann ich die Krallen nicht von diesen Spatzen lassen?«). So, wie die Dinge sind, ist menschliches Leben ohne diese Reaktionen undenkbar. Sie sind Teil unseres Wesens, egal, wie sehr wir darunter leiden. Bei einem psychisch Gesunden sind Schuld- und Schamgefühle oder Selbstvorwürfe Symptome des Unwohlseins. Wird dieses Unwohlsein behoben, indem wir unsere Schuld und Schande bekennen oder uns mit dem Menschen, den wir verleumdet haben, aussprechen, so stellt sich erneut Wohlbefinden ein.

Eine Krankheit ist eine lokalisierte Form von Kranksein, und es ist nicht verwunderlich, daß bei vielen Menschen dieses Kranksein sich sehr weit erstreckt. Was ich bei meinen Patienten versuche, ist, ihnen dieses sehr allgemeine Kranksein gerade so weit bewußt zu machen, daß sie sich nicht völlig in den engen Grenzen ihrer Symptome verstricken. In Elaines Leben waren intime Angelegenheiten ursächlich für ihre Krankheit; ich bin mir sicher, daß ein erfahrener Psychiater bis zu ihren tiefsten Schuld- und Schamgefühlen vordringen könnte. Warum hielt sie schließlich einem Mann die Treue, der ihr vor der Ehe nichts von seiner Impotenz gesagt hatte? Unterdrückte sie ihren Zorn, weil sie sich schuldig fühlte, sexuelle Befriedigung als etwas ihr Zustehendes zu verlangen?

Es wäre rücksichtslos und grausam, die Ausflüchte eines Patienten aufzuspüren, nur um sie ihm zur Schau zu führen. Diese Grenzen bestehen aus gutem Grund: Der Betreffende versucht, die Bruchstücke seines Wohlbefindens zu retten, indem er sich den Notstandsbereichen seiner Psyche fernhält. Das meinte ich, als ich sagte, daß wir versuchten, unser Unwohlsein in Schach zu halten, anstatt einfach loszulassen. Wenn wir wie die Katze einmal innerlich einen Schlußstrich unter unsere Erinnerungen ziehen könnten, dann wäre ein Leben mit Schuld und Scham, mit Enttäuschung und Selbstanklage womöglich nicht mehr unvermeidlich. So, wie die Natur uns geschaffen hat, verwandeln wir jedoch die erfahrene Not zu uns selbst, ganz so, wie wir Nahrung zu uns umwandeln. Was können wir anderes tun, als die bestmöglichen Bollwerke anzulegen? Mit etwas Glück würde ein mitfühlender Arzt diese verstärken, indem er seine Behandlung auf das akute Problem beschränkt und taktvoll das allgemeine ignoriert. Es sei denn, er versteht es, ein tieferes Mitgefühl walten zu lassen.

Ich täusche mich sicher nicht in der Annahme, daß meine Worte ausreichen, um ein tiefes Unwohlsein zu lindern. Jeder von uns ist ein wandelndes Universum. Unser innerer Raum umspannt riesige Entfernungen mit unerreichbaren Horizonten auf allen Seiten. Wir enthalten schwarze Löcher verlorener Erinnerung und weiße Löcher eruptierender Freude. Ein geheimnisvolles Gravitationszentrum hält alle unsere mentalen Prozesse in einem feinen Gleichgewicht. Um dieses endlose, vielschichtige, sich ständig fortentwickelnde System zu ändern, muß man schon Welten umstürzen können. Der einzige, der dazu in der Lage ist, ist der Gott, der über diesen inneren Kosmos herrscht. Und wenn ich mir anmaße, in die Innenwelt eines Patienten einzudringen, so deswegen, um dort den Gedanken einzupflanzen, daß er dieser Gott ist. Indem er denkt, fühlt und handelt, verändert er das Universum, das er selbst ist. Wenn jemand zu dieser Einsicht gelangen kann, und sei es auch nur für einen kurzen Augenblick, dann kann alles in seinem Leben sich ändern.

Ich denke an dieser Stelle an eine Frau in Kanada, die ich persönlich nie getroffen habe, die mir aber einen faszinierenden Brief schrieb. Mit vierundzwanzig Jahren hatte sie einen Mann geheiratet, in den sie sich sechs Jahre zuvor verliebt hatte. Da die jungen Eheleute in Geldnöten steckten, warteten sie weitere vier Jahre ab, bevor sie beschlossen, ein Kind zu haben. Die Frau wurde jedoch nicht schwanger, und schließlich stellte sich heraus, daß der Mann auf Grund einer Fehlfunktion der Hoden zeugungsunfähig war.

Die Frau war bitter enttäuscht, aber sie verhielt sich ihrem Mann gegenüber, der psychisch sehr angeschlagen war, liebevoll und fürsorglich. Einige Monate später wachte sie eines Nachts auf und ertastete einen Klumpen in ihrem Unterleib, der sich hart anfühlte. Am Morgen war er so angeschwollen, daß die Bauchdecke gespannt war. Sie suchte in aller Eile einen Arzt auf, der ihr eröffnete, daß sie mindestens im fünften Monat schwanger war. Die Frau erklärte ihm nachdrücklich, daß das unmöglich sei. Aus unerfindlichem Grund kam der Arzt daraufhin zu dem Schluß, daß sie möglicherweise eine Blasenentzündung hatte und schickte sie mit einer Verschreibung für eine zweiwöchige Antibiotika-Behandlung nach Hause.

Als die Schwellung nicht abklingen wollte, kehrte sie in die Klinik zurück; ein zweiter Arzt machte eine sorgfältige Untersuchung und kam ebenfalls zu dem Ergebnis, daß sie schwanger war. Der Frau blieb keine andere Wahl, als anzunehmen, daß ein Wunder geschehen war. Sie begann, Umstandskleider zu tragen und verbrachte ihre Zeit in Geschäften für Babyartikel. Dann aber wurde die Schwellung weich, und es kam zu Scheidenblutungen. Sie suchte erneut die Klinik auf, wo sie auf rauhe Skepsis stieß. Ihr Arzt unterstellte ihr, daß sie außerehelichen Verkehr gehabt habe und nun versuchte, eine Fehlgeburt herbeizuführen. Verschiedene Tests wurden gemacht, und schließlich war das Geheimnis gelöst: Die Frau hatte einen gewaltigen Tumor in einem Eierstock. Sie wurde sofort ins Krankenhaus gebracht, wo man den befallenen Eierstock entfernte.

Der Brief schließt mit den Worten: »Mein Chirurg bestand darauf, daß eine solche Wucherung mindestens sechs Jahre gebraucht hatte, um diese Größe zu erreichen. Ich bin die einzige, die glaubt, daß sie über Nacht entstanden ist. Obwohl ich bitter enttäuscht war, daß ich nie ein Kind haben würde, habe ich doch auch etwas dazugelernt. Ich begriff, daß nichts – oder alles – wirklich ist, wenn ich es nicht selbst dazu mache. Wenn das Krankwerden in meiner Macht ist, so ist es auch das Gesunden. Bis zum heutigen Tag, zehn Jahre später, habe ich mir auch nicht so viel wie eine Erkältung geleistet.«

Ich bin von dieser Geschichte sehr bewegt, nicht nur, weil sie so ergreifend ist, sondern weil da der Schleier aufgerissen wurde. Immer dann, wenn sich die Wirklichkeit zeigt, und sei es inmitten einer Krise, ist da ein Fünkchen Freude, und wenn wir nur weit genug blicken könnten, würde diese Freude grenzenlos sein. Das war mir im Bewußtsein, als ich mit Elaine sprach. »Schauen Sie sich diesen Baum da draußen an«, sagte ich zu ihr und zeigte auf eine gewaltige alte Blutbuche vor dem Fenster. »Sagen Sie mir, was Sie sehen?«

»Ich sehe einen Baum mit rötlichen Blättern und einer rauhen Rinde«, begann sie.

»Er ist sehr schön, nicht wahr?« unterbrach ich sie.

»Ja«, gab sie zu.

»Können Sie nun noch weiter und mehr sehen?« Wir beide hielten inne, und sie sah weiter nach draußen. »Haben Sie ein Gefühl für seine Herrlichkeit? Sehen Sie, daß lebendiges Licht von jedem seiner Blätter zurückgeworfen wird? Herrscht nicht dieser alte Baum über die Luft um ihn her wie ein Monarch?«

Elaine lachte. »Sicher, ich kann irgend so etwas sehen.«

»Aber Sie sehen ein, daß wir daran ein bißchen arbeiten müssen«, sagte ich. »Der erste Baum, den Sie gesehen haben, war nicht so herrlich. Wenn dieser Baum Ihnen herrlich vorgekommen wäre, dann hätten Sie von dem Moment an, wo Sie hereinkamen, den Blick nicht von ihm abgewendet. Herrlichkeit ist ziemlich schwer zu übersehen. Und nun sagen Sie mir, was sehen Sie, wenn Sie Elaine vor sich sehen?«

Ihr Kopf machte einen erschrockenen Ruck.

»Sind Sie herrlich?« fragte ich sie. Sie machte ein verwirrtes Gesicht, und ich sagte etwas behutsamer: »Es könnte etwas Arbeit bedeuten, damit Sie sich als herrlich wahrnehmen, und jetzt ist das auch nicht ihre erste Reaktion, genauso wenig wie bei der Blutbuche. Und trotzdem könnte die Herrlichkeit da sein. Wirklich.«

Zum ersten Mal entspannte sich ihr Gesicht, und sie sah deutlich bewegt aus. »Die Herrlichkeit des Lebens spüren, bedeutet, daß wir sie in uns und um uns spüren«, sagte ich. »Sie können sich schöne Bäume ansehen und wunderbarer Musik zuhören, aber diese sind niemals ein Ersatz für die innere Schönheit. Diese Schönheit will herauskommen und ihresgleichen finden. Was ist die Herrlichkeit dieses Baumes anderes als die Ihre, deutlich gemacht im Spiegel der Natur? Wenn Sie wollten, könnten Sie den Spiegel so drehen, daß Sie sich unmittelbar selbst sehen. Die Herrlichkeit in Ihnen ist nicht schmerzlich zu sehen. Sie ist das Gegenteil von Schmerz. Sollen wir versuchen, sie zum Vorschein zu bringen?«

Mit offensichtlicher Vorfreude machte Elaine ein scheues Zeichen der Zustimmung.

Der blanke Spiegel

Den Spiegel auf das Innere richten, ist eine Metapher für den eigentlichen Prozeß, den Elaine entdecken sollte: die Meditation. Vom medizinischen Standpunkt aus hat sich die Meditation besonders hilfreich in Fällen wie dem ihrem erwiesen, wo körperlicher und mentaler Zustand des Patienten ernsthaft auseinanderklaffen. Ich riet ihr, mit der Transzendentalen

Meditation, kurz: TM, zu beginnen, einer Technik, die ich selbst ausübe und seit einem Jahrzehnt empfehle.

Nach meiner Einschätzung ist der hauptsächliche Vorteil von TM, daß diese Technik natürlich ist; sie erlaubt unserem Geist, ohne Anstregung seine eigenen feinsten Schichten zu entdecken, so wie sie in Momenten ruhevoller Stille auch im gewöhnlichen Leben zu erfahren sind. Um die feinste Gefühlsebene des Geistes freizulegen, muß eine Meditationstechnik so mühelos wie nur möglich sein; andernfalls zwängt man den Geist lediglich in ein starres Korsett. (Das Gegenteil einer natürlichen Meditation wäre eine solche, wo intensive Konzentration vonnöten ist.)

In der englischen Sprache finden wir in den Gedichten von William Wordsworth die klassische Beschreibung eines natürlichen meditativen Zustandes. Als Erwachsener konnte Wordsworth das himmlische Licht, das seine Kindheit so verzaubert hatte, zwar nicht mehr sehen, aber sein Geist war völlig wach in sich selbst – Wordsworth hatte den Spiegel auf das Innere gerichtet. In einer kontemplativen Passage aus seinem großen Gedicht »Tintern Abbey« beschreibt er mit wunderbarer Genauigkeit

> *... jene gesegnet heit're Stimmung,*
> *in der die Neigungen uns freundlich leiten –*
> *Bis dann der Atem dieses körperlichen Rahmens*
> *Ja selbst das Strömen uns'res Blutes*
> *Fast still, wir schlafend in uns ruh'n*
> *Und nichts mehr sind als Seele voller Leben.*
> *Mit einem Auge, das gestillt ist von der Macht*
> *Der Harmonie und tief'rer Macht der Freude*
> *Versenken wir den Blick ins Sein der Dinge.*

Immer wenn ich diese Verse lese, bekomme ich von einem besonders bedeutsamen Wort ein Gefühl der Sicherheit: die Verwendung von »uns« und »wir«. Wordsworth macht deutlich, daß wir alle dieser inneren Erfahrung teilhaftig sind. Uns fehlt vielleicht die Begabung, es so wunderbar auszudrücken, aber das ist unerheblich. Wir alle existieren auf der Grundlage eines gemeinsamen Seins, eingetaucht in »Harmonie und die tief're Macht der Freude«.

Diese Erfahrungen klingen verlockend, aber bis vor dreißig Jahren hatte niemand einen Begriff davon, daß sie ausschlaggebend für die menschliche Entwicklung sind. Sowohl im Westen wie im Osten wurde weithin angenommen, daß Yogis und Bettelmönche Außenseiter wären, die keinen Anteil an der Eitelkeit der Welt wünschten. Das Verwunderlichste an ihnen – daß sie der Welt entsagten, um sie von neuem zu gewinnen – wurde völlig übersehen. Es bedurfte Hunderter wissenschaftlicher Studien über die Physiologie meditativer Zustände, um diesen Fehler rückgängig zu machen. Die Studien begannen an amerikanischen wie auch an europäischen Universitäten in den frühen Sechziger Jahren, und zwar auf Anregung von Maharishi Mahesh Yogi, dem Begründer der Transzendentalen Meditation.

Aus dem Himalaya gekommen, wo Meditation so greifbar und lebendig ist, daß selbst die Steine und Wälder davon durchdrungen sind, stand Maharishi im Westen vor einer Mauer der Skepsis. Hier behaupteten sogar die Gebildetsten, daß Meditation eine vage, höchst suspekte Mischung aus Mystik, Selbsttäuschung und religiösem Brimborium war. Maharishi stellte genau die entgegengesetzte Behauptung auf: Der Meditationsvorgang war ein objektives, wiederholbares Phänomen, das wissenschaftlich überprüft werden konnte. Meditieren war im Grunde eine universale Erfahrung, die zufälligerweise im Osten kultiviert und im Westen weithin vernachlässigt wurde.

Während der Sechziger und Siebziger Jahre untersuchten Ärzte und Physiologen Tausende von meditierenden Studenten. Nachdem sie Herzschlag, Blutdruck, Atemfrequenz, Sauerstoffverbrauch, Hirnstromwellen und alle anderen Körperfunktionen gemessen hatten, die sich während der Meditation verändern, kamen westliche Forscher bald zu dem Schluß, daß sie etwas in ihren Begriffen sehr Reales vor sich hatten, ein neues Phänomen, das nicht lediglich eine Variante des normalen Schlafes oder hypnotischer Trance war.

Messungen an TM-Ausübenden während tiefer Meditationserfahrungen belegen, daß diese jenen Zustand erzeugten, den Wordsworth so ausführlich beschrieben hatte. Es kommt zu einem allmählichen Atemstillstand und verringerter Herzfrequenz (eine Beruhigung »des Atems dieses körperlichen Rahmens« und des »Strömen uns'res Blutes«), der Stoffwechsel vermindert sich auf das Niveau des Schlafes, und doch bleibt der Geist dabei wach, ja, er erfährt eine erhöhte Klarheit (das »von der Macht der Harmonie gestillte Auge«). Und der Geist fühlt sich sicher, friedvoll und geborgen (vereint mit der »tiefen Macht der Freude«).

Kein Mensch meditiert genau wie ein anderer, denn die Bahnen des Bewußtseins sind stets verschieden. Doch jeder, der eine natürliche, korrekte Technik erlernt hat, würde – dessen bin ich sicher – innere Glückseligkeit erfahren. Das menschliche Nervensystem ist von sich aus fähig, direkt Einblick in das »Sein der Dinge« zu haben, wie Wordsworth sagt, solange das Gehirn nicht von Krankheit und toxischen Substanzen umnebelt ist. Mit der Zeit macht die Meditation das Nervensystem äußerst empfindsam, so daß es jeden feinsten Eindruck wach und ohne Vorurteil wahrnimmt; in dem Moment verändert sich die Welt.

Die Veränderung mag am Ende viel weitreichender sein, als irgend jemand hätte vermuten können. Für das Ohr des heutigen Menschen klingen die Seher der alten vedischen Schriften fast überirdisch, denn diese gingen davon aus, daß das menschliche Leben im wesentlichen vollkommen ist. Ein typischer Vers aus dem Veda behauptet von der Menschheit, daß wir alle in reiner Freude oder Glückseligkeit existieren: »Aus Glückseligkeit sind diese Wesen geboren, durch Glückseligkeit werden sie erhalten, und in die Glückseligkeit gehen sie wiederum ein.«

Wie alle Inder, die sich auch nur ein wenig ihrer Tradition bewußt sind, wuchs Maharishi inmitten dieser Bekenntnisse zu *ananda* oder Glückseligkeit auf. Doch konnte er den Begriff reiner Freude nicht mit dem, was ihn umgab, in Einklang bringen: »Da ist solch eine Kluft zwischen dem, was das Leben angeblich ist, und dem, wie es tatsächlich ist. Ich war angesichts dieser zwei Realitäten ganz natürlich innerlich zutiefst entzweit: Da war das Leben auf einer solch absolut erbärmlichen Ebene und hier war das Leben auf der erhabensten. Es bestand keine Verbindung zwischen den beiden.

»Und doch gab es keinen Grund, warum diese Lücke klaffen sollte, denn es ist so einfach für den Menschen, auf der Ebene des Universalen und der Unsterblichkeit zu stehen. Es ist so einfach. Das war das natürliche Gefühl tief in meinem Geist – etwas war zu tun, damit die Menschen nicht litten, denn es gibt keinen Grund zu leiden.«

Der wahre Yogi steht dadurch über der gewöhnlichen Erfahrung, daß er sieht, daß das Leiden ein völlig verfehlter Zustand ist. Unserem Wesen nach sind wir Geschöpfe aus Glückseligkeit, aber diese Realität ist völlig davon abhängig, ob wir sie auch erleben. Alle Glückseligkeit verschwindet, sobald der Geist sich das Leiden zu eigen macht; alles Leiden verschwindet, sobald der Geist sich die Glückseligkeit zu eigen macht. Der Grund dafür ist, daß unser innerer Spiegel, anders als der aus Glas, tatsächlich zu dem Bild *wird*, das auf ihn fällt.

Was der Yogi andeutet, ist, daß jeder von uns die Ebene reiner Freude finden sollte, die hinter dem Spiegel liegt. Sie kann nicht mit Worten ausgedrückt werden, denn Sprache selbst ist nur ein weiteres Bild im Spiegel des Geistes. Ist die Erfahrung von Glückseligkeit einmal erlangt worden, so kann sie sich in Worte ergießen, wie dies bei Wordsworth geschah. Entscheidend ist jedoch, daß Glückseligkeit nicht unser Ziel, sondern unser Ausgangspunkt ist. Wenn sie nicht vorhanden ist, gibt es für den Aufstieg zu höheren geistigen Ebenen keine Grundlage.

Das tiefere Wesen der Welt wird heutzutage kaum erahnt. Ich wurde mir dieses Umstands beim Lesen des Berichts einer meiner Patientinnen bewußt, einer krebskranken langjährigen Meditierenden, die über ihre jüngsten Fortschritte schrieb:

Januar bis August waren völlig schmerzfrei. Ich löse mich allmählich aus allen alten Routinen, die mich daran erinnern, daß ich krebskrank bin. Während dieser ganzen Zeit genoß ich das Zunehmen von Energie und Aktivität. Endlich merkte ich, daß ich Zeit hatte, das Leben zu genießen, das zu tun, wozu ich Lust hatte, das zu essen, was mir behagte, und ein normales Leben zu führen.

Auf dem Höhepunkt dieser glücklichen Zeit, der freiesten, die sie seit sieben Jahren erlebt hatte, mußte diese Frau feststellen, daß die Brustschmerzen erneut auftraten, sie spürte einen Druck in den Lungen. Man vermutete sehr stark einen Rückfall, und ihr Onkologe nahm die Chemotherapie wieder auf. Ihre Beschwerden nahmen jedoch zu, bis sie schließlich nur noch mit Mühe gehen oder auch nur im Bett aufrecht sitzen konnte. Dann aber geschah etwas Neues:

Trotz meiner Beschwerden beschlossen mein Mann und ich eines Nachts, draußen im Wald zu zelten – wir leben jetzt in Alaska. Es war eine sternklare Nacht. Um Mitternacht herum waberte ein Nordlicht über den Himmel. Wir wachten anderntags auf und meditierten wie üblich im Schneidersitz auf dem mosigen Waldboden.

Als ich die Augen öffnete, hatten alle Bäume um mich herum ihr gewöhnliches mattes Braun und Grün gegen Pünktchen funkelnden goldenen Lichts getauscht; dann war wieder alles so wie vorher. Mit Ehrfurcht sah ich, wie diese Verwandlung sich wiederholte, der ganze Wald vor Energie pulsierte, zu Licht wurde und wieder in den alten Zustand zurückkehrte, an und aus. Alles um mich herum war mit intensivem Leben erfüllt, und ich fühlte mich damit so eng verbunden, wie ich es nie zuvor empfunden hatte.

Ihr ganzer Körper war durchdrungen von dem zarten, lebensvollen Anblick, der sich ihr darbot: »Es war kein Erlebnis von Freude, sondern von höchstem Frieden.« Ohne Vorahnung war sie in einen besonderen Zustand geglitten, in dem die rauhe Wirklichkeit, die wir alle akzeptieren, sich in ein Strömen reinen Lichts und göttlicher Empfindungen verwandelte.

Ich sagte, daß ich eher Frieden als Freude empfand. Die Freude kam später, und sehr intensiv, als wir durch den Wald zurückgingen, liebkost von der lauen Luft, und den Vögeln lauschten oder dem putzigen Treiben der Eichhörnchen zusahen. Es gab überall Wildspuren – wir sahen Abdrücke von Bärentatzen und viele Schneehühner. Einmal kreuzte ein großer Rotfuchs unseren Weg, ohne in irgendeiner Weise Beunruhigung zu zeigen.

Bei ihrer Heimkehr merkte sie, wie müde die zweistündige Wanderung sie gemacht hatte, gleichzeitig aber spürte sie etwas sehr Beglückendes: Die Schmerzen und der Druck in der Brust waren verschwunden; ihr Atem war zum ersten Mal seit einem Monat völlig glatt. In der darauffolgenden Nacht saß sie im Bett und unterhielt sich mit ihrem Ehemann; ein neuer Satz kam ihr spontan über die Lippen: »Ich hatte Brustkrebs.« Vorher hatte sie immer automatisch gesagt: »Ich *habe* Brustkrebs.« Sie war von dieser Veränderung erstaunt und gleichzeitig zutiefst erleichtert.

Sobald ich es gesagt hatte, wurde mir bewußt, wie spontan die Worte herausgekommen waren. Wichtiger noch: sie hörten sich wie die Wahrheit an. Die Worte waren stark und klar, ohne jedes Zögern. Gleichzeitig begann ein neues Gefühl in mir aufzusteigen, ein tiefes Gefühl von Dankbarkeit für alle Gaben, die ich in solch einfacher Weise erhalten hatte.

Ich brauche dem nicht viel hinzuzufügen, außer einer Warnung: Das Gefühl des Erfülltseins, das auftaucht, wenn der innere Spiegel blank ist, muß spontan sein, um wahr zu sein. Das trübe Trugbild der Welt »da draußen« verwandelt sich nicht im Augenblick zu Herrlichkeit; unsere Persönlichkeit wird nicht unvermittelt zur Heiligkeit erhoben; der Körper verliert nicht alle seine Mängel. (Diese Frau war durch kein Wunder geheilt worden; sie unterzieht sich weiterhin einer regelmäßigen Behandlung ihres Krebses und nimmt ruhig an, was immer die Zukunft ihr beschert.)

Der gesamte Prozeß der Erneuerung vollzieht sich im Bewußtsein des einzelnen, auf einer Ebene, die tiefer als die der Gedanken ist. Der Versuch, neuer, besser, einsichtsvoller und so fort zu sein, bringt uns nicht weiter. Vielmehr unternimmt das Nervensystem seine Metamorphose tief in sich selbst, indem es seine Selbstheilungskräfte nutzt. Wie die Upanischaden sagen, »stirbt und aufersteht« der Yogi mit jeder neuen Meditation, was besagt, daß er den Spiegel abwischt und ihn hochhält, damit dieser ein anderes Licht zurückwerfen kann.

Das Licht wird sicher durchkommen, sogar unter Bedingungen, die von Dunkelheit überwältigt zu sein scheinen. Einer meiner Freunde ist ein TM-Lehrer, der diese Technik sehr viel in Gefängnissen gelehrt hat, und da er fließend Spanisch spricht, hat er bei der Einrichtung von Meditationsprogrammen für Gefängnisinsassen in Mittelamerika mitgewirkt. Auf einer Reise führte ihn sein Weg in den Innenhof eines alten Gouverneurspalastes aus der Zeit der Konquistadoren. Heutzutage eine modernde Ruine, war sie wie eine mittelalterliche Festung gebaut, mit verschiedenen dicken, einander umschließenden Steinmauern.

»Die Düsternis und Bedrücktheit des Ortes waren schrecklich, und ich hatte schon einige solcher Zwingburgen gesehen«, erinnert er sich. »Ich kam in den dritten inneren Ring und dann in den vierten, und als die Wachen mich durch das letzte Tor ließen, weißt du, was ich da sah? Ganz oben, fast am Dach, gab es ein einzelnes kleines, vergittertes Fenster. Aus diesem ragte der Arm eines Mannes heraus. Seine Hand war geöffnet, und er griff, so weit er nur konnte, nach dem Himmel. Der Arm bewegte sich nicht während der ganzen Zeit, die ich brauchte, um den Hof zu überqueren. Mehr als alle Worte drückte es das Grauen aus, dort drinnen zu stecken.«

Er traf auf entsetzliche Zustände: Die Zellen waren riesige Kasematten, in denen jeweils hundert Männer eingepfercht waren, deren Hängematten übereinanderhingen bis an die Decke. Der überfüllte Raum, der meinem Freund für seine Vorträge zugewiesen war, hatte breite Spalten zwischen den Bohlen des Bodens, durch die man die Gefangenen sehen konnte, die in den unteren Zellen umherliefen.

»Wir unterrichteten große Gruppen dieser Männer, die sehr begierig waren, das Meditieren zu erlernen. Sie hatten auch gute Erfahrungen wegen des enormen Kontrasts zwischen ihrer bisherigen Situation und der inneren Stille, die wir ihnen vermitteln konnten. Ich versammelte die ersten dreißig von ihnen, die angefangen hatten, und bat sie, frei zu sagen, was sie aus der Meditation gewannen. Ein Raunen ging durch den Raum, aber niemand wollte mit der Sprache heraus. Dann hob Juan Gonzalez die Hand, und alle lachten lauthals.

»Du mußt wissen, Juan Gonzalez hatte den niedrigsten Status im ganzen Gefängnis. Er war ein alter Bauer, der geistig zurückgeblieben schien. Er schlurfte mit gesenktem Kopf durch die Gegend und sprach kaum ein Wort. Alles, was er tat, war, daß er sich um die Gefängniskapelle kümmerte, einen winzigen, nackten Raum, in dem nichts war als ein paar hölzerne Bänke und ein grob behauenes Kreuz an der Wand. Alle Dekoration einschließlich des Altarschmucks waren seit langem verschwunden oder gestohlen. ›Machen Sie sich nichts draus‹, sagte ich zu Juan Gonzalez. ›Stehen Sie auf und erzählen Sie mir, was Sie in Ihrer Meditation empfinden.‹ Er erhob sich langsam und stieg auf seinen Stuhl – ich werde das nie vergessen –, dann streckte er die Arme weit aus, lehnte den Kopf zurück und sagte: ›*Mas amor, señor, mas amor.*‹ Und weißt du, was das bedeutet?«

»Das weiß ich«, sagte ich und konnte Juan Gonzalez vor meinem geistigen Auge sehen; trotz der großen Entfernung empfand ich eine wunderbare Seelenverwandtschaft. »Es bedeutet ›Mehr Liebe, mein Herr, mehr Liebe.‹«

8 Das wahre Selbst

Als mein alter Freund Liam eines Morgens aufwachte, aus dem Bett stieg und eine Herzattacke hatte, hielt er es nicht für nötig, mir das zu sagen. Ich erfuhr es erst eine Woche später, als ein anderer Arzt mich beiläufig fragte: »Wie gefällt unserem lieben Liam sein Bypass?«

»Was«, stammelte ich verwirrt.

Er wurde ernst. »Wußtest du es nicht? Er wurde letzte Woche zu einer dreifachen Bypass-Operation eingeliefert. Mach dir keine Sorgen; ich glaube, es war ein kleinerer Infarkt.« Das bedeutete, daß nur ein kleiner Teil des Herzmuskels bleibenden Schaden erlitten hatte. »Wenn du mich fragst, er hat Glück gehabt, daß es so kam. Er hätte auch mit drei blockierten Gefäßen herumlaufen können und wäre morgen tot umgefallen.«

Ich war erleichtert, daß Liam außer Gefahr war, zugleich aber verletzt, daß er mir nichts gesagt hatte. Unsere Freundschaft reicht mehr als fünfzehn Jahre zurück. Wir waren beide gerade in die Staaten eingewandert – er aus Irland, ich aus Indien – und brannten darauf, in Boston als Ärzte Karriere zu machen. Wir machten dieselbe erschöpfende Routine durch, die jungen Ärzten im Praktikum zufällt, und sahen im Veteran's Hospital mehr voneinander als von unseren Familien zu Hause.

Liam war damals bereits ein Star. Wenn wir anderen um vier Uhr morgens abgespannt im Personalraum hockten, zu müde, um die fünfte Tasse Kaffee an die Lippen zu heben, faßte er gewöhnlich die klinischen Ergebnisse des Tages mit ungebrochener Begeisterung zusammen. Sein brillanter Geist kam anscheinend nie zur Ruhe, und sein Fundus an medizinischem Wissen war unerschöpflich. Alles, woran er denken konnte, war innere Medizin, und sein Verhalten gegenüber weniger aufgeweckten, weniger engagierten Kollegen war unerbittlich. Er hatte alle älteren Praktikanten eingeschüchtert, und selbst Stationsärzte machten ein weiten Bogen um ihn.

Die andere Seite von Liams verletzender Härte war seine sanfte Art, mit Patienten umzugehen. Wenn ein schläfriger Internist dreißig Sekunden länger als nötig für eine richtige Diagnose brauchte, sprang ihm Liam schon an die Kehle, aber ein ausgebrannter Alkoholiker konnte eine ganze halbe

Stunde Ungereimtes von sich geben und immer noch Liams ungeteilte Aufmerksamkeit haben. Im Gegenzug für seine Fähigkeit, beim Zuhören ganz bei der Sache zu sein, gewann Liam die Gunst der Patienten. An ein Detail, das nichts Gutes verhieß, erinnere ich mich noch heute: Liam war bereits damals Kettenraucher, der allmählich seine Tagesration von zwei auf drei Päckchen pro Tag erhöhte.

Als ich mit dem Schreiben begann, hatte Liam bereits im medizinischen Establishment Fuß gefaßt und besaß eine florierende Krebspraxis in Atlanta. Immer, wenn er mich anrief, vermied er betont, mich auf mein Engagement für die alternative Medizin anzusprechen. Eines Abends jedoch erklärte er mir, daß seine vier Partner, alles langjährige Krebsspezialisten, eines meiner Bücher herumgereicht hatten. Ihre Reaktion, so Liam, war heftig gewesen. »Sie sind stocksauer, Deepak«, sagte er. »Sie glauben nicht an deine Spontanheilungen. Sie denken, daß deine Patienten früher oder später rückfällig werden, und sie sagen, daß du die sachgemäße Ausübung der Medizin untergräbst. Du hast sie zur Weißglut gebracht!«

Nachdem Liam mir ihre Reaktion in allen Einzelheiten berichtet hatte, legte ich auf; ich fühlte mich niedergeschlagen. Es war nicht die feindselige Skepsis von vier Unbekannten, die mir keine Ruhe ließ – ich vermutete, daß Liam auf diese Weise indirekt seine eigene Meinung zum Ausdruck brachte.

Nun waren zwei Monate vergangen, und Liam hatte mit achtunddreißig Jahren eine sehr frühzeitige Herzattacke gehabt. Ich erreichte ihn zu Hause. »Tut mir leid, Deepak. Es war ja keine große Sache«, begann Liam und klang schwach und trübsinnig. Er wollte nicht mit den Einzelheiten über seinen Fall heraus. Ja, der in Mitleidenschaft gezogene Bereich war winzig, lokalisiert auf der Rückwand der linken Herzkammer. Die Bypass-Operation war glatt verlaufen; er erholte sich zusehens, und es gab keine Komplikationen.

Mitten während des recht unpersönlichen Gesprächs brach es plötzlich aus ihm hervor: »Ich weiß nicht genau, warum das geschehen ist, weißt du. Es ist im Grunde nicht wegen des Rauchens. Seit zwei Jahren macht mir die Onkologie immer weniger Spaß. Ich habe keine Lust mehr, meine Arbeit zu machen, und der Gedanke daran, noch einen Patienten zu sehen, erfüllt mich mit Widerwillen. Aber welche Wahl habe ich? Ich stecke richtig in der Falle.«

Darauf war ich nicht vorbereitet, und Liam redete wie gehetzt weiter, ohne eine Atempause zu machen. »Krebs nimmt die Leute ganz schön mit, Deepak. Manche meiner Patienten sind starr vor Angst. ›Ich will einfach keine Chemotherapie‹, bestehen sie. Du und ich, wir wissen, daß die Chemo in vielen Fällen wirkt. Wenn sie es nicht tut, mache ich mich nicht dafür stark, aber wenn ich mich nicht dafür stark mache, werde ich natürlich nicht bezahlt. Ein Arzt kann nicht davon leben, daß er bloß mit seinen Patienten spricht, nicht heutzutage. Du mußt die Verfahren anwenden, wofür die Versicherungen dich bezahlen. Mein Gewissen leidet darunter, aber ich setze die Chemo trotzdem durch. Ich meine, schau mal, ich bin schließlich dazu ausgebildet worden, die Chemo zu verordnen. Tue ich's nicht, fängt die ganze Verwandtschaft des Patienten einen Terror an, und schon hast du einen Rechtsanwalt am Hals. Es wird sehr rasch alles sehr kompliziert. Du wirst aufgefressen von einem System, das du nicht erfunden hast. Und auf Schritt und Tritt sind die Skeptiker da.«

Ich erlebte mit einem Mal einen Liam, der sehr verschieden war von dem, den ich einmal gekannt hatte – schuldgeplagter und empfindlicher, aber möglicherweise sehr viel bewußter. Jetzt allerdings kam diese entstehende Selbsterkenntnis in sehr konfuser Weise zum Vorschein. »Ich stecke in einem schrecklichen Dilemma«, sagte er, als seine Beichte schließlich zum Ende kam. »Ich will nicht an die Arbeit zurückkehren. Soweit ich das einsehen kann, hat die Arbeit mir diese Attacke beschert. Aber mein Kardiologe sagt, daß die Gefäße frei sind; ich war auf dem Ergometer und kann fünf Kilometer ohne Schmerzen gehen. Also bin ich geheilt – die Tatsache, daß ich meine Arbeit hasse und daß der Gedanke, weiterarbeiten zu müssen, unerträglich ist, das zählt nicht.«

Die Panik in seiner Stimme verlangte nach Beruhigung. »Sieh mal, das mit der Falle ist ja gar nicht so«, begann ich. »Du könntest morgen ganz neu anfangen, wenn du es wolltest.«

»Deepak, jeder behandelt Krebs auf diese Weise!«

»Du wärest nicht der erste Onkologe, der umsattelt«, entgegnete ich. Ich gab Liam zu verstehen, daß er sein klinisches Können unter Preis verkaufte. »Ich kann dir ein halbes Dutzend Internisten nennen, die viel dafür geben würden, dich als Partner zu haben«, sagte ich und erwähnte einen gemeinsamen Freund, der die Stadtpraxis gegen eine Landarztpraxis im Bundesstaat Maine getauscht hatte. »Der würde dich gerne bei sich haben. Du könntest der kleinen Stadt da oben einen Dienst tun, und wenn du den Druck von dir nimmst, kann das deinem Herzen nur gut tun.«

»Du hast recht, ja, du hast recht«, gab mir Liam als Antwort auf meinen

Zuspruch. Er dankte mir überschwenglich, versprach mir, der Sache nachzugehen, und wir beendeten das Gespräch.

Der Vorfall ging mir den ganzen Tag und auch die folgenden Tage nicht aus dem Sinn. Was dachte ich jetzt von Liam? Meine Reaktion war zwiespältig. Wenn sich jemand in die Enge getrieben fühlt, kann sein Körper oft lauter sprechen, als Worte dies tun. Liam entschuldigte sich im Grunde dafür, so herzlos zu sein, daß er verängstigten, zögernden Patienten Chemotherapie »aufschwatzte«. Vielleicht mußte er eine Herzattacke bekommen, die ihm bewies, daß er noch ein Herz hatte. Es tat mir sehr leid, daß es so weit hatte kommen müssen. Ich machte mir auch Vorwürfe, daß ich so begriffstutzig gewesen war, als er mir das erste Mal die Kritik seiner Partner weitergab. Hatte er unbewußt versucht, um Hilfe zu bitten? In der Rückschau sah es ganz danach aus.

Und was würde jetzt geschehen? Menschen, die angesichts einer lebensbedrohlichen Krankheit an einem Scheideweg angelangt sind, müssen auch innerlich tiefgreifende, schmerzvolle Entscheidungen treffen, und zwar ohne irgendeine Garantie, daß die Wahl die richtige ist. Da ist es viel leichter, es bei einer Operation zu belassen. Laß dein Herz flicken, zahle das Honorar und hoffe, daß die Schmerzen ausbleiben. Das ist das übliche Verhalten, aber es ist ein gefährliches. Als Arzt wußte Liam, daß sein Bypass keine Heilung bedeutete. Es war im Grunde Flickschusterei, und nach Verlauf von etwa fünf Jahren würde er erneut einen Flicken aufsetzen lassen müssen, und nach weiteren fünf Jahren wieder. Würden aber seine geflickten Gefühle ihn in Ruhe lassen?

Nachdem Liam einen Monat nichts hatte von sich hören lassen, erfuhr ich – wieder um drei Ecken –, daß er seine Praxis wieder aufgenommen hatte. Und unser gemeinsamer Freund aus Maine rief mich an.

»Hast du übrigens letzthin mal was von Liam gehört?« fragte ich mitten im Gespräch.

»Von Liam? Nein«, sagte er. »Sag mir bloß nicht, er hätte vorgehabt, hierher zu kommen.«

»Ich weiß nicht«, anwortete ich und fühlte mich enttäuschter als eigentlich recht und billig war. »Warum sollte er auch?«

Der Gesang der Wahrheit

Niemand weiß, warum Menschen plötzlich der Durchbruch zur Selbsterkenntnis gelingt. Wenn es aber geschieht, ist die Wirkung oft nur von
kurzer Dauer. Der Augenblick des Befreitseins mag zwar wie ein Erdbeben kommen, aber er geht rasch vorüber und hinterläßt keine tiefe oder
andauernde Veränderung. Das ist nicht sehr verwunderlich. Die Kräfte,
die unsere vertraute Welt aufrechterhalten, sind mit verstärkter Beharr-
lichkeit zurückgekommen. Trägheit, Angst, der Sog alter Gewohnheiten –
sie alle warnen uns, wir sollen da bleiben, wo wir sind. Wer weiß, was das
Unbekannte mit sich bringen könnte?
Ja, könnte ein völlig neues Selbst in dieser rauhen Welt überhaupt
überleben? Als Kinder haben wir gelernt, nicht zu empfindlich, nicht zu
gutgläubig, nicht zu verletzlich zu sein. Wir haben eingesehen, wie es
offensichtlich von Vorteil ist, möglichst hart zu sein und von anderen das
zu bekommen, was wir wollen. Auf diese Art entstand ein beunruhigender
Konflikt – der Widerspruch zwischen Liebe und Macht –, der sich tief in
jedem von uns eingenistet hat.
Liam war mit diesem Konflikt in krasser Weise zusammengeraten. Anstatt
Macht über seine Patienten zu haben, da er über ihr Leben oder ihren Tod
verfügte, begann ihr Leiden, Macht über ihn zu haben. Er war in eine
Zwickmühle geraten: Ein Teil von ihm wollte unbedingt Kontrolle über
andere haben, während ein anderer Teil von ihm genauso dringlich nach
Mitgefühl von anderen verlangte. Mitgefühl ist eine Art der Liebe; sie
nimmt andere so an, wie sie sind, ohne Vorurteil oder Überlegenheitsge-
fühl. Liebe ist daher nicht das leichteste Gefühl, das ein Ich zu dem seinen
machen kann. Andererseits ist Mitgefühl etwas Wahres, und darin liegt
seine Anziehungskraft.
Unter »wahr« verstehe ich, daß Mitgefühl im Kern der menschlichen
Natur zu finden ist, verborgen unter den Schichten der Selbstsucht. In
unserer Zeit hat die Psychologie die Selbstsucht als eine fundamentale-
Triebkraft der menschlichen Persönlichkeit hervorgehoben, aber aus der
Sicht des Yogis ist dies ein elementares Fehlurteil. Für ihn sind Mitgefühl
und dessen Mutterboden, Liebe, Grundwerte des Menschen. Wann immer
sie erscheinen, und sei es auch nur für einen Augenblick, so erscheint
unser wahres Selbst, wie die Sonne, die durch die Wolken bricht. Für den
Yogi gibt es kein wetteiferndes Machtstreben von Liebe und Nicht-Liebe.
Liebe ist ewig; Nicht-Liebe ist von kurzer Dauer, ist eine Entgleisung der

Psyche, der das kleine, begrenzte, angstvolle Ich zum Opfer fällt. Ich bin mir nicht sicher, ob diese Sichtweise bewiesen werden kann. Nachvollziehbar ist jedoch gewiß, daß Liebe mit Erleichterung und Freude begrüßt wird, wo immer sie ohne Hintergedanken auftritt. Diese Freude ist die natürliche Reaktion des Selbst, wenn es im Ich sein unverfälschtes Ebenbild erblickt. Dasselbe gilt aber nicht für Nicht-Liebe: Gewaltige Macht zu erlangen ist selten ein freudevolles Erlebnis.

In »Love and Will« (Liebe und Willen) beschreibt Rollo May einen jungen Patienten, der dem liebeleeren Einfluß, wie er allgemein mit Machtbesitz einhergeht, zum Opfer fiel. Dieser Junge, dessen Vater die Finanzen eines großen europäischen Unternehmens verwaltete, kam zu May während seiner frühen Studienjahre zur psychotherapeutischen Behandlung. Als die Therapie beginnen sollte, rief der Vater an, um zu verhandeln, »wie die Behandlung meines Sohnes maximale Effizienz« erreichen sollte, genauso, als leite er eine Vorstandssitzung in seinem Unternehmen. Er hatte ein überwachendes Interesse an seinem Sohn, das er sicher gern väterliche Liebe genannt hätte. Als der Junge während des Studiums erkrankte, kam der Vater unverzüglich per Flugzeug angereist, um die Situation organisatorisch in die Hand zu nehmen, andererseits war er außer sich, als er seinen Sohn und dessen Freundin Hand in Hand auf dem Rasen vor ihrem Ferienhaus antraf.

May hebt hervor, der Vater habe sich darin ausgezeichnet, daß er *für* Menschen sorgte, ohne jemals wirklich fürsorglich zu sein; daß er ihnen zwar sein Geld, nicht aber sein Herz schenkte; sie zwar dirigieren, ihnen aber nicht zuhören konnte. Die starke Willenskraft, durch die der Vater alle *seine* Probleme lösen zu können glaubte, diente gleichzeitig dazu, sein Mitgefühl zu blockieren, seine Fähigkeit, anderen Menschen, ja seinem eigenen Sohn zuzuhören, zu unterdrücken.

Dieser Mann übte seine Macht über andere ganz selbstverständlich und sogar gedankenlos aus. Beim Abendessen erzählte er einmal stolz, er sei in Verhandlungen begriffen, ein kleineres Unternehmen aufzukaufen, das einem Freund seines Sohnes gehörte. Als aber die Verhandlungen zu langsam vonstatten gingen, brach er die Übernahme ab und zeigte keinerlei Gewissensbisse, einen anderen mit einem bloßen Wink der Hand in den Bankrott zu treiben. Es war kein Wunder, daß sein Sohn große Schwierigkeiten hatte, sein Studium zu beenden, und lange Jahre in Angst verbrachte, bevor er aus eigener Kraft etwas Nennenswertes auf die Beine stellte.

Einer der Gründe dafür, daß ein Yogi unsere verkehrte Welt so geduldig ertragen kann, ist sein Glaube an den schließlichen Sieg der Wahrheit. Trotz der endlosen Parade der Selbstsüchte in jeder Gesellschaft ist er in der Lage, das mögliche Emporkommen der Liebe in jedem vorauszusehen. Wie die Schwerkraft für einen Physiker, ist in der Welt des Yogis die Liebe die Urenergie, die von keiner geringeren Kraft entkräftet oder der auf dem Wege zur höchsten Entfaltung des Universums erfolgreich Widerstand geboten werden kann.

Aber es ist nicht nötig, daß ein Jahrtausend vorüberkriecht, bevor die Wahrheit obsiegt. Der Yogi ist der lebende Beweis, daß die innere Entfaltung zu beschleunigen ist; die reine Freude der Liebe kann in einem Menschenleben verwirklicht werden. Es kommt lediglich auf uns an, wie lange wir den Moment hinauszögern, wo wir uns verwandeln. Das beschränkte, ich-motivierte Selbst hat viel zu bieten – Bequemlichkeit, Sicherheit, Dauer, Macht –, aber die Wahrheit singt ihren eigenen Gesang, und aus irgendeinem geheimen Grund sind wir so gestimmt, daß wir ihn hören.

Ich erinnere mich an einen zarten, einladenden Vers des großen Sufi-Dichters Rumi: »Tritt aus dem Kreis der Zeit heraus in den Kreis der Liebe.« Das ist der Wandel, der geschehen muß. Alles, was wir in diesem Moment über uns als Individuen wissen, ist über lange Zeit hinweg zusammengetragen worden; deshalb ist die Zeit unser psychologischer Feind, der die Grenzen befestigt, die die Liebe fernhalten. Wir müssen über die Zeit hinausgehen, damit wir den wirklichen Wert unserer selbst erfahren; das ist es, was ein Durchbruch bewirkt.

Es ist kein schlechtes Zeichen, wenn man sich bei einem Durchbruch verletzlich und unbehütet fühlt, wie das bei Liam so akut der Fall war. Dieses sind eigentlich zu bejahende Gefühle, denn sie kündigen die Möglichkeit eines neuen Lebens an. Es sind allerdings keine »sicheren« Gefühle. Neu zu sein bedeutet, sich schrecklich ausgeliefert zu fühlen, wie ein frisch ausgeschlüpftes Küken. Ein spiritueller Lehrer hielt einmal einen Vortrag über das Überschreiten der Zeit, die Suche des Zeitlosen in jedem Augenblick, als ihn ein Zuhörer aufgeregt unterbrach: »Aber wenn ich über die Zeit hinausgehe, verpasse ich dann nicht am Morgen den Zug?« Unsere erste Reaktion auf das Unbekannte ist oft so: ein banges Vermuten, daß uns die bekannte Welt zusammen mit ihren pünktlichen Zügen unter den Füßen weggezogen wird.

Der englische Dichter Alfred Lord Tennyson behauptete jedoch, für ihn sei das Gefühl, völlig frei von allen Begrenzungen zu sein, »kein verworrener, sondern der allerklarste, allersicherste, unsäglichste Zustand – in dem der Tod fast ein lächerliches Ding der Unmöglichkeit war.« Diese Gewißheit verdankte er der Klarheit seiner Erfahrungen. Übereinstimmend mit vielen anderen, die den Wachzustand transzendiert haben, schloß Tennyson, daß jene seltenen Momente, in denen die Individualität »sich aufzulösen und mit dem grenzenloses Sein zu verschmelzen schien«, ihm das »einzig wahre Selbst« gezeigt hatten.

Wenn Tennyson recht hatte, dann lebt jeder von uns außerhalb seines wahren Selbst. Wir sind nicht klar oder sicher; wir sind Gefangene der Zeit und des Leidens, das sie mit sich bringt; wir haben Todesangst vor dem Tod. Man könnte annehmen, die Intensität »des einzigen wahren Selbst« müsse Heiligen und Dichtern vorbehalten sein. Aber die Alltagserfahrung der Art, wie wir sie alle wahrnehmen und erleben, ist um vieles tiefer, als wir zugeben.

Wir verbringen einen großen Teil jedes Tages mit dem höchst schöpferischen Akt, unsere Persönlichkeit aufzubauen. Wenn diese Persönlichkeit Mängel hat, so nicht etwa deswegen, weil wir schlechte Baumeister wären; das Problem liegt eher darin, daß unsere früheren Fehler zu uns geworden sind. Vom Moment der Volljährigkeit an ist die Aufgabe, unsere Persönlichkeit zu gestalten, in unsere Hände gegeben, aber die Gestaltgebung reicht bis in die früheste Kindheit zurück, wo wir keine andere Wahl hatten, als die Vorstellung unserer Eltern von Selbstentfaltung zu der unseren zu machen. Ohne es zu wissen, wurden wir geformt.

In einer idealen Kindheit wären wir, wie Alice Miller es ausdrückt, »durch die Gegenwart eines Menschen erzogen worden, der seine ganze Aufmerksamkeit auf uns legte, uns ernst nahm, uns bewunderte und uns folgte.« Aufmerksamkeit hat hier eine wesentliche Funktion; sie ist viel wichtiger als alle Worte und Maßnahmen, mit denen Eltern sich um ihre Kinder kümmern. Die Worte »Mutter hat dich lieb« oder »Du bist ein liebes Kind« bedeuten sehr wenig, verglichen mit dem Blick und dem Klang der Stimme, die sie begleiten. Ein liebevoller Blick verwandelt Worte in Nahrung; ein sorgenvoller, zögernder oder ärgerlicher Blick kann aus denselben Worten Gift machen.

Das Leben hat sich allerdings Generation um Generation auf keiner sehr idealen Grundlage fortbewegt. Alice Miller beschreibt einen dreißigjährigen griechischen Restaurantbesitzer, der ihr eines Tages stolz erzählte, er habe nie Alkohol getrunken und verdanke das seinem Vater. Als er fünfzehn war und eines Nachts im Vollrausch nach Hause gekommen war, hatte ihn sein Vater so sehr verprügelt, daß er eine Woche lang kaum kriechen konnte. Von diesem Tag an habe er nicht einen Tropfen Alkohol mehr trinken können. Der Mann war gerade in Heiratsvorbereitungen, als er mit Miller sprach, und sie fragte ihn, ob er die Absicht habe, auch seine Kinder zu verprügeln. »Selbstverständlich«, kam die Antwort. »Prügel sind nötig, wenn man ein Kind richtig erziehen will; das ist das beste Mittel, damit sie einen respektieren. Ich würde beispielsweise niemals in Gegenwart meines Vaters rauchen – und das ist meine Art, ihm Respekt zu erweisen.«

Dieser Mann war sich nicht bewußt, was er mit seiner Behauptung, es sei gut, eines Kindes Willen zu brechen, tatsächlich in den Raum stellte. In aller Seelenruhe hielt er es für nötig, daß ein Kind in ständiger Angst vor schwerer Strafe lebte. Letztendlich bedeutete für ihn das Wort »Respekt« nichts anderes als »Todesangst«. Diese Art von Unwahrheit wird weitergegeben, weil es einer Generation nicht gelingt, das Problem des falschen Selbst zu lösen; das Problem wird dann unweigerlich weitergereicht. Gebrochene Gemüter sehen nichts Falsches darin, die Gemüter der eigenen Kinder zu brechen.

Ideale Eltern wären eine empfindsame Erweiterung der Psyche des Kindes. Vater und Mutter würden die Gefühle des Kindes widerspiegeln; das Kind würde sich an diesem Spiegelbild orientieren und so von seinem eigenen Selbst und dem der Eltern geformt werden. Ein Wutschrei würde beispielsweise einem verständnisvollen Blick begegnen, der besagt: »Ich weiß, warum du wütend bist«, und angesichts dieses unausgesprochenen Mitgefühls würde die Wut schließlich verrauchen. Es sind unsere eingedämmten Gefühle, die unsere Eltern als »schlecht« bezeichneten, die späterhin so viele Probleme verursachen. Ohne diesen empfindsamen, liebevollen Dialog der Gefühle, der mit der Geburt einsetzen muß, gehen wir als Verwundete durch den Rest unseres Lebens, unfähig, uns selbst zu akzeptieren und ohne jemals zu begreifen, warum.

Ist einem keine ideale Erziehung zuteil geworden, so kann man dennoch das Fehlen eines völlig bewußten Erziehers dadurch wettmachen, daß man selbst völlig bewußt wird. Die alten vedischen Schriften vergleichen Yoga oft damit, daß man sein eigener Erzieher wird. Die in den Upanischaden häufig anzutreffende, symbolhafte Aufforderung, »Vater und Mutter zu entsterben«, bedeutet nicht, daß man ihnen davonläuft oder sich von ihnen abwendet. Vielmehr heißt dies, daß man deren Rolle selbst übernehmen und im eigenen Herzen das Geben und Nehmen von Aufmerksamkeit entfalten solle, das aus dem Rohmaterial der Existenz eine vollgereifte Persönlichkeit gestaltet.

Die Kunst des Nichtstuns

Die Morgensonne schickt breite Lichtbündel auf den Orientteppich in meinem Schlafzimmer, aber ich sehe sie nicht. Ich sitze mit geschlossenen Augen in einem Sessel und meditiere. Gedanken eilen mir durch den Kopf; ich höre das Zanken des Spatzen vor dem Fenster und das Ticken der Uhr; ich kratze mich am Ohr oder bewege mich in meinem Sessel, wie mir gerade der Sinn steht. Das Bild, das sich viele Menschen im Westen von Meditation machen, ist ganz anders: Es ist ein Bild der Strenge, der Disziplin; in safranfarbene Gewänder gehüllte Mönche sitzen in Reihen, starr vor Konzentration. Der Raum ist dunkel, still und unerträglich kalt. Der wachsame Blick eines alten Mönchs ist auf die Neulinge gerichtet; er ist bereit, sie mit einem Bambusstock zu schlagen, sobald sie den Kopf oder die Schultern sinken lassen.

Diese Aura der Selbstverneinung beherrscht die Vorstellung der meisten Menschen. So sehr sie auch die zur Schau gestellte innere Stärke respektieren mögen, so wenig ist der Mensch im Westen geneigt, ähnliche Abhärtung selbst zu ertragen. Das äußere Bild trügt jedoch; die innere Meditationserfahrung kann ohne jede Art erzwungener Disziplin erlangt werden. Die äußeren Umstände – wie man sitzt, atmet, sich kleidet und so fort – sind wirklich belanglos.

Wenn ich mich zur Meditation hinsetze, so ist meine innere Erfahrung am besten durch das, was ich nicht tue, zu beschreiben: Ich konzentriere meinen Geist nicht oder kontempliere eine innere Vorstellung. Ich befinde mich in keiner spirituellen oder introspekten Stimmung. Ich zähle nicht die Zeit oder kontrolliere meinen Atem. Keine Anstrengung wird unternommen, um bestimmte Gedanken hervorzubringen oder zu vertreiben. Es gibt kein besonderes Gefühl, das ich zu erzeugen oder zu vermeiden versuche. Ich achte nicht in einer bestimmten Weise auf meinen Körper oder versuche, irgendeinen Bereich zu entspannen. Wenn ich anfange einzuschlafen, widersetze ich mich dem nicht.

Was tue ich dann? Die beste Antwort ist die, daß ich eben *nichts* tue. Ich bin damit beschäftigt, die normale Aktivität des Geistes zur Stille zu wenden, aber ohne jeglichen Zwang. Ich begebe mich durch den inneren Lärm der

Gedanken und Gefühle hindurch, um zu entdecken, wer oder was der stille Zeuge in mir wirklich ist. Auf diese Weise öffnet sich der Geist ganz natürlich zu sich selbst und heilt.

»Nichts tun« klingt so, als tue man gar nichts; aber es gibt einen feinen Unterschied. Der denkende, fühlende Geist ist stets in Bewegung. Denkt er den Gedanken »Langsamer, sei still«, so ist das ebenfalls eine Bewegung, und der Geist kommt nicht zur Ruhe. Kein Gedanke kann ihn zur Ruhe bringen. Man könnte versuchen, einfach stillzusitzen und zu warten, daß der Geist sich von allein beruhigt. Es gibt Meditationsformen dieser Art in der gewaltigen indischen Tradition oder im Zen, aber die meisten, die diese Methoden versuchen, finden dies sehr erschöpfend und unproduktiv. Ein Geist, der sich selbst überlassen ist, neigt dazu, wie ein beschwipster Affe herumzuturnen – so beschreiben es die indischen Schriften. Den eigenen Geist eine Stunde lang herumtollen zu sehen, kann äußerst verwirrend sein. Außerdem gibt es keinen Grund, warum der Geist während dieses Wachens zur Stille finden sollte.

Man kann versuchen, den Geist auf einen Punktwert zu konzentrieren; das ist Konzentration. Diese Disziplin wird oft mit dem Versuch verglichen, eine Kerzenflamme im Wind still zu halten. Konzentration ist zwar anders als aktives Denken, fällt aber immer noch in die Kategorie der Bewegung, da ja der Geist nach jedem Abschweifen wieder fokussiert werden muß. Das beinhaltet erhebliche Anstrengung, und die Ergebnisse mögen im Vergleich mit dem erforderlichen Aufwand sehr gering sein.

Je eingehender man sich damit beschäftigt, desto schwieriger scheint das »Nichtstun« zu sein. Wie kann irgendeine Art mentaler Aktivität jemals den Geist zur Ruhe bringen? Die alten Rishis (Seher) meisterten diese höchst anspruchsvolle Kunst, nachdem sie herausgefunden hatten, daß der Geist verschiedene Schichten besitzt. Mit dieser Beobachtung hätten sie voll und ganz mit Freud übereingestimmt. Sie waren jedoch nicht an der *Bedeutung* jeder Schicht interessiert (ganz gleich, ob dort nun Kindheitsängste, unterdrückter Ärger oder sexuelle Wünsche lagern). Sie beobachteten lediglich, daß die tieferen Schichten des Geistes nicht so stark in Bewegung sind wie die oberen.

Diese Einsicht machte sie gewahr, daß Meditation ein vertikaler Prozeß sein mußte – ein Eintauchen in die Tiefen des Geistes – und kein Kämpfen an der Oberfläche. Irgendwie muß die Aufmerksamkeit die chaotische Oberflächenaktivität durchdringen, alle Schichten feinerer Gedanken hinter sich lassen und schließlich in der Stille ankommen. Anstelle der

Zähmung eines beschwipsten Affen wäre eine andere Metapher angemessener: Meditation ist so, als stehle man sich durch eine Herde schlafender Elefanten, ohne sie aufzuwecken.

Um durch alle Schichten hindurchzutauchen, braucht man ein »Fahrzeug«, das einen bis jenseits des Denkprozesses bringen kann. In der Transzendentalen Meditation (= TM) wird dieses Fahrzeug *mantra* genannt; es ist ein spezifisches mentales Klangwort, das aus dem Sanskrit stammt, aber bedeutungsfrei ist. Ein Mantra wird ausschließlich nach seiner Fähigkeit ausgesucht, die Aufmerksamkeit des Betreffenden zu immer stilleren Schichten des Geistes hinzuführen.

Da der Geist eines jeden von uns unzählige Schichten besitzt, hängt von der Auswahl eines Mantras und den genauen Anweisungen zu seiner Anwendung sehr viel ab. Wenn es richtig gewählt, vermittelt und angewandt wird, ist ein Mantra fast so mühelos, wie es mentale Aktivität nur je sein kann. Es beginnt wie ein normaler Gedanke, um dann, ohne verloren zu gehen, immer schwächere Klangwerte anzunehmen, bis es völlig verklingt und den Geist in vollkommener Stille zurückläßt.

Viele Meditationsarten benutzen als Fahrzeug einen Klang oder ein inneres Bild (Visualisierung). Das mag den Anschein erwecken, als sei eine Technik so gut wie die andere. Es gibt jedoch eine Anzahl wichtiger Kriterien, die bei der Bewertung einer Meditation zu berücksichtigen sind. Da ist vor allem: Hat mein Geist tatsächlich die Stille gefunden, die ich suchte? Fühlte ich mich während und nach der Meditation psychisch wohl? Begann meine alte Persönlichkeit, sich infolge der Meditation zu verändern? Gibt es mehr Wahrheit in mir?

Jeder muß diese entscheidenden Fragen selbst beantworten. Einer meiner Freunde namens Patrick, der seit zehn Jahren meditiert, begann mit TM, um sich aus einem persönlichen wie finanziellen Desaster zu befreien. »Ende der siebziger Jahre hatte ich gerade die klippenreichste Strecke meines Lebens hinter mir. Mehrere Jahre lang hatte ich sehr stark im Immobilienbereich investiert, wo ich Zug um Zug nach spekulativen Gesichtspunkten Mietobjekte erworben hatte. Es war zunächst ein recht vergnügliches Unterfangen, und ich befand mich mit Anlagewerten von mehreren Millionen Dollar in einer finanziellen Machtposition – zumindest auf dem Papier.

»Es ist nachher nie so ganz genau feststellbar, wann die Dinge außer Kontrolle geraten. Das Auf und Ab des Marktes schien nicht schlimmer zu sein als zuvor, aber irgendwie waren mir die Dinge aus der Hand geglitten. Meine Immobilien-Holdings zerfielen, und egal, was ich tat, beschleunigte sich der Prozeß. Ich hatte stark zu trinken begonnen, und meine Frau war verzweifelt, als ich mich von ihr und den Kindern zurückzog. Ich tat das nicht aus böser Absicht; ich war von einem finanziellen Alptraum erfaßt worden, und alles, woran ich denken konnte, war, wie ich mich retten konnte.«

Als er sich immer tiefer in seine Schwierigkeiten verstrickte, begann er zu meditieren. Er betrachtete es zunächst als Grille, doch die Auswirkungen waren von Anfang an spektakulär. »Als ich das erste Mal meditierte, war das wie eine Offenbarung, und sei es auch nur, weil ich die Erleichterung spürte, von meinen heftigen inneren Kämpfen ablassen zu können. Die Momente tatsächlicher Transzendenzerfahrung – das heißt, das Erreichen der stillen Schicht des Geistes – waren zuerst sehr kurz. Verschiedene Male fragte ich: ›Ist das wirklich alles?‹ Es gab nicht viel klares Transzendieren in meinen Meditationen, nur das Kommen und Gehen von Phasen der Stille. Immerhin konnte ich nicht bestreiten, daß, wenn ich die Augen öffnete, ich mich verändert fühlte.«

Eine einzige Meditation kann Menschen verändern, denn sie hat ihnen erlaubt, einen Teil des falschen Selbst für immer loszuwerden. Ohne daß wir uns dessen bewußt werden, erfordert das Festhalten an alten Gefühlen, Gewohnheiten und lebenslanger Konditionierung Mühe. Das isolierte Ich verteidigt sich, indem es ständig auf der Lauer liegt. Ist diese Situation eine Bedrohung? Wird dieser Mensch tun, was ich will? Die ständige Notwendigkeit, sich psychologisch zu verteidigen, mag zu subtil sein, als daß wir sie wahrnehmen, aber sie beherrscht einen gewaltigen Bereich unseres unterbewußten Lebens.

Wie wir sahen, hat Meditation nichts mit Bedeutung zu tun. Die alte Konditionierung wird gelöst, ohne daß man darüber spricht, sie fühlt oder irgendeine besonders bewußte Erfahrung des Loslassens macht. Statt dessen wird dem Geist gezeigt, wie er von der Aktivität zur Stille kommt, und dieser Vorgang ruft das gewünschte Ergebnis hervor. Die Spannungen befinden sich in der Lücke zwischen dem aktiven und dem stillen Geist; berühren wir diese Lücke mit wachem Bewußtsein, so ist dies ausreichend, um Spannung zu lösen. Da mentale Aktivität erforderlich ist, um dem falschen Selbst Dauer zu verleihen, lockert ein Beenden der Aktivität den Zugriff des falschen Selbst. Es ist nicht so, daß man versuchen würde, sich von seinen Ängsten loszureißen; sie fallen von uns ab.

»Das Meditieren gab mir das Gefühl, daß ich wieder zu mir zurückfand, aber ich war noch nicht ganz aus dem Schneider«, erinnert sich Patrick. »Der Schaden, der meinem Leben angetan war, saß sehr tief. Eines Tages kam ich nach Hause und mußte feststellen, daß mich meine Frau ausgeschlossen hatte. Niemand nahm den Hörer ab, wenn ich anrief, und ich fühlte mich wütend und verletzt. Trübselig wanderte ich in den Park hinüber und setzte mich hin, um zu meditieren. Es schien mir nicht viel zu nützen. Ich fühlte mich die ganze Zeit über ruhelos und erregt.

»Als ich aber die Augen öffnete, geschah etwas Außerordentliches. Mein Geist war plötzlich sehr still. Ich versuchte, einen Gedanken zu denken, und da kam auch einer, der aber unverzüglich wieder in die Stille zurückfiel, wie ein Tropfen in einen stillen Teich. Ich nahm mit einem Mal wahr, daß das Licht um mich heller als gewöhnlich geworden war, und als ich ein paar Kinder in der Nähe spielen hörte, kamen mir ihre Stimmen als das Freudvollste vor, das ich je gehört hatte. Es ist schwer nachzuvollziehen, wie frei ich mich in jenem Moment fühlte. Es war so, als seien alle die abgestorbenen Schichten abgefallen und ein empfindsamer, lebensvoller Teil meiner selbst komme zum Vorschein. Ich machte ein paar Schritte; alles hatte dieselbe vibrierende Beschaffenheit. Meine intensiven Gefühle der Einsamkeit und Schande waren jetzt völlig verschwunden. Ich war ein ganz anderer als der leidende Mensch, der sich eine halbe Stunde zuvor auf eine Parkbank gesetzt hatte.«

Ich glaube, Patrick war bis zu jenem Durchbruch vorgestoßen, den die Meditation bewirken kann: Das kleine Selbst überschreitet die Beschränkungen der Individualität, zunächst nur ein wenig, dann aber mit immer stärkerer Intensität, bis es sich in völliger Einheit mit allem befindet. »Ich und die Welt sind eins«, heißt es in einer alten Upanischade. Die Verwandlung des kleinen, isolierten Selbst zu etwas Universalem mag nur in kleinen Schritten geschehen, aber es ist tatsächlich das wahre Selbst. Es ist nur eine Frage der Zeit, bis man seine Wahrheit ständig erlebt.

Auf dem Höhepunkt seiner Erfahrung, die eine halbe Stunde dauerte, kam ein Stadtstreicher auf ihn zu. »Bis zu diesem Moment war ich völlig in mir selbst versunken gewesen. Ich sah diesen Schnorrer auf mich zukommen – es tut mir weh, dieses Wort zu benutzen. Er sah in diesem Augenblick nicht wie einer aus; er war jenseits dieser Art von Werturteil. Er war so lebenserfüllt und vibrierend wie alles übrige. Als er auf etwa einen Meter herangekommen war, sah ich ihm direkt in die Augen. Aus irgendeinem Grund veränderten sie sich. Sie sahen glänzend und sanft aus. Ich fragte ihn, was er wollte, und er zögerte verwirrt. Dann sagte er: ›Ich will nichts.

Ich hoffe nur, du bist glücklich, Mann.‹ Das klang sehr komisch bei ihm, und ich konnte seine erstaunte Reaktion auf seine eigenen Worte sehen. Es war, als sei er in meine Erfahrung miteinbezogen worden. Mit erstaunlich freudiger Stimme sagte ich: ›Ja, ich bin glücklich, sehr, sehr glücklich.‹ Ich hätte diesen verkommenen, schmuddeligen Typen umarmen können. Er entfernte sich jetzt von mir. Ich drehte mich um und ging in die entgegengesetzte Richtung davon, aber als wir etwa zehn Meter auseinander waren, sah ich über die Schulter zurück. Er starrte mir ungläubig nach. Als er meinem Blick begegnete, wandte er sich endgültig ab. Ich frage mich, was er in diesem Augenblick in meinen Augen gesehen hatte? Wahrscheinlich ebenfalls Verwunderung. Ein paar Sekunden lang liebte ich ihn innig.«

Bedingungslose Liebe

Diese seltsame Begegnung zwischen Patrick und dem Stadtstreicher führt uns zu dem Thema »bedingungslose Liebe«, die in der landläufigen Psychologie heutzutage zum Schlagwort geworden ist. Der Einwand, den ich bezüglich bedingungsloser Liebe erhebe, ist der, daß sie der normalen Liebe völlig entgegengesetzt ist, die auf einer sozialen Beziehung gründet. Die Liebe zwischen Ehegatten ist nicht dieselbe wie zwischen Mutter und Kind. Der Unterschied beruht in der Art der Beziehung, die beide pflegen. Wo es keine Beziehung gibt, ist es schwer, sich vorzustellen, daß da Liebe fließen kann.

In diesem Fall jedoch hatte Patrick keinerlei Beziehung zu dem Stadtstreicher. Sie waren völlige Unbekannte, die allen Grund hatten, dem anderen Mißtrauen und Feindseligkeit entgegenzubringen. Wie idealistisch man auch gesonnen sein mag, ist ein verlotterter, übelriechender Mensch in Lumpen für kaum jemanden ein Gegenstand seiner Liebe; eher ist er ein Objekt des Ekels, dem wir beharrlich aus dem Weg gehen, um uns nicht der Empfindung von Angst und Verachtung auszusetzen.

Aber dort, wo alle Beziehung aufhört, ergibt sich tatsächlich die Gelegenheit für bedingungslose Liebe. Wenn man keine Beziehung zu einem anderen Menschen hat, ist man automatisch auf sich selbst zurückgeworfen. Die entstehenden Gefühle haben keine Grundlage in dem, was wir brauchen oder von anderen wollen – sie kommen einfach so heraus. Wenn mich jemand auf der Straße anrempelt, kommt spontan ein Gefühl des Ärgers auf. Möglicherweise bereue ich es bereits im nächsten

Moment, aber in diesem Sekundenbruchteil war dies die einzige Wahl, die ich treffen konnte. Meine Bewußtseinsebene bot mir keine bessere Reaktion. In Patricks Fall hatte dieser eine Bewußtseinsebene erreicht, die weit oberhalb der normalen Grenzen lag; diese Erweiterung verlangte die Reaktion, die so spontan aus ihm hervorströmte. Ich meine, daß seine Meditation auf der Parkbank nicht der einzige Grund für diesen plötzlichen Wandel war; in Indien spricht man auch vom »Yoga der Verzweiflung«, von einem Durchbruch zu einer höheren Bewußtheit, die sich aus einer solch schrecklichen Notlage ergibt, daß die Psyche keinen anderen Ausweg findet.

Was immer auch der genaue Mechanismus war, fühlte sich Patrick in einen Zustand versetzt, der die normale Wahrnehmung transzendierte. Wie ein Flieger, der eine dichte Wolkendecke durchbricht und einen blauen Himmel und eine strahlende Sonne vorfindet, entdeckte er, daß der Anblick aller Dinge in das Licht der Liebe getaucht war. Er konnte nichts dafür, genauso wenig, wie ich meinen Ärger unterdrücken kann, wenn ich angerempelt werde.

Wenn die Rishis von bedingungsloser Liebe sprechen, so meinen sie damit eine transzendente Eigenschaft, von der unser Geist während der Meditation durchdrungen wird. Sobald der Geist über das normale Wachbewußtsein hinausgeht, bringt uns der Vorgang des Transzendierens in Kontakt mit bedingungsloser Liebe in ihrem stillen, nicht-manifesten Zustand. »Nichtmanifest« bedeutet, daß diese Liebe auf nichts gerichtet ist; sie vibriert im Wesen des stillen Zeugen, vielleicht wie ein im Grunde stummes Radiosignal, das eines Radios bedarf, um Klang zu werden. Nach Beendigung der Meditation kehrt der Betreffende wieder in den Wachzustand zurück und bringt etwas von dieser transzendenten Eigenschaft hinaus in sein Alltagsbewußtsein. Eine neue Frequenz ist hinzugekommen, die – und sei es auch fast unmerklich – das Bewußtsein des Meditierenden verändert.

Diese Darstellung weicht von der üblichen Definition von bedingungsloser Liebe ab, der zufolge man nur dann vorbehaltlos lieben kann, wenn diese Liebe stets gleich bleibt, ganz gleich, was der andere tut. Dieser Aspekt der Bedingungslosigkeit setzt eine übermenschliche Willensanstrengung voraus. Man muß sich schon einen Gipsheiligen vorstellen, der auf Grobheit, Ärger, Eifersucht, Rücksichtslosigkeit und alle anderen Spielarten liebloser Verhaltens immer nur mit verzeihender Güte reagiert. Bei aller ostentativen Liebheit hat das einen Beigeschmack von Selbstverleugnung und sogar Masochismus.

Die Version der Rishis von bedingungsloser Liebe enthält keinerlei Anstrengung. Jemand, der Liebe empfindet, »ganz gleich, was kommen mag«, folgt einfach seiner eigenen Natur. Im Grunde ist das alles, was von einem jeden verlangt werden kann. So zu handeln, wie es unser Bewußtseinszustand diktiert, ist unumgänglich. Damit ich einen Fremden anlächle, der mich auf der Straße anrempelt, muß mir der Sinn danach sein; sonst ist mein Verhalten gekünstelt. Wie wir bereits sahen, ist Berechnung eine Hauptstrategie des falschen Selbst. Es muß berechnen, wann es lächelt, denn es hat zu sehr Angst, die wirklich empfundenen Gefühle zu zeigen. Takt und Diplomatie, die wohl die meisten von uns als »gutes Benehmen« bejahen, können auch als die feine Kunst des Lügens angesehen werden.

Wir alle verstrahlen unser Bewußtsein hinaus in die Welt und erhalten den Widerschein davon zurück. Wenn unser Bewußtsein Gewalt und Furcht enthält, werden wir diese Eigenschaften auch »dort draußen« antreffen. Birgt unser Bewußtsein jedoch bedingungslose Liebe, so wird die Welt diese Liebe selbst aus den Augen eines Strolches widerspiegeln. Der therapeutische Wert dieser Art von Bewußtsein ist enorm; ich möchte dies mit einer bewegenden Episode aus dem bereits erwähnten Buch von R.D. Laing veranschaulichen.

Im Alter von vierzehn Jahren kam ein schottischer Schuljunge namens Phillip von der Schule nach Hause und fand seine Mutter blutüberströmt auf ihrem Bett. Sie hatte seit langem an Tuberkulose gelitten und war an einer plötzlichen Lungenblutung gestorben. Anstatt den Jungen zu trösten und ihm bei der Bewältigung seines Schocks und seiner Trauer zu helfen, machte der Vater Phillip nichtendenwollende Vorwürfe. Er habe seine Mutter getötet, indem er sie durch eine erschöpfende Schwangerschaft, Geburt und Erziehungszeit hindurchgezwungen habe. Das dauerte zwei Monate so fort, bis Phillip eines Tages nach Hause kam und den Vater tot vorfand. Er hatte Selbstmord begangen.

Sechs Monate später begegnete Laing dem Jungen in einer Glasgower Irrenanstalt; er befand sich in einem sonderbaren Zustand körperlichen und geistigen Verfalls. Laing erinnerte sich lebhaft: »Er roch schrecklich, konnte weder Stuhlgang noch Harnfluß kontrollieren und torkelte in eigentümlicher Weise durch die Gegend. Er gestikulierte in seltsamer Weise, ohne zu sprechen, schien fast vollständig autistisch und kümmerte sich in keiner Weise um seine Umwelt und die Menschen darin.«

Obwohl er doch umgeben war von Ärzten und Krankenschwestern, deren Aufgabe es war, für ihn zu sorgen, hatte Phillip die Grenzen des Mitleids gesprengt. Er war zu absonderlich und widerwärtig, als daß irgendjemand es länger als ein paar Minuten in seiner Nähe aushielt, vom Helfenwollen ganz zu schweigen. Er hatte zu stottern begonnen; dazu kamen alle erdenklichen Ticks: Zwinkern, stechende Blicke, Zuckungen des Gesichts, der Zunge, Hände und Finger. Am schlimmsten war jedoch seine totale Gleichgültigkeit, die ihm die anderen Patienten entfremdet und das gesamte Personal gegen ihn aufgebracht hatte.

Zwei Monate Krankenhausaufenthalt brachten kaum eine Besserung mit sich. »Es mangelte nicht an einer Diagnose«, erinnert sich Laing. »Es war ein akuter (und wahrscheinlich chronisch werdender) Fall von katatonischer Schizophrenie. Wenn er jemals sprach, wurde deutlich, daß er an einer schweren paranoiden Psychose litt.« Laing fühlte sich zu diesem zerschlagenen Wesen hingezogen. Es gab keine Verwandten oder Freunde der Familie, die ihn hätten zu sich nehmen können. Daß er den Rest seines Lebens in einer Anstalt verbringen würde, daran bestand kein Zweifel.

Also nahm Laing ihn zu sich, zu seiner Frau und seinen drei Kindern, die alle jünger als vier Jahre waren. Er traf diese außergewöhnliche Entscheidung, weil er bemerkt hatte, daß, wenn er allein mit Phillip in seiner Praxis war, außerhalb der Atmosphäre der Psychiatrie, der Junge ruhiger wurde. Er begann, verständlich zu sprechen, und obwohl es dabei um »verrückte« Dinge ging – sein Gefühl, daß die Anstalt eine gigantische Kuppel war, mit ihm als Mittelachse; die Besuche von Außerirdischen; seine Wahnvorstellungen von der Stimme eines schwarzen Mannes, der ihm Unverständliches durch die Nacht zurief –, war er nicht völlig abgetreten. Auch seine Ticks und Zuckungen klangen in Laings Praxis ab. Während mindestens einer Stunde war er kontinent, und, wichtiger noch, ein Anflug von Dankbarkeit kam über seine starren Gesichtszüge, wenn Laing ihm seine Hilfe anbot.

Laing kam zu der Einsicht, daß möglicherweise die Ärzte und Krankenschwestern Phillip verrückt *hielten*, weil sie ihn dafür hielten. »Phillip erzeugte in jedem, der in seine Nähe kam, gemischte Gefühle einerseits des Ekels bei seinem Anblick und Geruch und andererseits des Mitgefühls, einfach deswegen, weil er so widerwärtig war und so offensichtlich im Elend steckte. Das Ergebnis war, daß so gut wie jeder versucht war, ihm gegenüber freundlich und liebevoll zu scheinen, aber jeder so rasch wie möglich außer Sicht- (und Riech-) Weite floh – nicht, weil sie ihn nicht ausstehen konnten, sondern aus irgendeinem anderen Drang heraus. Phillip wurde verrückt gehalten, weil der Versuch, ihn zu lieben und für ihn zu sorgen, von Heuchelei gefärbt war, und das wußte er. Sobald Laing den unerhörten Schritt getan hatte, einen katatonischen Schizophrenen in seine Familie aufzunehmen, ging es mit Phillip mit Riesenschritten bergauf. Seine Inkontinenz hörte mit dem Moment auf, als er Laings Haus betrat. Nach wenigen Wochen hörte er auf zu torkeln, das Schütteln blieb noch eine Weile. Er begann, stockend, aber zusammenhängend zu sprechen. Drei Monate später war er wieder so weit hergestellt, daß er in ein Kinderheim gebracht werden konnte. Die Gefahr, ein Leben in einer psychiatrischen Anstalt verbringen zu müssen, war gebannt.

Laing wandte keine Psychotherapie an, solange Phillip unter seinem Dach weilte. Der Junge wurde mit Aufrichtigkeit, ohne Heuchelei behandelt. Das bedeutete, auf das, was gut oder schlecht an ihm war, wurde dementsprechend reagiert. Fünfzehn Jahre später suchte er die Laings wieder auf, um über sein Ergehen zu berichten. Laing vermerkt mit trockenem Humor: »Er war verheiratet, hatte zwei Kinder, eine feste Stelle und besuchte Abendkurse über Psychologie.«

Es ist schwerlich zu leugnen, daß Philips Geisteszustand in enormem Ausmaß von den Projektionen anderer Gemüter abhängig war. Die oberflächliche »Liebe« und »Fürsorge« in der Anstalt machte ihn zum Gefangenen eines falschen Selbst, denn diese Gefühle waren ebenfalls falsch. Dahinter lauerte die tatsächliche Botschaft: »Liebe« war nichts als ein Mittel, ihn zu beherrschen – es war ein Machtspiel.

Glücklicherweise fand der Junge in Laing jemanden, der ihn im Licht der Liebe sah. Für mich ist dies der bewegendste Teil der Geschichte. Laing macht die Liebe nicht zum Forschungsgegenstand. Er stellt seine Motive auf eine einfache menschliche Basis: »Seine Notlage tat mir sehr weh, und ich wünschte sehr, ihm nach Kräften zu helfen.« In Laings Gegenwart entstand eine Beziehung, in der ein Bewußtsein sich unverstellt im anderen wiederfand. Die Intensität des Lebens, unendlich klar, gesund und liebevoll, strahlte von Laing aus und berührte den Jungen. Das scheint das Natürlichste von der Welt zu sein, was da zwischen den beiden geschah und was zwischen allen von uns geschehen sollte. Ein wahres Selbst spricht mit einem anderen mit der Sprache des Herzens, und in dieser engen Beziehung tritt Heilung ein.

Sichere Liebe

Wenn die Rishis recht haben, bedeutet das Ende des falschen Selbst auch das Ende der Angst und der verzweifelten Machtgier, von der angsterfüllte Menschen erfaßt sind. Macht ist eine Form des Selbstschutzes, und wenn die Angst fortgenommen ist, entfällt der Bedarf an Schutz. Das wahre Selbst *ist* Liebe, und fähig zu sein, die ganze Zeit lieben zu können, ist so viel, wie man sich nur wünschen kann. Der Konflikt zwischen Liebe und Macht hat dann keine Bedeutung. Wie Tagore so eindringlich schrieb: »Liebe ist kein bloßer Impuls. Sie muß Wahrheit enthalten; das ist ein Gesetz.« Ich bin davon zutiefst überzeugt, denn ich bin Menschen begegnet, die plötzlich unter diesem Gesetz zu leben begonnen hatten.

»Ich fuhr gerade den Highway entlang und hielt Ausschau nach einer Ausfahrt, als ich ein ungewöhnliches Gefühl in meiner Brust bemerkte. Es begann wie ein Wärmegefühl oder ein Prickeln, wie ich es bereits aus der Meditation kannte. Im allgemeinen war dieses Gefühl angenehm, aber von kurzer Dauer. Jetzt wurde es jedoch allmählich stärker, und anstatt körperlicher Wärme floß Welle um Welle des Gefühls durch mich hindurch.«

Chris' Augen leuchteten, während er weitersprach. »Es war Liebe, aber viel reiner und konzentrierter, als ich es je erfahren hatte. Ich habe in verschiedenen Schriften gelesen, daß das Herz sich öffnet wie eine Blume – man würde nie denken, daß so etwas im wirklichen Leben geschehen könnte, auf einer sechsspurigen Schnellstraße. Aber so war es: Mein Herz entfaltete sich wie eine Blume, ertränkte mich fast in der köstlichen Empfindung von Liebe. Seltsamerweise konnte ich dennoch meine Aufmerksamkeit auf dem Verkehr halten. Ich beschloß aber anzuhalten. Ich ging in eine Hamburger-Bude und stand da vor dem Salat-Buffet; es war das wunderbarste Erlebnis meines Lebens.

Ich sehe meinen Freund Chris ab und zu, meistens im Bostoner TM-Center. Er war Bankdirektor und auch in sozialer Hinsicht sehr rührig; er ist ein ziemlich nüchterner Mensch, nicht jemand, bei dem Sie vermuten würden, sein Herz entfalte sich wie eine Blume. Aber da begehe ich sicher einen Fehler. Seine Stimme klingt in ungezwungener Weise freundlich, und er geht sehr zuvorkommend mit anderen Menschen um; man kann sich leicht vorstellen, daß er sein Herz sehr tief gespürt hat.

Als er vor siebzehn Jahren zu meditieren begann, hatte er eine konventionelle, wenn auch ehrlich empfundene Ansicht über zwischenmenschliche

Beziehungen. »Ich hatte gerade meine ersten Schritte als Sozialorganisator getan. Meine Aufgabe war es, Menschen zusammenzubringen, die normalerweise keine Notiz voneinander nahmen. Überall um mich herum sah ich so viel Haß, der eigentlich grundlos war – die Leute hatten die Rassengrenzen und die sozialen Mauern niemals durchbrochen, um einander zu begegnen. Ich half bei der Einrichtung einer Nahrungsmittel-Kooperative in einem Armenviertel; jeder konnte mitmachen, unabhängig von sozialem Status oder Einkommen. Wir verkauften die Nahrungsmittel zum Einkaufspreis, aber jedes Mitglied mußte etwas Zeit einbringen, etwa eine Stunde in der Woche, um zum Großmarkt zu gehen, den Boden in der Kooperative zu fegen oder sonst etwas. Die Idee dahinter war, daß, wenn die Leute mithalfen, sie nicht umhin konnten, das Ergebnis ihres Verhaltens zu sehen. Der Laden würde nicht öffnen, wenn sie nichts im Großmarkt geholt hatten. Er würde verspätet öffnen, wenn sie den Boden nicht gefegt hatten. Die Preise würden steigen, wenn die Kasse geplündert würde. Ich war nie hoffnungsfreudiger gewesen als an dem Tag, als die Kooperative aufmachte, aber einen Monat später war ich am Rand der Verzweiflung. Den Leuten schien alles egal zu sein – sie drückten sich um die Arbeit, fegten nicht den Boden, entwendeten Geld und fanden es obendrein sehr leicht, sich mit den Folgen ihres Verhaltens abzufinden. Diese Erfahrung überzeugte mich, daß Institutionen keinen fundamentalen Wandel der menschlichen Natur herbeiführen konnten. Und trotzdem erschien es mir unerträglich, nichts zu tun.«

Je mehr seine Illusionen bezüglich seiner sozialmissionarischen Tätigkeit verflogen, desto stärker wurde sein Engagement für die Meditation. »Ich wollte unbedingt Zusammenarbeit und Liebe zwischen anderen Menschen fördern, aber es war nie möglich, über längere Zeit hinweg enge Beziehungen zu ihnen zu knüpfen. Es gab da immer Grenzen und persönliche Komplexe; Enttäuschungen waren unvermeidlich, was immer meine Ideale auch sagten.

»Da ich keinen Ausweg aus diesem schmerzlichen Dilemma sah, ließ ich es dabei. Ich beschloß, an mir selbst zu arbeiten, denn schließlich war ich ein wichtiger Bestandteil jeder Beziehung, die ich verbessern wollte. Nach und nach vollzog sich eine tiefgreifende Veränderung. Ich machte mir weniger Sorgen und empfand mehr Herzenswärme gegenüber Menschen, die ich bis dahin ausnahmslos als ›schlecht‹ oder ›rücksichtslos‹ angesehen hatte. Das Ergebnis war, daß die Leute aus ihren Stereotypen heraustraten. Lange Zeit fand ich es schwer zu glauben, daß ich der

Angelpunkt dieser Veränderung war. Wie aber konnte ich erklären, daß Menschen mir mit Liebe begegneten, ob sie mich nun kannten oder nicht?«

An diesem Punkt zeigte sich bei Chris, daß bedingungslose Liebe bereits einen großen Bewußtseinswandel bewirkt hatte. Aus der Sicht der herkömmlichen Psychologie läßt sich erklären, daß die Veränderung der eigenen Einstellung der beste Weg ist, das Verhalten der anderen zu verbessern. Chris stellte fest, daß er nur in eine Bank einzutreten brauchte, und schon war nach kurzer Zeit ein Lächeln auf allen Gesichtern. Wenn er bei Bürgertreffen, wo das Aufeinanderprallen der Meinungen üblicherweise sehr hart war, den Vorsitz führte, schien die Atmosphäre sanfter zu sein, so als ob die Wogen geheimnisvoll geglättet wären.

»Ich konnte mir dieses unerklärliche Phänomen einfach nicht erklären«, erinnert sich Chris, »bis ich mein Selbstbild radikal änderte. In meinem Weltbild waren das Ich und individuelle Anstregung immer im Mittelpunkt gewesen. Die Wirkung, die man auf die Welt ausüben mochte, war von irgendeinem Tun oder zumindest einem Denken abhängig. Jetzt aber tat ich ja nichts, außer daß ich existierte. Ich kam also zu dem Schluß, daß das, was ich *bin*, diesen Effekt erzeugte.«

Ich bat ihn, diese Erfahrung mit der auf dem Highway zusammenzubringen, als er fühlte, wie Wellen der Liebe über ihm zusammenschlugen. »Diese Erfahrung, denke ich, brachte einen bestimmten Teil des ganzen Prozesses zu einem Höhepunkt. Nachdem ich so lange geglaubt hatte, daß ich Liebe nur in der persönlichen Beziehung zu einem anderen Menschen erwarten und empfangen konnte, geschah das alles in mir. Ich war zunächst schockiert, denn es bedeutete ja, daß in gewisser Weise das Versagen der anderen, ihre Selbstsucht und ihr Haß auch irgendwie in mir sein Zentrum hatte. Und doch waren diese Erfahrungen nicht wegzuleugnen: Sobald ich mich veränderte, veränderte sich alles um mich herum. Mit der Zeit gab ich den intellektuellen Ringkampf mit dieser Sache auf. Ich gewöhnte mich daran. Ich stellte fest, daß mein grundlegendes Gefühl des Liebens oder Geliebtwerdens nicht länger von anderen abhängig war. Indem ich eine Beziehung zu mir selbst hergestellt hatte, begann ich, mit anderen besser auszukommen als je zuvor. Als es geschah, war das Erlebnis, daß sich mein Herz entfaltete, überwältigend, aber es dauerte nur etwa eine dreiviertel Stunde. Glücklicherweise jedoch war der Durchbruch von Dauer. Es ist jetzt zwei Jahre her, und ich bin immer noch innerlich voller Liebe. Ich meine damit nicht, daß ich ständig Freundlichkeit verströme, egal, was andere sich mir gegenüber leisten. Ich kann ärgerlich werden und andere zurechtweisen, wenn ich denke, daß sie unrecht haben, aber darin steckt kein Zerstörungswille.«

Ich dachte daran, wie hart wir arbeiten, uns vor seelischen Schmerzen zu schützen, ohne zu begreifen, daß wir uns damit auch von der Intensität des Lebens abschotten. Es ist notwendig, das Herz abzuschirmen, wenn es zu schwach ist und zu furchtsam, um Liebe an sich heranzulassen, aber all das veränderte sich für Chris schlagartig. Es wurde ihm möglich, Liebe fließen zu lassen, wann und wohin immer sie fließen wollte. Er konnte ohne innere Bollwerke, ohne Angst andere Menschen im erweiterten Raum seines eigenen Seins willkommen heißen. Eine seiner Aussagen bleibt mir besonders im Gedächtnis: »Ich versuchte so sehr zu lieben, und nun könnte ich es gar nicht mehr verhindern, selbst, wenn ich es wollte.« Er lächelte, und ich fühlte die herzliche Zuneigung eines Menschen, der die Mauern der Schmerzen nicht niedergerissen hat, sondern über sie hinweggeflogen ist.

TEIL III

Bedingungsloses Leben

»Warum bin ich nicht mehr wirklich?«

Am Tage nach meiner ersten Begegnung mit Karin verspürte ich plötzlich den Wunsch, ihre Stimme nochmals zu hören. Ich fand die Aufzeichnung unseres Gesprächs und schob die Kassette in den Recorder. Da war sie, die sanfte, melodiöse Sopranstimme einer Frau, die mir unaufhörlich nachging. Sie erinnerte mich an die eines Kindes. Nicht, daß sie kindisch klang. Sie sprach wie eine Erwachsene, sprach über ernsthafte Erwachsenenprobleme, aber im Hintergrund hörte ich die Stimme einer frühreifen Achtjährigen, die von der Erwachsenenwelt sehr verwirrt war.

»Warum werde ich fürs Lügen bestraft, wenn Mutti ihr wirkliches Alter verschweigt? Warum muß ich den Teller leer essen, wenn Papi seinen Rosenkohl liegenlassen darf?« Alle Kinder gehen durch dieses Stadium. Indem sie die vorgefertigten Wertvorstellungen der Erwachsenen in Frage stellen, beginnen sie, ihre eigenen zu formulieren, was ein notwendiger Schritt zur Erlangung wirklicher Identität ist. Karin verteilte jedoch immer noch nach Herzenslust Herausforderungen.

Ich ging einmal in eine Klinik, wo sie Zwangsneurosen behandeln. Ich hatte eigentlich nicht den Eindruck, daß ich eine Zwangsneurose hatte, aber ich machte mir Sorgen. Das erste, was der Arzt tat, war, mich einen Fragebogen ausfüllen zu lassen.

»Es tut mir leid, aber ich will das nicht ausfüllen«, sagte ich.

»Und warum nicht?«

»Also, die erste Frage ist, ob ich Sachen mehr als einmal lese. Ich habe in der Schule nicht viel gelesen, und heute lese ich manche Bücher zweimal, um sicher zu sein, daß ich alles herausgeholt habe. Wenn ich aber ihre Frage mit ›Ja‹ beantworte, dann werden Sie es als Zwangsverhalten interpretieren – wie Händewaschen.«

Er bestand darauf, daß ich den Fragebogen ausfüllte.

»Ich bin kein Testergebnis«, protestierte ich. »Ich bin ein menschliches Wesen. Ich möchte, daß man mich danach behandelt, was *bei mir* los ist.«

Er sagte: »Genau das ist ein Zeichen von Zwanghaftigkeit.«
»Haben Sie jemals daran gedacht«, fragte ich, »daß, weil Sie eine Klinik
für Zwangsneurose-Therapie leiten, Sie selbst vom Zwang einer
solchen Diagnose besessen sein könnten?«
»Nein«, antwortete er. »Das ist mir nie in den Sinn gekommen.«

Ich mußte laut lachen, als ich an diese Stelle kam, genauso wie ich das erste
Mal gelacht hatte, als mir Karin über das Scharmützel berichtete. Wie viele
Kinder hatte sie einen sechsten Sinn dafür, wann man sie manipulierte.

Also gut, ich ging zu einem anderen Arzt, einem renommierten
Psychologen. Es dauerte eine Weile, bis ich ihn zu fassen bekam, und
als es mir schließlich gelang, sagte er: »Ich dachte, Sie wollten mich
sowieso nicht sehen.«
»Wie kommen Sie darauf?« fragte ich ihn.
»Weil Sie dreimal nur meinen Anrufbeantworter bekamen.«
»Na so was?« sagte ich. »Und was ist damit, daß Sie dreimal *meinen*
Anrufbeantworter an der Strippe hatten?«

Karin klingt hier auf dem Papier eher etwas penetrant. In Wirklichkeit ist das
so gut wie gar nicht der Fall. Sie spricht angeregt über sich selbst und
übertreibt gern einmal. Unter der dramatischen Erzählweise spürt man
jedoch, daß sie ein umgänglicher Mensch ist – ich glaube ihr ohne weiteres,
daß sie niemals jemanden absichtlich verletzt hat. Sie hat sanfte, angenehme
Gesichtszüge und wache Augen. Mit fünfunddreißig Jahren noch ledig,
betreibt sie zusammen mit zwei Freundinnen einen kleinen gastronomi-
schen Party-Service in einem Vorort von Boston.
Nach ihrer eigenen Darstellung hatte Karin in den vorangegangenen zwei
Jahren zehn verschiedene Ärzte aufgesucht, von denen ihr keiner geholfen
hatte. Ihre grundlegende Beschwerde war im übrigen äußerst schwierig zu
diagnostizieren. Sie sagte, sie fühle sich nicht mehr wirklich. In Alltagssitua-
tionen wie bei einem Telefongespräch, auf der Straße oder in einem
Restaurant hat sie ständig Zweifel an ihrer eigenen Existenz: »Jemand ruft
meinen Namen, und schon stecke ich mitten in einem solchen Erlebnis:
›Habe ich darauf geantwortet? Bin ich das wirklich?‹ Manchmal spreche ich
gerade und denke: ›Wie kommt es, daß ich sprechen kann? Wie kann ich
atmen?‹ Es ist so, als sagte mein Geist: ›Datenverarbeitung verweigert.
Datenverarbeitung verweigert.‹ Und dann fange ich an zu weinen.«

Karin fühlt sich in ihrem eigenen Körper nicht mehr wohl, eine Empfindung, die von Psychologen als Realitätsverlust bezeichnet wird: »Es ist so, als steckte jemand anderes in meinem Körper, der alles mit mir beziehungsweise für mich tut.« Ihr Gefühl, unwirklich zu sein, wird manchmal sehr stark, und trotzdem funktioniert bei ihr alles. Andere Menschen haben Schwierigkeiten einzusehen, daß da tatsächlich etwas mit ihr nicht in Ordnung ist. »Wenn es mir elend ist, sagt mein Bruder immer: ›Schau mal, ich habe dieselben Gedanken wie du, aber ich habe nicht dieselben Reaktionen. Ich werde mir doch nicht mein Leben mit der Frage kaputtmachen, ›*Warum bin ich hier?*‹ oder ›*Wer bin ich?*‹.

Ihr Bruder hatte recht mit seiner Beobachtung, daß Karin sich in eine sehr dichtgesponnene intellektuelle Verwirrung verstrickt hat. Sie ist ständig von Fragen geplagt, die ihr verrückt erscheinen: Kann man gleichzeitig wirklich und unwirklich sein? Ist der Gedanke, daß du unwirklich bist, gleichbedeutend damit, daß du unwirklich bist? Wenn ihr bei allen diesen existentiellen Fragen der Kopf schwirrt, so wird sie so verwirrt wie Alice unten im Kaninchenbau.

Ich fragte Karin, ob sie sich wirklich fühlte, wenn sie mit mir sprach. Ihre Antwort war zwiespältig: »Ich sitze hier und spreche mit Ihnen, aber ein Teil von mir sagt, daß das nicht so ist. Es ist unmöglich. Wie kann ich so etwas zu mir selbst sagen? Mein Verstand kann das einfach nicht begreifen. Ich *weiß*, daß ich mit Ihnen spreche, aber ein anderer Teil *weiß*, daß ich es nicht tue. Ich blicke da nicht durch.«

Ein Yogi würde das so sehen, daß hier irgendwie der stille Zeuge am Werk ist – das heißt, Karin hat eine Erfahrung und nimmt gleichzeitig wahr, daß sie eine solche hat. Das ist nicht unbedingt eine unwirkliche Art und Weise, einen Bezug zur Umwelt herzustellen. Eher das Gegenteil – es könnte als die *wirklichste* Weise angesehen werden, sobald einmal der stille Zeuge als Kern des Ich Anerkennung findet. Im alten Indien wäre das innere Beobachten mit aller Selbstverständlichkeit als Pfad zu höheren spirituellen Erfahrungen akzeptiert und begrüßt worden.

Karin war nicht völlig überrascht, als ich ihr das eröffnete, aber es machte sie auch nicht glücklicher. »Man hat mir gesagt, daß meine Bewußtheit zugenommen habe und zu meinem Feind geworden sei«, entgegnete sie. »Aber ich weiß nicht, wie ich es abstellen kann.« Ihr Bewußtsein abstellen ist alles, woran sie zu dem Zeitpunkt denken konnte. Immer wieder hat sie Dinge hervorgebracht, die ich als tiefgründige Wahrheiten bezeichnen würde, nur, um sie dann als »krankhaft« zu verwerfen. Hier ein Beispiel.

»Ich mache diese Erfahrung, daß ich mit jemandem spreche und fühle, als ob ich auf ›Automatik‹ stehe. Es ist wie eine Überwachungskamera, die plötzlich eingeschaltet wird. Ich möchte sie abschalten. Ich möchte in der Lage sein, in einen Raum zu gehen, ohne denken zu müssen: ›Sieh mal an, ich habe mich in Materie verwandelt.‹ Die oberste Schicht meines Verstandes ist jetzt oberhalb des Automatischen, aber das erscheint mir nicht als besondere Gnade, es ist einfach neurotisch. Wie kann ich diese ganze hohe Bewußtheit oder Empfindsamkeit oder was es auch sein mag loswerden?«

Ich sagte ihr, daß andere Menschen viele Jahre auf dem spirituellen Weg zugebracht haben, um genau den Zustand der Nicht-Bindung zu erreichen, in den sie unabsichtlich geraten war. Für einen spirituellen Menschen bedeutet »auf Automatik« stehen, daß Gott oder das höhere Selbst an die Stelle des kleinen, isolierten Selbst getreten ist. Viele Heilige, im Westen wie im Osten, haben berichtet, daß sie in einem solchen seligen Zustand lebten. Sie betrachteten ihn als eine Art zweite Geburt, wodurch sie aus den Begrenzungen des Fleisches und den Fesseln der Vergangenheit befreit worden waren. Nach dieser Neugeburt hat ein Mensch nichts mehr von den Zauberkünsten der Maya zu befürchten und kann hinausziehen, um das Unbekannte zu erforschen.

Die Alltagswelt scheint jedoch keine Brücke zu der Welt des Unbegrenzten zu besitzen, und auf der Schwelle des höheren Selbst zu stehen, wie Karin dies tut, kann tiefe Angst verursachen. Niemand kann ihre Erfahrungen mit ihr nachvollziehen. Es gibt keine objektiven Kriterien, um sie zu messen, und ihr wissenschaftlicher Wert bleibt marginal (der bekannte britische Physiker Sir Arthur Eddington bemerkte einmal, daß jeder Versuch, ein spirituelles Erlebnis wissenschaftlich zu verifizieren, so viel bedeute wie der Versuch, die Quadratwurzel eines Sonetts zu finden).

Aus dieser Perspektive sind die Worte, die uns aus den alten spirituellen Traditionen überliefert sind, um so wertvoller, denn sie können als Führer aus der Not dienen, um die Gegenwart zu finden. In Indien gilt die *Bhagavad Gita* als die Quintessenz der gesammelten Weisheit über das Wesen der Wirklichkeit. Hier erzählt Lord Krishna dem Krieger Arjuna, daß jeder Mensch einen »Bewohner des Körpers« in sich birgt, der etwas ganz anderes ist als das isolierte, verwundbare Ich:

Nicht schneiden Waffen ihn,
noch brennt ihn Feuer,

noch netzt das Wasser ihn,
noch dörret ihn der Wind ...
Ewig ist und alldurchdringend er,
fest, unbeweglich und derselbe immer.

Es mag so aussehen, als sei dieser unverwundbare Bewohner eine religiöse Vorstellung dessen, was die meisten Frommen die Seele nennen. Lord Krishna behauptet, es sei dasselbe Selbst, das jedem sein Ichgefühl gebe. Im Sanskrit bedarf es verschiedener Begriffe, um das ganze Spektrum des Selbst abzudecken, von seinen lokalisiertesten Aspekten zu seinen ganz und gar universalen. Jeder von uns hat einen individuellen Geist, der im Leben einzigartige Erfahrungen macht – das ist auf Sanskrit die *Jiva*; sie kommt der Vorstellung von der Seele am nächsten.

Hat man einmal alle persönlichen Begrenzungen entfernt, so weitet sich die Einzelseele zum *atman* aus, zu reinem Geist ohne individuelle Erfahrungen. Emerson und die übrigen Transzendentalisten nannten das die Überseele. Wenn Jiva und Atman eins werden, indem Einzelseele und Überseele sich verbinden, ohne daß ihre jeweiligen Eigenschaften verlorengehen, so entsteht *brahman* oder Ganzheit. Ein Mensch, der Brahman verwirklicht hat, behält zwar seine Individualität, erfährt sich aber als universal, »unter dem Blickwinkel der Ewigkeit«, wie es die Kirchenväter bezeichneten. Brahman ist zugleich der Begriff für Wirklichkeit als Ganzes, was die objektiven und subjektiven Existenzfelder beinhaltet, das Manifeste wie das Unmanifeste. Jenseits des allumfassenden Brahman gibt es nichts.

Die Einzelseele ist also wie eine einzelne Welle auf dem Meer; Atman das Wasser, an dem alle Wellen teilhaben; Brahman ist das Meer selbst. Wenn Sie nun fragen, welcher von den dreien Sie sind, so ist die Antwort: »alle drei«. Zu behaupten, daß ein Aspekt des Selbst von den anderen verschieden sei, mag im Alltagsleben von Nutzen sein, ist aber nicht die letzte Wahrheit. Das Selbst, daß ich »Ich« nenne, scheint die Begrenzungen meiner Haut zu respektieren, gleichzeitig aber fühle ich meine Verbundenheit mit anderen Wesen. Wenn ein Kind in Afghanistan leidet, so spüre ich den Schmerz. Das Gefühl ist zwar bei weitem nicht so stark, als wenn ich meinem eigenen Körper Schmerz zufüge, aber das besagt lediglich, daß wir nicht dasselbe Nervensystem teilen.

Die alten Weisen wußten, daß jeder in einer konkreten Wirklichkeit gründet, die ihm seine Orientierung in Raum und Zeit ermöglicht.

Dennoch betonten sie, daß alle Wesen in denselben Lebensstoff hineingewoben sind. Karin konnte deshalb ohne weiteres auf diesen Zustand stark erweiterter Selbsterfahrung stoßen. Allerdings will sie nichts davon wissen. Sie hat mir häufig klar und deutlich zu verstehen gegeben, daß sie keine religiöse Erziehung gehabt hatte und in dem, was ihr da geschieht, keine spirituelle Bedeutung sieht. Hier ist ganz offensichtlich eine Wissenslücke. Keine Tradition bestätigt ihr ihre Erfahrung, keine weisen Alten oder sonstigen Führer sind da, um sie weiter zu unterweisen. Sie ist Treibgut geworden.

Der Blick von außen nach innen

Es ist nicht leicht, mit einer außergewöhnlichen Erfahrung zu leben, und Karin würde viel lieber zu eher weltlichen Erfahrungen zurückkehren, die uns wie Konfektionskleider passen. »Ich möchte am Samstagabend fernsehen, ein Glas Wein trinken und an nichts denken«, klagt sie. Ich möchte wütend sein, wenn mein Auto eine Beule kriegt, und mich nicht unbeteiligt fühlen. Ich möchte mich wieder so fühlen, als ob ich Teil des Lebens wäre. Ist das überhaupt noch möglich?«

In solchen Momenten begreift man, wie sehr Karin im Niemandsland ist. Da es kein überzeugendes Erklärungsmodell für ihre gegenwärtige Wirklichkeit gibt, bleibt sie dem Unwirklichen treu. Und doch ist sie nicht so abgeschnitten, wie es scheint. Ich spüre, daß sie die ganze Zeit Kontakt mit anderen sucht, aber in verhohlener Weise. Es wäre mir vielleicht entgangen, wenn nicht folgendes aufschlußreiche Ereignis geschehen wäre. Einmal während unseres ersten Gespräches wollte ich ihr zu verstehen geben, wie sehr ich vom Grad ihrer Bewußtheit beeindruckt war, und ich begann: »Für einen so klaren Geist wie Sie ...«

Sie unterbrach mich mit einem eigentümlichen Blick. »Warum haben Sie das gesagt?« fragte sie.

»Was?«

»Das mit dem klaren Geist. Was läßt Sie das so aus heiterem Himmel sagen?

»Nun«, antwortete ich, »es ist nicht zu übersehen, daß Sie mehr Selbstbewußtheit haben als neunundneunzig Prozent der Menschen, mit denen ich zu tun habe.

»Wie können Sie das nach einem Treffen feststellen?« fragte sie mißtrauisch. Ich sagte einfach, daß ich das könne, und sie bohrte nicht weiter. Eine halbe Stunde später unterbrach sie sich und fragte, diesmal etwas schüchtern: »Glauben Sie wirklich, daß ich ein klarer Geist bin?« Ich beteuerte, daß dem so war. Das Thema verschwand erneut. Als wir uns einige Tage später wieder begegneten, waren ihre ersten Worte: »Ich habe darüber nachgedacht, warum Sie mich als ›klaren Kopf‹ bezeichnen.«

Ich konnte nicht mehr übersehen, daß mein Kompliment für sie von besonderem Reiz war. Es war ein Zeichen nicht nur von Respekt, sondern von Zuneigung. Indem ich sie so bezeichnete, hatte ich gesagt: »Ich fühle mich Ihnen nah.« Beim Abspielen der Kassetten fand ich, daß es Karin geschafft hatte, auch *mich* an jenem Tag mehrere Male »klarer Kopf« zu titulieren, und wann immer sie es tat, war eine scheue, verlegene Intimität in ihrer Stimme.

Warum war dieses Versteckspiel der Gefühle für sie so wichtig? Ich denke deswegen, weil sie es viel leichter findet, sich intellektuell darüber auszulassen, daß sie sich unwirklich fühlt, als das bedrängende Gefühl das Verlorenseins offen zuzugeben. Bevor ihre Gefühle von einer dicken Schicht der Entsagung zugeschüttet werden, fühlen sich viele Kinder verloren, wie ausgesetzt. Karin erinnert mich an ein Kind, wie man es am Rande eines gesellschaftlichen Ereignisses findet – eines Hochzeitsfestes, einer Cocktail-Party, eines Erntedankfestes –, das mit weit aufgerissenen Augen das Treiben der Erwachsenen verfolgt, wie ein faszinierter Zoobesucher.

Was Kinder mit Verwunderung erfüllt, ist recht alltäglich und zugleich sehr beunruhigend: das selbstverständliche Trugbild des Alltags. Hinter den Worten »Ich liebe ihn« oder »Ich liebe sie« liegen sehr zurückhaltende Gefühle und geheimer Verrat. Menschen, die ihre Großzügigkeit zur Schau stellen, sind insgeheim sehr eigennützig. Eifersucht lauert unter einem Lächeln. Kinder verstehen sich nicht darauf, so zu leben, und Karin hatte es immer noch nicht heraus. Aus ihrer Perspektive leben andere Menschen sicher innerhalb einer gemeinsamen Wirklichkeit, während sie von draußen hineinschaut – »Ich lebe in einer anderen Dimension«, klagt sie. Dieses bleibende Gefühl der Isoliertheit macht die Dinge für sie beängstigend. Sie hat keine Sicherheit. Wir übrigen sind zu Hause; sie ist die ewig Fremde.

Viele empfindsame Menschen fühlen sich so. Weisheit und Gedichte können daraus ebenso leicht entstehen wie Angst. Aber angesichts der Vereinsamung, in die solche Menschen im allgemeinen geraten, kann ich einsehen, warum Angst die verbreitetste Reaktion ist. Schließlich sind ja zwischenmenschliche Beziehungen für die meisten von uns die Grundlage dafür, daß wir uns wirklich fühlen.

Drei Jahre zuvor, so behauptet Karin, hatte sie sich völlig normal und verbunden gefühlt – davon läßt sie sich nicht abbringen. Sie war damals einunddreißig Jahre alt und hatte gerade beschlossen, eine mehrjährige dauerhafte Beziehung zu einem Mann abzubrechen. »Ich wußte von Anfang an, daß Rodney nicht der Mann fürs Leben war«, sagte sie, »aber wir mochten einander und freuten uns ehrlich über das Zusammensein mit dem anderen.« Was sie schließlich trieb, die Beziehung abzubrechen, war ihre Entscheidung, jemanden zu suchen, den sie wirklich heiraten wollte. Dieser Grund reichte ihr, und die Trennung vollzog sich ohne Groll.

Unmittelbar danach kamen Karin jedoch Zweifel an der Richtigkeit ihrer Entscheidung. Sie ging diesen Teil mit mir noch einmal durch. »Als Rodney und ich uns trennten, empfand ich einen plötzlichen Verlust. Ich fragte mich, ob ich nicht das Falsche getan hatte, ob ich zu ihm zurückkehren sollte, wissen Sie, blah, blah, blah. Und dann lebte ich mein Leben weiter.« Kaum einen Monat nach der Trennung traf sie einen anderen Mann, der bei ihr Kunde war.

Sie verliebte sich leidenschaftlich und hörte nicht auf zu sagen, daß ihre Beziehung, die kurz aber intensiv war, von allen anderen einer Ehe am nächsten gewesen sei. Von vornherein hatte sie jedoch gewußt, daß seine Eltern, die orthodoxe Juden waren, starke Einwände gegen sie als Katholikin hatten. »Anfangs machte mir das ja nichts aus, denn ich war selbstsicher und befand mich in Hochstimmung. Ich erlaubte ihnen nicht, sich in mein Leben einzumischen. Aber nachdem ich einiges an Drangsalen ausgestanden hatte, die schlimmer als Folter waren ...«

Karin brach an dieser Stelle ab. Ich schloß daraus, daß hier eine stürmische Szene stattgefunden hatte, gefolgt von einem Nervenzusammenbruch. Ob sie tatsächlich ein psychotisches Trauma erlitten hatte, ist nicht eindeutig. Was sich jedoch bei ihr entwickelte, war eine krankhafte Angst vor AIDS. »Immer, wenn ich Blut spendete, zitterte ich wie verrückt. Dreimal wurde ich in dem Jahr als Spender aufgefordert, und ich schwebte in Todesangst vor einer Infektion.« Mehrere Male rief sie in Panik die AIDS-Beratungsstelle an, wo ihr jedesmal versichert wurde, daß sie keinen wirklichen Grund zur Besorgnis habe (das wurde durch alle Bluttests bestätigt).

Es war mitten in dieser schwierigen Zeit, daß sie sich zum ersten Mal unwirklich fühlte. Sie sagte, die Empfindung sei das erste Mal sehr neu und unerwartet gewesen. Niemals zuvor hatte sie das Gefühl gehabt, »aus dem Körper heraus« zu sein, oder »mein Bewußtsein hier oben zu haben« (dabei hielt sie die Hand über den Kopf). Als ich ihr sagte, daß viele Menschen ähnliche Empfindungen hätten, ohne sich deswegen beunruhigt zu fühlen, antwortete sie barsch: »Was soll das für mich, wenn ich mich trotzdem elend fühle?«

Ich neige dazu, Karin zu glauben, wenn sie sagt, daß dieses Gefühl der Unwirklichkeit plötzlich über sie kam. Nicht jedoch nehme ich ihr ab, daß ihr Leben so perfekt war, bevor »etwas passierte«. Sie hat eine unerschütterliche Nostalgie; das ist die Begleiterscheinung ihrer Weigerung, sich der Gegenwart zu öffnen. Sie sagt, ihr einziger Wunsch sei, daß alles wieder so wäre wie vor drei Jahren, vor der unglücklichen Liebesbeziehung. Diese Zeit hat sich bei ihr als ein verherrlichtes Ideal festgesetzt: »Ich fühlte mich damals ganz in mir, ganz entspannt. Ich war selbstsicher und hatte einen Lebenszweck. Ich fühlte mich integriert. Ich hatte eine Beziehung, hatte Geld und Seelenfrieden. Ich bejahte das, was ich tat, und war fähig, es ohne falschen Stolz zu tun. Ich hatte das Gefühl, auf einer guten Straße zum Wachstum zu sein. Ich fühlte mich wie ein Teil des Universums, so, als ob ich wirklich hier sein wollte. Es gab Leute, die zu mir aufschauten, und ich konnte sie glücklich machen.«

Karin hat die Zeit in ein Jetzt und ein Damals aufgeteilt, in ein Schlechtes und ein Gutes, ohne eine Schattierung dazwischen. Kein Wunder, daß ihre Lage ihr Kopfzerbrechen bereitet, weil sie nicht so zu lösen ist, wie sie es sich vorgestellt hat. Einerseits hat sie diesen Drang, alles zu tun, damit der Spalt weiter durch ihr Leben läuft (und so der Mythos von der perfekten Vergangenheit aufrechterhalten bleibt), andererseits sehnt sie sich danach, wieder wirklich zu sein, was bedeutet, daß sie wieder in den Fluß des Lebens springen muß. Für den Moment fühlt sich das Festklammern an einer Schwarz-Weiß-Weltanschauung wie die einzig sichere Lösung an.

Sagen Sie mir nicht, daß ich nicht verrückt bin

Karin ist ganz sicher wirklich; sie hat lediglich das Unglück gehabt, Zeuge des eigenen Übergangs von einer Ebene der Wirklichkeit zu einer anderen zu werden, einem Kind vergleichbar, das eines Tages gewahr wird, wie sein Krabbeln, das es durch und durch gemeistert hatte, zu Ende geht und sich die ungewisse Lernperspektive des Gehens auftut. Kleinkinder machen diesen Schritt instinktiv, und ihre Eltern geleiten sie mit aufmunternder Aufmerksamkeit über die schwierigen Stellen hinweg. Wenn aber die Psyche eines Erwachsenen die Möglichkeit einer völlig neuen Perspektive auslotet, steckt die Übergangsphase voller Hindernisse. Es gibt keine Richtlinien für »normale« Erfahrungen eines höheren Selbst. Unsere Vorstellung von Heiligen, die plötzlich von einem Strahl göttlichen Lichts durchbohrt werden, ist viel zu simpel; selbst die größten spirituellen Ereignisse finden innerhalb der mentalen Grenzen unseres Alltags mit seinen Zweifeln, Ängsten, Hoffnungen und Entsagungen statt. Was Menschen brauchen, ist dieselbe aufmunternde Aufmerksamkeit, die Eltern den ersten knickebeinigen Gehversuchen zukommen lassen. Traurigerweise ist unsere Gesellschaft in dieser Hinsicht ziemlich unbedarft, und so muß jeder von uns allein an das andere Ufer hinüberrudern, das uns über das Wasser heranwinkt.

Was jedoch weit mehr beunruhigt, ist, daß die zunehmenden Schmerzen der Selbsterkenntnis für das Ziel gehalten werden könnten. Karin beging diesen Fehler, und ihr Selbstzweifel widerspiegelt eine Zivilisation, die spirituellen Erfahrungen gegenüber ein tiefes Mißtrauen hegt. Ich meine damit nicht einfach das Urteil der Abnormität, das über jeden gesprochen wird, der aus den normalen Denk-, Sicht- und Verhaltensweisen ausbricht – dieses Problem gibt es leider in allen Kulturen. Die tiefere Sorge ist die, daß unsere Gesellschaft so sehr Angst vor dem Selbst hat, daß wir es mit Tod und Auflösung gleichsetzen. Als Freud der Tatsache gegenüberstand, daß jede Psyche (wir nennen sie Jiva) eine verborgene Sehnsucht nach Unbegrenztheit besitzt, prägte er den Ausdruck »Todessehnsucht« oder »Nirwana-Instinkt« – die beiden waren in seinen Augen mehr oder minder dasselbe.

Nirwana ist jedoch nicht der Tod. Es ist ein Sanskritwort für das Sein, den ursprünglichen Zustand des Selbst. Im großen und ganzen ignoriert die Psychologie diese Klärung noch, und die Furcht, daß völlige Selbsterkenntnis eine Art Auslöschung sei, bleibt bestehen. Irvin Yalom beschreibt den Moment, als er einen seiner neurotischen Patienten nach vielen Kämpfen dahin gebracht hatte, daß er begann, sich der Selbsterkenntnis zu öffnen:

Es ist der Moment, wo man vor dem Abgrund steht und entscheidet, wie man die unerbittlichen existentiellen Lebensfragen löst: Tod, Isolierung, Grundlosigkeit und Bedeutungslosigkeit. Es gibt natürlich keine Lösungen. Man hat nur die Wahl bestimmter Haltungen: ›gefaßt‹ zu sein oder ›engagiert‹ oder herausfordernd mutig oder stoisch resignierend, oder alle Rationalität abzuwerfen und in Ehrfurcht und Wunderbereitschaft seinen Glauben der Vorsehung des Göttlichen anzuvertrauen.

Und das soll nun das so sehnlich angestrebte *Ziel* der Therapie sein. Es wäre menschenfreundlicher, den Patienten in dem Glauben zu lassen, daß sie noch nicht begonnen habe. Der Ehrlichkeit halber sollte ich klarstellen, daß Yalom ein »existentieller« Therapeut ist, was bedeutet, daß sein Glaubensgrundsatz Unglauben ist: Das Leben hat keinen inneren Sinn oder Zweck außer dem, den jeder (durch eine willkürlich gewählte Haltung) ihm gibt.

Viele, wenn nicht alle Psychologen stimmen möglicherweise überein, daß es für die Probleme des Lebens keine Lösungen gibt, nur würden sie dieser Meinung kein »selbstverständlich« vorausschicken. Außerhalb der psychologischen Praxen herrscht dieselbe pessimistische Weltanschauung vor, vielleicht weniger wortreich, aber nicht weniger hartnäckig in ihrer endlosen Suche nach Vergnügungen und Auswegen aus der Not. Karin wuchs mit keiner besseren Version der Wirklichkeit auf; daher widersetzt sie sich ihrer »höheren Bewußtheit«, dreht ihrer Einsicht den Rücken zu und sehnt sich nach samstäglichem Fernsehen mit Bier – alles nur, um nicht sehen und fühlen zu müssen, was sie tatsächlich sieht und fühlt.

Als ich versuchte, ihre Erfahrungen ins rechte Licht zu rücken, wandte sich Karin gegen mich: »Dieses ständige Außerhalb-meiner-selbst-Stehen ist nicht natürlich. Alle sagen mir, daß ich mich normal verhalte – also, wo ist das Problem? Ich weiß, daß ich mich noch normal verhalte, aber ich habe Angst. Es gibt Momente, da blicke ich auf den Kalender und denke: ›Wie kann es Daten geben? Was ist Zeit?‹ Das ist einfach zuviel für mich. Bin ich wahnsinnig? Glücklicherweise hat mir jemand gesagt, daß man nach einem bestimmten Alter nicht mehr verrückt werden kann ...«

Ich antwortete mit mehr Überzeugung, als ich es je zuvor getan hatte: »Sie sind nicht› verrückt. Absolut nicht. Sie haben Erfahrungen, mit denen Sie nicht zurechtkommen. Aber die sind in Ordnung. Was mit Ihnen geschieht, ist nicht ganz gesund, weil es bei Ihnen Panik, Angst und so weiter verursacht. Und doch ist da ein Element der Selbst-Bewußtheit vorhanden. Verstehen Sie, was ich sage?«

»Hm. Erinnern Sie sich an den Zwangsneurosen-Doktor?« entgegnete Karin. »Er sah jeden als zwanghaft an außer sich selbst. Wenn ich bei Ihnen bin, unterhalte ich mich gern mit Ihnen, und ich kann sehen, daß Sie gewöhnt sind, mit Leuten zu sprechen, die mir weit überlegen sind. Aber Sie sind dafür trainiert, diese Selbst-Bewußtheit aufzuspüren. Vielleicht sehen Sie ja meine Symptome als Aufbruch zu einem neuen Weg, aber ich sehe sie als neurotisch.«

Ich ließ das Thema unverzüglich fallen in der Erwartung, daß sich die Dinge natürlich und in der richtigen Schrittart vollzogen. Aber irgendwie war ich doch traurig, daß Karin so konditioniert war, sich eher als »krank« denn als normal oder sogar begabt zu sehen. Sie wirft mit einem unerfreulichen psychologischen Vokabular um sich, um sich selbst zu beschreiben. Einmal wollte ich gerade sagen: »Ich glaube, Sie haben jetzt wirklich etwas entdeckt.« Kaum war ich mit den Worten heraus »Ich glaube, Sie haben da . . .«, fuhr sie unverzüglich fort »eine akute Schizophrenie?« Das Finden eines befriedigenden Etiketts ist sehr wichtig für sie.

Während unseres ersten Gesprächs, das weniger als eine Stunde dauerte, bezeichnete sie sich selbst verschiedene Male als wahnhaft, neurotisch, depressiv, ängstlich, unsicher, überspannt und verrückt. Im Grunde ist ihre tiefsitzende Sorge, verrückt zu sein, eines der sichersten Anzeichen dafür, daß sie es nicht ist. Sie beschreibt ihre Symptome mit Klarheit und Einsicht. Sie halluziniert nicht oder hat wahnhafte Gedanken. Ich könnte sie sogar so weit bringen, daß sie, wenn auch widerstrebend, zugeben würde, manchmal angenehm abgelöst von ihren Symptomen zu sein und sie zu durchschauen. Sie machte dieses Eingeständnis, als wir über die zehn Ärzte sprachen, die sie bereits aufgesucht hatte. »Zehn Spezialisten haben Ihnen also zehn verschiedene Diagnosen gestellt, und jede hatte etwas mit der jeweiligen Spezialisierung zu tun«, sagte ich. »Nun, was schließen Sie daraus?«

»Daß das die Weise ist, wie sie die Dinge sehen«, wich sie aus.

»Aber was sagt Ihnen das darüber, was Sie haben?« beharrte ich.

»Nun, es könnte mir sagen, daß sie diese Symptome schon vorher einmal gesehen haben«, antwortete sie. »Vielleicht ist mein Drang, zu zehn verschiedenen Ärzten zu gehen, tatsächlich zwanghaft. Ich könnte alle diese Sachen haben oder auch nichts davon.«

»Und was meinen Sie ist richtig?«

»Wahrscheinlich irgendetwas zwischendrin, sofern das Sinn macht. Offensichtlich habe ich Angst, bin ich depressiv, habe ich, was sie Realitätsverlust nennen. Andererseits, wenn ich hier so sitze, frage ich mich, ob ich überhaupt etwas habe.«

Hätte Karin diese letzte Bemerkung nicht gemacht, würde ich zugeben, daß die Wahrscheinlichkeit, ihre Interpretation umzuwenden, sehr gering ist; wir haben Glück, daß sie sich nicht völlig der Idee, krank zu sein, überantwortet hat. Sie ist intelligent genug, um die Schwachstellen auch der besten Ärzte herauszufinden. »Ich erzählte einem Therapeuten, daß ich mit zwei Jahren ein Spielgespenst hatte«, sagte sie. »Es war mein eingebildeter Freund. Dieser Psychologe sagte: ›Nun, ohne Zweifel war das ihr Wunsch nach einem Penis.‹ Also, im Alter von zwei Jahren, wer macht sich über so etwas Gedanken? Ich habe mich vor drei Jahren normal gefühlt, und ich fühle mich jetzt schrecklich.«

»Hatten Sie wirklich ein Spielgespenst?« fragte ich sie.

»Ja, ich würde so etwas nicht einfach aus der Luft greifen. Viele Kinder haben eingebildete Freunde, oder? Und wenn nicht, kann ich trotzdem nicht verstehen, was das mit mir zu tun hat«, sagte sie.

»Was wurde aus Ihrem Freund?« fragte ich.

»Ich weiß nicht«, antwortete sie versonnen. »Als ich älter wurde, ist er . . . Ich kann mich nicht erinnern. Jedenfalls ist er nicht mehr da.«

So sehr ich selbst von ihrem scharfen Blick für die Schwächen allzu selbstsicherer Ärzte (mich sicher eingeschlossen) angetan bin, ist sie nicht besonders glücklich über ihre Punktsiege. Sie möchte so akzeptiert werden wie jeder andere. Diese beiden Seiten ihrer Persönlichkeit haben einen tiefen Konflikt in ihrem Leben erzeugt. »Sie können sehen, wie schwer es mir fällt festzustellen, ob es richtig ist, daß ich um meiner selbst willen geschätzt werden möchte«, sagte sie. »Bin ich ein kluger Kopf, der einfach die Motive der anderen übermäßig analysiert? Oder bin ich so selbstgerecht, daß ich auf niemanden hören will?«

Der Bezug zum Selbst

Je mehr ich über Karin nachdenke, um so weniger außergewöhnlich erscheint mir ihre Situation und um so mehr scheint sie lediglich eine geringfügige Verstärkung der Probleme anderer Menschen zu sein, die ich kenne. Der gemeinsame Nenner in allen ihren Erfahrungen ist ein drastischer Verlust der Selbstverständlichkeit in ihren Beziehungen, ein Dahinschrumpfen von Vertrauen und Sicherheit, das ein Vakuum von Mißtrauen und Einsamkeit hinterläßt. Wo immer man hinschaut, stecken

Beziehungen in einer ähnlichen Krise. Eine stabile Ehe und ein liebevolles Familienleben sind zu einem heldenhaften Unterfangen geworden, das nur allzu oft zum Scheitern verdammt ist. Wenn Karin wirklich so ist, wie ich sie sehe, nicht »krank«, sondern einfach in akuter Weise selbstbewußt, wird ihre empfindsame Wachheit sie vielleicht zu einer Lösung hinführen.

Zwischenmenschliche Beziehungen gründen auf zwei Werten: sich jemandem nahe fühlen und doch von ihm getrennt. Das Gefühl der Nähe befähigt uns dazu, die Beziehung herzustellen, unsere Gefühle zu teilen und Worte und Gedanken auszutauschen. Das Gefühl der Entferntheit ermöglicht uns, unser Ich aufrechtzuerhalten, so daß es sich nicht in ein Nicht-Ich hinein verblutet. Solange jemand ein gesundes Gefühl dafür hat, wie er sich mit anderen teilt, ohne zuviel von sich fortzugeben, läuft die Mechanik der Beziehung ohne Pannen. Der Kern von Karins Problem ist der, daß sie sich Hals über Kopf entfremdet hat ohne das Gegengewicht des Gefühls von Nähe.

»Ich beginne umherzuwandern, ohne meine Existenz ergründen zu können. Meine Mutter ist nicht mehr meine Mutter. Ich schaue auf meinen Bruder, und es ist nicht mehr ›Hallo, Richard‹, sondern ›Wer ist das da?‹ Ich weiß, es ist mein Bruder, aber wie kann er das sein? Wenn ich im Spiegel meinen Körper sehe, sage ich ›Wie kann ich das sein? Ich fühle, daß die Welt dort drüben ist, und daß ich dort hineinschaue.‹«

Weit davon entfernt, wahnhaft zu sein, könnten Karins Gefühle intensiver Selbstbezogenheit auf eine tiefliegende Wahrheit hinweisen. Wir alle bewahren einen Bereich in uns, der sich anderen fernhält, wie intim die Beziehung auch immer sein mag. Als Wesen, die sich durch ihre Beziehungen definieren, haben wir Mütter, Brüder, Heime, Berufe und so fort. Die Szenerie um uns verändert sich und wir mit ihr. Als Zeugen, die Abstand nehmen und das Geschehen beobachten, stehen wir so fest wie Sterne, und unser unwandelbares Wesen ist unendlich still, ruhig und weise.

In einer der ältesten indischen Schriften, der »Großen Waldlehre« (Brihadaranyaka Upanishad), die mindestens auf das zweite Jahrtausend vor unserer Zeitrechnung zurückgeht, wird die tiefere Grundlage von Karins Gefühlen beschrieben:

> Wahrlich, es ist nicht um des Ehemanns willen, daß der Ehemann dem Weibe lieb ist, sondern um des Selbst willen.

Und es ist nicht um des Eheweibes willen, daß das Eheweib dem Manne lieb ist, sondern um des Selbst willen.
Und es ist nicht um der Söhne willen, daß die Söhne den Eltern lieb sind, sondern um des Selbst willen.

Es spricht ein König namens Yajnavalkya, der auch ein großer Weiser war. Er versucht, seiner Ehefrau begreiflich zu machen, was im Leben am wirklichsten und am dauerhaftesten ist. Er erhebt das Selbst über jede Beziehung, die man mit Ehemann, Ehefrau oder Kindern haben könnte, hinaus, aber nicht, um diese Beziehungen herabzuwürdigen. Vielmehr bestätigt der König eine psychologische Tatsache, daß jeder von uns sich selbst viel intimer verbunden ist als irgendeinem anderen. Beziehungen beginnen »hier drinnen«, mit unserer Fähigkeit, uns selbst zu lieben, uns selbst zu kennen, wir selbst zu sein. So sagt Yajnavalkya zu seiner Königin: »Wahrlich, Geliebte, es ist das Selbst, das gesehen werden sollte, das Selbst, das gehört werden sollte, das Selbst, über das man nachsinnen sollte, das Selbst, das erkannt werden sollte.«
Der Grund dafür, daß diese Worte über drei Jahrtausende hinweg nicht verlorengegangen sind, ist der, daß in jeder Generation das Selbst erwacht und verlangt, erkannt zu werden. Wenn es das tut, beginnen andere Beziehungen im Vergleich dazu zu verblassen, zumindest am Anfang, denn die Intimität des eigenen Selbst ist einigermaßen überwältigend. Die Welt wird zu einem Panoramaspiegel, der unser Bild von überall her zurückwirft. Lassen Sie uns einmal ausprobieren, wie sich das anfühlen könnte.
Wenn ich in meinem Sessel sitze und meditiere, so fühle ich mich wie mich selbst, ein in Zeit und Raum isoliertes Wesen. Ich habe Gedanken, von denen jeder eine winzige Menge Zeit braucht, aber ab und zu verschwindet mein Mantra, und ich erfahre Stille. Manchmal wird diese Stille sehr tief, und ich verweile einige Augenblicke lang darin. Wenn das geschieht, fühle ich mich nicht mehr als mein begrenztes Ich. Ich bin im Selbst aufgegangen. Wie fühlt sich das genau an? Stellen wir uns einen Mann vor, der einen langen, dunklen Korridor mit einer Taschenlampe absucht. Alles, was er sieht, ist das jeweils nächste Objekt, auf das der Lichtstrahl fällt; der Rest bleibt im Dunkel. Das ist dem Wachzustand vergleichbar, der immer nur einen Gedanken zum Inhalt haben kann. Nun stellen wir uns vor, daß plötzlich der ganze Korridor erleuchtet ist und alle Objekte gleichzeitig sichtbar werden.

So ist das Selbst – ein völliges Wachwerden für alles, was im Bewußtsein existiert, aber anders als in dem lichterfüllten Korridor gibt es hier keine physischen Beschränkungen, keine Objekte, keine Wände. Bewußtsein sieht sich selbst in reiner Form. Nehmen wir eine andere Analogie und stellen wir uns ein Genie vor, das auf einem Sofa liegt. Er könnte jede Menge brillanter Gedanken haben, aber in diesem Moment hat er gerade keinen. Dennoch ist er ein Genie, denn seine Genialität beruht ja auf seinem Potential, brillant zu sein. Ähnlich ist das Selbst ein Zustandspotential ungezählter Möglichkeiten, die sich eine nach der anderen in der manifesten Welt entfalten.

Das Eintreten in den Bereich des Selbst kann eine erstaunlich bescheidene Erfahrung sein, und vielen frischbacken Meditierenden entgeht die Bedeutung ihrer inneren Stille. Ich hatte einen Patienten, der seit seiner frühen Kindheit unter Angstanfällen litt und es schwierig fand zu glauben, daß er richtig meditierte. In aufmunterndem Ton fragte ich: »Haben Sie irgendwelche Perioden der Stille in Ihren Meditationen bemerkt?«

»Nie«, kam es wie aus der Pistole geschossen. »Zumindest nicht, daß ich wüßte. Würde ich es nicht wissen? Ich halte die ganze Zeit danach Ausschau.«

Ich erzählte ihm, daß man die Stille zunächst möglicherweise gar nicht wahrnähme. »Aber intellektuell begreifen Sie, daß der Geist still sein kann?«

»Meiner nicht«, sagte er.

»Warum das?«

»Er ist zu schnell.«

»Aber auch in einem schnellen Geist gibt es Lücken zwischen den Gedanken«, gab ich ihm zu verstehen. »Jede Lücke ist wie ein winziges Fenster hinaus in die Stille, und durch dieses Fenster stellt man den Kontakt mit dem Ursprung des Geistes her. Wenn wir hier so sprechen, dann sind da ja Lücken zwischen den Wörtern, oder? Wenn Sie meditieren, tauchen Sie senkrecht in diese Lücke hinein.«

»Das sehe ich natürlich«, gab er zur Antwort. »Aber ich glaube nicht, daß ich das in der Meditation erfahre.« Ich fragte ihn, was er denn erfahre. Er sagte: »Das einzige, worin sich eine Meditation vom Stillsitzen in einem Sessel unterscheidet, ist, daß, wenn ich nach zwanzig Minuten die Augen öffne, ich oft das Gefühl habe, als wären nur zwei oder drei Minuten vergangen – das verwundert mich.«

Ich sagte: »Da haben Sie's. Das ist der beste Hinweis darauf, daß Sie über die Gedanken hinausgegangen sind. Wenn Sie keine Gedanken haben, dann ist da Stille. Stille braucht keine Zeit, und um das Selbst zu erreichen, muß man sich in den Bereich der Zeitlosigkeit begeben. Ihr Geist mag vielleicht diese Erfahrung zunächst nicht registrieren, weil er so an das Denken gewöhnt ist. Sie haben womöglich den Eindruck, daß die Zeit vorübergeflogen oder irgendwo verlorengegangen sei. Aber die ›verlorene‹ Zeit haben Sie tatsächlich in das Selbst eingetaucht zugebracht.«

Es war für den Mann hilfreich, ein besseres intellektuelles Verständnis davon zu bekommen, was mit ihm vorging, aber das zeitlose Selbst ist kein Konzept, an das man glauben oder das man auch nur begreifen müßte. Man muß nur zwischen dem Denken und der Stille hin- und herpendeln können, immer wieder, bis die vollkommene Erfahrung der Stille gemacht wird. Wenn die Yogis sich aus dem Feld der Zeit zurückzogen, taten sie es nicht in der Absicht, für immer fort zu bleiben. Sie wußten, daß, solange sie einen Körper besaßen, dessen Organe entsprechend gewisser Naturgesetze zu funktionieren hatten, solange sie ihr Gehirn zum Denken benutzten, ihr Geist dieselben Empfindungen, Erinnerungen und Wünsche akzeptieren mußte wie der aller anderen.

All das war absolut notwendig. Nicht notwendig jedoch waren die verworrenen Schmerzen und Sorgen, die entstehen, wenn man ein Gefangener der Ereignisse ist. Während der ganzen Zeitspanne, in der er reine Stille erfahren konnte, war das Nervensystem des Yogis frei, die alten Streßknoten aufzulösen und so die Wunden der Zeit zu heilen.

Sobald jemand überzeugt ist, daß seine Meditationserfahrungen wirklich sind, beginnt sein Reifeprozeß vom Ich hin zum Selbst. Das heißt, er beginnt zu erleben, was es bedeutet, alle Trennungen aufzuheben, die Menschen voneinander scheiden. Das normale Alltagsleben liefert uns nicht oft die Gelegenheit dazu. Wir sind dazu konditioniert, niemals zu vergessen, daß »Ich« und »Nicht-Ich« voneinander verschieden sind, mit einer bemerkenswerten Ausnahme: verliebt zu sein. Über beide Ohren verliebt zu sein, bedeutet, daß man sich selbst mit einem anderen teilt. Die Barrikaden des Ich fallen für eine Weile, und die Liebenden gestehen sich ein, daß sie in einer gemeinsamen Identität aufgegangen sind. Solange die Verzauberung andauert, fühlt einer die Empfindungen des anderen, atmen beide denselben Atem. Da ist ein unbesiegbares Gefühl der Einheit; jeglicher Gedanke an das Alleinsein ist unerträglich.

In unserer Zivilisation neigen wir dazu, diese Einheit als eine vorübergehende psychologische Täuschung abzutun, die wahrscheinlich ungesund ist, wenn sie allzu lange über die Hoch-Zeit des Werbens hinaus andauert. (Letzthin ist gar der Begriff »Liebessucht« für diese Abnormität geprägt worden.) Die Yogis hätten jedoch gesagt, daß es keinen Grund dafür gibt, warum ein Mensch nicht zwei Perspektiven besitzen kann, eine lokale (das Ich) und eine universale (das Selbst). Ein Yogi wird beiden Perspektiven gleichzeitig gerecht. Er hat seine Selbst-Bewußtheit stabilisiert, ohne darüber sein Ich zu verlieren. Ein intensives Liebesgefühl begleitet diesen neuen Zustand, aber anders als beim Verliebtsein ist das Einswerden des Yogis von keinem anderen abhängig, von keiner Geliebten. Er vereint sich mit allem und schließt es in sein Selbst ein. Sobald er alles als Teil seiner eigenen Identität sehen kann, gibt es kein isoliertes »Ich« mehr, das zu verteidigen wäre. Alles, was bleibt und das gesamte, vielfältige Universum erfüllt, ist Liebe zu allem.

Ein Mensch, der im Selbst lebt, fühlt sich allen anderen eng verbunden, und zwar nicht deswegen, weil er eine besondere Begabung für das in einer guten Beziehung übliche Geben und Nehmen besitzt, sondern weil er alles aus sich heraus gibt. Er hält nichts zurück und fließt deshalb mühelos über die Grenzen seines isolierten Ich hinweg. Könnte dies unser natürlicher Zustand sein?

Um die Jahrhundertwende wuchs der berühmte Photograph Alfred Stieglitz in einer wohlhabenden deutschstämmigen Familie in New York auf. Während eines schneidend kalten Winters tauchte ein Drehorgelspieler an der Hintertür auf. Sobald er dessen Musik hörte, sprang Alfred vom Tisch auf, rannte hinaus und gab ihm eine Münze. Am folgenden Abend erschien der Drehorgelspieler aufs neue, und der kleine Junge rannte wiederum hinaus, um ihm eine Münze zu geben.

Dieses Ritual wiederholte sich Tag um Tag, ob es schneite oder Schneeregen fiel. Die Familie war mit der Zeit einigermaßen beeindruckt, und eines Abends sagte Alfreds Mutter zu ihm, wie wunderbar er war, daß er trotz der Kälte hinausging, um dem Bettler das Geld zu geben. Alfred sah erstaunt auf und sagte: »Aber Mutter, ich tue das doch nur für mich selbst.« Als ich diese Anekdote zum ersten Mal las, durchzuckte mich ein Blitz der Erkenntnis, denn ich sah ein, daß ein höchst selbstsüchtiges Motiv zugleich das selbstloseste sein konnte.

In einem anderen Beispiel vollzog sich bei dem bekannten jüdischen Philosophen Martin Buber ein Wandel der Wahrnehmung vom kleinen Ich hin zum größeren Selbst, als er plötzlich einen glänzenden Stein am Straßenrand erblickte:

An einem trüben Morgen ging ich die Landstraße entlang, sah ein Stück Feldspat, hob es auf und sah es lange an; der Tag war nicht länger trübe, so viel Licht war in dem Stein eingeschlossen. Und plötzlich, als ich die Augen von ihm abwandte, bemerkte ich, daß ich während des Betrachtens keines »Objekts« und keines »Subjekts« bewußt gewesen war; im Betrachten waren Feldspat und Ich eins gewesen; in meinem Betrachten hatte ich Einheit gekostet. Ich sah ihn erneut an, aber die Einheit war nicht mehr da.

Das ist kein mystischer Moment; es ist einfach eine wirkliche Erfahrung, aller Schleier entblößt, die uns glauben lassen, daß wir *nicht* eins sind mit Felsen, Bäumen, Bergen und Sternen. Für einen kurzen Moment hatte Buber die Beziehung durch Einheit ersetzt und damit flüchtig eine Weltsicht erhascht, die eigentlich dauerhaft sein könnte. Das geschieht jedoch selten, weil das Nervensystem des Durchschnittsmenschen zu aktiv ist, zu konditioniert durch Jahre der Nicht-Stille.

Wenn ein Moment der Einheit lange genug andauert, hat der Wahrnehmende Zeit abzuschätzen, wie es wäre, wenn man in einem Zustand verbleiben könnte, in dem »Ich« und »Nicht-Ich« koexistieren. In seinem Tagebuch beschreibt der englische Essayist Mark Rutherford einen Frühlingsmorgen, als er durch den Wald ging und auf eine riesige alte Eiche stieß. Der Baum begann gerade auszuschlagen; er war umgeben von einer wabernden Wolke grünlich-gelber Knospen. Ergriffen von der Herrlichkeit dieses ganzen neuen Lebens, spürte Rutherford mit einem Male, daß »etwas geschah, was nichts Geringeres war als eine Verwandlung meiner selbst und der Welt.«

Die Eiche war »nicht länger ein von mir getrennter und entfernter Baum. Die hemmenden Begrenzungen des Bewußtseins waren beseitigt ... Der Unterschied zwischen Selbst und Nicht-Selbst war eine Illusion. Ich konnte den aufsteigenden Saft spüren; auch in mir war da ein Anschwellen von den Wurzeln her, und die Freude seines Hervorbrechens, von der Spitze jedes Zweiges bis hin zum Wipfel, war meine eigene.« Verschmolzen mit dem Wesen des Baumes, dachte er an die Worte der Liturgie *Du in mir und ich in Dir*. Der Schlüssel zu dieser Erkenntnis lag in der Einheit, die dieser Satz mitteilte. »Ich kann es nicht erklären; es wird leicht sein, mich für absurd zu halten, aber nichts kann mich erschüttern. *Du in mir und ich in Dir*. Tod! Was ist der Tod? Es gibt keinen Tod; in Dir ist er unmöglich, absurd.«

Zahllose Menschen haben ähnliche Erfahrungen gemacht. Sie wurden einen Augenblick lang eins mit der Natur und erlebten das Selbst. Ist es also nicht möglich, noch etwas weiter zu gehen und sich einen Zustand vorzustellen, wo ein Mensch ständig in Einheit mit der Natur lebt? Das ist die Herausforderung des Yogis an unsere Alltagsvorstellung des Daseins. Mensch zu sein, so sagen die Yogis, bedeutet, die eine Stille zu erfahren, die allem zugrunde liegt. In Wahrheit ist Leben Stille, und in der Gemeinschaft der Stille ist alles Leben eins.

In die Stille gehen

Am Schluß unseres ersten Gesprächs beschloß ich, Karin zu bitten, absolutes Schweigen zu bewahren und während der nächsten drei Tage mit niemandem zu sprechen; danach wollten wir uns treffen und uns weiter unterhalten. Sie war als Patient in der Klinik bei Boston, wo ich Krankenbesuche mache, so daß für ihr tägliches Wohlergehen gesorgt war. Diese Zeit der Stille würde für sie eine gute Gelegenheit sein, ihre Erfahrungen während der Meditation zu vertiefen, die sie gerade einen Monat zuvor erlernt hatte.

Karin war sehr zurückhaltend meinem Experiment gegenüber. »Darf ich absolut nicht sprechen?« fragte sie nervös.

»Ja«, antwortete ich. »Wenn Sie irgendetwas brauchen, können Sie es aufschreiben und jemandem vom Personal geben.«

Sie sah nur noch besorgter aus. Karin ist daran gewöhnt, einen ständigen Wortschirm um sich zu haben, teils, um ihre Angst zu lindern, teils, um sie zu übertönen. Ich konnte sehen, daß die Perspektive, schweigen zu müssen, ihr so vorkam, als hole man sie gewaltsam aus dem Sauerstoffzelt.

»Bitte, haben Sie etwas Vertrauen«, bat ich sie. »Sie werden erstaunt sein, was geschieht.«

Sie war sich nicht schlüssig. »Kann ich wenigstens meinen Bruder anrufen, um ihm zum Geburtstag zu gratulieren?« fragte sie. Ich nickte. »Und also keinem etwas sagen?« fragte sie.

»Kein Wort«, antwortete ich.

Einen Patienten zu bitten, in die Stille zu gehen, ist ein sehr ungewöhnlicher Schritt – ich möchte auch sofort betonen, daß tagelanges Schweigen keine Voraussetzung für erfolgreiches Meditieren ist – aber ich konnte mir keine andere Methode vorstellen, um Karin daran zu hindern, ständig auch die geringfügigsten Ereignisse zu kommentieren. Der Gebrauch von

Worten ist ein Notausgang, durch den sie mir davonläuft, jedem davonläuft, der ihr zu helfen versucht hat, und schließlich sich selbst. Auch scheint es mir, als ob sie ihr Problem von Grund auf falsch einschätzt. Sie glaubt, daß sie außerhalb der Wirklichkeit ist und verzweifelt versucht, wieder Einlaß zu finden. Ich fühle dagegen oft, daß sie genauso viel Energie darauf verwendet sicherzustellen, daß sie *draußen bleibt*.

Warum tut sie das? Das Teilhaben am Alltag bringt eine Mischung von Freude und Schmerz mit sich, aber Karin zieht es vor, wie in einem Fesselballon an einer langen Leine über der Welt zu schweben. Dieser entfernte Aussichtspunkt vermittelt nicht viel Freude, aber er hilft ganz gewiß, sich von mehr Schmerzerfahrung fernzuhalten. Karin weiß, daß ihr Fluchtplan fehlgeschlagen ist. Sie ist immer noch an den Boden gefesselt, durch ihre Erinnerungen, ihre Sorgen und vor allem durch ihr Sehnen doch wieder zu den anderen zu gehören. Ich erwartete nicht, daß wenige Tage des Schweigens einen wesentlichen Durchbruch bewirken würden, aber zumindest konnte ich da sein, wenn sie schließlich landen und wieder sich selbst begegnen würde. Es würde ein sehr spannungsreicher Moment sein, dessen war ich sicher.

Als die drei Tage vorüber waren, hatte ich das Gefühl, daß eine Veränderung stattgefunden hatte. Karin sah ausgeruht und weniger besorgt aus; sie nahm nicht wie besessen dieselbe Litanei der Klagen wieder auf. Sie sah mich fragend an, und nachdem sie zugegeben hatte, daß sie sich etwas froher fühlte, fragte sie: »Was war der Zweck des ganzen?«

»Was, glauben Sie, hat es Ihnen gebracht?« stellte ich die Gegenfrage.

»Also, ich fühle mich wie ein Weihnachtsbaum mit allen Lichtern an«, lachte sie verschämt. »Und ich möchte immer noch den Stecker rausziehen, damit die Lichter ausgehen.« Sie hielt inne.

»Irgendetwas anderes?« drang ich in sie.

»Ich weiß nicht«, murmelte sie ausweichend. »Ich bin eine Menge herumgewandert. Da war eine Sache.«

»Und?«

»Da ist ein großer Ahornbaum in Ihrem Wald, der vom Blitz getroffen wurde und ein Loch in der Mitte hat, etwa auf Schulterhöhe. Ich kam gerade vorbei, als ich sah, daß sich in dem Loch etwas bewegte. Ich trat näher heran und sah ein Vogelnest mit einem einzelnen blauen Ei darin. Ein erwachsener Vogel stand daneben und bewegte sich nicht. Ich war erstaunt, daß er nicht fortflog, aber als ich noch näher hinblickte, verstand ich, was geschah. Ein Junges war gerade beim Ausschlüpfen. Winzige Risse erschienen und dann die braune Spitze eines Schnabels. Ich stand ganz still und hielt den Atem an. Einen Moment lang fragte ich mich, ob ich helfen sollte, aber ich habe gehört, daß, wenn man ein Junges anfaßt, die Mutter es dann verwirft. Also sah ich einfach zu und bewegte ganz langsam die Hand, bis sie nur noch ein paar Zentimeter vom Nest entfernt war. Und immer noch flog der Vogel nicht fort. Das Junge mußte erschöpft gewesen sein, denn auch als ein größerer Teil der Schale abgefallen war, lag es einige Minuten lang still. Ich beschloß zurückzugehen.« Keiner von uns sagte etwas.

»Wissen Sie, warum die Vogelmutter nicht fortflog?« fragte ich.

»Ich glaube, weil Sie wirklich still waren. Sie trugen ihre innere Stille bei sich und verbreiteten sie um sich. Sie mögen das vielleicht nicht selbst bemerken, weil sie vielleicht denken, daß ein stiller Geist nicht fähig ist zu denken. Sie können aber denken und gleichzeitig still sein. Es gibt zwei Ebenen in uns. Der denkende Geist macht weiter, und doch bleibt die Stille bestehen.«

Was Karin erlebt hatte, war ein kleines Fenster der Stille. Ich sagte ihr, daß die Welt, die wir durch dieses Fenster sehen, sich sehr von der üblichen unterscheidet. Weit davon entfernt, Stille zu verbreiten, verbreiten die meisten von uns Hektik und bringen das innere mentale Chaos zum Ausdruck. Sobald die innere Erregtheit nachläßt, macht sie dem beginnenden Wandel Platz. »Unser Geist ist von Natur aus still«, sagte ich, »aber wir müssen uns etwas beruhigen, um das wahrzunehmen. Alles ordnet sich spontan, sobald man still wird. Im Licht ruhiger, fester Selbst-Bewußtheit erwacht in uns ein Gefühl von Ganzheit. Diese Ganzheit ist nicht irgendetwas Vorgestelltes; sie ist einfach unser eigener Geist, der von allen Gedanken geleert und nur noch von uns selbst erfüllt ist. Wir brauchen nichts zu tun, um diesen Zustand zu erreichen; der Vorgang ist mühelos: Man muß noch nicht einmal bewußt loslassen. Alles, was wir brauchen, ist ein ruhiger Geist.«

Dieses zweite Gespräch mit Karin war auch das letzte. Ihr einwöchiger Aufenthalt in der Klinik ging dem Ende zu. Wir hatten weniger als zwei Stunden miteinander verbracht, und doch fühlte ich mich ihr sehr nahe. Sie hat so viel aufs Spiel gesetzt, um sich selbst treu zu bleiben. Kurz bevor wir uns verabschiedeten, schien sie zum ersten Mal bereit zu sein, über ihre Zukunft zu sprechen – ich meine, die Möglichkeit, daß sie tatsächlich eine hat und nicht ihr Leben damit verschwendet, daß sie sich über die Gegenwart ereifert oder der Vergangenheit nachtrauert. »Ich kam hierher, um herauszufinden, ob es einen Weg zurück zu dem gibt, was ich verloren hatte, obwohl meine innere Stimme mir sagte, daß es keinen gibt. Ich muß weitermachen«, sagte sie.

»Wäre es nicht traurig, von Erinnerungen zu leben?« fragte ich.

»Mehr hat die Vergangenheit nicht zu bieten.« Sie nickte bedächtig.

Ich mußte am nächsten Tag fort, aber die Krankenschwestern berichteten mir, daß Karin beim Fortgehen viel fröhlicher und zuversichtlicher ausgesehen hatte. Sie bemerkte zum ersten Mal, wie krank einige der anderen Patienten waren, und verbrachte einige Stunden beim Spaziergang und im Gespräch mit zwei älteren Frauen, die Krebs im fortgeschrittenen Stadium hatten. Ich habe jetzt das Gefühl, daß Karin nicht verloren ist, sondern sich im Übergang befindet. Sie ist im Begriff, zu einem neuen und höheren Selbstwertgefühl durchzudringen.

»Sie fragen sich die ganze Zeit, wer Sie wirklich sind«, sagte ich bei unserem letzten Treffen zu ihr. »Wenn Sie es intellektuell wissen wollen, dann ist es reines Bewußtsein, der wandellose Hintergrund, vor dem alle Gedanken ablaufen. Dieses reine Bewußtsein ist ein Kontinuum. Es ist nicht in Zeit- oder Raumstücke aufgeteilt – es ist einfach, war immer und wird immer sein. Wenn Sie sich selbst erkennen wollen, so ist das, was Sie erfahren, Ihr wahres Wesen. Das ist der Schlüssel zur Freiheit. Freiheit ist das Erfahrungswissen des eigenen Wesens. Sie haben bereits einiges davon. Viele Male waren Sie eindeutig Zeuge Ihres Körpers und Ihrer Umgebung. Sie haben mir das immer wieder berichtet. Sie nehmen sogar von Ihren eigenen Gedanken Abstand. Im Moment verursacht diese Erfahrung keine Freude, aber warum sollte sie das nicht? Sie entdecken, daß Ihre eigene Ecke der Unsterblichkeit von allen sterblichen Dingen verschieden ist. Ist das nicht doch aufregend?«

»Ich kann das als Vision akzeptieren, aber jetzt fühle ich noch nichts«, sagte sie.

Ich ehre Karins Ehrlichkeit in diesem Punkt. Wir leben nicht in einem Zeitalter des Glaubens, und viele Menschen haben Probleme mit irgendeiner Weltsicht, die solch ein gewagtes Wort wie Unsterblichkeit enthält. »Leben? Ich weiß schon, was Leben ist«, erklärt das isolierte Ich. »Es bedeutet denken, fühlen, atmen. Es endet dort, wo das alles endet. Ich brauche nicht darüber hinauszugehen.« Aber ich bitte Karin auch nicht um Glauben, sondern nur um ihre Bereitschaft, innen zu forschen und die sich ergebenden Tatsachen abzuwarten. Mehr als ein Mensch hat schon halbwach in einem Ruderboot gelegen, das unter einem wolkenlosen

Sommerhimmel dahintrieb, und hat etwas Unendliches, Stilles und Endloses empfunden. In einem bestimmten entspannten Zustand scheint dieses Etwas überall zu sein, innen wie außen. Es lächelt Ihnen nicht zu, es runzelt nicht die Stirn; es ist einfach.

Es bedarf eines wiederholten Eintauchens in die Stille, hinein und heraus, jeden Tag, damit man begreifen kann, daß dieser unendliche, reglose, ewige Zustand des Seins man selbst ist. Dann öffnet sich die Tür zu einer Erfahrung, die uns und die Welt nachhaltig verändert. Es dämmert einem, daß alles, was man im Zustand der Isoliertheit getan hat – denken, fühlen, atmen –, zu einem verborgenen Pfad hingeführt hat. Das Ich hat immer die Verbindung gesucht; es existiert nur, damit es mit dem Selbst Hochzeit halten kann.

10 Das wiedergewonnene Paradies

Stan wird Ihnen sagen, daß die Flöte sein Leben rettete, aber daran ist noch mehr: – die Flöte *ist* sein Leben. Kein Tag geht vorbei, ohne daß er Flöte spielt oder anderen zeigt, wie man spielt. Er tritt jährlich bei Dutzenden von Konzerten als Solist auf. Er besitzt einen Laden in der Innenstadt, wo er Flöten repariert, prüft, vorspielt und sogar eigene Flöten herstellt. Auf dem Heimweg nach Ladenschluß steht er im Gedränge der U-Bahn und sinnt über alle die hellen Silberinstrumente nach, die er an diesem Tag gestreichelt und poliert hat.

Man kann sich daher das Schreckliche kaum vorstellen, das ihm kürzlich widerfahren ist. Vor fünf Monaten wachte Stan eines morgens auf, nichts Ungewöhnliches ahnend, und stellte plötzlich fest, daß die Flöte in seinen Ohren keinen Wohlklang mehr erzeugte. Die beweglichen Melodien, Tonleitern, Triolen und Triller seines eigenen Spiels waren häßlich geworden und klangen wie das Kratzen eines Fingernagels auf einer Schiefertafel. Über Nacht war aus der größten Freude seines Lebens ein Schmerz geworden.

»Woher kommt dieser grobe Klang?« fragte ich ihn. »Von irgendeinem besonderen Instrument?«

»Nein, es spielt keine Rolle, welches Instrument ich in die Hand nehme«, erwiderte er trübselig. »Es ist immer noch meine Energie, die da durchfließt. Ich habe immer eine bestimmte Tonqualität erreicht, die meine Kollegen als himmlisch bewerteten, die ich aber jetzt als abscheulich schrill empfinde. Es ist so abstoßend geworden, daß ich es nicht mehr aushalten kann zu spielen.«

Stans eingesunkenes, verhärmtes Gesicht sah zu mir auf. »Und es kam aus heiterem Himmel?« fragte ich.

»Völlig.«

»Ohne jegliche Vorwarnung? Denken Sie nach«, sagte ich mit Nachdruck.

»Alles, was ich Ihnen sagen kann, ist, daß alles in meinem Leben normal zu verlaufen schien, bis mir ein Psychiater sagte, ich sollte mit einem

bestimmten Antidepressivum aufhören. Ich hatte es letztes Jahr eine Weile lang genommen, als ich mich mit meiner Partnerin überworfen hatte. Als der Psychiater sagte, ich sollte kurzerhand aufhören, fragte ich ihn: ›Ist das wirklich in Ordnung?‹ Er antwortet: ›Na klar.‹ Am nächsten Morgen wachte ich mit einem Summen und Klingeln in meinen Ohren auf, als ob jemand in meinem Kopf Flöte spielte.«

Stans Psychiater hat ihm sorgfältig erläutert, daß die plötzliche Veränderung in seinem Hörvermögen nicht auf den Abbruch des Medikamentengebrauchs zurückzuführen sei, aber Stan ist damit nicht beruhigt. Er hat verschiedene Spezialisten aufgesucht, die alle von der eigentümlichen Mischung von körperlichen und psychischen Symptomen verblüfft waren. »Immer, wenn ich schlucke«, berichtete mir Stan, »habe ich das Gefühl, als ob sich meine Ohren mit Flüssigkeit füllen. Es ist so, als wären da Bäume mit Ästen in meinem Körper, und wenn ich schlucke, dann knacken sie und füllen sich mit Flüssigkeit. Ich ging zu vier HNO-Spezialisten. Zwei von ihnen sagten, da sei gar keine Flüssigkeit, zwei sagten, da sei welche. Nur einer meinte, er könnte es behandeln, aber seine Medikamente wirkten nicht. Meine Hörtests ergaben normale oder sogar höher als normale Werte, wie vorher auch, aber ich weiß, daß bei mir etwas nicht mehr stimmt.«

»Wo so viel in Ihrem Leben mit Ihrem Hörsinn zusammenhängt«, hob ich hervor, »glauben Sie, daß irgendein Gefühlsproblem sich in diesen Ohrsymptomen lokalisieren könnte?«

»Ich weiß nicht«, antwortete er. »Vor ein paar Monaten begann ich zu denken ›Vielleicht ist es gar nicht körperlich. Vielleicht ist es irgendetwas, wo ich durchmuß.‹ Die Leute sagten zu mir ›Sprich doch mal mit jemand‹, und so gab es jetzt monatelang Gerede, aber die Psychologen sagen mir nichts, was ich nicht schon wüßte. Nehmen wir an, meine Probleme sind neurotischer Art. Na bitte, hurrah, da haben wir ja die Antwort ... Aber ich fühle mich immer noch wie ein Verdammter.«

Stans Zuhörer haben offenbar an seinem Spiel nichts zu bemängeln. Für sie klingt seine Musik genauso wie vorher, und seine Kollegen sind immer noch voll des Lobes über sein einfühlsames, ausdrucksvolles Spiel. Die Tatsache, daß er nunmehr seine eigene Musik haßt, ist daher ein wohlgehütetes, dunkles Geheimnis geworden.

»Vielleicht ist es nur vorübergehend. Niemand hat sich bis jetzt bei Ihnen beklagt«, gab ich ihm zu bedenken.

»Nein, aber es könnte herauskommen«, sagte Stan besorgt. »Mir bangt, daß irgendjemand das mitkriegt und beginnt, mich so zu hören wie ich mich. Es wird schließlich passieren, oder?«

»Ich weiß nicht«, sagte ich und fühlte mich so verwirrt wie er selbst. Wie die Dinge stehen, findet Stan es immer schwerer, seine Integrität als Musiker und auch als Mensch zu wahren. Anderen seine dissonanten Töne vorzublasen, ist eine ständige Quelle von Schuldgefühlen. Seit seiner Kindheit in Brooklyn, wo seine Lehrer sein musikalisches Talent entdeckten, hing das Glück von seiner Flöte ab. Ich kann mir den kleinen, schutzlosen Dreizehnjährigen gut vorstellen, der er einmal gewesen ist. Auch heute mit fünfunddreißig Jahren ist Stan noch klein. Er trägt eine dünnrandige Drahtbrille und hat eine volle Unterlippe, die er nach außen stülpt, so daß sie ein ideales Polster für das Mundstück einer Flöte abgibt. Er spricht mit einem nervösen Wirbel von Wörtern, die kaum den Boden berühren, bevor sie schon zu Neuem hin weitertreiben. Er hatte wirklich Glück gehabt, auf eine Flöte zu stoßen. Ein Junge wie Stan kann in den Straßen von Brooklyn leicht zertreten werden.

Ohne die Lebensfreude seiner Flöte wird er mit jeder Woche vergrämter und isolierter. »Am Sonntag spiele ich in einem Konzert mit einem Orchester, das hauptsächlich aus Ärzten und Rechtsanwälten besteht. Da ist eine Cellistin, die wirklich wunderbar ist. Sie ist einfach süß, und ich glaube, sie hat ein Auge auf mich geworfen. Ich würde gern mit ihr zusammenkommen. Wir könnten als Musiker eine Menge Spaß haben. Ich bin ein so guter Musiker wie sie, wenn nicht besser. Aber ich habe Angst davor, meine Flöte aufzunehmen und mit ihr ein Duett zu spielen, also kann ich sie nicht einladen.«

Für einen Mann, der die Begegnung mit einer Frau hauptsächlich als Gelegenheit zum Duett-Spielen sieht, erweist sich das musikalische Unvermögen als Katastrophe. Man könnte ironisch auf die sexuellen Untertöne in Stans Aussage hinweisen. Er ist wie ein Scharfschütze ohne seine Pistole, wie ein Polizist ohne seinen Schlagstock, aber ich glaube nicht, daß diese sexuellen Untertöne auch nur annähernd so wichtig sind wie der drastische Sinnverlust, den er erlitten hat.

»Es war mir immer egal, ob jemand anders mein Spiel mochte, solange es nur mir gefiel. Man kann Leute zehn Minuten lang mitreißen und daraus einen Kick kriegen, aber diese Endorphine oder was immer da drin steckt« – Stan zeigte auf seinen Kopf – »das ist ja einfach Morphium. Ich möchte es selbst fühlen. Ich möchte Erfüllung; sonst hat mein Spielen keinen Sinn.«

Er seufzte müde. »Vielleicht ist es so, wie wenn man eine Frau zum ersten Mal trifft. Man schwebt förmlich, aber dann bekommt man mit, daß sie ja auch nur ein Mensch ist. Der Zauber blättert nach und nach ab, und die Wahrnehmung wird anders. Vielleicht ist die Flöte jetzt einfach eine Flöte geworden. Ich hatte meine Flitterwochen mit ihr, und jetzt höre ich sie, wie sie wirklich ist – wer weiß?

»Jeden Tag fange ich in der Hoffnung an zu spielen, daß es wieder schön klingt, aber dann höre ich dieses Schrillen. Ich versuche es mir auszureden: ›Stan, dein Klang kann sich nicht verändert haben. Nur deine Ohren sind verstopft.‹ Aber meine Symptome sagen etwas anderes. Ich argumentiere mit mir selbst. ›Schau mal, Leute laufen mit Multipler Sklerose herum und mit schlimmeren Sachen‹, aber es hilft nicht. Ich will einfach so nicht leben.« Stan schwieg, und sein Gesicht sah mürrischer und verwirrter aus als je zuvor. Aus dem Paradies verstoßen wie ein abtrünniger Engel, kommt er nicht über den Schock hinweg, wohin es ihn verschlagen hat.

Jetzt und für immerdar

Der Unterschied zwischen Stan und einem gefallenen Engel ist der, daß den Engeln das Paradies geschenkt wird, während die Menschen das ihre selbst schaffen müssen. Nicht, daß es irgendjemandem jemals gelungen wäre. Stan hatte das Privileg gehabt, durch seine Musik ein Stückchen intensiver Freude zu erzeugen. Wie jeder wahre Künstler lebte er aus seinem schöpferischen Kern heraus bis zu jenem unglückseligen Tag, als der Fluß der Kreativität unterbrochen wurde. Eine Lücke erschien zwischen dem Erzeuger und dem Erzeugten, und wenn auch das Erzeugte immer noch schön war, so war es doch nicht *seine* Schönheit, die die anderen bewunderten. In dieser Lücke, dieser Leere, verschwand all sein früheres Glück.

Dieses Problem ist nicht auf Stan beschränkt oder auf Künstler als solche. Wie befriedigend ein Aspekt des Lebens auch werden mag, ist seine Glückskapazität doch beschränkt. Es kommt zu Abnutzungserscheinungen, es sei denn, man findet einen Weg, um mit der Quelle der Erneuerung in Kontakt zu bleiben. Erneuerung ist zusammen mit Liebe und Freiheit eine der grundlegenden Triebkräfte des Lebens, ja sogar noch wichtiger, denn alles Leben braucht Erneuerung, um dem unermüdlichen Verfallsprozeß zuvorzukommen. Es gibt niemals reine Zerstörung in der Natur, sondern immer Schöpfung zusammen mit Zerstörung, so eng verbunden, daß sie nicht getrennt werden können. Unaufhörlich sterben wir auf der körperlichen Ebene und werden ebenso schnell geboren. In jeder Minute teilen sich Millionen von Zellen, opfern ihre alte Existenz in einem Tod, aus dem zwei neue Zellen entstehen. Der Impuls des Lebens treibt das Leben voran, während die Vergangenheit es von hinten auffrißt.

Wir alle haben einen tiefsitzenden Drang, mit diesem Prozeß Schritt zu halten. Alice Miller beschreibt es mit wunderbarer Präzision: »Es gibt Bedürfnisse, die in der Gegenwart befriedigt werden können und sollen ... Dazu gehört das zentrale Bedürfnis jedes Menschen, sich auszudrücken – sich der Welt so zu zeigen, wie er wirklich ist – in Wort, Geste, Verhalten, mit jedem unverstellten Ausdruck vom Babygeschrei bis hin zu einem Kunstwerk.«

Der Schlüssel zu dieser inspirierenden Behauptung ist, daß das Leben *in der Gegenwart* beglückend sein soll. Es ist jedoch nicht so leicht, diese Gegenwart zu definieren. Aus einer Perspektive ist die Gegenwart das allerdünnste Scheibchen Zeit, der flüchtige Moment, in dem die Zukunft ihren Purzelbaum in die Vergangenheit schlägt. Aus der Gegenperspektive ist Gegenwart ewig, denn sie erneuert sich ständig, wie ein Fluß, der niemals gleich bleibt. Der Physiker Schrödinger sagte einmal: »Die Gegenwart ist das einzige, das kein Ende hat.«

Das Paradies zu schaffen bedeutet nicht mehr und nicht weniger, als in der Gegenwart zu leben, das Glück zu genießen, das jetzt und für immerdar ist – aber wer kann das schon? Die Grenzen, innerhalb derer der menschliche Geist lebt, sind unweigerlich aus Dingen der Vergangenheit errichtet. Die Verletzung von gestern, die mir heute zu schaffen macht, die herrliche Zeit von letztem Jahr, die ich noch einmal kosten möchte, eine verlorene Liebe, die ich wiederfinden will. Der Grenzzieher, der solch enorme Macht besitzt, ist der Intellekt, jener Teil des Geistes, der unsere Erfahrungen beurteilt und einordnet.

Wir sahen bereits, daß der Geist zu seinem eigenen Schutz Grenzen aufbaut. Da er gefährliche Gefühle außer Sichtweite schieben und unsere Kindheitsängste und Uraggressionen hinab in die Unterwelt des Unterbewußten verdrängen kann, spielt der Intellekt eine wesentliche Rolle dabei, daß wir uns sicher fühlen. Jedesmal, wenn wir uns seelisch in einer bedrohlichen Situation befinden, steht der Geist vor der Entscheidung: »Wird der andere mich verletzen? Ist es gefährlich, diese Empfindung zu haben? Soll ich sagen, was ich wirklich denke?« Was immer der Geist dann wählt, wird zu der jeweiligen Wirklichkeit, der entsprechend wir reagieren, und die ständig in Bewegung befindliche buntgewürfelte Menge dieser jeweiligen Wirklichkeit ist dann schließlich *die* Wirklichkeit.

Das Leben hört nie auf, uns täglich eine neue Welle der Herausforderung zu bringen, die intellektuellen Entscheidungen nehmen nie ein Ende. Die Anzahl der Fragen, die sich aus der winzigsten Erfahrung ergeben, ist ehrfurchtgebietend. Ist sie erwünscht oder nicht erwünscht? Zu wiederholen oder nicht zu wiederholen? Richtig oder falsch, gut oder schlecht, nett oder scheußlich? Ist die Entscheidung einmal getroffen, so wird sie im Gedächtnis gespeichert, um als Referenz für künftige Erfahrungen zu dienen. Sagen wir, mein erster Pferderitt munterte mich auf/war gut/nett/ kann wiederholt werden. Das nächste Mal, wenn ich an einen Ausritt denke, werden diese Urteile meine Entscheidung beeinflussen. Sie zwingen mich nicht, auf ein Pferd zu steigen, aber ich kann sie auch nicht völlig außer acht lassen.

Vor zwei Jahren hielt ich in Deutschland einen Vortrag. Am Ende kam eine Frau zu mir und sagte, sie arbeite in einem großen städtischen Aquarium und habe dort ein interessantes Phänomen beobachtet. Immer, wenn die dicken Trennwände aus dem großen Aquarium zu Reinigungszwecken herausgezogen wurden, schwammen die Fische genau bis zu der Stelle, wo die Scheibe gewesen war, und kurz, bevor sie sie hätten überqueren können, machten sie kehrt, zurückgehalten von einer Grenze, die in Wirklichkeit nicht da war.

Meine Phantasie war von dieser Beobachtung recht angeregt. Unsere eigenen unüberwindlichen Grenzen sind nicht anderes als Falten in unserem Geist, die eine andere Falte als so häßlich, zu schrecklich, widerlich oder angsterregend bezeichnet, daß man nichts damit zu tun haben möchte. Wenn ich einen alten Feind sehe, der mich vor zehn Jahren beleidigt hat, werde ich es fast unmöglich finden, meine frühere Beleidigung zu ignorieren. Automatisch kommen die alten Vorurteile wieder in mir hoch und bilden eine Mauer; der Mensch, der mein Freund werden könnte, ist von vornherein ausgeschlossen und abgelehnt. Bei ihm, der meine Kälte spürt, gehen ebenfalls die Wehren hoch, bis wir uns beide hinter Bollwerken verschanzt haben, die eigentlich keinen Zweck erfüllen und jeglicher Wirklichkeit entbehren. Der Moment geht bald vorüber, und trotzdem fand keine Begegnung statt, nur eine fade Wiederholung verschlissener Erinnerungen. Und das Frustrierendste ist, daß mein Peiniger von heute ich selbst bin, der sein Gestern nicht abschütteln konnte.

Die Rishis sannen über dieses Problem des Intellekts nach, der wie ein Messer ist, das ständig den Fluß des Lebens in deutliche Erfahrungsscheiben schneidet, jede beurteilt und etikettiert. Sie sahen, daß dieses Tranchieren der Wirklichkeit, wie nötig auch immer für den Denkvorgang, im Grunde falsch war. Das Leben ist wie ein Fluß, nicht wie ein tropfender Wasserhahn. Die Rishis behaupteten daher, daß jegliches Erfahren, das auf Scheiben von Zeit und Raum beruht, eigentlich kein Erfahren ist. Es ist eine Fiktion, ein Erhaschen von Schatten, in denen kein wirkliches Leben steckte. Indem wir die Welt unablässig stückchenweise interpretieren, verlieren wir sie in jedem Augenblick, lassen sie wie Sand durch unsere Finger rinnen. Um Wirklichkeit zu erfahren, die ganz und damit im eigentlichen Sinne wirklich ist, müssen wir uns über den Intellekt erheben und das Messer beiseite legen. Die Scheiben des Brotes werden ohnehin alt und hart.

»Ich bin das Feld«

Anstelle einer in Scheiben geschnittenen und parzellierten Welt bieten uns die Rishis ein Kontinuum – einen strömenden Fluß –, der innerhalb unseres Bewußtseins beginnt, sich weitet, um alle Dinge und Ereignisse »da draußen« zu erzeugen, und sich schließlich wieder in Bewußtsein auflöst. Die Wahrnehmung der Rishis kann letztlich nur dadurch überprüft werden, daß man sich auf die Ebene ihrer Bewußtheit erhebt. Nehmen wir einmal an, sie hätten recht. Dann sollte es uns möglich sein, und sei es auch nur für einen Augenblick, das zu sehen, was sie sahen. Ein mittlerweile vierzigjähriger Lehrer aus Oregon, mit dem ich befreundet bin, hatte offenbar einen solchen Durchblick, als er meditierte. Die Erfahrung begann zunächst auf vertrautem Territorium:

Als ich eines Morgens zu meditieren begann, hatte ich das Gefühl, als ob ein starker Magnet mich in mich selbst hineinzog. Während einiger Minuten sank ich tiefer und tiefer, ohne jeglichen Kraftaufwand meinerseits, bis alles Wahrnehmen äußerer Reize verschwunden war. Ich saß mit stillstehendem Atem da, aber mein Geist war wach in der ununterbrochenen Stille. Ich wußte, daß ich so weit transzendiert hatte, daß mein individuelles Ich völlig ausgeschaltet war und damit jegliches Gefühl von Zeit, Raum, Richtung oder überhaupt jeder Gedanke.

An diesem Schnittpunkt fährt man üblicherweise fort, die transzendente Stille wahrzunehmen oder im Auftrieb eines plötzlichen Gedankens oder Gefühls wieder an die Oberfläche des Geistes aufzutauchen. Diesmal geschah jedoch etwas anderes.

Aus dem völlig einheitlichen Feld der Stille stieg ein schwacher Punkt der Bewußtheit auf. Es war ein unendlich feines Gefühl von »Ich bin«, nur ein Hauch persönlicher Bewußtheit, und damit zusammen kam die Empfindung des »Wendens« – das ist die einzige Weise, wie ich es beschreiben kann. Dieses Wenden muß wie ein Funken gewirkt haben, denn plötzlich war ich von einer ungeheuren Fülle von Licht umgeben. Nichts war da als Licht, und ich wußte intuitiv, daß dies Intelligenz oder Bewußtsein war, das so in sichtbarer Form auftrat.

Obwohl ich die Augen geschlossen hielt, konnte ich sehen, daß alles um mich herum ebenfalls aus dem gleißenden weißen Licht war. Mein Körper, der Tisch und die Stühle, Wände und Fenster, das Gebäude und alles, was es umgab – alles war aus diesem intelligenten Licht geformt, das vor Leben vibrierte. Nach einigen Augenblicken schwand das Licht allmählich. Ich blieb allein zurück, saß wieder in Stille da, aber nun war etwas anders, als ob ich mir die Welt einverleibt hätte und mich das erste Mal voll fühlte.

So außergewöhnlich diese Erfahrung klingt, noch bemerkenswerter erscheint mir, daß mein Freund sie *normal* fand. Er sagte, das »Wenden«, das seine Vision auslöste, könne man auch als eine »Selbst-Gewahrwerdung« bezeichnen. Mit anderen Worten: Er spürte, daß hinter der verführerischen Oberfläche dieser Erscheinung sein Blick tatsächlich auf sich selbst fiel. Nach einem Leben der Ablenkung durch äußere Dinge erblickte er schließlich den Seher. Und doch können wir seine Erfahrung nicht vollständig begreifen, bis wir einen tieferen Einblick in diese innere Wendung der Bewußtheit erlangen, wie sie uns heraus in ein Feld tragen kann, wo Licht und Geist, Nichts und Alles zu einem verschmelzen.

Es ist hochinteressant, daß das Wort »Feld«, das die heutigen Physiker gebrauchen, um die Grundkräfte der Natur zu bezeichnen, im alten Indien ein heiliges Wort war. Als Lord Krishna dem Krieger Arjuna in der *Bhagavad Gita* seine unendliche Größe offenbart, sagt er: »Erkenne mich als das Feld und als den Erkenner des Feldes.« Das Sanskritwort *kshetra* kann soviel wie Schlachtfeld bedeuten (Arjuna und Krishna befinden sich gerade mitten auf einem Schlachtfeld, kurz bevor zwei mächtige Heere aufeinanderprallen), aber die tieferliegende Bedeutung von *kshetra* reicht sehr nahe an das heran, was ein Physiker meint, wenn er »Quantenfeld« oder »elektromagnetisches Feld« sagt. Diese Felder sind unendlich und alldurchdringend; ohne sie könnte es keine Wirklichkeit geben. Lord Krishna bezog sich da mit hinein.

Bevor es ein Photon geben kann, muß es ein Lichtfeld geben; bevor ein einzelnes Elektron auftritt, ein elektromagnetisches Feld; vor dem isolierten Magnetstab das Magnetfeld der Erde. Das Lichtfeld, das mein Freund als Quelle von allem sah, was ihn umgab, war jedoch kein physikalisches Feld, sondern ein Bewußtseinsfeld. Er nahm sein Bewußtsein als Licht wahr. Das ist indessen nicht so verschieden von normaler Wahrnehmung, wie es den Anschein erwecken könnte. Wenn wir Licht sehen, selektieren unsere Gehirne in Wahrheit völlig abstrakte Eigenschaften aus dem Feld heraus und *interpretieren* sie als Licht. Im Grunde ist alles, was wir sehen, berühren, hören, schmecken oder riechen, das Ergebnis einer Auswahl aus dem unendlichen Reservoir vibrierender Energie des Feldes.

Denken Sie an ein Rosenblütenblatt und einen Dorn. Beide werden vom selben Sonnenlicht ernährt, von dessen Gesamtspektrum sie ja ständig bombardiert werden. Die Photosynthese ist in beiden grundsätzlich dieselbe, und wenn man sich in die Zellstruktur vertieft, findet man meist dieselben Moleküle am Werk, deren DNS zudem identisch ist.

Der Unterschied zwischen einem Blütenblatt und einem Dorn ist eine Frage der Auswahl. Der Dorn nimmt das Sonnenlicht auf und verwandelt es zu etwas Hartem, Scharfem und Spitzem. Das Blütenblatt nimmt das Sonnenlicht auf und verwandelt es zu etwas Weichem, Rundem und Durchsichtigem. Das Sonnenlicht als solches hat keine dieser Eigenschaften. Könnten Sie behaupten, daß Licht sanft, scharf oder rund sei? Irgendwie werden diese Eigenschaften aus dem Feld herausgezogen, obwohl sie nicht *darin* zu stecken scheinen – sie bestehen als Möglichkeiten, die das Feld hervorbringen kann.

Wie die Rose treffe ich eine Wahl, gestalte mein Leben in dem Maße, wie sich meine Beziehung zu dem Feld verändert. In dem einen Bewußtseinszustand – dem Tiefschlaf – gibt es keine Wechselwirkung zwischen mir und dem Licht. Im Traumzustand erzeuge ich Lichtbilder in meinem Kopf. Im Wachzustand scheint das Licht »da draußen« zu sein. Tatsächlich aber war und ist das Licht stets ein Potential des Lichtes, das darauf wartet, von meinem Geist aktiviert zu werden.

Das Feld, das ist zu betonen, ist kein Ding – es ist eine Abstraktion, die wir zu Dingen formen. Um uns dies zu verdeutlichen, können wir uns jenen Menschen zuwenden, denen die schöpferischen Fähigkeiten, die wir alle unbesehen hinnehmen, vollständig fehlen. In »Pilgrim at Tinker Creek« beschreibt Annie Dillard sehr anschaulich eine ganze Klasse von Menschen: die von Geburt an Blinden. Sie leben in einer Welt, in der es keinen Raum gibt, keine Ausmaße, Entfernungen und viele andere Eigenschaften, die für uns Sehende selbstverständlich sind. Vor einigen Jahrzehnten, als Augenchirurgen zum ersten Mal erfolgreich Staroperationen durchzuführen lernten, konnten sie über Nacht Menschen, die von Geburt an blind gewesen waren, das Sehvermögen zurückgeben. Mit einem Male ins Licht entlassen, fühlten sich die Frischoperierten jedoch durchaus nicht befreit. Sie fühlten sich in ein Geheimnis hinausgestoßen, das sie bisweilen überwältigte. »Die große Mehrheit der Patienten beiderlei Geschlechts und verschiedenen Alters hatte überhaupt kein Raumgefühl«, schreibt Dillard unter Bezugnahme auf Notizen der Chirurgen. »Form, Entfernung und Größe waren bloße Worthülsen. Ein Patient ›hatte keine Vorstellung von Tiefe und verwechselte diese mit Rundheit.‹ Von einer anderen postoperativen Patientin schreibt der Arzt: ›Ich habe bei ihr beispielsweise keinerlei Begriff von Größe feststellen können, noch nicht einmal innerhalb der engen Grenzen, die sie mit dem Tastsinn umspannen konnte. Als ich sie bat, mir zu zeigen, wie groß ihre Mutter war, streckte sie daher nicht die Hände aus, sondern hielt ihre Zeigefinger einige Zentimeter auseinander.‹«

Ein Patient hatte vor der Operation den Unterschied zwischen einem Würfel und einer Kugel mit der Zunge ertasten können. Danach betrachtete er die beiden Gegenstände und konnte sie mit den Augen nicht mehr unterscheiden. Ein anderer Patient sagte, daß Limonade »eckig« sei, da sie auf der Zunge ein prickelndes Gefühl verursachte, so wie auf seiner Hand ein viereckiger Gegenstand.

Die Frischoperierten standen einer verwirrenden Welt gegenüber, denn ihnen fehlte die visuelle Kreativität, die wir alle für selbstverständlich halten. Das Sehvermögen war ihnen unausgebildet in den Schoß gefallen, so, wie es eigentlich ist, bevor unser Geist es ausgestaltet. Einige Patienten begriffen nicht, daß ein Haus größer ist als die Zimmer darin. Ein kilometerweit entferntes Gebäude erschien so nah wie das benachbarte, nur brauchte man eben sehr viel mehr Schritte, um es zu erreichen. Ein Hund, der hinter einem Stuhl verschwand, war nicht mehr im Zimmer. Formen wurden als flache Farbflecken wahrgenommen, und als einige Patienten an einem Baum vorbeigingen, drehten sie sich erstaunt um, weil er nun hinter ihnen war.

»Für die Frischoperierten«, kommentiert Dillard, »ist das Sehen reiner Eindruck, ohne jegliche intervenierende Bedeutung.« Das Hinzufügen von Bedeutung war für einige von ihnen zuviel. Sie schlossen die Augen, sobald sie allein waren, tasteten Gegenstände mit ihren Händen und Zungen ab oder stiegen Treppen mit geschlossenen Augen hinauf, um den schwindelerregenden Anblick zu vermeiden, senkrecht an einer Wand hochgehen zu müssen. Es war erschütternd zu sehen, wie der Anprall der visuellen Eindrücke bei fast allen den Verlust jener stillen Heiterkeit verursachte, die bei Blindgeborenen so auffällig ist. Besonderes Unbehagen rief bei ihnen die Entdeckung hervor, daß sie ihr ganzes Leben lang beobachtet worden waren; dies war ein Eindringen in ihre Privatsphäre, wie es Blinden völlig fremd ist.

Einige von ihnen fanden sich schließlich besser zurecht als andere. Es war erschreckend, aber zugleich auch wunderbar für sie, festzustellen, daß jeder Mensch ein anderes Gesicht hatte; es war überwältigend, die Weite des Himmels und selbst der Erde wahrzunehmen. Aber der Raum entzog sich meistens dem Zugriff. Einem Mädchen wurden etliche Gemälde und Photos gezeigt. »Warum tun sie da überall solche dunklen Striche hin?« fragte es. »Das sind keine dunklen Striche«, erklärte die Mutter, »sondern Schatten. Das ist eines der Merkmale, an denen ein Auge eine Gestalt erkennt. Wenn es keine Schatten gäbe, würden viele Dinge flach aussehen.«

»Nun, genauso sieht auch alles aus«, antwortete das Mädchen. »Alles ist flach, mit dunklen Flecken.«

Einfach, weil wir so an den üblichen Aufbau der Welt gewöhnt sind, bedeutet das noch lange nicht, daß sie so sein muß. Andere Menschen akzeptieren womöglich unseren Wirklichkeitscode nicht, wenn sie unseren Sehcode nicht übernehmen. Die Augen weigern sich, das zu sehen, was der Geist nicht wissen kann.

Ich erinnere mich an Geschichten von Türken, die in Panik aus dem Kino stürzten, als sie ihren ersten Film sahen und dachten, daß das Bild einer Lokomotive aus der Wand herausdonnern würde; an Urwaldpygmäen in Afrika, die zum ersten Mal auf eine Ebene hinausgeführt wurden und dachten, daß entfernt weidende Wasserbüffel tatsächlich vier Finger hoch waren; an Eskimos, denen man Photographien von sich selbst zeigte und die keine Gesichter sahen, nur ein Ansammlung von grauen und schwarzen Klecksen. Das sind keine »primitiven« Reaktionen, sondern Reaktionen auf der Grundlage eines anderen Codes, einer anderen Weltsicht. Jeder aber akzeptiert irgendeinen Code. Das menschliche Geschlecht bewegt sich in den Strängen von Weltanschauungen, und nur die Rishis sind da, um uns zu sagen, daß wir die Freiheit haben, jedweden Code zu wählen.

Das Gewebe des Bewußtseins

Der Grund dafür, warum die Rishis fähig waren, dies so klar zu sehen, liegt in ihrer eigenen Erfahrung, daß die Welt jenseits des bindenden Einflusses irgendeines einzelnen Wahrnehmungscodes existierte. Sie trafen keine Auswahl unter den Teilen des zerstückelten Feldes, sondern sahen es als Ganzes. Und wie sah die Ganzheit aus? Wenn die Rishis ihre Aufmerksamkeit dem Feld zuwandten, um es in seiner Gesamtheit zu sehen, stellten sie fest, daß das Feld reines Bewußtsein war, dieselbe Wahrnehmungs»substanz« wie in unseren Köpfen.

»Rein« bedeutet ohne Form, gleichzusetzen mit der reglosen Stille, zu der man in der Meditation gelangt. Reines Bewußtsein, das zunächst ungeformt im Feld ruht, beginnt zu vibrieren, es verwandelt sich dabei in das sichtbare Universum. Ein Gedanke kann als Vibration in dieser Wahrnehmungssubstanz angesehen werden, desgleichen ein Atom, obwohl ja Atome außerhalb unserer Köpfe existieren und alle Merkmale der Materie haben. Diese Merkmale seien nur Trickeffekte, erklärten die Rishis: Atome, Moleküle, Photonen, Sterne, Galaxien, ja die ganze Schöpfung sei aus demselben Stoff gemacht – reinem Bewußtsein.

Dieses zentrale Wissensgut des alten Indien ist zu sehr von unserem verschieden, als daß man es unbesehen übernehmen könnte, und es kann nur in einem höheren Bewußtseinszustand überprüft werden. Wir haben jedoch ein verbindendes Konzept, das des Feldes, das uns zumindest bis an die Grenze der Welt der Rishis bringen kann.

Über die letzten fünfzig Jahre hinweg kamen in der Physik die Feldtheorien zu Ansehen, als man nämlich begriff, daß Materie und Energie keine feste, konkrete Existenz besitzen. Da man einen Tennisball in der Hand halten kann, sagt uns unser gesunder Menschenverstand, daß man auch in der Lage sein sollte, den kleinsten Bestandteil eines Tennisballs in der Hand zu halten. Die Elementarteilchen als kleinste Materieeinheiten sind jedoch weder fest noch feststehend.

Um einen Tennisball genau zu sehen, muß man ihn sich als einen Bienenschwarm vorstellen. Jede Biene fliegt so schnell, daß sie einen Lichtstrahl bildet, wie eine Wunderkerze, die man in der Dunkelheit durch die Luft schwenkt. Und nicht nur läßt jede Biene einen sichtbaren Streifen hinter sich, sondern dieser Streifen ist auch greifbar. Obwohl also die Biene schon längst das Weite gesucht hat, wenn Sie versuchen, ihren genauen Ort auszumachen, können Ihre Augen noch sehen und Ihre Hände noch fühlen, wo sie war.

In vergröberter Form haben wir den grundlegenden Glaubenssatz der Quantenrealität, die berühmte Unschärferelation, entdeckt, die besagt, daß Elementarteilchen, obwohl sie an einem bestimmten Ort in Zeit und Raum zu existieren scheinen, dort nicht angetroffen werden können. Jedesmal, wenn man eine Biene zu fangen versucht, verschwindet sie, so daß man nur Streifen vorfindet. Die Physiker waren nicht sehr glücklich mit der Vorstellung, daß alles Bestehende ständig im Entgleiten begriffen ist, aber sie haben sich damit trotz allen Unwohlseins abgefunden. Anstatt sich an einem festen Teilchen festhalten zu können, saßen sie nun auf einem Bündel von Möglichkeiten, und wenn man alle Möglichkeiten zusammenpackte, war das Ergebnis ein Feld.

Ein Feld ist im wesentlichen nur ein Satz von meßbaren Variablen. Man kann es auf die verschiedenen Spuren hin untersuchen, die die umherrasenden Teilchen hinterlassen. Ist dies einmal getan, so ist das Ergebnis ein hochgradig genauer, wissenschaftlich nützlicher Satz von Beschreibungen. Ein Quark kann in bezug auf diese oder jene Eigenschaft beschrieben werden – Masse, Moment, Symmetrie, Spin –, die alle mit wunderbarer mathematischer Genauigkeit verarbeitet werden können. Seltsamerweise kann man alles über die fliegende Biene wissen, ohne sie jemals festzuhalten. Deshalb erscheint ein Tennisball als völlig sicher, fest und wirklich auf jener Ebene, wo die Sinne herrschen, und völlig spukhaft und unwirklich auf jener tieferen Ebene, die den Sinnen nicht erreichbar ist.

Wie ein Rishi manövriert ein Physiker zwischen existierenden Dingen, möglichen Dingen und dem Nichts. Lord Krishna kann das Wort »Feld« mit derselben Absicht wie ein Physiker benutzen: Beide versuchen ein Gefühl für die Ganzheit der Natur zu vermitteln. Ein Feld ist die vollständigste Weise, etwas zu beschreiben, vom Atom bis hin zum Stern, denn *alle* möglichen Beschreibungen sind darin enthalten. Das beinhaltet, daß alles, was unser Auge sehen kann, alles andere sein könnte. Tatsächlich gibt es keinen Ausweg aus dieser seltsamen Schlußfolgerung, denn auf der Ebene des Feldes konvergieren Sehen und Erschaffen. Der berühmte amerikanische Physiker John Wheeler schreibt:»Wir stellten uns das Universum als etwas ›da draußen‹ vor, das wir beobachten konnten, als stecke es hinter einer dicken Glaswand, aus sicherer Entfernung und ohne daß wir persönlich verwickelt wurden. Die Wahrheit, so sagt die Quantentheorie, ist ganz anders ... Der Beobachter wird zunehmend als Teilnehmer miteinbezogen. In seltsamer Weise ist dieses ein Universum, aus dem wir uns nicht ausklammern können.«

Wie jede wichtige Erkenntnis kann auch die Entdeckung, daß das Universum keine feste Struktur besitzt, erschreckend wirken, aber die Unschärferelation ist zugleich auch eine schöpferische Herausforderung. Begriffe wie»Leere«,»Nichts« und»Weltraum« müssen keine Angst erzeugen; sie sind der schöpferische Grundstoff des Alltags.»Ich liebe die Geschichte von den drei Baseballschiedsrichtern, die am Nachmittag über ihrem Bier klönen und ihre Meinungen austauschen«, schreibt Wheeler.»Einer meint ›Ich sag's so, wie ich's sehe‹. Der nächste meint ›Ich sag's so, wie's wirklich ist.‹ Der dritte schließlich ›Da ist nichts, bis ich 'was sage.‹«

Die Rishis erhoben den schöpferischen Akt des Sehens noch höher als die Quantenphysiker. Zunächst einmal dehnten sie den Einflußbereich des Beobachters über die Planck-Skala hinweg aus, die bei der Winzigkeit von einem 100millionstel eines Atoms aufhört. Das Versteckspiel mit den Quarks wurde ein Versteckspiel mit dem Leben als Ganzem – der vedische Seher zauberte neue Zukünfte aus dem Feld, ganze Ladungen von Wirklichkeit, die ohne ihn nicht existieren konnten.

Die Physik hat diesen erweiterten Bereich noch nicht betreten. Wissenschaftliche Studien haben jedoch gezeigt, daß gewöhnliche Menschen tatsächlich ihre Gedanken in Wirklichkeit umsetzen. Zwei Forscher der Abteilung für Maschinenbau an der amerikanischen Princeton University, Robert G. Jahn und Brenda J. Dunne, haben gezeigt, daß an eine Maschine gesetzte Probanden deren Funktionsweise durch die Kraft ihrer Aufmerksamkeit beeinflussen können. Das Experiment ist in Jahns und Dunnes sorgfältig dokumentiertem Buch»Margins of Reality« beschrieben. Typischerweise war die solchermaßen beeinflußte Maschine ein Zufallszahlen-Generator, ein Computer, der lange Ketten von 1 und 0 in Zufallsanordnung ausdruckte. Über einen großen Zeitraum hinweg war die

Anzahl der Nullen gleich der Anzahl der Einsen (genauso wie beim Münzenwerfen Kopf und Zahl im Endeffekt gleich oft erscheinen). Die Probanden wurden gebeten, den Output der Maschine einfach durch Wünschen mehr in Richtung 1 oder mehr in Richtung 0 zu lenken. Sie konzentrierten sich also auf jeweils eine der beiden Ziffern – mit bemerkenswertem Erfolg. Sie erzeugten eine etwa achtzehnprozentige Abweichung von der Zufallsanordnung, wobei selbst die ausgefeilteste Quantentheorie nicht erklären kann, wie sie das erreichten.

In ähnlichen Experimenten zeigte das Team aus Princeton, daß gewöhnliche Menschen auch telepathische Botschaften an andere senden konnten, unabhängig von der Entfernung des Empfängers. In einigen Fällen wurde festgestellt, daß die übermittelte Botschaft bis zu drei Tagen *vor* dem »Sendetermin« empfangen wurde. Die verblüffende Konsequenz ist, daß die festen Grenzen der Raum-Zeit lediglich Verbindlichkeiten des Geistes sind, aber keine absoluten Gegebenheiten. Wir könnten leicht in einem dreidimensionalen Film leben, der von unserem Bewußtsein projiziert wird, so wie es die uralten indischen Schriften behaupteten.

Im Grunde *sind* wir jener dreidimensionale Film. Er ist nichts von uns Getrenntes, sondern mit unserer Bewußtseinssubstanz vermischt, so daß die einzige Weise, ihn zu sehen, ohne hineingezogen zu werden, das Erkennen des Sehers ist. Jeder kann mit Lord Krishna sagen: »Erkenne mich als das Feld und als Erkenner des Feldes.« Der Dichter Tagore fühlte genau, was es bedeutete, seinen eigenen kosmischen Status zu akzeptieren:

Derselbe Strom des Lebens, der Tag und Nacht durch meine Adern fließt, fließt auch durch die Welt und tanzt in rhythmischen Kadenzen.

Es ist dasselbe Leben, das voller Freude mit unzähligen Grashalmen den Staub der Erde durchdringt und in sich überschlagenden Wogen von Blättern und Blüten ausbricht.

Wenn das Feld alles ist, dann muß auch der unvorstellbare Impuls, der das Universum antreibt, in jedem Körnchen Materie stecken und in jedem Fünkchen eines Gedankens. Ja, es muß sogar in der bloßen *Möglichkeit* stecken, daß Materie und Gedanke existieren könnten. Wie die Rishis es sich vorstellten, ist alle Kreativität in reinem Bewußtsein gegründet – so auch wir und alles, was da ist.

»Der Fehler des Intellekts«

Ich habe die Parallelen zwischen vedischem Denken und moderner Physik deshalb so ausführlich erläutert, weil es in dieser Hinsicht lange Zeit schwerwiegende Mißverständnisse gab. Gegen Ende der Siebziger Jahre kam es in Mode zu behaupten, daß die Quantentheorie ihre Vorläufer in den Erkenntnissen der Mystiker habe, insbesondere in denen der buddhistischen und taoistischen Weisen. Viele Menschen verstanden darunter, daß östliche Weisheit in Begriffen der modernen Physik zu erklären war und umgekehrt. Es entstand die Hoffnung, daß zwischen Osten und Westen eine Brücke geschlagen und jede der beiden Weltanschauungen aus einer Verbindung der Kenntnisse Nutzen ziehen würde.

Sehr bald jedoch kam ein Gegenschlag insbesondere von seiten etablierter Physiker, die das Ganze in Abrede stellten. Für sie gehörte das Quantenfeld zu den harten Fakten, während die Einsichten eines Mystikers höchst weich und unbestimmt sind. Man argumentierte, daß die komplexe und hochgradig spezialisierte Mathematik, die das Verhalten von solchen Dingen wie Quarks und Leptonen bestimmt, wenig oder gar nichts mit menschlichem Verhalten zu tun hat. Zu unterstellen, daß der Geist eine Quantengrundlage habe, sei reine Phantasie, denn Gedanken und subatomare Teilchen existieren in völlig voneinander getrennten Bereichen. Hier einen Brückenschlag zu vollziehen, war nicht die Aufgabe der Physik, und die meisten Physiker beabsichtigten auch gar nicht einen solchen Versuch. (Obwohl etwas verschwiegener, waren dennoch traditionelle Buddhisten ebenfalls verstört, denn sie sahen das Hauptanliegen ihrer Religion in der Befreiung der Seelen aus dem Rad der Wiedergeburten. Sie sahen keine Bedeutung der Quantentheorie hinsichtlich dieses Ziels, und daher war auch von ihrer Seite aus der Wunsch eines Brückenschlags gering.)

Ich hoffe, daß ich es nicht noch verschlimmere, wenn ich betone, daß eine Analyse der alten Weisen in den Begriffen der Mystik oder auch der Quantentheorie an deren Ursprünglichkeit und deren Zweck vorbeigeht. Die vedischen Seher wie auch ihre Nachfolger im Taoismus und Buddhismus waren keine Mystiker; sie waren hochwache Beobachter derselben Welt, in der wir alle leben. Sie beschäftigten sich nicht ausschließlich mit subjektiven Visionen und Einsichten; ihr Geist richtete sich auf die Schnittstelle, wo Subjektivität und Objektivität einander begegneten. Dies gab ihnen eine einzigartige Perspektive, aus der sie ihr eigenes Bewußtsein beobachten konnten, wie es sich in Felsen, Bäume, Berge und Sterne verwandelte, die wir alle als »da draußen« befindlich wahrnehmen.

Ich habe so gut wie möglich versucht, überzeugende Beweise zu erbringen, daß Wirklichkeit die Schöpfung jedes einzelnen ist. Man wird dies niemals auf der bloßen intellektuellen Ebene begreifen – diese »Schöpfung« muß erlebt und verinnerlicht werden. Der Intellekt, indem er Barrikaden aus Zweifel, Verneinung und Angst aufbaut, hat unmittelbare spirituelle Erfahrung zu einer leeren Mystik herabgewürdigt und es für alle viel schwerer gemacht zu erkennen, wie notwendig eine solche Erfahrung tatsächlich ist. Wenn ich es riskieren darf, eine spirituelle Erfahrung zu definieren, so ist sie eine Wahrnehmung, in welcher reines Bewußtsein sich selbst als Erzeuger von Wirklichkeit enthüllt. Was könnte für unser Leben bedeutsamer sein? Wirklichkeit strömt aus uns hervor wie Träume aus einem Träumer oder Licht aus einem Lagerfeuer. Sobald wir einmal fähig sein werden, diesen Prozeß zu steuern, können wir von neuem einen Zustand der Freiheit und Erfülltheit herstellen – mit anderen Worten: Wir können uns wieder ins Paradies versetzen.

Der Verlust spiritueller Erfahrung hat sowohl im Osten wie im Westen die höheren Ziele des menschlichen Lebens zerschlagen. »Euer ganzes Leiden hat seine Wurzeln in einem Aberglauben«, sagte ein Guru seinen Schülern. »Ihr vermeint, in der Welt zu leben, wo tatsächlich die Welt in euch lebt.« Die alten Rishis gingen noch weiter und erklärten, daß Vollkommenheit in jedem Lebensbereich dem *pragya-paradha* zum Opfer falle, dem »Fehler des Intellekts«.

Das Bedürfnis des Intellekts, die Welt zu erforschen, das in die älteste Vergangenheit zurückgeht und seinen Höhepunkt in der heutigen Zeit erreicht hat, hat uns schließlich so weit in die Vielfältigkeit der Schöpfung hineingezogen, daß der Ursprung der Schöpfung – unser eigenes Bewußtsein – aus unserem Blickfeld verschwand. Innere Erfahrungen von Glückseligkeit und unendlicher Ausweitung, vollständiger Freiheit und unbeschränkter Macht wurden »mystisch«. Niemand mehr hat solche Erfahrungen ganz spontan; eher scheint es Jahre der Meditation zu brauchen, um jenen Zustand des Bewußtseins zu erreichen, in dem solche Erfahrungen auch nur entfernt möglich werden. Mittlerweile ist die harte Wirklichkeit »da draußen« so überwältigend geworden, daß dem Geist so gut wie keine Macht mehr zuerkannt wird. Vielleicht war die Existenz des Geistes überhaupt ein Aberglaube.

Das mag alles recht düster klingen, aber der gegenwärtige Zustand geistiger Verkümmerung muß ja nicht von Dauer sein; der »Fehler des Intellekts« kann korrigiert werden. Und es gibt im Grunde Anlaß zu großem Optimismus. Es ist an sich schon ein Durchbruch, wenn wir alle unsere Probleme auf eine einzige Ursache zurückführen können. Wie also korrigieren wir unseren Fehler? Nicht, indem wir den Intellekt ganz und gar über Bord werfen, was nur in geistlosem Unverstand enden würde. Der Intellekt muß seinen richtigen Platz im Gesamtgefüge des Bewußtseins wiedererhalten. Wiederholte Erfahrungen reinen Bewußtseins setzen diesen Heilungsprozeß in Gang.

Wenn alle seine Aspekte im Gleichgewicht sind, erlebt menschliches Bewußtsein beide Seiten des Lebens: den absoluten Zustand des Selbst und den relativen Zustand des Ich. Indem wir mit unserem Wesenskern reinen Bewußtseins in Kontakt bleiben, können wir die wunderbare und vielfältige Welt »da draußen« in ganzer Fülle genießen. Der Spiegel der Natur wird uns das Bild unserer eigenen inneren Freude zurückwerfen. Der Dichter W. B. Yeats schrieb: »Wir sind glücklich, wenn es für alles in uns etwas Entsprechendes außerhalb gibt.« Das Wort »entsprechend« bedeutet einen Kommunikationsfluß wie auch eine Ähnlichkeit zwischen zwei Dingen. Wenn das Bewußtsein völlig ausgewogen ist, so ist die Kommunikation mit der Außenwelt völlig unmittelbar und automatisch. Der leiseste Gedanke genügt.

Der südafrikanische Schriftsteller Laurens van der Post erinnert sich an einen Tag, als er eine Reise zu Eingeborenen im Busch unternahm. Er kam zu einem Lager und fand die Männer um einen alten Stammesälteren geschart, den Van der Post besonders schätzte. Der alte Mann saß mit geschlossenen Augen still da, tief in sich versunken. Als Van der Post fragte, was er da tue, antwortete einer der Anwesenden: »Psst, er tut etwas Wichtiges. Er macht Wolken.« Die Rishis sagen, daß Sie und ich ebenfalls dazu geboren sind, Regenmacher zu sein. Aber solange wir es nicht schaffen, unsere innere Natur zu beherrschen, werden wir niemals die Ungleichgewichte ausgleichen können, die der Natur als Ganzem zugefügt worden sind.

Die Tretmühlenfalle

Ich finde es interessant, daß sich heutzutage so viele Menschen mit der Suchtproblematik befassen. Für mich sind Süchte gleichbedeutend mit dem tieferen Konflikt zwischen der Beibehaltung einer alten Konditionierung und dem Aufbruch zu Neuem. Die Gewohnheit des Süchtigen ist lediglich eine übertriebene Version aller Gewohnheiten, die sich an fadenscheinigen Wirklichkeiten festklammern, anstatt neuem Leben zu gestatten, in uns einzufließen. Die Grundursachen von Suchtverhalten sind Gegenstand heftiger Debatten, aber ein Aspekt des Syndroms ist, daß es Menschen Genuß bringt, die sonst anderweitig keinen Weg sehen. Wie Alice Miller bemerkt: »Menschen, die als Kinder erfolgreich ihre intensiven Gefühle unterdrückten, versuchen oft, zumindest für kurze Zeit, ihre verlorene Erlebnisintensität mit Hilfe von Drogen und Alkohol wiederzuerlangen.«

Ich meine, es ist offenkundig, daß viele Menschen einen beträchtlichen Teil ihres Selbstgefühls betäubt haben. Starke Gefühle zu zeigen, wird in unserer Gesellschaft selten als wünschenswertes Verhalten angesehen, während der Selbstbeherrschung und Disziplin höchste Wichtigkeit zukommen. Als Ergebnis derartiger sozialer Maximen erreichen viele von uns leicht den Punkt, wo sie schon beim ersten Anzeichen eines entstehenden Gefühls in Panik geraten. Indem wir die uns von Kindheit an auferlegte Verneinung des Gefühls wiederholen, üben wir nun enormen Druck aus, um uns selbst zu verneinen.

Suchtverhalten »löst« dieses Problem, indem es Genuß zuläßt, sorgt aber gleichzeitig dafür, daß der Genuß von kurzer Dauer und von Schuldgefühlen begleitet ist. Einer meiner Patienten, dessen Fassade korrekten Benehmens makellos ist, hat lange Jahre ein zweites Leben in den schlimmsten Rauschgifthöhlen Bostons geführt. »Ich spielte verschiedene Rollen, wenn ich mich in den Schießstand des Gettos begab«, berichtete er. »Manchmal fuhr ich meinen BMW und trug einen Dreiteiler; dann wieder hatte ich Armeeklamotten an oder Lumpen, die ein Gammler getragen hätte. Ich habe Leute sterben sehen, die bis zum Ende um Heroin bettelten. Beide, sowohl die Polizei als auch die Dealer hielten ein Auge auf mich, denn sie wurden aus mir nicht schlau. Ich schlief in verlassenen Häusern und trieb mich mit zehnjährigen Burschen auf der Straße herum, die Befehl hatten, auf jeden zu schießen, der sich an ihr Zeug heranmachte. Sie werden nicht ganz nachvollziehen können, wenn ich Ihnen sage, daß ich zwanzig Tüten am Tag brauchte«, sagte er mit einem unergründlichen Blick in den Augen. »Der normale Junkie nimmt zwei oder drei, vielleicht zehn. Wenn jemand einmal so weit gekommen ist, sind seine Heilungschancen weniger als ein Prozent. Ich habe ein Jahr lang zwanzig Tüten gespritzt und bin davongekommen.«

Dieser Mann ist sehr freimütig hinsichtlich des Genusses, den ihm seine Sucht zumindest am Anfang brachte. Von dem Moment an, wo er sich zum ersten Mal spritzte, durchströmte ihn ein langvermißtes Lustgefühl. Sein Theaterspielen mit verschiedenen Rollen, während er sich in der Schattenwelt der Junkies aufhielt, war für ihn eine weitere Quelle verbotenen Genusses. Da er für niemanden wirklich zu sein hatte, konnte er kurzfristig seine massiven Selbstzweifel vergessen, die ihm einredeten, daß er eigentlich überhaupt nicht wirklich war.

Obwohl von außen gesehen gespenstisch, war seine Sucht nicht wesentlich anders als die eines vorsichtigen Alkoholikers, der vor dem morgendlichen Zähneputzen verstohlen einen Schluck Whisky zu sich nimmt. Beide hängen an einer fesselnden Kombination von Genuß und Schuld fest. Das Wesen jeglichen zwanghaften Verhaltens ist hilflose Wiederholung, die der Genuß allein nicht in der Lage wäre zu erzeugen. Alkoholiker und Rauschgiftsüchtige, Eßsüchtige und Kleptomanen verfallen alle immer wieder genau in das Verhalten, das sie bei einem anderen als schamlos verurteilen würden.

Oft ist es der Genuß selbst, den sie schändlich finden; deshalb haben sie keine andere Wahl, als Formen des Genusses zu suchen, die eine eingebaute Unzufriedenheit haben. Wie ein Psychotherapeut es ausdrückte: »Man kann nie genug davon bekommen, was man im Grunde gar nicht will.« Auch der intensivste Genuß ist nicht suchterzeugend, solange der Betreffende eine klare Vorstellung davon hat, was Genuß ist. Aber eine bestimmte Art von Menschen hat keine andere Wahl, als Unwohlsein mit Wohlgefühl zu mischen. Ein Schuldgefühl begleitet das von der Droge erzeugte Hochgefühl, und ohne dieses Schuldgefühl würde das andere seinen Reiz verlieren.

Süchtige werden in unserer Zivilisation gleichermaßen bemitleidet wie verabscheut, und die Gesellschaft hat sich noch nicht entschieden, ob sie nun als krank, deviant oder beides anzusehen sind. Auch gibt es noch einen tieferliegenden Zwiespalt. Den hilflosen Verlust jeglicher Selbstkontrolle durch ein Vollbild-Suchtverhalten mitanzusehen, ist schrecklich und doch insgeheim eine Versuchung. Wer möchte nicht einen Strom von

Lustgefühl in seinem Körper spüren, sofern der zu zahlende Preis nicht zu hoch wäre? Das ist keine bloße Wirklichkeitsflucht. Im Kern der Sucht, meine ich, liegt ein tiefes Sehnen nach Glücksgefühl, das einen berechtigten Anspruch widerspiegelt. Trotz all dessen, was unsere Konditionierung uns einredet, ist die Suche nach Genuß nichts Schlechtes. Jedermanns Leben wird von Wünschen angespornt. Aber kaum einer kann tiefe Befriedigung erlangen, die nicht von Gefühlen der Schuld, Selbstsucht oder einer vagen Vorahnung »das ist zu gut, um zu dauern« überschattet wäre.

Wenn Süchtige tatsächlich ein Wunschdenken ausleben, das wir alle teilen, dann sind sie womöglich weder krank noch deviant. Ich möchte hier einmal die Diagnose der Rishis anwenden und sagen, daß Suchtverhalten im Grunde das Ergebnis eines Fehlers ist. Der Süchtige steckt in einer Tretmühlenfalle eigener Konstruktion: Er kann nicht genug Genuß bekommen, um seinen Schuldgefühlen ein für allemal ein Ende zu machen; er kann nicht genug Schuldgefühle erleiden, um vor dem nächsten Schuß zurückzuschrecken. Eher ist es so, daß die beiden Impulse einander in einem endlosen Suchtreigen umtanzen.

Was wir hier haben, ist ein weiteres Beispiel des verirrten Intellekts – die Tretmühle besteht ausschließlich im Glauben des Süchtigen, daß sein gespaltenes Bewußtsein sich nicht heilen kann. Die Rishis dagegen bestehen darauf, daß Bewußtsein allmächtig ist, was bedeutet, daß es in der Lage sein sollte, alles zu heilen, einschließlich seiner selbst. Schauen wir einmal, ob eine Lösung für Suchtverhalten in dieser Richtung liegen könnte.

Evelyn Silvers, einer Therapeutin aus Los Angeles, die sich auf Drogensucht spezialisiert hat, ist es gelungen, ein bemerkenswertes Phänomen bei ihren Patienten hervorzurufen, das sie von den Fesseln ihrer Süchte befreit. Unter Anwendung einfachster Suggestion und Gedankensteuerung regt sie ihre Patienten dazu an, »Hirndrogen« zu erzeugen, die offenbar genau wie Heroin, Alkohol, Kokain oder Beruhigungsmittel wirken, mit deren käuflichem oder kriminellem Erwerb diese ihr Leben ruiniert hatten.

Bereits früher, im Jahre 1976, hatte Silvers sich auf ein anderes Problem konzentriert: chronische Schmerzen. Die kurz zuvor gemachte Entdeckung körpereigener (endogener) Schmerzmittel oder Endorphine hatte allgemeine Aufregung verursacht. Man stellte fest, daß diese Stoffe um vieles wirksamer waren als Morphium und andere Opiate. Angeregt von diesem Durchbruch entdeckte Silvers, daß sie Patienten, die lange Jahre an Migräne, Arthritis und Kreuzschmerzen gelitten hatten, dazu bringen konnte, sich nach Bedarf eine höchst wirksame Schmerzlinderung zu verschaffen.

Das klingt wie eine einfache Anwendung der körpereigenen Schmerzmittel, auf die wir ohnehin zurückgreifen. Aber unsere Art der Anwendung ist nicht systematisch, und wenige Forscher (wenn überhaupt) können behaupten, etwas darüber zu wissen, wie die Endorphine aktiviert werden. Unter bestimmten Umständen, wie zum Beispiel einer Verwundung im Gefecht oder einem Autozusammenstoß, kann der Körper stundenlang keine Schmerzen spüren, während in anderen Situationen ein geringfügiger Kopfschmerz oder Zahnschmerzen unerträglich sein können.

Angesichts dieser rätselhaften Unvorhersagbarkeit entwickelte Silvers einen verblüffend einfachen Ansatz: Sie sagte den Patienten im Brustton der Autorität, daß die innere Apotheke des Gehirns jegliche Störung behandeln könnte. Sie werde sie jetzt eine einfache Technik lehren, um an die »Hirnarzneien« heranzukommen, mit denen sie auch die hartnäckigsten chronischen Schmerzen lindern könnten. Dann forderte sie jeden Patienten auf, die Augen zu schließen und sich vorzustellen, daß er jetzt in seinem Kopf einen Vorrat an Endorphinen anlegte, ohne ihn jedoch gleich freizusetzen. Die schmerzlindernde Dosis mußte erst ein entsprechendes Niveau erreichen. Während der folgenden Minuten hielt sie so ihre Patienten in der Schwebe, während diese spürten, wie die Dosis immer größer wurde, bis Silvers schließlich ein Signal gab, und jeder einen Strom von Endorphinen in seinen Blutkreislauf ausschüttete.

In diesem Augenblick spürte fast jeder, wie sich eine Welle der Schmerzlinderung durch ihn hindurch ergoß, als ob ihm intravenös Morphium verabreicht würde. Chronische Schmerzen, die sich bis dahin allen Heilverfahren widersetzt hatten, besserten sich in spektakulärer Weise oder klangen ganz ab. Viele von den Patienten, die nach Hause geschickt wurden, um ihre »Hirnarznei«-Technik in eigener Verantwortung auszuüben, waren in der Lage, ganz von den verschriebenen Schmerzmitteln loszukommen. Silvers machte des weiteren die bemerkenswerte Beobachtung, daß, wenn ein Patient mit chronischen Schmerzen zusätzlich drogensüchtig war, die Anwendung der Technik zusammen mit den Schmerzen auch alle Drogensucht beseitigte. Dies geschah sogar bei Patienten, die bereits seit zwanzig Jahren süchtig gewesen waren, und zwar, ohne daß Entzugserscheinungen auftraten. Spätestens 1986 war sich

Silvers sicher genug, um ihre Methoden an einer Gruppe wirklich hartge-
sottener Drogensüchtiger auszuprobieren.

Sie wählte zwanzig Erwachsene aus, die bereits zwischen fünf und vierzig
Jahren an Kokain, Alkohol, Valium und Heroin festhingen, entweder als
Einzeldroge oder Drogenkombination. Es waren verzweifelte Fälle, die
alle schon weit über den Punkt hinauswaren, wo sie aus ihrer Sucht noch
irgendwelche Befriedigung zogen. Sie setzten ihren Drogenkonsum nur
deswegen fort, um ihren tiefverwurzelten Schuldgefühlen zu entrinnen
und um die ständigen Schmerzen zu lindern, unter denen ihre gemarter-
ten Körper litten. Die meisten von ihnen hatten aus Familie und Beruf
einen Scherbenhaufen gemacht.

Silvers lehrte die Gruppe ihre Standardtechnik, aber nachdem sie ihnen
gesagt hatte, daß das Gehirn seine eigenen Schmerzmittel erzeugt, fügte
sie hinzu, daß diese Substanzen völlig identisch mit jeder auf der Straße
gehandelten Droge seien. Nicht nur beliefere die Hirnapotheke den
Süchtigen ein ganzes Leben lang aus ihren unerschöpflichen Beständen
an nebenwirkungsfreien Drogen, sondern sie mache die Schuldgefühle
überflüssig. Silvers sagte der Gruppe: »Sie haben aus einem triftigen
Grund zu Drogen gegriffen. Die Drogen, die Sie mißbraucht haben, sind
Nachahmungen der natürlichen Substanzen, mit denen das Gehirn einem
ein normales Lebensgefühl gibt. Wenn wir sagen, daß wir uns so oder so
fühlen, wird unsere Stimmung immer von dieser oder jener Hirnsubstanz
erzeugt – es gibt keinen Geisteszustand, der keine biochemische Entspre-
chung hätte. Im Gehirn eines Süchtigen sind die für das normale Lebensgefühl – Glück, Ruhe, Ausgewogenheit und situationsgerechtes Verhalten
– nötigen körpereigenen Substanzen nicht ausreichend vorhanden, entweder aus erblichen oder akuten Gründen, oder weil die Einnahme
körperfremder Drogen die Fähigkeit des Gehirns vermindert, sich selbst
zu versorgen. Ihre zwanghaften Bedürfnisse haben Ihnen eingeredet, daß
Ihr Gehirn ein Problem habe, und Ihre Suchtgewohnheit war ein Lösungs-
weg. Obwohl Drogenmißbrauch gefährliche Folgen hat, brauchen Sie
sich deswegen an sich nicht zu schämen. Sie haben sich einfach selbst
verarztet, wie ein Zuckerkranker, der Insulin spritzt.«

Hier verband Silvers gekonnte Therapie, Suggestionskraft und recht
anfechtbare Wissenschaft. Die Neurowissenschaftler haben bislang noch
nicht bewiesen, daß das Gehirn gewisse suchterzeugende Drogen, wie
beispielsweise Alkohol, Nikotin und Kokain, selbst synthetisiert, ganz zu
schweigen davon, daß diese Substanzen willentlich abgerufen werden

können. Andererseits gibt es keinen Zweifel daran, daß unsere Zellen dazu ausgerüstet sind, Drogen an sich zu binden. Diese unbestrittene Tatsache ist ein Hinweis darauf, daß suchterzeugende Substanzen einen Zweck erfüllen, der demjenigen einer körpereigenen Substanz sehr ähnlich ist; sonst müßte man annehmen, daß uns die Natur Millionen von Jahren vor deren Aufkommen mit Rezeptoren für Straßendrogen ausgestattet hat, was höchst unwahrscheinlich ist.

Nachdem Silvers ihre Botschaft losgeworden war, schlossen die Mitglieder der Gruppe die Augen, bauten mental eine massive Dosis ihrer bevorzugten Droge auf und schütteten sie auf ein Signal von Silvers aus. Die Augen der Probanden verschleierten sich; jedes Gruppenmitglied verlor sich auf seinem jeweiligen Trip, je nach der Beschaffenheit der jeweiligen Droge. Die Kokainsüchtigen hatten einen Gefühlsschwall, daß es ihnen den Atem verschlug. Sie lachten still vor sich hin und berichteten später, daß sie Kindheitserlebnisse durchlebt hatten. Die Valiumsüchtigen wurden so sediert, daß sie kaum ein Wort herausstottern konnten. Die Alkoholsüchtigen lagen in träumerischer Entspanntheit herum und verloren ihre Hemmungen; sie sprachen ruhig über bedrohliche Themen, die bei ihnen zuvor eine massive Abwehrhaltung ausgelöst hatten.

In jedem Fall war der Drogeneffekt so stark, daß Silvers zwanzig Minuten abwarten mußte, bevor die Gruppenmitglieder so weit wieder zu sich gekommen waren, daß sie ihre Erfahrungen beschreiben konnten. Alle befanden sich in einem Hochgefühl und waren von dem, was geschehen war, überzeugt, obwohl sie sich mit sehr viel Skepsis auf die Sitzung eingelassen hatten. »Seit Jahren hat die Droge Sie im Griff gehabt«, versicherte Silvers ihnen, »ab jetzt wird es das Gegenteil sein.«

Ich finde dies ein hervorragendes Beispiel dafür, wie Bewußtsein heilen kann. Wenn Silvers Süchtigen sagte, daß ihre Schuldgefühle unbegründet waren, bereitete sie den Boden für eine Perspektive, die den meisten nie in den Sinn gekommen war, die sie aber bereitwillig akzeptierten. Sobald einmal ein plausibler Anlaß vorlag, fühlte der Geist sich frei, aus seinen alten Grenzen auszubrechen. Meine Erklärung geht davon aus, daß das Gehirn hier als neutrale Instanz wirkte; da es ja keinen eigenen Willen hat, hätte es das Suchtverhalten ebensogut fortsetzen wie aufgeben können. Das Gehirn kann sich nicht selbst befreien; es braucht dazu die Anweisungen des Geistes.

Silvers folgt dem gegenwärtigen Trend, Erklärungen innerhalb der Hirnchemie zu suchen, gibt jedoch zu, daß der genaue Mechanismus, den sie in Gang gesetzt hat, unbekannt ist. Sie legt großes Gewicht auf das Konzept, daß das Sich-normal-Fühlen von der richtigen Verteilung vieler wechselwirkender Hirnsubstanzen abhängig ist. Daran ist nicht zu zweifeln, aber es läßt das Geheimnis außer Acht, wie eine einzige Technik Hirnsubstanzen aktivieren kann, von deren Existenz man gar nichts weiß. Im übrigen – kann sich das Gehirn eines Süchtigen, das ja erheblich durch von außen kommende Substanzen beeinträchtigt ist, wirklich selbst durch chemische Vorgänge heilen? Wie ich es sehe, wurde die Wunde der Sucht vielmehr durch eine neues Element im Bewußtsein geheilt.

Das Brillante an der Silverschen Methode war, daß dadurch der Geist-Körper-Verbindung zuerkannt wurde, alles tun zu können, was sie wollte, sogar angesichts der massiven Konditionierung der Patienten. Als Unterstützung für die dieser Methode zugrundeliegende Sichtweise stelle man sich die Wirkung des Plazeboeffekts vor. Wenn man einer Gruppe von Krebspatienten ein Scheinmedikament gibt und ihnen gleichzeitig sagt, daß sie eine hochwirksame Art von Chemotherapie erhalten, wird es bei einem hohen Prozentsatz von ihnen zu den typischen Nebenwirkungen der Chemotherapie kommen. Sie werden unmittelbar nach der Einnahme des Medikaments Übelkeit empfinden; ihre Haare werden beginnen auszufallen, und manchmal werden sie alle Haare verlieren.

Ganz offensichtlich wurden wir nicht mit einem bestimmten Hirnmechanismus geboren, um unsere Haare willentlich zu verlieren; auch imitiert die Chemotherapie keine natürlichen Hirnsubstanzen. Damit ein Plazebo wirken kann, erzeugt der Geist etwas Neues – er war nicht abhängig von den hirneigenen Fähigkeiten. Es ist vielmehr so, daß das Gehirn der unendlich erfinderische Diener des Geistes ist, der fähig ist auszuführen, was man ihm aufträgt. Als Silvers ihren Süchtigen einen Trip ohne Drogen anbot, entdeckten diese auf der Stelle, daß ihre Sucht kein Gefängnis, sondern eine Illusion war. Jahre der Schmerzen, der Frustration und des zerstörten Selbstwertgefühls waren mit einem Mal bedeutungslos. »Zurück mich beugend zu mir selbst, erschaffe ich stets aufs Neue«, legt Lord Krishna seinem Schüler Arjuna dar. Hier spricht nicht nur ein transzendenter Gott, sondern der Schöpfer in jedem Menschen.

11 Das Feld der Macht

Wenn in Indien jemand im Zustand der Gnade zu leben scheint, sagen die Menschen voller Bewunderung: »Wo immer er hingeht, wachsen Blumen unter seinen Füßen.« Ich bin sicher, daß Sidney diesen blumigen Spruch nie gehört hat, aber er trifft leicht auf ihn zu, seitdem er in eine Wunderwelt eingetreten ist.

»Ich war der letzte, der damit hätte anfangen sollen, Wunder zu vollbringen«, sagte er mit sanfter, besinnlicher Stimme. »In meinem Bekanntenkreis, mußt du wissen, bedeutet Religion so gut wie gar nichts. Ich habe eine Abneigung gegen ›den allmählichen Abstieg in verschwommene Mystik‹, wie Stephen Hawking es so treffend ausdrückte, und ich pflichte Freud bei, daß Menschen, die zu einem gütigen Vater im Himmel beten, wahrscheinlich damit wettmachen, daß sie keinen Vater hatten, der sie auf der Erde genug liebte. Ich saß letztes Jahr einmal in einem Café und sagte zu einem Studenten: ›Wenn Sie wirklich ehrlich zu sich selbst sind, werden Sie niemals behaupten, daß Sie eine Seele haben.‹ Mittelalterliche Ärzte kamen auf die Idee, ihre sterbenden Patienten zu wiegen, um herauszufinden, ob deren Körper leichter wurde, wenn die Seele entschwand. Selbstverständlich hatten sie damit keinen Erfolg. Aber die Metaphysik ist der am schwersten auszurottende Aberglaube. Selbst Newton glaubte, daß die Belange der Welt im Geist Gottes stattfinden – auch er erbrachte niemals den Beweis für diese Annahme. Stell dir vor, wieviel spirituelle Schönrednerei wir aufzugeben hätten, wenn die ›andere Welt‹ und ihre ›höheren Wesen‹ ihre Existenz zu beweisen hätten, anstatt einfach geglaubt zu werden! Als ich einundzwanzig wurde, hatte ich den ganzen veralteten Vokabularballast von Gott, Seele, Sühne, Erlösung und Unsterblichkeit über Bord geworfen.«

»Nun aber hast du doch eine Seele?« fragte ich verdutzt.

»Du magst es glauben oder nicht, ich glaube ja.« Er lachte und machte eine Handbewegung, wie um unsichtbare Einwände abzuwehren. »Laß mich dir erzählen, was passiert ist, und urteile selbst.«

»Also schieß los«, sagte ich. Ich kenne Sidney seit fünf Jahren als Freund

und gelegentlichen Patienten. Wenn er seine Seele gefunden hatte, so lohnte es sich, das anzuhören. Sidney ist siebenundvierzig Jahre alt und blickt mit den wachsten Augen, die ich je gesehen habe, in die Welt. Er ist ein wortgewandter und vielseitiger Autor und ehemaliger Professor, der sich gegen jegliches starre Dogma auflehnt. Seine Worte, die wie ein Wasserfall hervorsprudeln, sind immer erinnernswert. Hier saßen wir also, in einem anderen Café, wo wir an diesem grauen Samstag in Cambridge vor dem Regen Unterschlupf gefunden hatten.

»Vor ein paar Monaten«, sagte Sidney, »wurde mir recht klar, daß mein normaler Geist am Auseinanderbrechen war.«

»Hattest du einen psychotischen Anfall?« fragte ich bestürzt.

»Sagen wir mal, daß ich gerade so an der Grenze zu einem Geisteszustand war, den ich bei einem anderen unweigerlich als gestört bezeichnet hätte«, antwortete er. »Aber ich überlasse, wie gesagt, dir das Urteil. Anfang des vergangenen Winters begann ich, ein paar seltsame ›Zufälle‹ in meinem Leben zu bemerken. Eines Tages schneite es, ich mußte Besorgungen machen. Als ich das Haus verließ, erschien ein Fleckchen Sonne zu meinen Füßen, und ich konnte nicht übersehen, daß es sich mit mir die Straße entlang bewegte. Ich wandte mich am Ende des Blocks nach links; das tat auch das Sonnenfleckchen, das vielleicht drei Meter im Durchmesser maß. Ich blieb an der Ampel stehen und wartete auf Grün – und als ich die Straße überquerte, kam das Licht mit! Es begleitete meine Schritte bis an die Tür des Lebensmittelgeschäfts, und als ob dies noch nicht seltsam genug wäre, erschien es erneut, als ich eine Viertelstunde später herauskam, und begleitete mich wieder nach Hause. Was sollte ich davon halten?«

Bevor ich antworten konnte, erzählte er weiter. »Nein, warte mal. Anderntags fuhr ich in die Stadt, um eine tragbare Schreibmaschine zu kaufen, und mußte feststellen, daß sie um zwanzig Dollar teurer geworden war, seitdem ich am Morgen angerufen hatte. Ich argumentierte mit dem Verkäufer und dem Geschäftsleiter, aber ohne Erfolg. Ich war sehr verärgert, kaufte aber schließlich die Maschine, um nicht umsonst gefahren zu sein. Und weißt du, was mich vor der Tür erwartete?«

»Vermutlich ein Fleckchen Sonnenschein«, sagte ich.

»Ein Zwanzig-Dollar-Schein, gerade vor meinen Füßen!« rief Sidney aus, ohne sich beirren zu lassen. »So unbedeutsam diese Ereignisse auch erscheinen mögen, begann ich doch, dabei zunehmend ein komisches Gefühl zu haben.«

»Komisch?«

»Ja – da war irgendetwas in diesen Ereignissen, das ich als *verspielt* bezeichnen würde, als ob ein kluges Kind mir einen besonders unterhaltsamen Trick vormachte – oder eher eine Intelligenz, die ich nicht sehen oder ansprechen konnte. Aber laß mich weitererzählen. Eine Woche später fuhr ich allein Auto. Es war schon dunkel, und ich war draußen auf dem Land, auf der Rückfahrt von einem Haus, wo ich noch nie gewesen war. Eine kurvenreiche Landstraße mündete in eine andere, und nach einer halben Stunde mußte ich mir eingestehen, daß ich mich hoffnungslos verfahren hatte. Die wenigen Häuser, an denen ich vorbeifuhr, waren alle dunkel, und ich merkte, wie die Angst in mir hochstieg, als plötzlich mein Bewußtsein nicht mehr in meinem Kopf war – es erstreckte sich vor mir etwa so weit, wie die Scheinwerfer reichten. Gerade, als ich das Phänomen bemerkte, fand eine weitere Ausdehnung statt, und mein Bewußtsein erstreckte sich nun nach allen Seiten. Es war ein sehr zartes Gefühl. Wie könnte ich es nur beschreiben? Ich war einfach überall, und ohne darüber nachzudenken, hörte ich auf, den Wagen zu steuern. Ich hielt die Hände noch am Lenkrad und trat auf die Pedale, aber das Gefühl einer bewußten Bemühung war fort. Ich wurde dieser Kreis von Bewußtsein, der durch die Nacht glitt, ohne sich über sein Ziel Sorgen zu machen.

»Ich kam an Kreuzungen und fuhr nach rechts oder nach links, scheinbar ziellos, und doch war ich nach zehn Minuten genau in der richtigen Richtung auf dem Highway.«

»Und das würdest du nun eine Erfahrung deiner Seele nennen?« fragte ich ihn zweifelnd.

»Wenn die Seele unser Anteil an einer unsichtbaren Welt ist, dann projizierte ich mich vielleicht in das Territorium der Seele. Der unsichtbare erweiterte Teil meiner selbst war lebendig, und er war zweifellos ich. Alles fühlte sich in seiner Gegenwart wie klingend an – der Wagen, das Land, der Himmel. Ein Bruchstück von einem Gedicht kommt mir in den Sinn – woher ist es schon? ›Die Sterne sind weit und lebendig, sie scheinen jeder wie ein Lächeln großer Sanftheit, und sie scheinen sehr nah zu sein.‹«

»Und wie fühlst du dich jetzt?«

»Nicht mehr so. Da war eine Veränderung, ein Reifeprozeß. Ich bin immer noch die ganze Zeit äußerst bewußt, und ab und zu gerate ich gelegentlich in Ekstase. In diesen Momenten nimmt mein Leben einen heiligen

235

Charakter an. Entschuldige, daß ich so unbeholfen klinge; es ist mir noch ganz neu, darüber zu sprechen.«

»Ich freue mich für dich«, sagte ich und fügte hinzu: »Du scheinst immer noch du selbst zu sein, falls dir das Sorgen gemacht haben sollte. Du hast immer eine Menge über dich selbst gewußt, und ich bin nicht erstaunt, daß du noch mehr erfährst.«

Er sah mich mit einem dankbaren Ausdruck an. »Ich will dir noch über ein sehr ungewöhnliches Ereignis erzählen. Stört es dich, etwas von Wundern zu hören?«

»Ich bin mir nicht so ganz sicher. Du hast doch irgendetwas schon angedeutet, nicht wahr?«

»Ja, aber du hast dich ja auch schon damit beschäftigt, oder?«

»Ich suche nicht danach, aber manchmal höre ich schon ein paar Sachen. Ich bin Leuten begegnet, die mir im Vertrauen berichten, daß sie als Kinder geflogen sind. Sie schwebten Treppen hinunter, wenn niemand zu Hause war, und ließen Puppen oben auf hohen Schränken sitzen, was den Eltern ein Rätsel aufgab. Und dann erzählten sie eines Tages der lieben Mama ihr Geheimnis, worauf ihnen dann auch prompt versichert wurde, daß Fliegen unmöglich sei. Danach verschwand dann auch ihre Fähigkeit.

»Natürlich ist Fliegen-Können ein außergewöhnlicher Anspruch«, sagte ich, »aber eine Menge Leute scheinen ein Techtelmechtel mit ungewöhnlichen Fähigkeiten zu haben. Sie können verlorene Dinge visualisieren und schnurstracks hingehen, wenn sie sie wirklich brauchen. Sie beantworten anderer Leute Fragen, bevor diese sie stellen. Über den Daumen kann jeder von uns die Zukunft voraussagen, obwohl genaue Vorhersagen mit einer Reihe von Projektionen aus unserem Unterbewußtsein vermischt sind, mit Wunschdenken und falschen Vorahnungen. Ich würde mich nicht ganz wohlfühlen, wenn ich sagen müßte, wo das normale Leben aufhört und Wunder beginnen.«

Sidney schien erleichtert, aber als er weitersprach, war ein deutliches Zögern in seiner Stimme. »Meine Nächte waren letzthin schlaflos, nicht aus Angst, sondern weil sie – wie soll ich sagen? – von Licht erfüllt zu sein scheinen. Die herandrängende Ekstase treibt mich aus dem Bett und läßt mich rastlos umhergehen; manchmal ziehe ich den Mantel an und gehe aus dem Haus. Kannst du dir das vorstellen – ich tanze im Mondschein! Eines Nachts war ich in diesem erhöhten Bewußtseinszustand und stieß in der Nähe meines Hauses auf eine ziemlich schmuddelig aussehende Frau, die auf dem Bürgersteig lag. Sie schlief da, eingerollt in eine schmutzige Decke, und ich hörte sie murmeln: ›Mutter, Mutter, Mutter.‹ Es war recht zum Erbarmen, und intuitiv hatte ich keinen Zweifel, daß sie wie viele Obdachlose geistesgestört war. Ihre Stimme klang wie ein verzweifelter Schrei; er barg in sich solch eine Intensität des Leidens, daß ich es nicht ertragen konnte, und gleichzeitig war meine Ekstase stärker als je zuvor. Ich beugte mich hinab und weckte sie behutsam. Sie sah mich erschrocken an, aber wich nicht zurück. Ohne zu wissen, warum, sagte ich zu ihr: ›Du brauchst nicht mehr leiden.‹

›Was?‹ sagte sie ganz verwirrt.

›Ich bin hier, um Ihnen zu helfen‹, sagte ich. ›Sie sind nicht mehr verrückt, nicht wahr?‹ Sie sah betroffen aus, und doch war in ihren Augen ein Blick der Vernunft, von dem ich wußte, daß er neu war. Sie schüttelte den Kopf, als ob sie sich vergewissern wollte, was darinnen war, und sprach kein Wort. ›Sagen Sie mir‹, bat ich sie, ›fühlen Sie sich immer noch verrückt?‹ Mit einer ruhigen, normalen Stimme antwortete sie ›Nein‹.

›Sehen Sie‹, sagte ich, ›ich weiß nicht, warum das so geschieht, aber sagen wir einmal, Sie haben sehr viel Glück. Sie werden von jetzt an in Ordnung sein.‹« Sidney hielt inne.

»Das ist dir wirklich passiert?« fragte ich erstaunt. Er nickte. »Aber wie kannst du sicher sein, daß sie geheilt war? Es klingt wie eine manische Phase auf deiner Seite, mußt du wissen.«

»Ja«, gab er zu. »Ich kann nichts beweisen, und es war in diesem Moment nicht möglich zu analysieren, was zwischen uns geschah. Mein Herz begann wie wild zu schlagen, und ich spürte einen unwiderstehlichen Drang wegzurennen. Ich hörte, wie die Frau mir hinterherrief: ›Was für einer bist du?‹ Aber da war ich schon halb den Block entlang; fünf Minuten später lag ich zitternd im Bett. Ich habe sie nie wieder gesehen.«

Unsichtbare Mächte

Ich habe keinen Beweis dafür, daß Sidneys Erlebnisse wahr sind oder auch nur die eines normalen Menschen. Er scheint mir immer noch ausgeglichen zu sein. Seine Persönlcihkeit hat durch seine »Wunder« keinen Schock erlitten oder sonstigen Schaden genommen. Während er spricht, schwebt er auf keinen Wolken des Größenwahns. Auch hat er keinen depressiven Rückfall gehabt oder ist durch eine Phase der Desillusionierung gegangen, wie das sonst bei manischen Episoden der Fall ist.

Die Tatsache, daß er versucht, diese erstaunlichen Vorfälle in ein neues Selbstbild zu integrieren, beruhigt mich, denn das bedeutet, daß sie eher lebensfördernd als destruktiv waren.

Der Rückfall könnte jedoch jeden Moment eintreten. Es ist gefährlich, so plötzlich in eine Wunderwelt zu geraten. Im besten Fall würde man Leute wie Sidney als »ungefaßte Edelsteine« bezeichnen, wie Maharishi sie einmal nannte. Das heißt, es fehlt ihnen ein Gesamtzusammenhang, innerhalb dessen die Verwandlung, die sie durchmachen, einen Sinn erhält. Ich kann verstehen, warum Sidney seine seltsamen Erlebnisse als »Wunder« bezeichnet, aber er ist mangels klarer und genauerer Begriffe auf ein konventionelles religiöses Vokabular verfallen. Er braucht neue Begriffe, und zusammen damit braucht er Erklärungen, die unmittelbar auf seine Situation zutreffen.

Aus dieser Sicht ist es nicht so wichtig zu entscheiden, ob ich Sidneys Geschichte »glaube« oder nicht. Die Offenbarungen anderer Menschen sind im wesentlichen nicht kommunizierbar. Wenn ich neben Sidney stünde, während er sich einfach eine Osterglocke anschaut, wäre seine Wahrnehmung genauso vergänglich, unerreichbar und persönlich wie nur irgendetwas von dem, was er mir erzählt hat. Das Entscheidende für uns ist, daß jeder von uns seine eigenen Offenbarungen versteht.

Der erste Schritt, meine ich, ist der, daß wir die Aura des Wunderbaren auflösen, von der die Entfaltung höherer Bewußtseinszustände umgeben ist. Ein Schüler beklagte sich einmal bei seinem Guru: »Wenn du erleuchtet bist, warum vollbringst du dann keine Wunder, um es zu beweisen?« Der Guru entgegnete: »Weil es keine Wunder gibt, es sei denn, du siehst das ganze Leben als ein Wunder an. Ich bin jenseits der Wunder. Ich bin normal.«

Ist das nicht die weiseste Einstellung? Menschliches Bewußtsein hat niemals seine Fähigkeit verloren, sich der unsichtbaren Welt zu öffnen, und wir können sicher sein, daß ein Bauer zur Zeit von Zoroaster beim Anblick der Sterne plötzlich deren Nähe, Lebendigkeit und Lächeln mit genau demselben Wundergefühl verspürte wie Sidney. Wenn man jemandem zu verstehen gibt, daß er nicht der erste ist, der den Zustand der Gnade erreicht hat, kommt diese Nachricht zunächst als eine große Enttäuschung – in unserem innersten Herzen lechzen wir alle nach der Einzigartigkeit der Heiligkeit. Bei vernünftiger Überlegung sind diejenigen, denen Wunder widerfahren, jedoch erleichtert zu hören, daß sie nicht allein sind. Tatsächlich bringt es sehr große Freude, wenn man begreift, daß es einen majestätisch breiten und endlosen Strom des Geistes gibt, der durch den Tumult der menschlichen Existenz fließt.

»Sollte ich diesen Erfahrungen Vorschub leisten?« fragte Sidney einmal, »oder sollte ich ihnen den Rücken zuwenden? Sie sind alle unglaublich verführerisch, und trotzdem kann ich sehen, daß sie mich zu sehr mitreißen und in eine totale Traumwelt stürzen könnten. Wer weiß, ob ich nicht schon dort gelandet bin?«

»Nein, du bist in keine Phantasien verwickelt«, sagte ich. »Du gehst auf einem dünnen Seil, wofür dich deine bisherige Lebenserfahrung nicht vorbereitet hat.« Ich bat ihn eindringlich, sich nicht allein auf mentale Ausflüge zu begeben; er brauchte ein Sicherheitsnetz. Der gesamte Bereich spiritueller Erfahrungen ist in den alten Weisheitstraditionen kartiert und beschrieben worden. Die vedischen Rishis ragen heraus als die erfahrensten, weil ältesten Kommentatoren, aber jede dauerhafte, lebendige geistige Tradition hat einen großen Vorteil: Sie liefert eine Reisekarte und Information über das Ziel.

Der Grund dafür, warum das so wichtig ist, liegt darin, daß Erfahrungen des Heilens, des Einsseins oder der Bewußtseinserweiterung gewöhnlich zugleich Etappen einer längeren Reise sind, die den Betreffenden auf ein unsichtbares Ziel hinsteuern. Die Ekstase eines einzelnen Wunders ist nichts verglichen mit der Ekstase einer vollständigen spirituellen Wandlung. Diese Sichtweise macht den ganzen Unterschied zwischen Wachstum und Chaos aus. Anstatt von einer Erfahrung zur anderen zu treiben, sichtet man einen Zweck – einen höheren Bewußtseinszustand – und visiert in an. Die vedischen Seher waren unverrückbar in ihrer Überzeugung, daß Erfüllung die natürliche Tendenz des Lebens ist. Wachstum, Evolution, die erstaunliche Aktivität des Geistes sind nicht chaotisch. Sie versuchen den Ausbruch aus dem Endlichen hinaus in die Unendlichkeit.

Ohne irgendeine esoterische Terminologie anzuwenden, können wir sagen, daß für Sidney sich die Wirklichkeit erweitert und aus den üblichen Mustern ausbricht, die unsere Vorstellung davon erhärten, was akzeptabel und erträglich ist. Selbst wenn man diese Grenzen nur ein wenig aufbiegt, kann dies schon ein Schwindelgefühl verursachen, als ob nicht nur unsere Weltanschauung, sondern der ganze Boden unter uns weggezogen würde.

Einmal trat ein junger Patient mit den überraschenden Worten »Namaste kya hal hai, Doctor sahib?« in meine Praxis. Für einen Inder wäre es in keiner Weise erstaunlich zu sagen »Guten Tag, Doktor, wie fühlen Sie sich?« Aber dieser Mann hatte blaue Augen und wellige blonde Haare.

»Wo haben Sie so gut Hindi gelernt?« fragte ich neugierig. »Sie haben so gut wie keinen Akzent.«

»Ich habe das einfach so in New Delhi gelernt«, sagte er. »Ich war eine Weile am Hindu College, und ich bin in Kaschmir geboren und dort aufgewachsen.« Ich nahm diese Erklärung zur Kenntnis, und wir widmeten uns seinen Beschwerden, die nur geringfügig waren. Nachdem ich ein Rezept ausgefüllt hatte, wollte ich gerade seine Akte schließen, als ich sah, daß als Geburtsort angegeben war: Santa Barbara, Kalifornien.

»Warten Sie mal«, sagte ich. »Haben Sie nicht gesagt, Sie seien in Kaschmir geboren?«

»Das ist richtig.«

»Aber Ihre Akte sagt, daß Sie in Santa Barbara geboren sind.«

»Ich hätte es erklären sollen«, sagte er, ohne mit der Wimper zu zucken. »Ich bin letztesmal in Kaschmir geboren.«

»Aha. Und da haben Sie auch Hindi gelernt?«

»Richtig.« Seine Stimme blieb völlig sachlich. Mein erster Instinkt war, ihn auszufragen und nach irgendwelchen Anzeichen von Geistesgestörtheit Ausschau zu halten.

»Ich habe gesehen, daß Sie als Bartender in einem Hotel in der Stadtmitte arbeiten«, sagte ich. »Das ist keine sehr reine Umgebung, ich meine für jemand, der so empfindsam ist, daß er sich an seine vergangenen Leben erinnert.«

»Ich weiß«, seufzte er. »Aber ich bleibe da aus Nostalgie. Es erinnert mich an die Offiziersmesse in Mhow.« Mhow war einer der berühmtesten Militärstützpunkte gewesen, den die Engländer in Zentralindien eingerichtet hatten. Er ist immer noch so groß, daß die meisten indischen Offiziere damit rechnen können, zumindest einmal während ihre Laufbahn dort stationiert zu sein.

»Sie erinnern sich auch an Mhow?« fragte ich.

»Ja«, sagte er fröhlich. »Dort bin ich gefallen.« Wir setzten unser Gespräch in dieser Weise freundschaftlich fort, so als ob nichts weiter Besonderes wäre, und nach einigen Minuten ließ ich ihn widerstrebend gehen. Ich fühlte mich anschließend schuldig, daß ich ihm nicht hundert Milligram Thorazin verabreicht hatte, um seine Halluzinationen zu mildern und ihn dann in eine psychiatrische Anstalt einzuweisen. Heute finde ich es schwer, sein seltsames Verhalten von meinem eigenen Unwohlsein zu trennen, das ihn seltsam erscheinen ließ. Es ist ein Zeichen unserer Zeit, daß alle möglichen »unmöglichen« Dinge gerade vor unseren Augen auftauchen, wie uralte Meeresungetüme, die man als ausgestorben angesehen hat, die aber nur in den Meerestiefen ruhten.

Was wir uns erhoffen können, ist die Klärung, woher diese wiederauftauchenden Erfahrungen ursprünglich stammen. Es ist eine überlieferte Tendenz, daß Menschen nach außen blicken, sobald die Alltagslogik der Welt abbröckelt. Eines Tages ist da eine Ekstase, wo vorher keine war. Wer anders könnte so eine spektakuläre Verwandlung bewirken als ein göttliches Wesen, das irgendwo im Himmel seinen Sitz hat? Himmel und Erde rücken jedoch durch die physikalische Quantenfeldtheorie näher aneinander. Die Vorstellung, man könne von außen in das Feld hineinschauen, erweist sich als nichtig, ganz gleich, ob nun Gott auf den Menschen herabschaut oder der Mensch zu Gott aufblickt. Wir sind alle Bestandteile des Feldes; das Feld ist Existenz an sich. Es fließt in allem, um alles und durch alles hindurch. Es ist die Bühne, auf der sich alle Möglichkeiten inszenieren.

Das Feld ist allgegenwärtig und allmächtig. Es vereint in unsichtbarer Weise zwei Quarks, die Lichtjahre voneinander entfernt sind; es vermischt individuelle und kosmische Existenz, das Natürliche wie das Übernatürliche. Wenn ihr Bewußtsein einmal voll entfaltet war, konnten die alten Rishis sich zum Echo Lord Krishnas machen und erklären: »Ich bin das Feld.« Sie gewahrten, daß ihr eigenes Bewußtsein identisch war mit jenem, das das Universum aufrechterhielt. Sie erkannten dem Feld die Eigenschaft des Bewußtseins zu – und das läßt uns stutzen. Im Westen ist Allwissenheit eine Eigenschaft, die Gott vorbehalten ist, es sei denn, man anerkennt, daß das Feld die geeignete Wohnstätte des Göttlichen ist. Und warum sollte es das nicht sein?

Die Vorstellung, daß das Heilige außerhalb von uns ist, macht von der Quantentheorie her keinen Sinn, denn es bedarf unserer Beteiligung, damit Erfahrung überhaupt aufgebaut werden kann, vom Heiligen bis zum Profanen. Als mein Vater in dem großen Militärlager in Jabalpur in Zentralindien stationiert war, kam einmal Premierminister Nehru zu einem eintägigen Besuch. Es war Anfang der Fünfziger Jahre, und Nehru wurde von uns und allen anderen, die wir kannten, als der Retter Indiens angesehen. Die ganze Stadt strömte zusammen, um ihn zu begrüßen. So weit man blicken konnte, war da ein riesiges Ameisengewimmel von Menschen. Die Männer stiegen auf die Bäume, um einen Blick in Nehrus offenen Jeep zu werfen, der langsam die Straße entlangfuhr, und gewandte kleine Jungen hingen ganz oben in den Zweigen.

Ich war gerade sieben Jahre alt und hatte keine klare Vorstellung davon, warum mein Vater und meine Mutter dastanden, stumme Mitglieder einer Stille, die so laut war, daß man fast taub wurde. Aber ich bin ziemlich sicher, daß die Menge still war, und als Nehru näher kam – er stand auf dem Rücksitz seines Jeeps mit einer Rose in der Hand – da ging ihm eine Welle hingebungsvoller Verehrung voraus. Meine Mutter fing an zu weinen, und wie das Schicksal es so wollte, warf Nehru seine Rose fast vor ihre Füße. Niemand stürzte sich darauf. Die Stille dauerte an, und meine Mutter ging langsam hinüber und bückte sich, um die Blume aufzuheben. Anderntags kamen die Leute zu uns ins Haus, um die Rose in ihrer silbernen Vase zu sehen, und ohne Ausnahme konnten sie nicht sprechen, sobald ihr Blick darauf fiel.

Was ich heute weiß, ist, daß ihre Begeisterung aus einer inneren Quelle kam, nicht allein von Nehru, vielleicht überhaupt nicht von ihm. Die Menge nahm teil an einer kollektiven Wirklichkeit; sie spürte ein Gefühl und ließ es zu einer unabhängigen Existenz aussprießen, bis es schließlich sogar einer absichtslos hingeworfenen Blume innewohnte. Das entzieht ihrem heiligen Gefühl nicht die Wirklichkeit, ganz und gar nicht. Wann immer ein Bewußtseinsstrom aus den Tiefen des menschlichen Geistes hervorfließt, können sich dramatische Veränderungen mit großer Geschwindigkeit vollziehen. Der Abbau der Berliner Mauer signalisierte ein erneuertes Freiheitsgefühl, das sich in der Völkerfamilie ausbreitete. Was anderes aber ist eine Nation als eine Ansammlung von einzelnen? Politik ist das, was »da draußen« als Reaktion auf sich verändernde mentale Ereignisse »hier drinnen« geschieht. Die Berliner Mauer mußte zuerst im Bewußtsein der Menschen abgebaut werden, bevor das äußerlich vollzogen werden konnte.

Wir stellen uns politischen Wandel hauptsächlich deshalb nicht in dieser Weise vor, weil die Menschen im allgemeinen keine Einheit in ihrer inneren Perspektive besitzen. Manchmal reißt jedoch eine Bewußtseinswelle alle mit sich fort. Gandhi inspirierte Millionen Inder dazu, sich in aller Stille zu versammeln, um so gegen die britische Herrschaft zu protestieren; sie taten nichts, außer daß sie eine Weile zusammenstanden oder zusammensaßen, aber bereits dieses erzeugte eine Art Zeugentum ähnlich dem, worüber ich mit meinen Patienten spreche. Einfach das friedvolle Anblicken unseres Feindes ruft einen gewaltigen moralischen

Effekt hervor, denn der andere sieht sich selbst in unseren Augen. Der stille Zeuge widerspiegelt die Wahrheit, der er sich am Ende beugen muß.

Ich möchte kollektives Bewußtsein nicht mit Gefühlen oder Moral gleichsetzen; es ist vielmehr jener Bereich des Geistes, der uns allen unterhalb der Oberflächenschicht der Individualität gemeinsam ist. Dieser gemeinsame Bereich erzeugt unsere gemeinsame Welt. Die Welt ist daher die Landschaft all dessen, worüber sich Menschen als Wirklichkeit einigen. Auch die Unwirklichkeit ist eine Übereinkunft. Der Grund dafür, daß nach langem Dornröschenschlaf scheinbar Unmögliches in unserer Zivilisation wieder auftaucht, ist der, daß unser kollektives Bewußtsein dessen Einlaß zugestimmt hat. Ein tiefliegender Zensurmechanismus lockert seinen Griff. Wenn einmal der Zensor völlig abgesetzt ist, wird der Einlaß unbeschränkt sein, denn auf der Ebene des Feldes ist alles als unmanifestes Potential vorhanden.

»Du bist die letztendliche Ursache von allem in der Schöpfung«, versicherte ein Guru seinen Schülern. »Alles ist, weil ihr seid.« Die Aussage stinkt nach der schlimmsten Arroganz, wenn wir damit behaupten, daß der Urknall unseren Segen brauchte, bevor er eintreten durfte. Ich glaube nicht, daß es das ist, was der Guru sagen wollte. Er meinte, daß menschliches Bewußtsein und das des Kosmos eins sind. Das Feld tanzt und wartet darauf, daß wir uns dem Reigen anschließen. Es entfaltet sich und faltet sich ohne Unterlaß, wie eine unendliche Wolldecke, die in einer Trockenmaschine mit unendlicher Geschwindigkeit umherrollt. Unter diesen Bedingungen ist jeder Punkt des Universums gleichzeitig überall und hat teil an der Allgewalt, Allgegenwart und Allwissenheit des gesamten Feldes. Jeder hat also das Recht, sich selbst als den Mittelpunkt des Kosmos anzusehen, unermeßliche Kräfte in seinen Händen haltend.

Was die Zwillinge tun konnten

Jegliche Fähigkeit, die Natur zu beherrschen, wird auf Sanskrit *siddhi* genannt. Das Wort bedeutet soviel wie »Macht« und bezieht sich auf Fähigkeiten, die im Bewußtsein zur Vollkommenheit gebracht wurden. Heilerische Fähigkeiten sind ein Siddhi, und wie bei den übernatürlichen Künsten, die man den Yogis zuschreibt – das Durch-die-Luft-Fliegen, Unsichtbarkeit, die Kenntnis von Vergangenheit und Zukunft –, ist der Schlüssel zur Meisterschaft ein Bewußtseinssprung. Ein Mensch weiß plötzlich, wie er etwas Unmögliches bewerkstelligen kann, so einfach und leicht, wie ich meinen Arm heben kann.

Ein Bewußtseinssprung erfordert keine Anstrengung. Jemand, der ein Bewußtseinsniveau erreicht hat, auf dem die Siddhis natürlich sind, kann den Dingen so sanft eine Verwandlung einhauchen, wie bei Ihnen und mir Wünsche oder Träume kommen, und benötigt dazu nicht mehr Energie, als man braucht, um einen Gedanken zu bewegen. Das Grundprinzip ist hier, daß Wirklichkeit in verschiedenen Bewußtseinszuständen verschieden ist. Wenn ich im Traum einen Baum sehe, kann ich darüber hinwegspringen oder ihn blau werden lassen oder über ihn hinweg in den Himmel fliegen. Was mir solche Kräfte verleiht, ist der Traumzustand. Hätte ich keinen anderen Bewußtseinszustand zum Vergleich, so wäre der Traumzustand die einzige Wirklichkeit, die ich kenne und als tatsächlich akzeptiere.

Wenn ich aufwache, muß ich mich damit abfinden, daß ich nicht mehr über einen Baum springen kann, aber warum nicht doch? Den Rishis zufolge ist das, was mich zurückhält, nicht der Baum, sondern das Aufkommen des Wachbewußtseins. Es hat mich in eine Welt geschoben, die anderen Naturgesetzen unterliegt. »Du denkst, daß ein Traumbaum in deinem Kopf ist«, könnte ein Rishi argumentieren, »während doch ein wirklicher Baum vor dir steht. Aber diese Einsicht kann dir erst kommen, nachdem du aufgewacht bist. Solange du im Traum weilst, scheint der Baum außerhalb zu sein, genauso wie im Wachzustand. In Wahrheit sollte das, was du als einzig ›wirklichen‹ Baum bezeichnest, ein Wachzustandsbaum genannt werden. Wenn du nicht darüberspringen kannst, solltest du vielleicht aus dem Wachzustand aufwachen. Dann würdest du feststellen, daß auch dieser Baum in deinem Kopf war.«

Ein Siddhi scheint besonders erstaunlich, wenn er unter Menschen auftritt, denen schon gewöhnliche Fähigkeiten abgehen, ganz zu schweigen von außergewöhnlichen Fähigkeiten. In seinem vielgerühmten Essay »The Twins« (Die Zwillinge) beschreibt Oliver Sacks zwei Brüder, eineiige Zwillinge, die in der Lage waren, außergewöhnliche kopfrechnerische Kunststücke zu vollbringen, obwohl ihre IQs bei wiederholten Tests nie über 60 hinausreichten. Als Sacks sie 1966 zum ersten Mal traf, waren die Zwillinge gerade Mitte Zwanzig und bereits einigermaßen berühmt. Vom Aussehen her ähnelten sie zwei Kobolden – gleichermaßen rundlich, mit dicken Brillengläsern, nickenden Köpfen, rollenden Augen und verschiedenen unkontrollierbaren Ticks und Zuckungen.

244

Obwohl die Zwillinge in ihrer eigenen mentalen Welt lebten, die dem Außenstehenden unzugänglich war, fand Sacks sie rührend begierig, sich in eine ihrer »Routinen« zu stürzen.

Die Zwillinge sagen: »Gib uns ein Datum – irgendeine Zeit in den letzten oder kommenden vierzigtausend Jahren.« Man gibt ihnen ein Datum, und fast sofort sagen sie einem, welcher Wochentag es ist. »Noch ein Datum«, rufen sie, und das Kunststück wird wiederholt. Sie sagen einem auch das Datum von Ostern während dieses gesamten Zeitraums von achtzigtausend Jahren ... Ihre digitale Speicherkapazität ist erstaunlich – und möglicherweise unbegrenzt. Sie können Zahlen mit drei Stellen, dreißig Stellen, dreihundert Stellen mit gleicher Mühelosigkeit wiederholen.

Die Literatur über Fachidioten ist immens; die bemerkenswerten Talente der Zwillinge machen sie nicht einzigartig. Sie gehören eher in die gründlich erforschte Kategorie der »Kopfrechner«, die sowohl Geistesbehinderte als auch normale Menschen umfaßt, die aus dem Gedächtnis die Zahl π bis auf 3000 Stellen nach dem Komma auswendig können, oder einem sagen können, wie viele Kubikzentimeter in einem Festkörper enthalten sind, der die Ausmaße von 7.345.278 × 5.478.234 x 5.234.987 Metern hat. (Einem achtjährigen Genie wurde eine solche Aufgabe gestellt, der prompt fragte, ob man die Antwort in der richtigen Reihenfolge oder rückwärts haben wollte.)

Soviel ich weiß, ist Sacks der erste Beobachter, der begriff, daß die Zwillinge überhaupt nicht rechneten – sie sahen die Zahlen. Ihr Geist streifte durch das Land der Zahlen, so wie wir auf der Suche nach alten Gesichtern unsere Erinnerung durchstreifen, aber mit verblüffender Genauigkeit, Klarheit und Geschwindigkeit. Sacks Argument ist einfach: Von sich aus konnten die Zwillinge keine Grundrechenvorgänge ausführen. Vier und vier überstieg ihr Fassungsvermögen, und erst jahrelanges Üben versetzte sie in die Lage, mit Kleingeld umzugehen, so daß sie mit dem Bus fahren konnten. Die Standarderklärung für »Kalenderidioten« ist die, daß sie eine Abkürzung gespeichert haben, eine spezielle mathematische Formel oder Algorithmus, der darauf programmiert ist, Daten auszugeben, ohne daß das Programm jedes einzelne Jahr abzusuchen hat. So würde man einen Computer programmieren, um das Osterdatum über einen Zeitraum von 80.000 Jahren hinweg zu erhalten.

Wie aber ist es überhaupt möglich, fragt Sacks, daß die Zwillinge rechnen können, selbst unter Anwendung der Abkürzung, wo sie noch nicht einmal einfache Zahlen addieren können? Andererseits war ihre Fähigkeit zu visualisieren wiederholt bewiesen worden. Wenn man irgendeinen Tag aus ihrem Leben nach dem vierten Lebensjahr nannte, konnten sie sich an das Wetter erinnern, die Ereignisse um sie herum sowie (später dann) an die wichtigen politischen Tagesereignisse. Sacks vermerkte auch mit großer Sorgfalt ihren Gesichtsausdruck, wenn sie ihre außerordentlichen Antworten gaben: »Ihre Augen stehen still und bewegen sich in seltsamer Weise, während sie dies tun, als ob sie eine innere Landkarte ausrollten oder studierten.«

Dieser Ausdruck des »Sehens«, zusammen mit nach oben verdrehten Augen und einer ausdruckslos-monotonen Stimme, als läsen sie die Antwort von einer Computerfahne ab, ähnelt möglicherweise dem eines Menschen, der kopfrechnet. Wie aber konnte man die beiden anderen Umstände erklären? Zunächst konnten die Zwillinge Zahlen »sehen«, die zehn oder sogar zwanzig Stellen hatten. Vor dreißig Jahren war das Hervorbringen von sehr langen Primzahlen selbst mit den größten damaligen Computern ein arbeitsaufwendiges Unterfangen, und es gab keine bekannte Abkürzung. Hier aber waren die Zwillinge, kicherten in ihrer Ecke, und brachten so lange Primzahlen hervor, daß Sacks sie in keinem mathematischen Standardwerk nachprüfen konnte.

Noch geheimnisvoller war, daß man feststellte, daß zunächst nur einer der Zwillinge ganz früh als Kind von Zahlen fasziniert gewesen war und später irgendwie sein außerordentliches Talent auch auf seinen Bruder übertragen hatte, ohne daß es zu einem Verlust an Genauigkeit kam. Doppelmeister in jeder Beziehung, saßen die Zwillinge stundenlang beieinander in einer Ecke, murmelten lange Zahlenkränze vor sich hin und gurgelten vor Entzücken, wenn sie irgeneinen geheimnisvollen Fund gemacht hatten, den niemand anders verstehen konnte.

Man kommt unschwer zu dem Schluß, daß die Zwillinge in der Tat über ein Siddhi verfügten, das im alten Indien sehr gut bekannt war, nämlich das sogenannte *Jyotish Mati Pragya* – die Fähigkeit, ins Licht zu blicken. Auf einer feinen Ebene, so sagen die Rishis, besteht alles aus Licht; Licht ist die feinste Ebene der Manifestation, bevor die Schöpfung sich in reinem Bewußtsein auflöst. Auf irgendeine Weise stellten die Zwillinge ihren Geist auf diese Bewußtseinsebene ein. Und sie schienen zu wissen, daß sie dies taten. Sacks schreibt: »Wenn man sie fragt, wie sie so viel in ihrem

Geist behalten können – eine dreihundertstellige Zahl oder die Milliarden von Ereignissen während vier Jahrzehnten – so sagen sie schlicht – und einfach ›Wir sehen es‹.«

Die Methode der Zwillinge gibt uns ein Modell dafür, wie die Siddhis im allgemeinen wirken. Ein Siddhi ist eine mentale Fähigkeit, die sich vom gewöhnlichen Denken nur darin unterscheidet, daß sie tiefer reicht. Man muß ganz bis an den Rand gehen, wo reines Bewußtsein in seine manifesten Werte übergeht. Um es mit der Sprache der Physiker auszudrücken, beginnt eine lokalisierte Absicht, delokalisierte Ergebnisse hervorzubringen. Anstatt in meinem Schädel eingeschlossen zu sein, strahlt mein Wunsch, eine zwanzigstellige Zahl zu sehen, in das Feld aus, und das Feld bringt mir die Antwort zurück.

Nicht ich bin es, im allerbegrenztesten (lokalisierten) Sinn, der diese Lösung ausgearbeitet hat. Das Feld wirkt auf sich selbst ein, faltet Frage und Antwort ineinander, bis sie in Zeit und Raum zusammenkommen. Meine Rolle ist lediglich die, Befehle zu geben und dann dem Feld die Berechnung zu überlassen, die unverzüglich und automatisch das jeweilige Ergebnis hervorbringt. Das Geheimnis bei allen Siddhis ist, daß man den kosmischen Computer anzapft, indem man das Gehirn als Tastatur benutzt.

Die Siddhis können spontan auftreten, wie es bei den Zwillingen der Fall war, meistens aber müssen sie kultiviert werden. (Der dritte Teil von Rishi Patajalis endgültiger Fassung des Kommentars zum Yoga, die *Yoga Sutras*, enthält die klassischen Anweisungen, wie die Siddhis zu erreichen sind. In jüngster Zeit hat Maharishi Mahesh Yogi dieselben Techniken als Fortgeschrittenen-Programm der Technik der Transzendentalen Meditation wiederbelebt.) Das erste Stadium ist die Meditation, die den Geist zum Transzendenten hinführt; das zweite Stadium beinhaltet, daß man den Kontakt mit dem Transzendenten aufrechterhält, während man gleichzeitig einen spezifischen Gedanken denkt. Das klingt wie ein völliger Widerspruch, und das ist es auch. Das Transzendente ist definitionsgemäß still und ohne jeglichen Gedanken. Aber die Rishis entdeckten vor Jahrtausenden, daß man zwei Bewußtseinszustände gleichzeitig aufrechterhalten kann.

Ein Siddhi bringt Alltagsbewußtsein mit transzendentalem Bewußtsein zusammen, und wenn beide vollständig ineinander aufgehen, beginnt die Natur, auf die einfachsten Wünsche wie auf Befehle zu reagieren. Das ist eigentlich eine wunderträchtige Entwicklung, doch dient sie einem höheren Zweck, der darin liegt, der gewöhnlichen Wirklichkeit ihre Macht zu nehmen, den Menschen gefangen zu halten. Das ist stets das Ziel von Yoga in allen seinen Phasen. »Sobald ihr begreift, daß die Welt eure eigene Projektion ist, werdet ihr davon befreit sein«, sagte ein Guru seinen Schülern. »Alles um euch herum ist auf die Leinwand eures Bewußtseins gemalt. Das Bild, das ihr seht, mag häßlich oder herrlich sein; aber ihr werdet nicht mehr davon gefesselt sein. Seid gewiß, es gibt niemanden, der es euch aufgezwungen hat. Ihr seid nur deswegen Gefangene, weil ihr daran gewöhnt seid, das Eingebildete für die Wirklichkeit zu halten.«

In dieser Weise stellt sich unsere Wirklichkeit von einem höheren Bewußtseinszustand aus dar. Die Siddhis sind ein wesentlicher Schritt zum Erreichen eines solchen Zustandes, ein Steigbügel. Sie gestatten uns, mit der Illusion der Welt zu experimentieren. Ein Freund erzählte mir kürzlich folgende Geschichte: »Vor einigen Jahren unternahm ich mit dem Wagen eine Zelttour durch die Weststaaten. Eines Morgens in Montana wachte ich mit dem Gedanken auf, wie herrlich es wäre, einen Regenbogen zu sehen. Nicht, daß große Hoffnung dafür bestand – der Tag war dunkel und verhangen. Wir begannen den Aufstieg zu einem hochgelegenen Paß am Glacier Park, der in Nebel eingehüllt war. Plötzlich teilten sich die Nebelschleier, wie von unsichtbaren Bühnenhelfern beseitegezogen, und ein märchenhafter Regenbogen verband die beiden Gipfel direkt vor uns, als ob die Götter eine funkelnde Lichtbrücke gezimmert hätten. Es war ein atemberaubender Anblick und ein interessanter Zufall. Wir fuhren die Rockies entlang Richtung Wyoming, und am nächsten Tag sah ich einen eindrucksvollen Regenbogen in den Tetons, der in die Wasser des Jackson Lake hintersprang. Ein weiterer Regenbogen erschien am folgenden Tag in den Green Mountains, der nächste tags darauf in Aspen. Das ging sechs Tage so. Am siebten Tag befand ich mich in einem Wüstencanyon. Es hatte seit Wochen nicht geregnet; der Julihimmel war glühend heiß und vollkommen wolkenlos. Um Mittag herum sah ich nach oben und erblickte etwas völlig Unmögliches: ein kleiner, aber farbenstarker Regenbogen bog sich über die enge Sandsteinschlucht, in der wir gezeltet hatten. Was konnte ihn verursacht haben? Ich bin keiner, der auf wunderbare Schlußfolgerungen abfährt, und ein paar Tage später erzählte mir ein Parkhüter von einem interessanten Phänomen: Wenn die Sonne heiß genug ist, kann ihre Hitze eine Inversionslage über der Wüste erzeugen. Die von den Canyons aufsteigende Feuchtigkeit bleibt unter den kühleren oberen Luftschichten gefangen, und manchmal gibt es genügend Wassertröpfchen in einem dünnen Streifen über dem Rand des Canyons, um einen Regenbogen hervorzubringen. So gab es schließlich eine natürliche Erklärung für alles, was ich gesehen hatte. Die Natur selbst hatte die Mittel, Regenbogen zu zaubern. Ich aber glaube seither, daß sie diese Mittel einsetzt, wann und wo ich will.«

Die Intelligenz des Feuers

Die Rishis fühlten sich völlig mit der Quantenrealität vertraut, daß unsere feste Welt im Grunde aus Schwingungen im leeren Raum besteht. Wir allerdings sind noch nicht vertraut mit der vedischen Tatsache, daß dieser Raum, der alles durchdringt, intelligent ist. Es ist *Chit Akasha*, der »Geistraum«. Geistraum ist innen in unserem Kopf und läßt »hier drinnen« Gedanken entstehen, aber er ist auch außerhalb unseres Kopfes. Nietzsche machte eine Bemerkung, die für westliche Logik eine enorme Herausforderung ist; er sagte: »Alle Philosophie gründet auf der Annahme, daß wir denken, aber es ist genauso möglich, daß wir gedacht werden.«

Da das System unserer konventionellen Logik davon ausgeht, daß Denken immer etwas Innerliches ist, sehen wir nicht, daß die natürlichen Prozesse um uns herum ebenfalls so etwas wie Denkvorgänge sind, aber das ist nur eine kulturell bedingte Blindheit. Wir könnten Chit Akasha überall sehen, und wenn wir es täten, würden wir begreifen, daß alles in der Natur eine Umwandlung des Geistraumes von einer Gestalt in eine andere ist. Die Felsen, Berge, Meere und Galaxien werden ständig gedacht, genauso wie wir.

Um das zu veranschaulichen, gibt es das Phänomen des Feuerlaufens, das vor einigen Jahren die Phantasie des Publikums und der Medien auf sich zog, das aber in verschiedenen traditionellen Kulturen seit Jahrhunderten als Herzstück spiritueller Erfahrung überdauert hat. Das Buch des Anthropologen Loring Danforth »Firewalking and Religious Healing« ist ein faszinierender Bericht über einen dieser Feuerläuferkulte, den Anastenaria in Nord-Griechenland.

Niemand weiß, wie der Kult begann. Nach einer Legende brach in der Dorfkirche in Kosti in Ost-Thrakien vor vielen Jahrhunderten ein verzehrendes Feuer aus. Die Umstehenden hörten laute Schreie, die aus dem leeren Gebäude kamen. Verwundert erkannten sie, daß es die bemalten Ikonen des Heiligen Konstantin und seiner Mutter, der Heiligen Helene, waren, die um Rettung riefen. Einige mutige Dörfler sprangen beherzt ins

Feuer, und als sie mit den Ikonen im Arm wieder auftauchten, hatten weder sie noch die Heiligen Schaden genommen.

In Erinnerung an dieses Wunder begehen die Gläubigen, deren Schutzpatron der Heilige Konstantin ist, seinen Namenstag, den 21. Mai, indem sie nicht nur in eine Grube mit glühenden Kohlen steigen, sondern dort einen richtigen Tanz auf der roten Glut vollführen, wobei sie die Ikonen der beiden Heiligen emporhalten. Etwa hundert gläubige Feuerläufer, Anastenarides genannt, leben über einige Dörfer in Nord-Griechenland verstreut; bei fast allen läßt sich die Familienherkunft nach Kosti zurückverfolgen.

Um ihren unerschütterlichen Glauben zu bezeugen und um zu zeigen, daß ihnen das Feuer nichts anhaben kann, heben die Anastenaria-Tänzer glühende Stücke aus dem Feuer und zerschlagen sie mit bloßen Händen zu einem Funkenschauer. Ein Tänzer namens Stephanos brachte fünf Monate wie gebannt vor dem heimischen Herd zu und löschte Stunde um Stunde mit bloßen Händen die Kohlen, bis ihn seine Mutter bat aufzuhören, denn sie befürchtete, daß sie kein Feuer haben würde, um für die Familie Brot zu backen.

Ohne ihren religiösen Glauben wären sie verbrannt – dessen sind sich die griechischen Feuerläufer sicher. Sie alle »gehören zu den Heiligen«, denn sie haben sich selbst im Austausch für ihre außergewöhnlichen Fähigkeiten der göttlichen Macht übergeben. Ins Feuer zu gehen, nimmt einen Menschen für den Rest seines Lebens aus der normalen Gesellschaft heraus; man sagt von ihm, er habe »einen offenen Weg«, was bedeutet, daß die Heiligen ihn nach ihrem Belieben führen können.

Einer der Feuerläufer ist ein Bauer namens Mihalis. Er erzählte, wie er sich während des Feuertanzes fühlt: »Wenn du einen offenen Weg hast, dann empfindest du das Feuer nicht als deinen Feind. Du fühlst, als wäre es dein Mann oder deine Frau. Du spürst Liebe zu diesem Feuer; du hast Mut. Was du siehst, ist kein Berg; es ist nichts. Und so gehst du ganz frei hinein. Aber wenn du aus eigenem Willen hineingehst, dann hast du Angst und Zweifel. Dann erscheint es wie ein Feind, wie ein Berg. Wenn dein Mut von den Heiligen kommt, dann willst du wirklich ins Feuer gehen. Die Macht kommt von außen. Du bist ein anderer.«

Zu Beginn dieses Buches erwähnte ich, daß manche Paranoiker nicht mehr trennen können zwischen ihrem Geist und dem Gottes. In ihrem Wahn halten diese Menschen es für ihre Verantwortung, Kriege und

Naturkatastrophen abzuwenden. Mihalis und seine Mittänzer stecken in einer ähnlichen Verwirrung, aber aus der entgegengesetzten Perspektive. Sie können nicht hinnehmen, daß ihre Fähigkeit, über das Feuer zu gehen, persönlicher Art oder überhaupt spezifisch menschlicher Art ist. Sie bestehen darauf, daß sie von Gott kommen muß, durch die Mittlerschaft der Heiligen. Es wäre für sie unerklärlich, wenn jemand durch das Feuer liefe, ohne gläubig zu sein.

Tatsächlich erschien ein solcher Ungläubiger in ihrer Mitte. Im Jahre 1985 kam ein hochgewachsener, lächelnder, ansehnlicher Amerikaner zum Festtag des Heiligen Konstantin in das Dorf Langadas, wo das Anastenaria-Ritual durchgeführt wird. In einer Gaststätte reichte er ein Photo von sich herum, wie er in Oregon durchs Feuer lief, und es wurde ihm sofort gestattet, sich an der heimischen Zeremonie zu beteiligen. Im vorhergehenden Jahr hatte ein italienischer Zuschauer versucht, durch das Feuer zu gehen, und hatte schwere Brandwunden erlitten. Die griechischen Feuerläufer sahen darin die Bestätigung, daß man dem Feuer nicht ohne die Heiligen trotzen kann.

Aber in diesem Jahr war der Besucher etwas, das man noch nie gesehen hatte, nämlich ein Feuerlauf-Trainer. Außerhalb der engen Welt des Astenaria-Kultes war das Feuerlaufen das Ereignis Nummer Eins in der Bewegung für Humanpotential geworden, mit »Feuerlauf-Seminaren«, die an jedem Wochenende an der ganzen Westküste der USA stattfanden. In seiner New-Age-Form war der Gang durchs Feuer eine Form der Psychotherapie. Es wurde als befreiendes Erlebnis angesehen, vielleicht mit einigen spirituellen Untertönen, aber nicht im engen Sinne religiös. Als daher der Besucher mit Namen Ken Cadigan das Astenaria-Feuer betrat, stießen zwei Welten zusammen.

Zunächst bestand kein offener Konflikt. »Ken schaffte es, gemeinsam mit den Astenarides durch die Menge zum Ort des Feuerlaufs zu gehen«, schreibt Danforth. »Er tanzte mit ihnen einige Minuten um das Feuer herum. Als anschließend ihr Anführer Stamatis das Feuer überquerte, tat Ken dasselbe. Er war in Weiß gekleidet und hielt seine Hände hoch über den Kopf erhoben. ›Ich konnte den Tanz gar nicht‹, sagte er. ›Ich habe einfach so getan, als ob.‹«

Wir wissen nicht, was den griechischen Feuerläufern durch den Kopf ging, aber etwas Schreckliches geschah. »Nachdem Ken zwei- oder dreimal das Feuer überquert hatte«, schreibt Danforth weiter, »sah er, wie Stamatis einem anderen Anastenaris ein Zeichen machte, Ken nochmals durch das

Feuer zu führen. Der Anastenaris packte ihn am Arm, aber Ken riß sich los. Er ging noch einmal ins Feuer, und diesmal blieb er eine lange Weile dort; er tanzte richtig auf den Kohlen. Genau dann packte ihn der Anastenaris zum zweiten Mal, hielt ihn im Feuer fest und trat ihm auf den Fuß. ... Ken riß sich erneut los und verließ das Feuer.«

Die anwesende Menge hatte dem schlanken Fremden zugejubelt, und mehrere Reporter belagerten ihn nun mit Fragen. Wie konnte er durch das Feuer gehen, ohne ein Jünger zu sein? Hatte er sich am Ende doch verbrannt? Radigan spielte den Vorfall herab und wollte dem Mann, der ihn so rauh angefaßt hatte, keine böswillige Absicht unterstellen. Insgeheim aber war er sicher, daß der Anastenaris ihn in der Hoffnung auf die Kohlen gestoßen hatte, daß er sich verbrennen würde. Das war auch der Fall gewesen.

Eine der Besonderheiten des Feuerlaufs ist die, daß die Überzeugung eine solch wesentliche Rolle dabei spielt. Ein Skeptiker kann einen Schritt nach einem Gläubigen das Feuer betreten, und nur er verbrennt sich. Ein erfahrener Feuerläufer kann von jemandem, der ihm etwas von außerhalb der Glut zuruft, abgelenkt werden und sich plötzlich ebenfalls verbrennen. Da das Feuer für alle dieselbe Temperatur hat (heiß genug, um Fleisch in Sekundenschnelle zu versengen), ist man überzeugt, daß das Bewußtsein eine Hauptrolle spielt.

Es gibt Berichte von Menschen, die schwere Brandwunden erlitten, als sie unüberlegt die Kohlen betraten, obwohl eine innere Stimme sie mit einer scharfen Warnung »Tu's nicht!« davon abhalten wollte. Bei derselben Gelegenheit sind andere ohne Schaden ins Feuer gegangen. Es gibt keine wissenschaftliche Erklärung dafür, was diese Unterschiede ausmacht, oder überhaupt, wie das Kunststück des Feuerlaufs durchgeführt wird. In diesem Fall, als Cadigan in die bösartige Stimmung seines Angreifers hineingezogen wurde, verlor er seine Fähigkeit, verschont zu bleiben. Danforth notierte, daß, obwohl bei Cadigan die Verbrennungen tief genug waren, um die Nerven an seinem Fuß freizulegen, dieser weder im Feuer noch danach Schmerzen spürte.

Während er seine Fakten sammelte, horchte sich Danforth bei den Anastenarides um, die nach dessen Abgang erregt über den Amerikaner sprachen. Rasch und reflexhaft zogen sich die griechischen Feuerläufer auf oberflächliche Erklärungen zurück: Der Besucher sei zu schnell über die Glut gelaufen, er habe nicht wirklich getanzt, er habe die Zeremonie frühzeitig verlassen, weil er sich verbrannt hatte. Auf diese Weise bewahrten die Kultanhänger ihre Bindung an die Heiligen und ihren Exklusivanspruch auf den »offenen Weg«.

Das Hauptanliegen ihres spirituellen Lebens jedoch – der Gewinn von Macht und Freiheit – ist dasselbe wie bei den New-Age-Anhängern. »Die Angst verbrennt dich, nicht das Feuer«, ist eine verbreitete Einstellung bei den amerikanischen Feuerläufern. In beiden Lagern ist das Feuer ein Symbol für innere Begrenzungen, die man durchbrechen muß, um zu beweisen, daß die Wirklichkeit mehr ist als das, was die Sinne wahrnehmen. Wir müssen jedoch tiefer sondieren und fragen: »Was ist die Verbindung zwischen der subjektiven Welt der Feuerläufer und den brennenden Kohlen?

Der Feuerläufer *denkt*, daß er sicher das Feuer betreten kann, und deshalb kann er es auch. Sein Gedanke läßt das Feuer harmlos werden, was bedeutet, daß das Feuer ihn *versteht*. Die griechischen Feuerläufer stimmen dieser Annahme zu: Sie sagen oft, daß das Feuer sie einlädt. Sie wissen, daß sie erst dann die Kohlen betreten dürfen, wenn das Feuer »Ja« sagt. Man kommt nur schwerlich an der Einsicht vorbei, daß das Feuer tatsächlich intelligent ist.

Wenn die Vorstellung eines intelligenten Feuers zu sehr schockiert, so könnten wir sagen, daß ein kontinuierliches Feld von Geistsubstanz den Feuerläufer und das Feuer verbindet. Wenn jemand denkt, so ist das eine Schwingung im Feld; nimmt die Hitze des Feuers ab, so ist es eine andere. Es ist also immer das Feld, das mit dem Feld spricht, ohne jegliche Geheimnistuerei. Mihalis geht nicht wirklich über das Feuer; er geht über die Außenbereiche seines eigenen Geistes.

Zweimal die Fülle

Es ist schwer zu leugnen, daß unsere Wirklichkeit hartnäckig intakt bleibt, weil unsere Logik hartnäckig rational und nur auf die Ereignisse des Wachzustandes ausgerichtet ist. Ein Träumender kann fliegen, weil das Außerkraftsetzen der Schwerkraft im Traum nur eine Angelegenheit der veränderten Gehirnwellenmuster ist: Alles, was in einem Traum geschieht, ganz gleich, wie bizarr es sein mag, ist eindeutig selbst erzeugt. Aber das trifft auch für den Wachzustand zu, jedoch mit einem Unterschied. Wenn ich in diesem Moment in meinem Stuhl säße und dächte »Ich will fliegen«, so würde nichts passieren. Mir fehlt die Fähigkeit eines Träumenden, so scheint es zumindest. Der Grund dafür, so sage ich mir, ist der, daß gewisse Naturgesetze meiner Kontrolle entzogen sind, wobei eben die Schwerkraft ein besonders augenfälliges Beispiel ist.

Die Rishis würden jedoch sagen, daß dieser Entzug selbst eine menschliche Handlung ist. Was mich an der Erde festhält, ist nicht die Tatsache, daß die Schwerkraft ein Naturgesetz ist. Es sind die »jeweils ausgewählten« Gesetze, die in Kraft sind. Sobald jemand einen höheren Bewußtseinszustand erreicht, begreift er, daß eine solche Auswahl stets getroffen und auch rückgängig gemacht werden kann. Für jedes Naturgesetz, daß mich auf meinem Stuhl festhält, gibt es ein anderes, im Feld noch schlafendes, das mir das Fliegen erlauben würde.

Das Erlangen der Siddhis bedeutet das Erlangen von Freiheit der Wahl. Die Rishis sagen: »*Purnam adah, purnam idam*«, was bedeutet: »Dies ist voll und das ist voll.« *Dies* bezieht sich auf die manifeste Wirklichkeit um mich herum, *das* auf das Transzendente, den Bereich des Seins, das Feld. Beide Welten sind voll – also unendlich –, und wenn ich die mich gefangen haltenden Naturgesetze nicht mag, so kann ich im Feld Alternativen dazu finden. Ich brauche die bestehende Hierarchie der Gesetze nicht außer Kraft zu setzen, sondern nur wach für eine neue zu werden. In dieser Weise kann Feuer einmal überzeugend heiß und im nächsten Moment kalt sein.

Die Lehre von »Dies ist voll und das ist voll« läßt den Yogi behaupten, daß die Natur vollkommen ist. Er bezieht sich weder auf das Bild, das ihm die Wirklichkeit heute darbietet, noch beschönigt er die groben Unvollkommenheiten, die Leiden verursachen. Die Grausamkeit und Gewalttätigkeit, die wir in unserer Welt sehen, können in keiner Weise vollkommen genannt werden. Aber zugleich eröffnet sich durch die Berührung mit dem Sein eine andere Welt, und diese Tatsache wiegt schwerer als das Böse, dessen Zeugen wir tagtäglich sind. Die Natur ist vollkommen, weil sie alle Möglichkeiten in sich birgt.

Verdeutlicht wurde dieser Punkt vor dreißig Jahren in einem faszinierenden Gespräch zwischen Maharishi Mahesh Yogi und einem skeptischen Zuhörer, der bei einem Vortrag in London den Einwand machte:

ZUHÖRER: Ich kann nicht akzeptieren, daß das Wirken der Intelligenz der Natur bereits jetzt vollkommen sein soll. Ich könnte das Universum nach menschlicheren Prinzipien gestalten, mit weniger Leiden, weniger Schmerzen.

MAHARISHI: Dann gäbe es in Ihrem Universum keine Logik.

ZUHÖRER: Wir brauchen keine Logik.

MAHARISHI: So? Dann können Sie nichts in systematischer Weise aufrechterhalten – es wird nur Chaos geben. In Ihrem Universum würde man beispielsweise das Feuer berühren, und das Feuer würde Sie nicht brennen. Genauso würden Sie Reis aufs Feuer setzen, und das Feuer würde ihn nicht gar kochen!

ZUHÖRER: Aber es gibt ja solche, die über das Feuer laufen und die das Feuer nicht brennt.

MAHARISHI: Auch das ist das Werk der allmächtigen Natur: Was unter gewissen Umständen heiß ist, ist unter anderen Umständen auch kalt. Wenn Sie also dieselbe Situation in Ihrem Universum schaffen wollten, so würden Sie feststellen, daß es sie bereits gibt! Ein kleiner Geist wird nur eine halbe Welt schaffen. Unfähig, das Ganze zu sehen, sieht er nur Teile des Ganzen.

Wir beginnen gerade eben, die Teilsicht aufzugeben, um die Vision des Ganzen anzunehmen. Vor siebzig Jahren postulierten die großen Quantenphysiker der Generation Einsteins, daß die »lokale Wirklichkeit« ein zweifelhafter Lehrsatz war. »Lokale Wirklichkeit« ist ein Begriff, der besagt, daß verschiedene Ereignisse unabhängig voneinander in Raum und Zeit ablaufen können. Ein Eisenatom auf dem Mars ist lokal, weil es nichts mit einem Eisenatom auf der Venus zu tun hat, genauso wenig wie ein leidender Mensch in China etwas mit mir zu tun hat. Auf menschlicher Ebene war diese Sichtweise niemals zufriedenstellend, denn ich schwinge ja mit und leide so mit dem Mann in China.

Vor dem Aufkommen der Quantentheorie konnte von zwei Atomen nicht dasselbe gesagt werden. Um ihr In-Einklang-Sein zu erklären, müßte man die Millionen von Kilometern der Leere übersehen, die sie trennen. Der gesunde Menschenverstand sagt uns, daß die Leere leer ist; definitionsgemäß kann sie nichts in sich haben. Es ist jedoch heute durch radioteleskopische Beobachtungen bekannt, daß sich das Universum in bestimmten Strukturen angeordnet hat, die über riesige Entfernungen hinweg reichen. Sterne an einem Ende des Kosmos gehorchen denselben Strukturgesetzen und durchlaufen dieselben Entwicklungsphasen wie die am anderen Ende. Man kann desgleichen in Laborversuchen nachweisen, daß gewisse Elementarteilchen als Zwillingspaare auftreten (nach dem Prinzip des sogenannten »Spin-Typs«), wobei eine Veränderung im Spin des einen unmittelbar durch die entgegengesetzte Veränderung bei seinem

Partner ausgeglichen wird, unabhängig von ihrer Entfernung. Sie sind mit einem Telefonkabel verbunden, das offenbar aus nichts besteht.

Solch seltsames Verhalten widersetzt sich der normalen Logik. Es hat Physiker dazu bewegt zu sagen, daß der Quantenbereich nicht nur seltsamer ist, als wir denken, sondern sogar seltsamer, als wir denken *können*. Der Rishi ist da anderer Meinung. Für ihn sind Quant und Gedanke bemerkenswert identisch. Die flüchtigen, unsichtbaren Impulse des Geistes können sich in konkrete, lokalisierbare Neurotransmitter-Moleküle wie Dopamin und Serotonin verwandeln. Wo muß man stehen, um zuzusehen, wie ein Gefühl zu einem Molekül wird? Nirgends – man kann ein Gefühl weder sehen noch berühren; man kann es kaum zeitlich festlegen, und es hat überhaupt keine räumliche Dimension. Moleküle können objektiv beobachtet, aufbewahrt und manipuliert werden. Mit ihnen läßt sich leichter umgehen als mit Gefühlen, und deshalb werden Wissenschaftler immer davon ausgehen, daß die Wirklichkeit von Molekülen der Maßstab sein sollte, während die Wirklichkeit von Gefühlen irgendwie zweitrangig ist.

In der Quantenwelt verändert sich dies. Ein Quantenereignis ist ebenfalls unsichtbar, flüchtig und unbestimmbar, wie auch unsere Gedanken. Bevor die Sonne Licht verstrahlt, wo ist das Licht? Photonen kommen von nirgendwo; sie können nicht gespeichert werden. Sie können kaum in der Zeit geortet werden und sind auch im Raum nicht beheimatet (das heißt: Licht hat kein Volumen und keine Masse). Die Ähnlichkeit zwischen einem Gedanken und einem Photon ist sehr weitreichend.

Denken ist eine Quantenaktivität, weswegen es uns auch gestattet ist, die Naturgesetze zu beherrschen. Da er erleuchtet ist, kann ein Rishi dies viel besser tun als ich, aber ich habe auch meine Talente. Denken Sie an das Kalzium, das einen Oberschenkelknochen, ein Schlüsselbein oder irgendeinen anderen Knochen aufbaut. Das Kalzium in meinem Körper steckt nicht an einem festen Platz, sondern ist ständig im Fluß. Es geht je nach Bedarf von einem Knochen in den anderen (wenn Sie beispielsweise ein neues Paar Schuhe lange genug tragen, so werden Ihre Beinknochen ihre innere Struktur verändern, um sich der neuen Gangart anzupassen). Das Kalzium wandert auch aus unseren Knochen ins Blut, und meine Haut und mein Urin geben Kalzium in die Umgebung ab, während ich neues in großen Mengen durch die Nahrung zu mir nehme. Ich steuere diesen ständigen Fluß mit großer Präzision, obwohl ich das ja ganz unbewußt tue.

Die weißen Klippen von Dover, die aus Kalziumkarbonat bestehen, könnten heute auf dem Umweg über die an ihren Abhängen grasenden und irgendwann geschlachteten Schafe in meine Knochen gelangen. Bei jedem Schritt, von der Klippe über das Schaf und den Braten bis hin zum Blut und schließlich zum Knochen, bleiben die Kalziumatome unverändert. Ich sehe jedoch nicht wie eine Klippe oder ein Schaf aus, denn sobald das Kalzium in mich eindringt, wird es umgewandelt. Es erfährt eine totale Veränderung beim Eintritt in mich, der ich eine komplexe Intelligenzstruktur bin. Diese Verwandlung geschieht auf der Quantenebene, wo alles in der Schöpfung seine Identität erhält. Aber obwohl das Kalzium herein- und hinausfliegt und wie Blätter im Wind durch mich hindurchwirbelt, bleibe ich derselbe, fest gegründet in meinem quantenmechanischen Körper.

Ich habe gelesen, daß wir mit jedem Atemzug mehrere Millionen Atome einatmen, die vor langer Zeit einmal von Christus, Buddha, Konfuzius und allen anderen Großen, die jemals gelebt haben, ausgeatmet wurden (es gibt dafür viel Platz, denn mit jedem Atemzug gelangen 10^{22} Sauerstoffatome in unsere Lungen, eine 10 mit 21 Nullen). Dazu gehören im Verlauf eines Tages einige Millionen, die gestern aus den Lungen eines Bauern in China kamen; seine Atemluft braucht kaum vierundzwanzig Stunden, um die halbe Erde zu umkreisen und sich mit meiner örtlichen Atmosphäre zu vermischen.

Das ist eine phantastische Tatsache, noch wunderbarer aber ist, daß ich nicht zu Christus, Buddha oder einem chinesischen Bauern werde. Meine Identität ist im Feld gegründet, und wenn Rohstoffe in mich eindringen, präge ich ihnen meinen Einfluß auf. Wenn ich mich ängstige, so tut auch mein Kalzium dasselbe; wenn ich sterbe, entlasse ich mein Kalzium in die Freiheit, bis es ein anderer Geist einfängt. Auf diese Weise arbeiten lokaler und universaler Geist ständig zusammen.

Was die Rishis so klar sahen, ist, daß das Quantenfeld eine Quelle der Kreativität ist, aus der jeder schöpfen kann, ein Lehmhaufen, der nur darauf wartet, daß Kinder dorthin kommen zum Spielen und Lehmkuchen backen, Lehmfiguren anfertigen oder Lehmhäuser bauen. Man kann in dem formlosen Lehm keine Gestalten erkennen, und doch existieren in gewissem Sinne dem Potential nach alle Dinge darin. Der berühmteste Satz aus den Upanischaden erklärt: »Ich bin das, du bist das, und all dies ist das.« Ein Quantenphysiker könnte daran nicht deuteln, sobald er einmal »das« zu »das Feld« ergänzt hat.

Trotz der unendlichen Macht und Ausdehnung des Feldes braucht es keines großen Sprunges, um es zu beherrschen – wir tun es jedesmal, wenn wir denken. Aber um richtige Meisterschaft zu erlangen, um unsere tiefsten Wünsche zu verwirklichen, müssen wir uns ganz dem Erreichen höherer Bewußtseinszustände verschreiben. Wie jede Naturkraft kann die Bewußtseinskraft schwach oder stark sein. Sie ist am stärksten bei denen, deren Geist mit dem Feld identisch ist, am schwächsten bei denen, deren Geist auf der Oberfläche des Lebens gestrandet ist. Völlige Identifizierung mit dem Feld ist eine praktische Definition dessen, was es bedeutet, erleuchtet zu sein. Erst dann verschwinden die Zwänge der lokalen Wirklichkeit, und man ist endlich frei, am schöpferischen Spiel des Universums teilzunehmen.

Wenn Menschen feststellen, daß ihre Wünsche beginnen, sich entgegen aller üblichen Wahrscheinlichkeit zu erfüllen, so bringt das plötzliche Einströmen von Macht ein Hochgefühl mit sich – die Betreffenden fühlen sich wie auf Wolken getragen und voll inneren Jubels; sie fühlen sich mit dem Herzen der Natur verschmolzen (»Ich war wie eine Waise, die den Heimweg gefunden hat«, erinnert sich eine Frau). Angst wird bedeutungslos; sie macht angesichts der wahren Einfachheit des Lebens einer unendlichen Erleichterung Platz.

Einfachheit ist der Schlüssel. Die Rishis lebten nach einem Verhaltenskodex, der eher mit Zauber als mit Kampf zu tun hat. Maharishi Mahesh Yogi gibt diesem Kodex wunderbar Ausdruck:

Wende deinen Wunsch immer wieder nach innen und gedulde dich. Laß die Erfüllung zu dir kommen und wiederstehe sanft der Versuchung, deinen Träumen in der Welt nachzujagen. Gehe ihnen in deinem Herzen nach, bis sie im Selbst verschwinden, und lasse sie dort.

Es mag etwas Selbstdisziplin verlangen, aber sei einfach, sei freundlich. Achte auf deine innere Gesundheit und inneres Glück. Glück strahlt wie der Duft von einer Blume aus und zieht alles Gute zu dir heran.

Erlaube deiner Liebe, dich selbst und andere zu nähren. Mühe dich nicht mit den Bedürfnissen des Lebens ab – es ist ausreichend, ruhevoll wach und ihrer gewahr zu sein. In dieser Weise fließt das Leben natürlicher und müheloser. Das Leben ist da, damit wir es genießen.

Einfach indem wir wir selbst bleiben, werden wir zu einem Ziel hingetragen, das weit über allem liegt, was wir uns vorstellen können. Es ist genug zu wissen, daß das Sein, welches ich in mir nähre, dasselbe ist wie das kosmische Sein, das jedes Atom des Universums durchdringt. Wenn beide einander als gleichrangig gewahren, so werden sie gleich *sein*, denn dann wird dieselbe Kraft, die die Galaxien steuert, meine individuelle Existenz aufrechterhalten. Wenn ein Mensch behauptet, erleuchtet zu sein, brauche ich nur zu fragen: »Verwirklichen sich deine Wünsche mühelos?« Bejaht er dies, so kann ich glauben, daß sein Denken Zauberkraft gewonnen hat.

Aber ich würde noch eine andere Frage stellen: »In welcher Größenordnung bewegen sich deine Wünsche?« Wenn er sagt, daß seine Wünsche nur auf ihn selbst bezogen sind, werde ich wissen, daß er sich noch nicht aus seiner lokalen Wirklichkeit befreit hat. Antwortet er jedoch, daß seine Wünsche die Welt betreffen, so werde ich wissen, daß das ganze Universum für ihn arbeitet. Er hat die Meisterschaft über die nicht-lokale Wirklichkeit erlangt – er ist ein Weltbürger des Feldes.

12 Was es bedeutet, ganz zu sein

Wir wollen Nicks Eltern zugutehalten, daß sie ihn nicht absichtlich zerstören wollten. Ganz im Gegenteil: Vom Moment seiner Geburt an behandelten sie ihn wie einen kleinen Gott. All das Spielzeug, das eine reiche Familie bieten kann, wurde ihm zu Füßen gelegt. Sein kleinster Wunsch wurde sofort erfüllt. Seine kindlichen Wonne- und Gurgellaute entzückten seine Mutter so sehr, daß sie ihn nicht aus den Augen lassen konnte. Wenn sie gezwungen war, sich auch nur für eine halbe Stunde von ihm loszureißen, so nahmen Nicks Großeltern ihren Platz ein, und auch sie liebten ihn so sehr, daß sie ihn nie aus den Augen ließen.

Drei Jahre lang nahm Nick den ständigen Blick der Erwachsenen als normal hin. Er war viel zu klein, um den Verdacht zu haben, daß er unter ständiger Aufsicht stand. Eines Tages dann nahm ihn seine Mutter beiseite und versuchte, ihm etwas Wichtiges klarzumachen. Heute noch, fünfunddreißig Jahre später, erinnert er sich an die Eindringlichkeit in ihrer Stimme.

»Du bist aus mir gekommen und bist Teil von mir. Das wird immer wahr sein«, sagte sie. »Aber dein Vater und ich möchten, daß du etwas erfährst. Du bist nicht so gekommen wie andere Babies. Du bist adoptiert.« Nick lächelte, entzückt von dem neuen Wort. Er war noch nicht alt genug, um sich darüber zu wundern, wie er aus seiner Mutter kommen und gleichzeitig adoptiert sein konnte. Er verstand nur, daß er noch etwas mehr war als zuvor. »Ich bin adoptiert! Ich bin adoptiert!« wiederholte er und rannte sofort zu seinem besten Freund, um ihm die frohe Botschaft zu bringen. Es dauerte zwei Jahre, bevor er ganz begriff, was es bedeutete, adoptiert zu sein.

»Meine Eltern haben immer sehr an mir gehangen«, erzählte er mir, »und nach und nach wurde mir bewußt, daß ihre Liebe erheblich von Verzweiflung getrübt war. Sie waren wie besessen von mir. Der Grund, warum ich ständig unter Aufsicht stand, war ihre krankhafte Angst, ich könnte von meiner leiblichen Mutter gekidnappt werden, wie ein Märchenprinz, der nachts von Zigeunern entführt wird.«

Das ständige Beaufsichtigen von Nick war die einzige Weise, auf die seine Eltern mit ihrer Furcht, ihn zu verlieren, fertig wurden. Diese angstvolle, hingebungsvolle Aufmerksamkeit hätte womöglich nicht allzu viel Schaden angerichtet. Aber bald wurde erkennbar, daß da noch viel mehr anlag.

»Irgendetwas ist mit meinem Vater nicht in Ordnung«, sagte Nick. »Ich glaube, er haßt Frauen. Er wäre wahrscheinlich schockiert, wenn er das hört, denn er ist rührend aufmerksam gegenüber meiner Mutter, und er umgibt sie ostentativ mit romantischer Fürsorge, besonders in der Öffentlichkeit. Aber in versteckter Weise setzt er sie ständig herab und findet etwas an ihr auszusetzen. Ich habe nie gesehen, daß er sie schlug, aber es wurde mir bereits als Kind klar, daß sie in beständiger Furcht vor ihm lebt und hilflos ist, etwas dagegen zu tun.«

Dieselbe Furcht machte sich in Nicks Leben breit, als er das Flaschenalter hinter sich hatte. Er entdeckte, daß sein liebevoller Vater, der ihn so fest an sich drückte und ihn mit Geschenken überschüttete, ohne Vorwarnung die heftigsten Wutausbrüche haben konnte. Völlig unvermittelt schlug er zu, und die Schranken, die ihn von Handgreiflichkeiten gegenüber seiner Frau zurückhielten, brachen gegenüber seinem kleinen Sohn.

»Mein Vater schlug mich oft, aus Gründen, die ich nicht verstehen konnte; ich tat nie etwas wirklich Böses. Meine Mutter und ich taten alles Erdenkliche, um meinen Vater zu besänftigen, ihn bei guter Laune zu halten. Aber wenn ich etwas in einem Ton sagte, der ihm mißfiel oder zögerte, einen seiner Befehle auszuführen, ohrfeigte er mich oder prügelte mich sehr, sehr stark.«

Nick hat schulderfüllte Erinnerungen daran, wie er die blauen Flecke verbarg, die ihm sein Vater mit seinen Schlägen zugefügt hatte, wie er sich als unschuldiges Opfer fühlte und wie er sich gleichzeitig auf unerklärliche Weise schämte, wenn er gestraft wurde. »Ich möchte meinem Vater gegenüber fair sein«, betonte er. »Er trieb die Gewalttätigkeit nicht auf die Spitze. Ich wurde nie zusammengeschlagen. Was so weh tat, war nicht die Stärke der Schläge, sondern woher die Strafe kam. Was hatte ich nur getan, um seine Verachtung zu verdienen?«

Die Tatsache, daß er wegen der geringfügigsten Dinge geschlagen wurde – weil er seine Socken nicht aufgehoben oder sein Zimmer nicht aufgeräumt hatte –, machte es für Nick unmöglich herauszufinden, warum er bestraft wurde. Was immer die Emotionen waren, die seinen Vater anstachelten, überstiegen sie das Verständnis eines kleinen Kindes und waren viel zu stark, als daß er sich dagegen wehren konnte. Obwohl Nicks Mutter zaghaft versuchte einzugreifen, beherrschte die Wut des Vaters im Grunde widerstandslos das Haus.

Da er sich körperlich nicht zur Wehr setzen konnte, nahm er sich ein Beispiel an seiner Mutter und richtete seine Energien darauf, den Frieden zu bewahren. Ohne Protest wurde er in eine Verschwörung des Schweigens gezogen, die die Fassade eines perfekten Kindes in der Obhut einer perfekten Familie aufrechterhielt. »Als ich älter wurde, stellte ich fest, daß wir nach einem Muster der Selbstverleugnung lebten, das in Familien wie der unseren gang und gäbe war. Aber anfangs hatte ich nichts, womit ich meine Situation vergleichen konnte. Meine Mutter wußte, was geschah, aber sie wandte den Rücken, und bald mußte ich die bittere Wahrheit hinnehmen, daß sie nicht versuchen würde, mich zu schützen, egal, wie schlimm es kommen würde.«

Nick fügte sich in die Rolle eines Idealkindes und wurde die Art von Sprößling, von dem Eltern träumen. Er war ein intelligenter, empfindsamer Junge, gut erzogen und in der Schule eifrig bei der Sache. Als er älter wurde, war er geradezu magnetisch gutaussehend, und andere Jungen sahen zu ihm als einem natürlichen Athleten und geborenen Anführer auf. Erfolg kam auf Erfolg, und dennoch wucherte unter allem – wie faulendes Holz unter einer Goldfolie, – ein Gefühl der Beklemmung, das ihn nie verließ.

»Ich lernte es, unser Geheimnis um jeden Preis zu hüten, vor allem vor meinen Großeltern – griechischen Auswanderern, die in mir die helle, blonde Hoffnung sahen. Jeder erwartete Großes von mir, und ich wollte es allen recht machen. Mit fünf Jahren fühlte ich mich wie ein kleiner Erwachsener. Ich verstand erwachsene Gefühle und Ambitionen sowie das Bedürfnis der Erwachsenen, sich vor Bloßstellung zu schützen. Die Anspannung in mir war enorm, denn jeder in der Familie lebte im Grunde durch mich.«

Je tiefer Nicks Eltern ihre eigenen schweren Gefühlsprobleme vergruben, um so notwendiger wurde es für sie, ihn zu manipulieren. Seine Psyche wurde die Bühne, auf der sie ihre versteckten Frustrationen inszenierten. »Ich akzeptierte, daß ich das Opferlamm war. Was Mama und Papa fühlten, das fühlte ich auch. Das war meine Aufgabe, ein Puffer zwischen ihnen zu sein. Ich wußte, es war unfair. Man ließ nicht zu, daß ich eigene Gefühle hatte, die Kindergefühle, die meine Freunde hatten. Ich war niemals einfach nur glücklich oder traurig. Meine Gefühle waren kompliziert, weil es die Gefühle Erwachsener waren, die sich von meinen Eltern auf mich übertrugen.«

Kein Kind ist auf einen solchen Druck vorbereitet, und Nick geriet bald in tiefe Verwirrung über die grundlegenden Fragen von Gefühl und Identität. »Ich erinnere mich daran, daß ich meine Angst hinausschrie, als ich sechs war, und Gott fragte, warum ich so gequält wurde. Aber was konnte ich tun? Meine Mutter hatte gesagt, daß ich aus ihr kam, und dann wieder, daß ich adoptiert war. Mein Vater behauptete, daß er mich liebte, und doch schlug er mich ohne Grund. Und ihr ganzes Anliegen war, so sagten sie, daß ich für sie ein wirklicher Sohn sein sollte. In seltsamer Weise ging alles darauf zurück, daß ich adoptiert war. Immer, wenn er mich schlug, schien mein Vater zu sagen: ›Verdammt noch mal, du bist ja nicht mein Sohn, aber wenn ich dich tüchtig durchwalke, werde ich dich dazu machen.‹«

Über dem Spiel der Gegensätze leben

Bis jetzt habe ich Nicks Geschichte so erzählt, wie er sie mir berichtet hat, vom Standpunkt eines Dreißigjährigen, der sich lebhaft an die Pein seiner Kindheit erinnert, der sich aber durchgekämpft hat. Nick kam während der letzten Behandlungsphase eines Suchtentwöhnungsprogramms zu mir, zu einem Zeitpunkt, als er begonnen hatte zu meditieren – das war der Anker für sein geheiltes Selbstgefühl. Unser Gespäch ging um innere Angelegenheiten; die rein ärztlichen Probleme seiner schweren Sucht hatte er hinter sich gelassen. Bei Nicks heutiger Aufgeschlossenheit kann ein Außenstehender den Terror seiner Kinderwelt nur noch vermuten. Ihr tatsächlicher Verlauf und ihre Gefühle sind in dem Mann, den ich vor mir sehe, nicht mehr sichtbar.

Der erwachsene Nick ist ein sehr mitfühlender Mensch. Er hat Bücher über gestörte Familien gelesen und hat alle möglichen Gruppen miterlebt. Heute kann er mitfühlsam über seinen gealterten Vater sprechen, denselben Mann, der in der Geschichte als Ungeheuer erscheint.

»Mein Vater ist jetzt siebzig, aber er ist immer noch emotional instabil. Es ist schwer, über diese Jahre zu sprechen, ohne daß er sich erregt«, sagt Nick. »Damit ich meine Eltern, so wie sie heute sind, lieben kann, habe ich die Verantwortung für meine Vergangenheit akzeptiert, für alles. Ich möchte jetzt meine Zukunft angehen.«

Nick sprach diese versöhnlichen Worte gegen Ende unseres ersten langen

Gesprächs. Die ganze Zeit, während er sprach, blieb seine Stimme vollkommen, ja fast unheimlich ruhig. Aber allein der Bericht über die Mißhandlungen durch den Vater ließen mein Herz heftig schlagen. Ich merkte plötzlich, daß ich entrüsteter über die Sache war, als Nick selbst zu sein schien – und das gab mir zu denken. Wenn einem Erwachsenen ein schuldvolles oder beschämendes Geheimnis anvertraut wird, so kann es einen sehr starken psychologischen Streß verursachen, aber zumindest besitzt er eine ausgeformte Persönlichkeit, um damit fertig zu werden. Nick war nie jemand, der von seinen Geheimnissen getrennt war. Sie waren seit den frühesten Jahren in seine Psyche eingeprägt. Ich konnte nicht anders, als mich fragen, wieviel Nick von sich selbst unter Verschluß halten mußte, um alles so hinzunehmen.

Das war kein Thema, dem ich weiter nachgehen wollte. Nach Jahren schmerzlicher Bemühungen hat Nick etwas Bewundernswertes aus sich gemacht – er ist ein guter Mann, vernünftig, freundlich und tolerant. Aber gut sein ist nicht dasselbe wie ganz sein. Das eine kann sogar das genaue Gegenteil des anderen sein, wenn das Gute das Ergebnis eines Krieges ist, in dem ein Teil des Selbst einen anderen unterwerfen muß. Was immer Ganzheit ist, Krieg ist es nicht. Es ist ein Geisteszustand jenseits des Konflikts, der vom Bösen unberührt bleibt, immun gegen die Angst. Dieser Grad psychischer Freiheit mag unerreichbar erscheinen, aber das ganze Konzept der Ganzheit bedeutet, daß es keine Aufsplitterung in Teile gibt, auch nicht in die grundlegenden Gegensatzpaare von Gut und Böse, Liebe und Haß, schwarz und weiß.

Da die Wirklichkeit sich unendlich unterteilen läßt, wie kann Ganzheit überhaupt bestehen? Und wenn, wie kann sie mit der fragmentierten Welt in Einklang gebracht werden? Die alten Rishis machten sich auf, diese Fragen zu beantworten, und was sie fanden, war dies: Der menschliche Geist kann entweder still oder aktiv sein. In dieser Hinsicht ist Dualität unvermeidbar. »Das Spiel der Gegensätze«, wie es in den Upanischaden genannt wird, kann nicht abgeschafft werden. Aber Gegensätze können koexistieren, ohne einander herauszufordern – das ist das Geheimnis. Damit Ganzheit eine lebendige Wirklichkeit wird, müssen wir lernen, wie wir uns über den Bereich der Dualität hinaus ausdehnen und die diametral entgegengesetzten Eigenschaften des Lebens einbeschließen: Gut und Böse, Freude und Leid, Liebe und Haß.

Als ich über Nick nachdachte, begriff ich, daß seine Erziehung eine »Lösung« gefördert hatte, die viele andere Menschen zu der ihren gemacht haben, indem sie ihre gesamte Energie dafür einsetzen, ihr Leben von außen perfekt zu gestalten, während sie alle Angst, Wut und Schuldgefühle außer Sichtweite schieben. In jedem Fall ist es nicht die Verdrängung des Schmerzes, die mich beschäftigt, denn die Psychologie hat diesen Mechanismus ausgiebig untersucht. Was aber ist mit dem anderen Pol? Dadurch, daß er so tat, als sei alles perfekt, war Nick zutiefst desillusioniert, daß etwas *wirklich* vollkommen sein konnte. Er setzte Vollkommenheit mit Täuschung gleich. Und traurigerweise tun das die meisten.

Einen meiner größten Schocks als junger Arzt bekam ich, als ich sah, wie zwiespältig die meisten meiner Patienten eingestellt waren. Sie hielten ihre öffentliche Fassade bis zu dem Augenblick aufrecht, wenn ich sie aus dem Wartezimmer hereinholte. Kaum war jedoch die Tür geschlossen, brach das öffentliche Ich zusammen. Eine überwältigende Flutwelle des Schmerzes kam auf mich zu, viel mehr Schmerz, als ihre Krankheit selbst verursachen konnte. Ein ganzes Leben aufgestauter Wut, Selbstzweifel, Kummer, Schuldgefühle und Reue ergoß sich unkontrollierbar aus diesen Menschen. Ich tat, was ich konnte. Nach einer halben Stunde nahmen sie genauso schnell wieder ihre Fassade auf, und die öffentliche Person marschierte erneut hinaus in das Wartezimmer mit einem Zeremoniell fröhlicher Verabschiedung, die mir einen kalten Schauer einjagte.

Das genau bedeutet, zerstückelt zu sein, unter der Diktatur der Gegensätze zu leben. Es ist ein Zustand, der so weit von dem des Heilseins entfernt ist, daß Vollkommenheit – die als der natürliche Lebenszustand anzusehen wäre – bedrohlich wie ein Feind erscheint. Viele neurotische Patienten steigen in eine Therapie ein und möchten »geheilt werden«. Aber das letzte, was sie tun würden, ist, daß sie sich einmal ausweinen oder ihre Verletzlichkeit eingestehen oder der Trauer über eine verlorene Liebe Ausdruck geben oder vor Freude jauchzen. Das aber tun normale Menschen, wenn sie eine Beziehung zu sich selbst haben. Das tiefliegende Problem, vor dem nicht nur Nick, sondern jeder andere ebenfalls steht, ist das, wie wir uns aus den Beschränkungen befreien, wenn das Gefangenendasein die einzige annehmliche Lebensweise ist, die wir kennen.

Zunächst einmal muß man ehrlich genug sein zuzugeben, daß das Leben bei weitem nicht vollkommen ist. Das mag vielleicht wie der leichteste Schritt klingen, ist aber oft der schwerste, denn er muß ja auf der Gefühlsebene vollzogen werden. »Ja, wir könnten hier einiges verbessern« hat nichts zu tun mit verschütteten Emotionen, sich gefangen, wütend, enttäuscht, gedemütigt und in Schmerzen versunken zu fühlen. Man mag es zwar leugnen, aber jeder hat solche Gefühle. Der Grund dafür, warum ich diese Verallgemeinerung wage, ist der, daß ich niemanden ein vollkommenes Leben führen sehe, und da Vollkommenheit sowohl natürlich als auch möglich ist, muß irgendetwas sie verweigern und zurückhalten.

Einmal kam ein skeptischer Schüler zu seinem Guru. Heutige Gurus leben nicht alle in Höhlen, und dieser lebte zufällig in einer winzigen Wohnung in Bombay. »Gibt es überhaupt einen Unterschied zwischen dir und mir?« fragte der Schüler. »Ich sehe uns und sehe einfach zwei alte Männer, die in einem Zimmer sitzen und auf ihr Mittagessen warten.«

Der Guru antwortete: »Der Grad deiner Bewußtheit zwingt dich dazu, dich als alten Mann zu sehen, der in einem Zimmer sitzt. Für mich aber nehmen dieses Zimmer und alles darin nur ein winziges Fleckchen am Horizont meines Bewußtseins ein.«

»Selbst wenn du dir diese Sichtweise zu eigen machst, leben wir doch in ein und derselben Welt«, wandte der Schüler ein.

»Nein. Deine Welt ist persönlich und privat; du teilst sie mit niemandem. Niemand kann in sie eintreten, denn niemand kann die Dinge so hören oder sehen wie du; niemand kann deine Erinnerungen haben, deine Gedanken, deine Wünsche. Und das ist alles, was du hast. Meine Welt ist das Bewußtsein an sich, sie steht allen offen, alle haben an ihr teil. In ihr gibt es Gemeinschaft, tiefere Einsicht, Liebe. Der einzelne enthält die Ganzheit; das macht ihn wirklich. Du bist unwirklich. Diese private Wirklichkeit, die du unhinterfragt hinnimmst und die in diesen vier Wänden, deinem isolierten Körper und deinem konditionierten Geist eingeschlossen ist, sie ist imaginär, ist nichts als ein Traum.«

»Warum bist du dann überhaupt hier?« nörgelte der Schüler.

»Ich muß nicht in deinem Traum sein«, antwortete der Guru, »denn ich weiß die Wahrheit: Ich bin unendlich. Aber es ist mir ein Vergnügen, deinen Traum zu besuchen, denn ich könnte dich ja dazu verlocken aufzuwachen.«

Ein Fünkchen Bewußtsein

Seit Tausenden von Jahren wird die Metapher des Aufwachens benutzt, um zu beschreiben, was es bedeutet, wenn jemand vom Zustand der Unwissenheit in den Zustand der Erleuchtung gelangt. Wenn jemand aufwacht, öffnet er die Augen und sieht, was er ja während des Schlafes nicht tun konnte. Er geht von einem völlig trägen Bewußtseinszustand in einen anderen über, der wach und aufnahmefähig ist. Er erlangt erneut seine Identität, die im Schlaf verloren war. Der Kontrast, der sich ergibt, wenn ein Mensch zur Erleuchtung gelangt, ist genauso stark. Aber man muß hier eine Feinheit verstehen: Aufzuwachen bedeutet zugleich einen natürlichen Vorgang, der nicht erzwungen werden muß. Man trifft ja keinen Entschluß, am Morgen aufzuwachen – es dämmert einem sozusagen –, und trotz des schläfrigen Widerstands, den wir leisten, sind wir schließlich doch wach. Die Rishis glaubten, daß das spirituelle Erwachen genauso natürlich und unausweichlich ist.

Die Erleuchtung, welche die alten Weisen überkam, unterschied sich von Ihrer oder meiner nur dadurch, daß sie früher kam. Wenn wir es nur wüßten – vielleicht verlassen wir bereits den Tiefschlaf. Der ganze Vorgang hat seine eigene Schrittart; oft gibt es nur geringe oder auch gar keine äußeren Anzeichen. Hier denke ich wieder an Nick. Als er siebzehn war, machte er ein Selbstbildnis in einem Gedicht, das ein klares Verständnis für die Knoten zeigt, die seine Persönlichkeit einzwängten. Er sagte auch viel über seine stürmische Zukunft voraus. Der Held des Gedichtes ist ein zerquälter Seemann, der gerade zu unbekannten Ufern aufbrechen will:

> *Tage und Nächte des Friedens*
> *Haben sich verwandelt in Erfolg und Versagen.*
> *Oh, dämonische Kräfte haben meinen Verstand betrogen,*
> *In mir spukt das Nichts.*
> *Fort! Fort!*
> *Ich muß hinweg, um diese Selbstzerstörung*
> *In meiner wunden Seele zu zerstören.*

Die Worte sind fieberhaft wahr: Angesichts seiner chaotischen Kindheit hatte der junge Nick nichts Festes, worauf er stehen konnte, außer seinem einsamen Schiff – seinem Ich. Sein großer Feind war die Bedrohung der Selbstzerstörung, die während der ersten Jahre des Erwachsenseins immer wieder an ihn herantrat. In wenigen Jahren begriff er, daß der Phantasieweg der Flucht, der in einem Gedicht begehbar war, im wirklichen Leben versagte.

Schon früh erkannte er, daß er kämpfen mußte, nur um zu überleben.

Beständiger Kampf – gegen seine Familie, gegen Drogensucht, gegen seine inneren Dämonen – ist das Hauptthema seiner Existenz geblieben. Mehr als allen anderen, die ich kenne, wünsche ich Nick deshalb, daß er einen Weg findet, der jenseits des Kampfes führt. Um diesen Weg zu finden, müssen wir uns ganz jenen seltenen Inseln der Ruhe widmen, auf denen er kein Gefecht liefern mußte. Das waren die Vorläufer der Ganzheit, die seine Psyche erreichen wollte.

Wenn Ganzheit dadurch erkannt werden kann, wie sie sich anfühlt, so ist eine treffende Beschreibung die der Erfülltheit. Was immer zutiefst erfüllend ist, gibt einem Menschen das Gefühl seiner eigenen Vollständigkeit. Für einen vielleicht auch nur kurzen Moment erreicht man einen Zustand, wo »Ich bin« genügt, ohne Sorgen, ohne das Verlangen nach irgendetwas. Man ist zufrieden, einfach nur von Leben zu leben, von Luft, Sonnenschein, Bäumen und Himmel. Nichts mangelt. Dasein ist höchste Belohnung.

Als ich sieben war, hatte ich eine solche Erfahrung, die mir seither als Talisman gedient hat. Jeden Tag nahm ich mit meiner Mutter und meinem jüngeren Bruder Sanjiv, der damals vier war, an einem Familienritual teil. Meine Mutter zog uns zu sich heran und las uns Verse aus dem Ramayana vor, der epischen Erzählung von Lord Rama. Es gibt im Westen kein genaues Gegenstück zu diesem Werk. Es enthält die Schlachten und Abenteuer, die ein Epos ausmachen, aber zugleich ist das Ramayana auch eine Heilige Schrift. Rama ist sowohl ein verbannter Prinz als auch eine Inkarnation Gottes. Es ist unmöglich, sein Menschsein von seinem Gottsein zu trennen. Und während Sanjiv und ich von Ramas Heldentaten auf dem Schlachtfeld gefesselt waren, erhoben dieselben Verse meine Mutter auf eine Ebene frommer Ergriffenheit.

Wir waren auch keine bloßen Leser und Zuhörer. Das Ramayana wird zu Musik vorgetragen, und meine Mutter saß an einem kleinen Harmonium und wählte die Melodien für jeden Vers aus. Sanjiv und ich sangen mit, und wohin immer die Musik uns führte, dorthin gingen auch unsere Gefühle. Die Sage von Rama führt von der wildesten Ekstase über alle Schattierungen des Gefühls bis hin zur tiefsten Verzweiflung. Wenn mein Vater nach der Arbeit in seiner gestärkten Armeeuniform zur Tür hereintrat, wußte er nie, ob er seine Frau und Kinder tränenüberströmt oder vor Freude jauchzend antreffen würde.

Meine Mutter war eine gewitzte Erzählerin; sie schloß die tägliche Rezitation gerade vor einem spannenden Moment in der Geschichte. Eines

Tages endete sie, nachdem der Dämon Ravana, der Erzbösewicht der Sage, Ramas Bruder Lakshman auf dem Schlachtfeld anschießt. Lakshman liegt tödlich verwundet da, und das einzige Heilmittel für seine Wunde ist ein Kraut, das an den Hängen des Himalaya wächst. Unglücklicherweise findet die Schlacht in Sri Lanka statt, Hunderte von Meilen südlich. Ramas mächtigster Verbündeter ist der Affenkönig Hanuman, der durch einen unglaublichen Glücksumstand, wie es sich jetzt erweist, fliegen kann. Er erklärt sich sofort bereit, das Kraut herbeizubringen, das Lakshman retten kann. Hanuman fliegt zum Himalaya, aber dort angelangt, kann er die gewünschte Pflanze nicht finden. Er sucht auf und ab und weiß, daß jede Sekunde kostbar ist. Und doch kann er das Kraut nicht finden. Hanuman ist außer sich vor Verzweiflung.

Genau da schloß meine Mutter das Buch und hieß uns beide, die wir vor Schrecken und Vorahnung ganz kribbelig waren, zu Bett gehen. Ich hatte begonnen, mich und Sanjiv mit Rama und dessen jüngerem Bruder zu identifizieren, und war deswegen besonders um Sanjiv besorgt. Anderntags sang uns meine Mutter vor, wie der kluge Affenkönig das Problem löste. Er riß den Berg mitsamt seinen Wurzeln aus, trug ihn durch die Lüfte nach Sri Lanka und legte ihn Rama zu Füßen. Das Kraut wurde gefunden, und zu unserer Freude war das Leben Lakshmans im Handumdrehen gerettet.

Unfähig, unsere Gefühle einzuschließen, rannten meine Mutter, mein Bruder und ich hinaus in den Hof. Immer noch singend, faßten wir uns an den Händen und tanzten im Kreis, schneller und immer schneller. Mir wurde schwindelig, und ich setzte mich lachend in den Staub. Als mein Kopf wieder klar wurde, sah ich auf. Alles, was ich sah, war von einem Gefühl absoluter Richtigkeit durchdrungen. Ich war in der Mitte einer vollkommenen Welt, die vor Klarheit und Freude funkelte. Der Himmel, das Sonnenlicht glitzerte auf den Bäumen, die nahen Geräusche des Großstadtverkehrs und meine lächelnde Mutter verschmolzen zu einem Bild vollständiger Erfülltheit.

Oftmals habe ich seitdem an die Empfindung dieses Moments zurückgedacht, und ich bin immer wieder an seine Wahrheit erinnert, die sich meinem Geist so dauerhaft eingeprägt hat wie Rama selbst. Was aber dieses Erlebnis so sehr vor anderen Freuden auszeichnet, ist, daß der Dämon Ravana in ihr enthalten war. Ich liebte ihn, weil er Lakshman angeschossen hatte! Seine Bosheit erlaubte es dem Guten, zu obsiegen; es machte Ramas ganzes Abenteuer erst möglich. Hier war ich dem Verständnis, was die Heiterkeit des Weisen angesichts der Richtigkeit des Lebens als ganzem ausmachte, am nächsten gekommen, lange bevor ich etwas von Spiritualität erfuhr. Ich erlebte, daß die Schönheit der Ganzheit die Schönheit oder Häßlichkeit irgendeines Teiles bei weitem übersteigt.

Nur wenige haben Erfülltheit so weit erfahren, daß sie in der Lage sind zu sagen, ob die menschliche Natur die Anlage zu vollständiger, dauerhafter Zufriedenheit besitzt. Genau das jedoch ist der Anspruch für höhere Bewußtseinszustände. Nick bekam einen ersten kleinen Vorgeschmack von Erfülltheit, als er auf eine experimentelle High School in Vermont geschickt wurde. Als Teil ihres Stundenplans machten die Schüler wochenweise Wanderungen und Klettertouren; sie lernten dadurch Selbstgenügsamkeit, daß sie allein im Wald zelteten.

»Man ließ mich tagelang allein, und das gab mir ein Selbstgefühl, das ich nie zuvor gehabt hatte«, erinnert sich Nick. »Es gab Stunden, wo ich innerlich ganz still war. Ich fühlte mich beschützt, und es erschien mir als reale Möglichkeit, mit mir selbst im Frieden zu bleiben. Diese im Einklang mit der Natur zugebrachten Episoden hinterließen tiefe Spuren bei ihm, aber die Rückkehr nach Hause setzte ihn erneut der emotionalen Turbulenz seiner Familie aus. Sein Selbstgefühl schrumpfte wieder in sich zusammen und war nur noch in kurzen Lichtblicken sichtbar.

Einige Jahre später drängte Nicks Vater ihn, das College zu verlassen und eine der Baufirmen, die er besaß, zu übernehmen. Nick erwies sich dort zunächst als äußerst erfolgreich, aber kurz darauf hatte er seine erste Gefühlskrise als Erwachsener. Jahrelang hatte Nick, sobald er es wagte, jemandem sein Herz zu öffnen, unmittelbar darauf ein beklemmendes Mißtrauen verspürt. Angesichts der Tatsache, daß die Beispiele von Liebe, die er als Kind von Vater und Mutter vorgeführt bekommen hatte, zugleich eindringliche Beispiele des Verrats darstellten, war das nur zu verständlich. Die vereinten Gefühle von Liebe und Mißtrauen waren seiner Psyche eingeprägt, und er fand es fast unmöglich, sie zu trennen.

Zunächst war diese Prägung auf einer unbewußten Ebene geblieben, während Nick das übliche Ritual eines heranwachsenden jungen Menschen durchlief, mit Flirts und gelegentlichen Intimitäten. Das Unheil nahm seinen Lauf, als er sich mit fünfundzwanzig Jahren Hals über Kopf in seine Ehe mit Clare stürzte. Ich habe so gut wie keine Vorstellung davon, wie sie war, denn Nick erzählt nur wenig von ihr, außer daß er sich nach zwei turbulenten Jahre von ihr trennte.

Anscheinend hatte ihre Gemeinsamkeit kaum die Flitterwochen überdauert. Nick entdeckte zu seinem Schrecken, daß er vorprogrammiert war, seine Frau so zu behandeln, wie es sein Vater getan hatte. »Ich stand im Beruf unter enormem Druck, nachdem mir zu spät klar geworden war, was für einen riesigen Fehler ich gemacht hatte, als ich bei meinem Vater ins Geschäft einstieg. Er war hier ein noch schlimmerer Tyrann, und wenn ich abends nach Hause kam, bemerkte ich, daß ich meine Wut an Clare ausließ. Ich fuhr sie wegen nichts und wieder nichts an oder brach einen Streit vom Zaun.

»Unter diesem irrationalen Verhalten, das mich wahnsinnig aufregte, wollte ich genau das Gegenteil tun, mich öffnen und sie als Vertraute behandeln. Aber da war immer ein großer innerer Widerstand, wie ein Felsen mitten in meiner Brust.«

Das ist das Tragische bei einem fragmentierten Ich. Gewisse Gefühle verschließen sich einem, denn die Vergangenheit hat sie zu solch einer Bedrohung gemacht, daß man sie nicht an sich heranlassen will. Der Felsbrocken mitten in Nicks Brust war ein Teil seiner selbst, aber er hatte sich so völlig herausgesondert, daß er sich wie ein Ding anfühlte, ein Stück Nicht-Ich, das nicht bewegt werden konnte. »Jedesmal, wenn ich Clare meine Gefühle mitteilen wollte, hatte ich die furchtbare Vorahnung, daß sie mich verraten würde. Die beiden Impulse verbanden sich, und ich glaube fest, daß auch die schlimmste Folter mich nicht dazu gebracht hätte, ihr zu sagen, was ich empfand. Ich wäre wie eine Auster eingegangen, wenn man meine Schale aufgestemmt hätte. Verbittert über das, was sie meine Zurückweisung nannte, entfremdete sich Clare mir, und bald waren wir völlig auseinandergetrieben.«

Nicks Ehe endete als eine Niederlage, aber zumindest konnte er spüren, daß der Krieg in ihm kein totaler war. Ein Fünkchen Bewußtsein schwebte über dem Gewoge. Ich weiß dies deswegen, weil Nick einsah, daß er selbst den Konflikt geschaffen hatte, in dem er steckte, selbst wenn er noch nicht genügend erwacht war, um sich zu befreien. Es sollten noch Jahre vergehen, bis dieses Fünkchen des Bewußtseins heller wurde. Für den Augenblick verstärkte es nur sein Leiden, denn er sah mit aller Klarheit, daß er Clare zum Sündenbock machte.

Leben in Einheit

Das Wachsen von einem Punktwert des Bewußtseins hin zu vollständiger Bewußtheit ist ein natürlicher Vorgang, selbst dann, wenn nur wenige so weit kommen. Wenn Sie die Augen schließen und still dasitzen, werden Sie dasselbe Gefühl des »Ich bin« haben wie der Yogi, aber dieses fundamentale Ichgefühl kann sehr beschränkt oder sehr umfassend sein. Es kann so zerbrechlich sein, daß eine Krise es ohne weiteres zerschlägt, oder es kann so stark sein, daß man eine Welt darauf errichten könnte.

Das zerstückelte Ich gibt vor, fest und unerschütterlich zu sein, aber der Felsen im Inneren besteht aus Schmerz, unterdrückten Gefühlen und Schuld. Dieser verdrängte Schmerz macht sich schließlich bemerkbar, indem er entweder ein Leiden verursacht oder ein Spiegelbild (in diesem Falle Nicks Frau) herbeischafft, wodurch das Vorhandensein des Schmerzes offengelegt wird, wenn man das Gefühl selbst nicht ertragen kann. Das Verleugnen ist aber unglaublich mächtig. Jegliche Wirklichkeit, wie intensiv ihr Strafcharakter auch sein mag, kann als annehmbar, ja sogar ideal angesehen werden. Ich war sehr berührt, als ich einmal einen Satz der christlichen Kirchenväter las: »Gott hat Seelen in die Hölle versetzt, aber in seiner Gnade läßt er sie glauben, daß sie tatsächlich im Paradies leben.« Dies wäre nicht sehr gnadenvoll, gäbe es kein Entrinnen aus höllischen Situationen. Ist man aber des Glaubens, daß jeder sich durch den Vorgang des Erwachens hindurcharbeitet, dann könnte nichts gnadenvoller sein, als einem jeden die Überzeugung zu lassen, daß sein Reifegrad der beste sei.

Dies alles ist lediglich ein Vorwort zu dem Begriff »falsche Einheit«. Es gibt einen gewaltigen Unterschied zwischen verschiedenen Bewußtseinszuständen, aber jeder fühlt sich gern so an, als habe man die Einheit erreicht. »Einheit« bedeutet ein Gefühl, daß man in Kontakt mit der Wirklichkeit ist, daß man Dinge so sieht, wie sie sind. Der verworrenste Paranoiker, der glaubt, daß uns morgen die Marsmännchen erobern werden, bemitleidet alle anderen, die seine Einschätzung der Wirklichkeit nicht teilen können. Genauso hat der Heilige, der Gott in einem abgestürzten Spatzen erblickt, keine andere Wahl, als sich damit abzufinden, daß auch seine Bewußtheit nicht von allen geteilt wird.

Da wir alle insgeheim die Überzeugung hegen, daß unser Grad der Bewußtheit der richtige sein muß, scheint es so gut wie unmöglich einzuräumen, daß es in der Tat einen Zustand *wahrer* Einheit gibt. Die

Rishis nannten ihn *Brahmi Cheetna*, Einheitsbewußtsein, und erklärten, daß dieser Zustand das Ziel sei, auf das sich alle anderen Bewußtseinszustände hinentwickeln. Jeder, der ein Fünkchen Selbst-Bewußtheit hat, ist mehr oder minder zögerlich dorthin unterwegs. Der Unterschied zwischen mir, der ich im gewöhnlichen Wachbewußtsein lebe, und einem Menschen im Einheitsbewußtsein, ist der, daß ich die Welt von Unterschieden dominiert erblicke: Milliarden voneinander getrennter Bruchstücke scharen sich zusammen, um meine einheitliche Wirklichkeit zu bilden. Ein Mensch im Einheitsbewußtsein sieht diese Bruchstücke ebenfalls, aber darunter nimmt er die Ganzheit wahr. Für ihn ist die Welt mit all ihrer Vielfalt nur eines.

Eine aus nur einem gemachte Welt klingt seltsam, aber die Rishis fanden das herrlich, denn das, was sie in jeder Richtung erblickten, war ihr eigenes Bewußtsein. Die Schöpfung wurde ein Spiegel, in dem sie sich selbst ansahen. Die Objekte, die das Auge sah, bestanden nicht länger aus träger Materie. Sie atmeten Leben; ihr Sein floß lückenlos in das des Rishis. Obwohl es für gewöhnlich unsichtbar war, konnte dieses lebendige Bewußtsein bisweilen hervorscheinen und einen Tisch oder einen Baum wie mit einem inneren Leuchten überziehen oder die Luft mit einem Schauer goldener Funken erfüllen.

Sichtbar oder unsichtbar – eine Welt, die von Bewußtsein durchdrungen ist, wird einem Menschen im Einheitsbewußtsein unbeschreiblich vertraut. Es gibt keine Trennungen mehr. Ohne die Hand auszustrecken, kann man die Struktur einer entfernten Mauer ertasten. Die gewaltige Bewegung der Erde, die sich um ihre Achse dreht, wird unter seinen Füßen spürbar. Selbst das Berühren eines Sterns wird eine direkte Erfahrung. »Da alles allein aus Bewußtsein gemacht ist«, verkünden die Upanischaden voller Jubel, »gibt es nichts in der Schöpfung, das ich nicht selbst bin.«

Der Übergang des Geistes ins Einheitsbewußtsein ist so eindeutig wie der Übergang vom Wachen zum Schlafen oder vom Schlafen zum Träumen. Ein Buch kann kaum vermitteln, was da geschieht, aber stellen Sie sich einen englischen Forscher vor, der sich in der Arktis eine Tasse Tee aufbrüht. Ein Ding, das H_2O-Molekül, umgibt ihn von allen Seiten – in Gestalt einer Eisscholle, des sie bedeckenden Schnees, des in seinem Kessel kochenden Wassers und des hervorströmenden Dampfes; sogar der Körper des Forschers besteht hauptsächlich aus Wasser. Das Auge allein könnte diese Einheit nicht erkennen. Es verlangt einen besonderen

Bewußtseinszustand, einen, dem grundlegende Prinzipien der Physik vermittelt worden sind, um so viele verschiedene Dinge, die abwechselnd hart, weich, kalt, heiß, weiß, blau, sichtbar, unsichtbar, beweglich oder still sind, als Verwandlungen einer grundlegenden Substanz zu erkennen.

Wegen seines Wissens kann der Forscher einen Teil der Wirklichkeit beeinflussen. Er kann aus Eis Wasser machen oder aus Wasser Eis, und so fort. Einheitsbewußtsein geht einen Schritt weiter: Jeder Aspekt der Wirklichkeit kann dadurch verwandelt werden, daß man nicht Moleküle oder Atome manipuliert, sondern die grundlegende Ebene des Bewußtseins, auf der alles in der Natur vereint ist. Wenn ich meinen Geist verändern kann und wenn die Welt aus demselben Stoff gemacht ist wie mein Geist, dann kann ich mit einem einfachen, aber atemberaubenden Zug die Welt verändern.

Wir sprechen über eine natürliche Entfaltung der tieferen Schichten des Geistes. Die Rishis behaupten, daß in uns eingeschlossen die Fähigkeit liegt, über alle Naturkräfte zu herrschen, jedes Atom im Universum zu beeinflussen. Ist all das wirklich glaubhaft? Unser gegenwärtiger Bewußtseinszustand läßt uns in der Überzeugung, daß wir klein und hilflos sind. Ein Mensch ist unbedeutsam, verglichen mit der Macht der Naturkräfte. Eine übermächtige und erbarmungslose Umwelt nimmt keine Rücksicht auf sein Schicksal. Schreckliche Dinge widerfahren willkürlich Menschen, die sie nicht zu verdienen scheinen, und jeder fühlt sich von Umständen dahingetrieben, die er nicht steuern kann.

Solch eine Wirklichkeit anzunehmen, ist nach Ansicht der Rishis eine überaus verkrüppelnde Art der Unwissenheit, denn sie erfüllt ihre eigenen Prophezeiungen. Wenn Sie Einsteins Relativitätstheorie nicht kennen, wird Ihre Unwissenheit an der Relativität auch nicht das geringste ändern. Sind Sie aber über sich selbst im Ungewissen, so wird Ihr Ich so schrumpfen, bis es Ihrem Selbstbild entspricht. Bei jedem Menschen, der sich intensiv damit beschäftigt, Schmerz und Wut zu unterdrücken, wird das Bild der Wirklichkeit doppelt so trügerisch sein, denn immer, wenn er eine Bewegung macht, um seine Schmerzen zu lindern, wird es weh tun, und die Flucht vor dem Schmerz ist ja der ganze Anlaß für die Verdrängung. Unwissenheit ist der teuflischste aller Teufelskreise.

Glücklicherweise ist Bewußtsein nicht nur selbstheilend, sofern man ihm die Gelegenheit gibt, sondern ein Teil davon ist bereits heil. Dieser Teil ist das Seinsgefühl, das »Ich bin«, das niemand jemals opfern oder zerstören kann. Nur ein Mensch im Einheitsbewußtsein sieht das Sein in allen

Richtungen, aber wir tragen einen Samen des Seins in uns, den Ausgangspunkt unserer Evolution.

Hirnwissenschaftler stießen bei der Erforschung des Gehirns zufällig auf diesen Aspekt des Bewußtseins und fragten sich, was sie vor sich hatten. Anfang der Dreißiger Jahre brachte der berühmte kanadische Hirnchirurg Wilder Penfield damit zu, die Gehirne epileptischer Patienten mit einer elektrischen Sonde zu untersuchen. Dieses Verfahren (das völlig schmerzlos war) versetzte Penfield in die Lage, mit seinen Patienten zu sprechen, während deren Hirnrinde stimuliert wurde. Wenn die Sonde verschiedene Bereiche der Hirnrinde, die die höheren Denkvorgänge kontrolliert, berührte, wurden alle Arten von Erfahrungen hervorgerufen. Ein beliebiger Moment aus der Vergangenheit konnte auftauchen, und nicht etwa mit der Unschärfe einer Erinnerung, sondern genauso abgespielt, als geschähe alles von neuem.

Penfield erzählt das Erlebnis eines jungen Südafrikaners, der völlig verblüfft war, weil er sich selbst in weiter Ferne wahrnahm, mit seinem Vetter zusammen lachend auf dem Hof daheim, während er gleichzeitig mit vollem Bewußtsein auf einem Operationstisch in Montreal lag. Es war einigermaßen aufregend für Penfield zu entdecken, daß aus dem Gehirn völlig ausgestaltete, absolut überzeugende Wirklichkeit abgerufen werden konnte. Der Hof, die Sonne und der Vetter des Mannes waren lebensecht. Was aber Penfield noch mehr beschäftigte, war, daß der Mann nicht glaubte, er sei *tatsächlich* in Südafrika. Sein Bewußtsein verlief in zwei Bahnen gleichzeitig, aber es war ihm klar, daß nur eine wirklich sein konnte. Mit anderen Worten: Er konnte sagen, daß ein Gehirnbild nicht überzeugend genug war, um Wirklichkeit darzustellen. Etwas stand daneben und beurteilte das Bild, ohne selbst darin aufzugehen.

In ähnlicher Weise konnte Penfield eine bestimmte Stelle auf der Hirnrinde berühren, wodurch der Operationssaal sein Aussehen veränderte, plötzlich viel größer oder viel kleiner wurde. Der Patient wußte aber, daß dies eine optische Täuschung war, obgleich es das einzige war, was er sehen konnte. Er sagte nicht: »Der Raum wird größer«, sondern »Ich sehe, daß der Raum scheinbar größer wird.« Das klingt vielleicht etwas haarspalterisch; für Penfield war es jedoch ein Beweis von größter Wichtigkeit, daß nämlich Bewußtsein unabhängig von den Gedanken und Bildern untersucht werden kann, die es üblicherweise erfüllen.

Anders gesagt: Ein Aspekt unseres Geistes ist nicht in der Welt der Gegensätze gefangen. Er erhält einen steten Zustand bewußter Intelligenz; er ist einfach. Dieser Kern ungestörter Klarheit ist Bewußtsein an sich in seiner reinsten, einfachsten Form. Ob sich jemand darüber im Klaren ist oder nicht, sein Geist ist in Klarheit verankert. Reines Bewußtsein bleibt selbst inmitten der härtesten Prüfungen des Lebens erhalten (und ein operativer Eingriff ins Gehirn ist sicher eine davon). Wir können zwar unseren Kern reinen Bewußtseins nicht verändern, verlieren oder zerstören, aber wir können ihn vergessen. Als Aspekt unserer menschlichen Freiheit hat jeder von uns die Wahl, ob er seine Aufmerksamkeit dem veränderlichen oder dem unveränderlichen Teil des Geistes widmen will.

Was die Rishis entdeckten, ist, daß ein heiler Geist, einer, der einen höheren Bewußtseinszustand erreicht hat, diese beiden verschiedenen Arten der Wahrnehmung vereint. Mit einer geht er den Belangen der Welt nach; die andere bleibt unbewegt in seinem eigenen Wesen. Ein Mensch ist über alles Leiden erhaben, wenn er denken und handeln kann, ohne daß die stille Klarheit seines Geistes gestört wird. Wie es die Rishis ausdrückten, zerfällt das Bild des Vollmondes auf einem stürmischen See, aber dadurch zerfällt der Mond selbst nicht. In einem symbolischen Bild fingen sie genau das ein, was Penfield mit seinem Sondieren entdeckt hatte.

Wie jede andere Wunde muß auch ein verletztes Bewußtsein auf seine eigene Weise heilen. Das bedeutet, daß bei vielen Menschen die anfänglichen Entwicklungsstadien sie an Schmerz, Wut und Schuld erinnern werden, die sie lieber vergessen hätten. Aber Bewußtsein ist wie ein Heer, das geschlossen vordringt, ohne Nachzügler zurückzulassen; sämtlicher alter Schmerz muß angegangen werden. Wie Maharishi Mahesh Yogi betont, bedeutet »Erleuchtung«, daß jeder Bereich des Geistes Licht erhält; es gibt keine dunklen Ecken, und nichts bleibt, dessen Anblick uns Schrecken einflößen würde. Die Meditation konfrontiert uns jedoch nicht direkt mit unseren alten Schmerzen. Jeder Schmerz hat im Nervensystem seinen Eindruck hinterlassen, und es sind diese physiologischen Narben, die aufgelöst werden.

In dieser Weise vollzieht sich das Wachstum hin zur Erleuchtung ohne Ziehen und Zerren. Da ist kein Druck, mit einer bestimmten Geschwindigkeit zu wachsen. Franz Kafka, dessen literarischer Ruhm auf seiner Beschreibung akuten Leidens beruht, schrieb einmal eine brillante Bestätigung des Weges zur Erleuchtung: »Du brauchst dein Zimmer nicht zu verlassen. Bleib am Tisch sitzen und horche. Horche noch nicht einmal, warte einfach. Warte noch nicht einmal, sei recht still und allein. Die Welt wird sich dir freimütig anbieten, damit du ihr die Maske abnimmst; sie hat keine andere Wahl, als sich in Ekstase zu deinen Füßen zu rollen.« Wenn ich diese Passage lese, spüre ich den Atem der Wirklichkeit. Er ruft mich, ohne seine eigene Stille zu stören, und um zu wissen, was er wispert, brauche ich nur genauso still zu werden.

Kampf und Ausdehnung

Nicks nächster Lebensabschnitt, der sich bis zu seinem dreißigsten Lebensjahr erstreckt, war das Ringen um jenes Bewußtseinsfünkchen, das sich hin und wieder seit seiner Kindheit bemerkbar gemacht hatte. Von außen gesehen war es die chaotischste Zeit seines Lebens, in der sich sein Drang, von seinen Dämonen loszukommen, in höchst verworrener Weise Luft machte, oft in Form selbstzerstörerischen Verhaltens. Auf einer tieferen Ebene jedoch wuchs im Verborgenen die Ganzheit heran.

Die Scheidung von Clare geschah nicht gütlich, und bald folgte eine erbitterte gerichtliche Auseinandersetzung mit Nicks Eltern, die Anspruch auf sein Haus und Bankguthaben erhoben. Diese waren ihnen formal während der Scheidungsprozedur übertragen worden. Aber nachdem Clare sich mit einer bescheidenen Abfindung begnügt hatte, weigerten sich Nicks Eltern glatt, ihm seinen Besitz zurückzugeben. Sein Vater forderte ihn kalt heraus, gegen ihn zu prozessieren, und gab ihm zu verstehen, daß Nick jahrelang mit den Gerichten zu tun haben würde.

Zur Weißglut gereizt, verließ Nick das väterliche Unternehmen. Nachdem es ihm gelungen war, aus einem Trustvermögen Mittel zu erhalten, flüchtete er nach Italien, wo er ein Jahr der Phantasie durchlebte, indem er bei Autorennen mitfuhr. Er fuhr rücksichtslos und trieb die Risiken des Sports auf die Spitze; dabei war sein selbstzerstörerisches Pokerspiel erst am Anfang. Bald kehrte er nach Boston zurück und verdoppelte seinen Einsatz, indem er Kokain nahm. Dieselbe Mischung aus Gefahr, Kitzel und Wut, die er bei den Autorennen gespürt hatte, wurde nun noch brisanter.

Der Drang, weiter Kokain zu nehmen, war sehr stark. Nick hatte einen Punkt erreicht, wo das Aufrechterhalten einer gutbürgerlichen Fassade, das ihm mit fünf Jahren so leicht gefallen war, mit nunmehr fünfunddreißig Jahren fast unmöglich wurde. Trotz seiner intensiven Bemühungen, seine Energien in produktive Kanäle zu leiten – er joggte täglich sieben

Kilometer, schwamm weitere drei Kilometer im Schwimmbad, trieb Hallensport und pflegte einen großen Kreis verständnisvoller Freunde – stellte er fest, daß Verzweiflung und Wut sich unerbittlich seiner bemächtigten und jeglichen anderen Impuls einfärbten. Seine verborgenen Geheimnisse forderten Rache.

Nick brach in langsamen Schritten aus seiner Sucht aus, aber in jeder Phase war das gemeinsame Leitmotiv die Erweiterung des Bewußtseins. Was jeder Art geistiger Qual ihre gefährliche Macht gibt, ist, daß Menschen eine falsche Vorstellung von sich selbst haben. Wir meinen, daß wir von Kummer, Depression, Angst und Verzweiflung gemartert werden, *als ob* ein feindliches Fremdes uns von innen angreifen würde. Dabei gibt es innen keine Feinde. Das ist nur Geistsubstanz. Wie eine Art universelle Modelliermasse nimmt diese unsichtbare Substanz die Form aller unserer Gedanken, Gefühle und Wünsche an.

Das Problem ist, daß die Geistsubstanz Dramen inszenieren kann, in denen sie gegensätzliche Rollen spielt. Sie kann Opfer und Täter zugleich spielen. Nick berichtete mir, daß er vor einigen Jahren einmal in einem Hotel auf Jamaica war, wo er eine Woche lang Scuba-Tauchen trieb. Er nahm für den Moment keine Drogen und hatte sich körperlich nie in besserer Verfassung befunden. Als er eines Morgens unter die Dusche trat, fiel er plötzlich weinend auf die Knie und war völlig außer sich. Eine Welle der Verzweiflung schwoll aus irgendeinem dunklen Versteck heran. »Gott«, schrie er laut auf, »warum geschieht mir das? Soll ich mich umbringen? Gibt es dich überhaupt? Bitte, bitte, wenn du Gott bist, nimm meine Qualen von mir!«

Er berichtete über diesen beängstigenden Moment wie immer mit beherrschter, angenehmer Stimme, ich aber war von der Leere gestreift worden, die er gefühlt hatte. »Glaubst du, daß Gott dich gehört hat?« fragte ich nach einer Weile.

»Ich weiß nicht«, sagte er. »Ich kann nicht sagen, daß mir Gott etwas Wirkliches ist. Ich hätte ebenso gut das Schicksal oder die Leere anflehen können.«

»So viel du weißt, hat deine Stimme niemand erreicht?« fragte ich ihn.

»Ich weiß es nicht«, wiederholte er.

»Aber wir wissen, daß sie zumindest einer gehört hat«, sagte ich.

»Tun wir das?«

»Du selbst hast dich gehört«, sagte ich. »Warum fangen wir nicht damit an? Anstatt herumzurätseln, ob es eine allmächtige Instanz gibt, die uns vom

Leiden erretten kann, können wir zumindest mit deinem Bedürfnis beginnen, dich selbst zu verstehen, tatsächlich zuzuhören und zu wissen, wer du bist. Wann immer wir rufen, erreicht uns unsere Stimme selbst. Wenn wir Angst haben, so ängstigen wir uns selbst; wenn wir beginnen, innerlich zu zerreißen, so bewirkt derselbe Geist das Zerreißen und das Zerrissenwerden. Die Erfahrung nur einer Seite führt zum Leiden, egal, ob man sich mit dem Handelnden oder dem Erleidenden identifiziert. In Wirklichkeit gibt es keinen Handelnden, der vom Erleidenden getrennt wäre. Alles bist nur du selbst.«

Während ich über all das sinnlose Leiden nachdachte, sah ich auch auf Nicks Gesicht einen traurigen, nachdenklichen Blick. Aber wir waren nicht zusammengekommen, um über Kummer zu sprechen. Die jüngste Phase in Nicks Leben ist die glücklichste gewesen, denn er hat begriffen, daß er einen Ausweg aus der grausamen Selbstzersplitterung finden kann, die seine Kindheit gestaltete. Er hat verstanden, daß er, wenn er jemals mit sich selbst in Frieden leben will, die bedrohlichen Gespenster seiner Vergangenheit entlarven muß. Er hatte das Glück, einen einfühlsamen, erfahrenen Therapeuten zu finden, den er mehrmals in der Woche aufsuchte. Anfangs war die Wut auf seinen Vater zu heftig, als daß man sie angehen konnte. »Als ich den Riegel von meinen Rachephantasien fortzog und anfing, darüber zu sprechen, daß ich meinen Vater umbringen wollte, klang ich so überzeugend, daß mein Therapeut sagte, er müßte meine Eltern anrufen und sie warnen, daß sie in höchster Gefahr schwebten. Es bedurfte dieser Drohung, um mich in meine Schranken zu verweisen.« Es war auch nötig, Nick von Zeit zu Zeit in ein Suchtbehandlungscenter zu schicken; er hat insgesamt neunmal bei einem Entziehungsprogramm mitgemacht.

Schließlich ließen die Turbulenzen in seiner Innenwelt nach. Er brauchte nicht länger einen plötzlichen Ausbruch seiner diabolischen Wut zu befürchten; er wachte nicht mehr schweißüberströmt um Mitternacht in den Klauen eines Panikanfalls auf, wie das seit seiner Jugend immer wieder der Fall gewesen war. Der Oberflächen-Nick – der gute kleine Junge, der es allen recht machen wollte – begann zu begreifen, daß der andere Nick, der so wild und selbstzerstörerisch schien, in Wahrheit ein weinendes Kind war, dessen Gefühle von Kummer und Schrecken berechtigt waren. Sie zu verdammen oder zu fürchten war unangebracht. Sie mußten geheilt werden.

Vor einem Jahr, als seine Therapie zu Ende ging, begann Nick zu meditieren. Es war eine tatsächliche Offenbarung, denn mit einem Schlag fand er jene Klarheit wieder, die er zwanzig Jahre zuvor verloren hatte, als er das letzte Mal allein in den Bergen von Vermont gewesen war. Selbst wenn seine Erfahrungen innerer Stille kurz waren – sobald er aus der Meditation kam, fühlte er sich so, als habe er den Zugang zu einer Quelle tiefer Erfülltheit gefunden. Es war seine erste Erfahrung eines vollständigen Ich seit vielen Jahren und auch der erste Moment der Zufriedenheit, der seine Schuld- und Schamgefühle und seine Selbstverachtung völlig unbedeutsam werden ließ.

»Ich sehe immer wieder von mir selbst das Bild eines Schwimmers mitten draußen im Meer«, sagte Nick. »Ich schlage um mich, während schattenhafte Seeungeheuer von unten zu mir heraufsteigen. Aber als ich das erste Mal meditierte, veränderte sich das schreckliche Bild. Mir dämmerte, daß ich der Schwimmer, aber auch das Meer war, und auch die Ungeheuer waren ja ich selbst.«

Nach einer langen Weile erzählte er mir unerwartet eine Geschichte: »Ich hatte dreizehn Jahre nach meiner richtigen Mutter gesucht. Es wurde äußerst wichtig für mich, sie zu finden. Ich dachte, daß vielleicht meine Drogensucht erblich bedingt war; und außerdem wollte ich einen Blick in ein Gesicht werfen, das womöglich wie das meine war. Alle möglichen Gründe motivierten mich. Aber nichts geschah. Die Jahre vergingen; ich gab ein Vermögen aus für Detektive, von denen manche regelrechte Scharlatane waren.

»Bald, nachdem ich begonnen hatte zu meditieren, drehte ich einmal das Radio an und hörte eine Frau, die sagte, sie könnte die Eltern adoptierter Kinder innerhalb von sechs Wochen finden. Sie wollte ihre Methode nicht bekanntgeben, aber ich sandte ihr unverzüglich meinen Namen. Wie sie versprochen hatte, erhielt ich sechs Wochen später den Namen meiner leiblichen Mutter mit der Post.«

Es klang wie eine Geschichte, die ein Schriftsteller mit aller Sorgfalt ausgetüftelt hatte: Nicks Mutter war tatsächlich eine Zigeunerin gewesen, wie er es sich in dem Märchen ausgemalt hatte, das er sich als Kind erzählte. Sie hatte damit gedroht, ihn zu entführen, als er gerade eben erst adoptiert war. Sie hatte Nicks Eltern jahrelang nachgestellt und versucht, noch mehr Geld aus ihnen herauszupressen (sie haben nie gesagt, wie erfolgreich sie dabei war).

»Mit einem Male bekam mein ganzes Leben einen Zusammenhang. Die unpersönliche Zufallswelt verschwand, und ich erwachte in eine Welt

280

hinein, die einen Sinn hatte. Ich kann Ihnen nicht genau sagen, wann dieses neue Gefühl der Sinnhaftigkeit in mir aufdämmerte, aber als es das einmal getan hatte, fühlte ich mich unglaublich frei. Alles, was ich tun wollte, war, meine richtige Mutter aufzusuchen und ihr zu sagen, daß alles in Ordnung war. Egal, was sie getan hatte, ich vergab ihr und meinen Adoptiveltern – allen.«

«Aber diese Frau hatte Sie doch verkauft und es dann mit Erpressung versucht«, wandte ich ein.

»Ich war so aufgeregt, sie zu finden«, sagte er. »Wie konnte ich ihr nicht vergeben? Als ich sie das erste Mal anrief, war ich sehr nervös. Die Frau, die meine Mutter ausfindig gemacht hatte, empfahl mir, zuerst einen Brief zu schreiben, aber ich mußte sie anrufen. Ihr Name war Eva Z., und ich gab vor, ein entfernter Verwandter zu sein. Nach einer Weile wurde sie hellhörig und fragte mich, woher ich so viel über die Familie Z. wußte, ohne jemals bei ihren Zusammenkünften aufgetaucht zu sein? Ich machte nicht viel Umschweife und fragte sie: ›Hatten Sie jemals einen Sohn?‹ Sie verneinte, ohne zu zögern. Wir redeten hin und her, und dann wurde ich deutlicher. ›Haben Sie nicht am 5. August 1953 ein Kind geboren und es einem wohlhabenden Ehepaar in Glen Rock, New Jersey, zur Adoption verkauft?‹ Jetzt war Eva wirklich mißtrauisch und wollte nochmals wissen, wer ich war. ›Ich bin Ihr Sohn‹, stieß ich hervor. Sie machte nicht die kleinste Pause. ›Du wirst es vielleicht nicht glauben‹, sagte sie, ›aber ich liebe dich.‹ Da schmolz mir das Herz. Wir brachen beide in Tränen aus. Sie wollte mich sofort sehen, aber ich hielt sie zurück. Ich brauchte Zeit, um die Tatsache in mich einsinken zu lassen, daß ich sie nach dreizehnjähriger Suche wirklich gefunden hatte.

»Zwei Wochen später trafen wir uns, und es war herrlich. Eva sieht aus wie ich; ihre zwei Töchter sehen aus wie ich. Sie hat ein wundervolles Lachen. Einmal konnte sie zehn Minuten lang nicht aufhören, und ich versuchte besorgt, sie zu beruhigen. Sie schob mich beiseite und sagte: ›Laß mich in Ruhe. Ich will einfach lachen.‹ Wir gingen tanzen und ich hielt sie in den Armen. Sie lächelte und sah zu mir auf, und ich dachte, ›sie ist meine Mutter, hier in deinen Armen. Ich halte sie und berühre sie.‹ Wie konnte ich ihr nicht vergeben?«

Nick machte eine Pause, um sich zu sammeln. Er hatte das Geheimnis seiner Geburt gelüftet, was einen tiefen Brunnen der Gefühle in ihm freilegte. Aber da war noch mehr. Er ging ganz auf im Wunder eines Herzens, das gerade beginnt, sich selbst zu kennen. Und das ist eine zweite

Geburt. Ich dachte daran, wie sehr auch ich mich verändert hatte. Meine harte Überzeugung, daß das Leben gnadenlos ist, wie ein Mühlstein Geburt und Tod hervormahlend, ist verschwunden. Die Dinge so zu sehen, heißt, den Schein zu akzeptieren und das Wesentliche zu übersehen. Schaut man näher, so sieht die Welt mehr wie ein Wunsch aus, ein großes Verlangen, das sich überall um uns herum verwirklicht, mit unseren persönlichen Wünschen und Bedürfnissen, die dort hineingewoben sind.

In diesem menschlichen Leben können wir das Mahlen des Rades nicht aufhalten, aber auf einer anderen Ebene haben wir alle die Macht dazu. Wir sind die Lieblingskinder der Natur. Sobald wir einmal unsere tiefsten Wünsche ins Auge fassen, müssen sie wahr werden. Deshalb entfaltet sich ja überhaupt der große Wunsch der Welt.

Nick und ich saßen da und teilten in der Stille eine Sicht des Lebens, die so fein und zugleich so aufregend war. Er hatte nichts mehr zu sagen, aber ich konnte immer noch hören, was ich zuvor vermißt hatte und niemals vergessen will. Zum ersten Mal war reine Freude in seiner Stimme aufgestiegen.

Anschriften für TM-Informationen und TM-Grundkurse

Die in diesem Buch beschriebene Meditationstechnik (TM) ist eine individuell abgestimmte Mantra-, das heißt eine mentale Klangtechnik. Sie kann nur von ausgebildeten Lehrern in ihrer ursprünglichen Form vergeben werden. Im Anhang finden Sie eine Liste von Lehrern, Lehrinstituten und ayurvedischen Gesundheitszentren, wo Grundkurse für Transzendentale Meditation (TM) angeboten werden. Darüber hinaus gibt es an mehr als 200 Orten in den deutschsprachigen Ländern und Gebieten Lehrer für TM; deren Adressen sind ● in Deutschland über das TM-Informationszentrum, Am Berg 13, 4516 Bissendorf, Tel. 0 54 02-72 27 oder 84 83 ● in Österreich über das IMS Sekretariat in Wien (s. u.) ● in der Schweiz über den TM-Info-Service in Luzern (s. u.) zu erfragen.

Bundesrepublik Deutschland

PLZ-Bereiche O-
Veda-Institut
  Richard-Wagner-Str. 48
  O-4020 Halle
  Tel. 00 37 46-2 14 31

PLZ-Bereiche W-
Transzendentale Meditation
  (Zentrum)
  Tempelhofer Ufer 23/24
  1000 Berlin 61
  Tel. 0 30-2 15 93 24
Maharishi Ayur-Ved
  Gesundheitszentrum
  Transzendentale
  Meditation
  Rothenbaumchaussee 26
  2000 Hamburg 13
  Tel. 0 40-45 20 80
TM-Center
  Pezoldtwiete 14
  2000 Hamburg 71
  Tel. 0 40-6 43 80 07
Transzendentale Meditation
  Archenholzstr. 12
  2000 Hamburg 74
  Tel. 0 40-7 32 83 16
VEDA-Institut für TM
  Hartwicusstr. 4
  2000 Hamburg 76
  Tel. 0 40-2 20 78 77
TM-Pension und Akademie
  Insel Föhr
  »TM in den Ferien«
  2270 Oevenum
  Tel. 0 46 81-21 85
Transzendentale Meditation
  Satruper Str. 23
  2387 Böklund
  Tel. 0 46 23-8 12

SRM-TM-Center Bremen
  Parkstr. 97
  2800 Bremen 1
  Tel. 04 21-34 13 14
Veda-Lehrinstitut
  Transzendentale
  Meditation
  Bloher Landstr. 35
  2903 Bad Zwischenahn-
  Bloh
  Tel. 04 41-6 94 82
Transzendentale Meditation
  Am Markt 34
  2944 Wittmund
  Tel. 0 44 62-67 89
Gesellschaft für Transzen-
  dentale Meditation
  Bürgermeister-Fink-Str. 15
  3000 Hannover
  Tel. 05 11-80 61 51
Transzendentale Meditation
  Südfeld 12
  3100 Celle
  Tel. 0 51 41-8 33 45
TM-Center Hildesheim
  Güntherstr. 2
  3200 Hildesheim
  Tel. 0 51 21-13 15 85
Transzendentale Meditation
  Am kleinen Berge 14
  3257 Springe 1
  Tel. 0 50 41-6 24 82
Lehrinstitut für TM
  Theaterstr. 16
  3400 Göttingen
  Tel. 05 51-4 65 25

Transzendentale Meditation
  Am Kirschenrain 8a
  3437 Bad Sooden-
  Allendorf
  Tel. 0 56 52-18 00
TM-Center Kassel
  Aschrottstr. 2
  3500 Kassel
  Tel. 05 61-1 81 61
Transzendentale Meditation
  4030 Ratingen 6 (Hösel)
  Tel. 0 21 02-6 70 20
Transzendentale Meditation
  Körnerstr. 7
  4050 Mönchengladbach
  Tel. 0 21 61-20 57 46
Transzendentale Meditation
  Maxstr. 11
  4300 Essen
  Tel. 02 01-23 13 87
Akademie Schledehausen
  e. V. Gesundheitszentrum
  Am Berg 2
  4516 Bissendorf 2
  Tel. 4 54 02-75 51
Transzendentale Meditation
  Meyerhofstr. 30
  4516 Bissendorf 2
  Tel. 0 54 02-73 32
Maharishi-Veda-Lehrinstitut
  Lönsweg 19
  4540 Lengerich
  Tel. 0 54 81-78 67
Veda Lehrinstitut
  Transzendentale
  Meditation
  Wilhelm-Busch-Str. 1
  4590 Cloppenburg
  Tel. 0 44 71-56 54

Maharishi Veda Lehrinstitut
Am Hedtberg 65
4630 Bochum 5
Tel. 02 34-41 23 63/4
Transzendentale Meditation
Gustav-Hegeler-Ring 37
4690 Herne 2
Tel. 0 23 25-4 46 43 und
4 73 29
Transzendentale Meditation
Borchener Str. 4
4790 Paderborn
Tel. 0 52 51-7 23 67,
0 29 43-25 46
Kölner Lehrinstitut für
Transzendentale
Meditation
Kaiser-Wilhelm-Ring 6–8
5000 Köln 1
Tel. 02 21-12 46 33
Management-Training
Dr. Heiner Röder
Parkstr. 24
5231 Weyerbusch
Tel. 0 26 86-83 82
Transzendentale Meditation
Bonn
Rotkehlchenweg 20
5300 Bonn 1
Tel. 02 28-66 91 19
Ayurveda-Transzendentale
Meditation
Meisenweg 4
5407 Boppard-Buchenau
Tel. 0 67 42-44 12
Transzendentale Meditation
Hagen
Emster Str. 47
5800 Hagen
Tel. 0 23 31-5 32 81
Ayurveda/TM-Center
Praxis Dr. med. H. Kossatz
Wiesenhüttenstr. 17
6000 Frankfurt 1
Tel. 0 69-23 17 50
und 0 61 72-8 12 48
(Bad Homburg)
Institut für Vedische
Wissenschaft
Staufenstr. 36
6000 Frankfurt 1
Tel. 0 69-72 71 93

VEDA-Institut
Schenkendorfstr. 24
6000 Frankfurt 50
Tel. 0 69-52 49 21
Transzendentale Meditation
Rheinstr. 39
6200 Wiesbaden
Tel. 06 11-56 47 77
Transzendentale Meditation
Am Eichkopf 16
6240 Königstein/Ts.
Tel. 0 61 74-40 33

Transzendentale Meditation
Ölmühleweg 7
6240 Königstein/Ts.
Tel. 0 61 74-2 37 89

Transzendentale Meditation
Unterer Hardthof 29
6300 Gießen
Tel. 06 41-39 03 40
Transzendentale Meditation
Am Elisabethenbrunnen 1
6380 Bad Homburg
Tel. 0 61 72-4 40 00
TM-Center Dr. Holtz
6464 Linsengericht-
Waldrode
Tel. 0 60 51-6 89 54 oder
0 69-5 97 01 09
Transzendentale Meditation
Futterstr. 15
6600 Saarbrücken
Tel. 06 81-39 70 76 und
0 68 98-29 45 67
Transzendentale Meditation
Fechingerstr. 9
6604 Saarbrücken-
Güdingen
Tel. 06 81-87 16 27 oder
6 79 06
Transzendentale Meditation
Bensheimer Ring 1
6710 Frankenthal
Tel. 0 62 33-6 18 61

Transzendentale Meditation
Heidelberger Ring 21
6710 Frankenthal
Tel. 0 62 33-6 31 14

TM-Center Bobenheim-
Roxheim
Theodor-Storm-Str. 1
6712 Bobenheim-Roxheim
Tel. 0 62 39-63 90
Transzendentale Meditation
Am Vogelgesang 25
6750 Kaiserslautern
Tel. 06 31-6 12 35
Transzendentale Meditation
Waldfischbacher Str. 21
6781 Leimen/Pfalz
Tel. 0 63 97-3 63
Transzendentale Meditation
Pf. 10 55 08
6900 Heidelberg
Tel. 0 62 23-7 13 88
Gesellschaft für TM und
Ayur-Ved
Eibenweg 20
7016 Gerlingen
Tel. 0 71 56-2 41 63
Transzendentale Meditation
Plüderhausen
Spittelberg 1
7067 Plüderhausen
Tel. 0 71 81-8 27 70
Transzendentale Meditation
Zehentgasse 25
7100 Heilbronn
Tel. 0 71 31-8 03 87
Ayurveda Lehrinstitut
Transzendentale Meditation
7110 Öhringen
Tel. 0 79 48-75 50
Transzendentale Meditation
Imbröderstr. 10
7140 Ludwigsburg
Tel. 0 71 41-92 61 39
Gesellschaft für TM
Kastanienweg 31
7300 Esslingen
Tel. 07 11-37 20 22
Transzendentale Meditation
Kurze Str. 5
7400 Tübingen
Tel. 0 70 71-7 41 32
Transzendentale Meditation
Scheefstr. 45
7400 Tübingen
Tel. 0 70 71-5 29 58

Transzendentale Meditation
Konrad-Adenauer-Str. 40
7407 Rottenburg
Tel. 0 74 72-4 23 64, 54 65
TM Reutlingen –
Schwäbische Alb
Im Vogelsang 21
7416 Mägerkingen
Tel. 0 71 24-22 36
Maharishi Veda Center
Amalienstr. 63
7500 Karlsruhe 1
Tel. 07 21-2 70 53
Transzendentale Meditation
Anton-Fischer-Str. 34
7560 Gaggenau-Sulzbach
Tel. 0 72 25-24 38
Transzendentale Meditation
7570 Baden-Baden
Tel. 0 72 21-3 81 00
Maharishi Akademie für
Vedische Wissenschaft
GmbH
Breitenbrunnen Haus 1
7595 Sasbachwalden
Tel. 0 78 41-68 20
Transzendentale Meditation
Freiburg e. V.
Rötebuckweg 27
7800 Freiburg
Tel. 07 61-5 27 00
Transzendentale Meditation
Nebenauer Str. 5a
7842 Kandern-Wollbach
Tel. 0 76 26-5 11
Transzendentale Meditation
Riedleinweg 12
7900 Ulm,
Tel. 07 31-5 62 97
Transzendentale Meditation
Manlichstr. 19
7951 Ummendorf
Tel. 0 73 51-2 48 21
TM-Lehrinstitut München
Augustenstr. 79
8000 München 2
Tel. 0 89-52 20 36

Transzendentale Meditation
Weitlstr. 13
8000 München 45
Tel. 0 89-3 13 84 33
Transzendentale Meditation
Friedenstr. 6
8012 Ottobrunn
Tel. 0 89-6 09 72 15
Transzendentale Meditation
Bergstr. 3
8060 Dachau
Tel. 0 81 31-7 96 27
Transzendentale Meditation
Ayur-Veda
8070 Ingolstadt
Tel. 0 84 07-6 17
Transzendentale Meditation
Hubertusstr. 10
8082 Grafrath
Tel. 0 81 44-76 93
Transzendentale Meditation
Blumenstr. 14
8120 Weilheim
Tel. 08 81-6 23 98
Maharishi Ayurved Gesund-
heitszentrum
Hindenburgstr. 36
8134 Pöcking
Tel. 0 81 57-71 33, 71 52
Center für Transzendentale
Meditation
Bräuhausstr. 19
8265 Neuötting
Tel. 0 86 71-7 19 76
Transzendentale Meditation
Ziegelgasse 10
8493 Kötzting
Tel. 0 99 41-88 87
TM-Center Nürnberg
Hochstr. 33
8500 Nürnberg 80
Tel. 09 11-26 10 90 und
35 66 30

Transzendentale Meditation
Bamberg e. V.
Fischerstr. 4
8601 Gundelsheim
Tel. 09 51-4 32 10
Transzendentale Meditation
Maximilianstr. 12/III
8900 Augsburg
Tel. 08 21-3 97 34 und
60 44 65
Transzendentale Meditation
Stoffener Str. 3
8910 Landsberg
Tel. 0 81 91-52 00

Österreich
Internationale Meditations-
gesellschaft (IMS)
Österreichischer Verband,
Sekretariat
Biberstr. 22/2
1010 Wien
Tel. 02 22-5 12 78 59
TM-Lehrinstitut (IMS)
Bahnhofstr. 19
4910 Ried
Tel. 0 77 52-66 22

Schweiz
TM-Info-Service
Kapuzinerweg 9
6006 Luzern
Tel. 0 43-31 39 38
(Seelisberg)
Transzendentale Meditation
Hochbühlweg 3
3012 Bern
Tel. 0 31-23 89 08
Transzendentale Meditation
Pilgerheim
6377 Seelisberg
Tel. 0 43-31 39 38
MAP Maharishi Ayur-Ved
Programme
Churerstr. 18
8808 Pfäffikon
Tel. 0 55-48 64 96

Register

Das sanfte medizinische Konzept

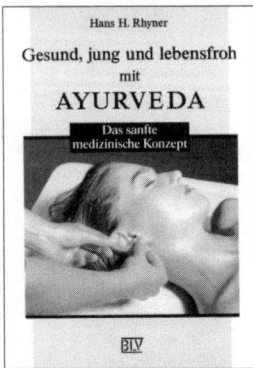

Hans H. Rhyner
Gesund, jung und lebensfroh mit Ayurveda
Ayurveda, die »Wissenschaft vom Leben«, ist eine Alternative zur westlichen Schulmedizin. Diese klassische indische Medizinwissenschaft verfügt über ganzheitliche Behandlungskonzepte, die vor allem bei chronischen Erkrankungen erfolgreich sind. Hier erhalten Sie Einblick in die Grundlagen von Ayurveda, viele praktische Anleitungen für einfache Behandlungstechniken und Informationen zu Präventivmaßnahmen und Ernährung.

BLV Sportpraxis 241
Hans H. Rhyner
Richtig Yoga
Yoga unter sportlich-gesundheitlichen Aspekten: Theorie, Übungen, Yogahaltungen mit vorbeugender oder heilender Wirkung.

Hans H. Rhyner
Gesund und schön durch Yoga
Mit Ayurveda-Ratgeber
Übungsprogramme für Regeneration, Entspannung und Wohlbefinden
Einführung in die Yoga-Technik und ganzheitliche Übungsprogramme für Regeneration, Entspannung und Wohlbefinden - klar aufgebaut, leicht verständlich und für alle Altersgruppen gut nachvollziehbar; erstmals werden Gemeinsamkeiten von Yoga und Ayurveda behandelt.

BLV Sportpraxis 266
Wolfgang Metzger/Zhou Peifang
Richtig Taijiquan
Für jedermann geeignete Einführung in Theorie und Praxis: anschauliche Darstellung der Bewegungsabläufe und der Kurzen Peking-Form; Vorschläge zum Lernen und zur Übungsgestaltung.
